该书为教育部人文社会科学研究资助项目（编号：10YJA850039）并获浙江省哲学社会科学重点研究基地浙江师范大学江南文化研究中心和浙江师范大学国际文化与教育学院出版资助

超越大山

浙南培头村钟姓畲族社会经济文化变迁

王逍 著

中国社会科学出版社

图书在版编目（CIP）数据

超越大山：浙南培头村钟姓畲族社会经济文化变迁／王逍著．—北京：中国社会科学出版社，2015.12

ISBN 978 - 7 - 5161 - 7048 - 9

Ⅰ.①超…　Ⅱ.①王…　Ⅲ.①畲族—社会发展—研究—文成县②畲族—民族经济—经济发展—研究—文成县③畲族—民族文化—研究—文成县　Ⅳ.①K288.3

中国版本图书馆 CIP 数据核字（2015）第 268467 号

出　版　人	赵剑英	
责任编辑	罗　莉	
特约编辑	刘建卫	
责任校对	佳　文	
责任印制	戴　宽	

出　　版	中国社会科学出版社	
社　　址	北京鼓楼西大街甲 158 号	
邮　　编	100720	
网　　址	http://www.csspw.cn	
发 行 部	010 - 84083685	
门 市 部	010 - 84029450	
经　　销	新华书店及其他书店	

印刷装订	三河市君旺印务有限公司	
版　　次	2015 年 12 月第 1 版	
印　　次	2015 年 12 月第 1 次印刷	

开　　本	710×1000　1/16	
印　　张	26.25	
字　　数	445 千字	
定　　价	96.00 元	

凡购买中国社会科学出版社图书，如有质量问题请与本社营销中心联系调换

电话：010 - 84083683

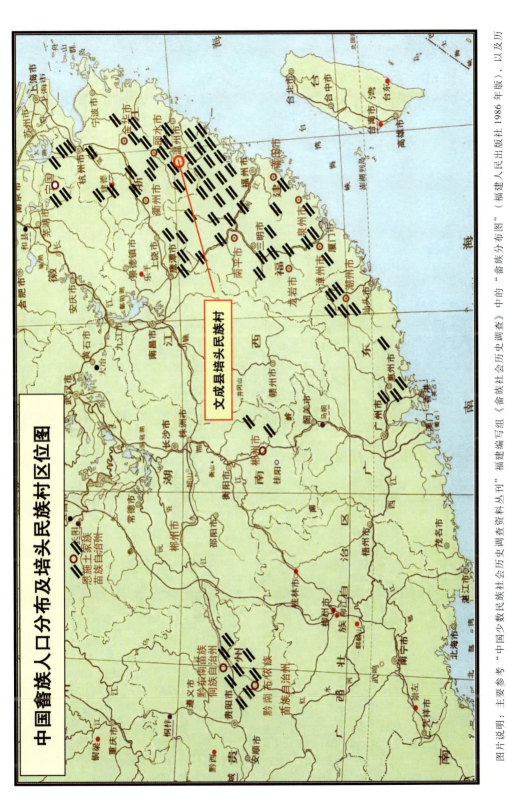

中国畲族人口分布及培头民族村区位图

文成县培头民族村

图片说明：主要参考"中国少数民族社会历史调查"中的《畲族社会历史调查》中的"畲族分布图"（福建人民出版社 1986 年版），以及历年全国人口普查和 20 世纪 90 年代新的民族识别等资料重新绘制。

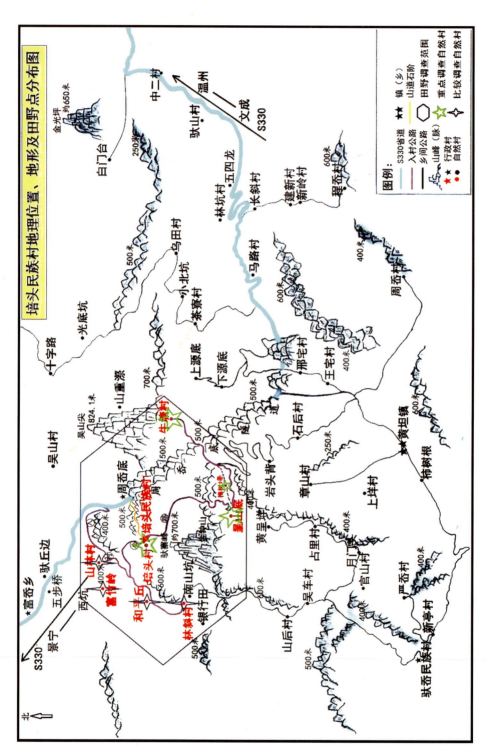

培头民族村地理位置、地形及田野点分布图

图例：
- ★★ 镇（乡）
- ⬡ 山造石阶
- ⬡ 田野调查范围
- ☆ 重点调查自然村
- ◇ 比较调查自然村
- —— S330省道
- —— 入村公路
- —— 乡间公路
- ⛰ 山峰（脉）
- ★● 行政村
- ◦● 自然村

图片说明：主要参考《浙江省文成县地名志》（浙江省文成县地名志委员会1985年，第214页）、《文成县志》（朱礼主编，中华书局1996年版，前附"文成县地图"），区划（基本），并按现行重新绘制。

图一　夏日晨雾中的培头自然村

图二　冬日阳光下的呈山底自然村

图三　培头自然村钟氏宗祠正门

图四　培头自然村钟氏宗祠戏台

图五　呈山底自然村的钟氏古民居

图六　钟氏宗祠享堂右上方的科考报条遗迹

图七　培头自然村三世显祖钟正芳与
　　　雷氏夫人画像

图八　培头自然村四世显祖钟逢扬与
　　　雷氏夫人画像

图九　培头自然村五世显祖钟熙贤画像

图十　培头自然村钟氏先祖雕花镀金镶宝石灵位牌

图十一　培头崇道小学创始人钟德彰校长青年时代　图十二　钟德彰等与资助培头村办学的天主教神父

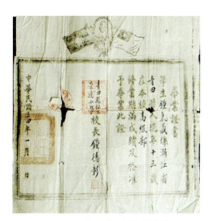

图十三　1945年，培头崇道小学　　　　图十四　1946年，钟德彰与培头崇道
　　　　首届毕业生的毕业证书　　　　　　　　　小学首届毕业生合影留念

图十五　今日培头民族小学校门　　　　图十六　今日培头民族小学校园

图十七　2009 年正月，培头民族村
钟氏宗祠祭祖仪式复兴

图十八　2009 年，培头民族村首届畲乡
"三月三"节日婚嫁表演

图十九　2010 年，培头民族村开
发的青钱柳产业基地

图二十　2011 年，培头民族村耄耋
老人分享野生青钱柳产品

图二十一　2011 年，培头民族村钟
姓畲族村民的待客美食

图二十二　2012 年，培头民族村钟
姓畲族村民的待客佳肴

图二十三　2012 年，培头民族村畲族
妇女在家来料加工

图二十四　2013 年，培头民族村新落成的
金钟山农庄

图二十五　2014 年春，浙江省委书记夏宝龙
一行考察培头民族小学

图二十六　2014 年春，浙江省委书记夏宝龙一行
考察培头民族村青钱柳产业发展状况

图二十七　2014 年，浙江师大师生参加培头
民族村畲乡"三月三"节日

图二十八　2015 年，浙江师大师生参加培头
民族村畲乡"三月三"节日

图二十九　2015年，培头民族村钟姓畲
民过年祭祀的米斋年糕

图三十　2015年，培头民族村钟姓
畲民招待贵客的糯米麻糍

图三十一　2015年，培头民族村畲乡
"三月三"节日广场盛况

图三十二　2015年，培头民族村畲乡
"三月三"节日村民表演

图三十三　2015年，培头民族村畲乡"三月三"
节日浙江师大留学生表演

图三十四　2015年，培头民族村畲乡
"三月三"节日畲家宴

注：图三十、三十一、三十二陈晓芳摄；图二十八、三十三、三十四吴艺摄；图十七、十八、二十五、二十六钟金莲提供；图二十七孟令法摄，其余为作者田野调查拍摄或老照片翻印。

序

近年来畲族学界日益重视对畲族乡村经济问题的关注，但研究成果总体较为薄弱。畲族这一东南山区散杂居程度深、散杂居历史悠久的山地农耕民族，如何在强化畲汉互动和利用区域经济辐射优势的基础上，依托现有资源禀赋，扬长避短、因地制宜地调整农业结构，整合多种资源，形成符合自身规律的特色村落经济发展模式，进而缩小畲汉发展差距和畲村内部发展的不平衡性，促进畲族经济与东南区域发达经济的协调发展，这对田野调查和理论概括提出新的要求。

王逍教授奉献的这部名为《超越大山：浙南培头村钟姓畲族社会经济文化变迁》的专著，可视作她五年前出版的《走向市场：一个浙南畲族村落的经济变迁图像》专著之姊妹篇。该著是基于浙南又一个畲族村落的深度田野调查，对畲族乡村发展问题带有普遍意义的深入思考。作者选择文成县培头村这一清代畲族文化英雄钟正芳故里作为田野调查点，具有特别意义。该书从进入田野到完成研究文本，前后历时五年整。作者运用点面结合的田野调查方式，五年来在文成、松阳、景宁、桐庐等地畲乡翻山越岭、走村串户，完全融入畲族村落社区与畲民同吃同住，入户调查数十户，运用人类学的参与观察、深度访谈、口述史、座谈会、影像记录、文献文物搜集等田野调查方法，收集了有关培头村社会经济文化变迁等内容的第一手田野资料30多万字。其中包括数十人的口述访谈资料和2000余幅田野照片，不仅观察记录畲族村民当下的经济生活行为方式，还大量翻拍记录了畲村的谱牒信函、契约文书、碑刻铭记、通告庆典、诉讼辩词、乡规民约、人情账簿、歌谣抄本、道教科仪、畲药处方等民间文献资料，以及钟氏宗祠、村庙、民居、日常生产生活用具等村落文物资料。作者还对《钟氏宗谱》中的《行述》《行略》《诗词》及其他民间文书、信函等，做了深入细致的标点和解读。其研究过程深入扎实，田野资料鲜活真实。

该著运用历史学与人类学相互渗透的历史人类学方法，在畲村田野现场感与畲族相关文献资料相互观照、彼此印证的基础上，以钟姓畲族与金钟山的关系为主线，从立足大山、走出大山、跨越大山、回归大山等几个不同的历史阶段，清晰地勾勒出培头村钟姓畲族的社会经济文化变迁轨迹，每一个时段选取若干典型的社会经济文化镜头或家庭发展案例，分析钟姓畲族世代如何不断地超越大山，实现村落的变迁与发展，进而从畲村经济文化变迁图像中洞悉畲村发展的动力机制和瓶颈所在。就全书立意而言，重点放在当下培头村社区营造方面，体现了作者对畲族乡村经济发展的现实关怀。作者在本书最后一章"超越大山：来自田野参照物的多元观照"中，跳出培头村的视野，着重选取文成县其他畲村的发展个案、丽水松阳县石马源村的山林经济发展类型、景宁敕木山区惠明寺等畲村的回访，作为田野参照物，使之与培头村钟姓畲族发展案例予以共性和个性的比较，进而揭示山区畲族超越大山的本质特征。通过以上点与面相互结合的多元化田野案例的对比观照，有益于将畲族乡村发展问题从田野的具象层次上升到逻辑、抽象的层次，从而深化畲族乡村经济发展研究。

在研究过程中，作者不仅于畲村民间文献中循章择句、钩玄索隐，更以研究者和"村落人"相互交替的身份参与了培头村近几年的民族特色旅游村寨社区营造过程。诸如：梳理和抢救了培头村许多异常珍贵的历史文化资料；帮助制作青钱柳产业发展项目申报书和青钱柳产品市场推广策划书；对村落民间文献文物保护和农家乐开发、村落经济文化建设、村落社区管理等提供指导意见；沟通和协调村落基层组织及村落内部关系；提出"钟正芳故里"和"畲村社区营造"等原创概念，以上参与行动研究法是本著的重要特色。研究者参与畲村发展过程，不仅有利于强化畲族村民的文化自觉意识和社区主体意识，也为畲村经济发展深度挖掘了重要的文化资源，更为畲村文化与经济如何互动提供了路径指导。这部基于深入田野调查和参与行动研究法基础上完成的村史与民族志相结合的学术著作，不仅仅是学术写作方法的新探索，更为畲族乡村的发展，提供了一个非常值得思考的田野案例。

该著较之作者的《走向市场》一书有了进一步的深化与突破，主要体现在以下三个方面：

其一，将研究视野从过去着力于畲族村落的经济转型问题转向对畲族村落全面发展的关注，这符合联合国一直强调和鼓励的"以人为中心的内源发展观"。

其二，既充分注意到了当今畲族村落发展有目共睹的成就，更洞悉到了畲村过度依赖政府的"自上而下"式发展模式的内在弊端。

其三，针对当今畲村发展的问题，作者在借鉴中国台湾社区营造经验基础上，提出一系列具有可操作性的解决方法与新路径。

该著甚至从畲族乡村发展问题上升到整个中国大陆各民族乡村发展问题的思考。认为中国台湾社区营造经验不仅对大陆畲族等少数民族乡村发展具有重要借鉴意义，也对广大汉族村落的乡村发展具有重要的启迪价值。作者强调通过制度安排，整合多种社会力量，助推乡村社区发展。为此作者提出一整套现实可行的对策建议：转换乡村发展理念，改变乡村发展模式；完善制度创新机制，整合知识分子力量；开创社区培力制度，激发社区内在动能；提升文化创意能力，强化地域民族特色等。具体而言，通过政府体制的变革和政府职能配置的优化，大力培育致力于乡村发展的各种非政府组织和非盈利机构、支持大学生等知识青年返乡创业、鼓励高校知识分子深入基层，让多元化社会力量充当连接政府和乡村社区的桥梁；通过持续的专业化的社区教育培训体系，提升乡村居民的自我组织和自我发展能力，从生态资源与人文资源整合的角度，发展文化创意产业、特色农业产业、绿色民宿产业等，最终实现乡村社区"自下而上"式的可持续发展。

从社区营造的视角来探讨畲族乡村经济发展问题，不仅为畲族研究乃至乡村研究引出新的学术对话，也为畲族乃至其他民族的乡村发展问题提供可资借鉴的范本。该著最振奋人心的是，作者对我国知识分子如何打破学科和专业边界，真正走出书斋，走向基层，用知识服务社会，既做出了拓新的实践，也提出了深刻的反思和呼吁，这无疑是对费孝通先生倡导的"迈向人民的人类学"的弘扬。祝贺她在畲族经济研究方面再结硕果。

是为序。

2015 年 5 月于厦门大学

目　　录

图表目录

表

图

注:图 1、2、14、15、22、28 为孟令法制作或拍摄,图 19、20、26、27、29、31、32、33 分别为鸿翔、林倩、吴强、吕源、王二杰等人拍摄,其余为作者于 2011 年至 2015 年间田野调查拍摄(含老照片翻拍)。

绪　　论

第一节　选题缘起与研究旨趣

一　选题缘起

该选题既具有一定的必然性，也具有某种偶然性。前者基于笔者自2004年以来，对畲族村落经济变迁和发展问题的持续关注兴趣。后者缘于2010年国庆节期间，笔者协助杭州市桐庐县莪山民族小学畲族退休教师实现寻根梦想。以下不妨对该选题缘起之必然性和偶然性，分别详细介绍。事实上，从必然性与偶然性的辩证关系来看，既没有绝对的必然，也没有绝对的偶然。偶然性总是寓于必然性之中，必然性也总是通过偶然性来呈现。笔者对畲族及畲族村落经济问题的关注和研究亦是如此。

（一）学术牵引持续关注畲族经济问题

2003年之前，尽管笔者在浙江高校从事历史专业教学工作已十余年，但对畲族这一浙江省的主体少数民族几乎全然无知，也似乎没有任何机缘牵引着自己对其去深入了解和认识。时至2003年，笔者在准备厦门大学人类学专业的博士生入学考试时，按惯例需要制订一份研究计划，基于对人类学异文化研究的朦胧认识和工作单位的区位特点，我初步将研究对象定位于浙江畲族，不过此时对畲族的认识很粗浅。真正对畲族予以认真关注并将其纳入学术视野，始于2004年9月笔者进入厦门大学攻读人类学专业博士学位期间。准确地说，是在自己的博士生导师、东南民族问题专家郭志超教授的引领下，才涉足畲族研究领域的。而笔者之所以对畲族村落经济问题保持持续的研究热情，更是源于厦门大学人类学研究所（现为人类学与民族学系）深厚的畲族研究传统和导师高屋建瓴的学术指导。

厦大人类学研究所继林惠祥和陈国强二位学术前辈开创畲族研究传统

之后，蒋炳钊、郭志超、石奕龙等教授成为畲族研究的中坚力量，他们引领着本所年轻教师和硕、博学生进入该研究领域，师生们的田野足迹踏遍了福建众多畲村的山山水水，畲族研究成果丰硕，代有人出。这无疑成为滋养我畲族学术之旅的不竭源泉和永恒动力。而导师郭志超教授则基于畲汉发展差距较大和畲族经济研究总体甚为薄弱等现状，在我进入厦大校门之初，就指导我将博士论文选题确定在"畲族村落经济变迁和转型"方面。随后，我开始大量阅读相关畲族文献资料，并着手田野调查的前期准备工作。2004年寒假期间，我有幸随授课老师石奕龙教授的国家课题组成员至浙江省丽水市老竹畲族镇沙溪村等地进行了为时半个月的田野调查，这可谓开启了我人类学意义上的"田野洗礼"，其意义非同寻常。这也是我首次踏入畲族村落，较好地观察并参与了畲族村民的日常生活，对沙溪村畲族传统文化韵味醇厚的年节习俗和人生仪礼习俗印象十分深刻，也目睹了该村依托东西岩风景区而引发的农家乐旅游项目建设和畲族婚嫁习俗等传统文化再生产场景。首次畲村田野之行，无疑进一步激发了自己对畲族村落社会经济文化生活探究的兴趣。

2004年那个寒冷的冬天，正当我在沙溪村忙于田野洗礼时，我的导师郭志超教授为了给我探寻理想的博士论文田野点，也为了考察田野点的研究主题和学术视角，竟然带着本所教师杨晋涛博士，冒着严寒从厦门辗转来到陌生的景宁畲族自治县敕木山村。其时景宁敕木山上天寒地冻，又临近年关，交通和接待十分不便，景宁民宗局一位畲族干部婉言谢绝前行，希望次年春天再来。然而，导师向来藐视一切困难，也素来倾向绕过官方，直接扎入村落以寻找最大的田野本真，正是这种特立独行的田野方式，让他决定将敕木山村首次田野考察当作纯民间行为，不惊动任何政府机构。他们二人从厦门乘火车，经福州转温州，再从温州换乘汽车至丽水，再从丽水至景宁，可谓昼夜兼程、马不停蹄，于第三天中午时分到达景宁县城。在匆忙午餐后，他们选购了数件生活用品，其中最醒目的是两床棉被。二人背着棉被，扛着行李，冒着风雪从景宁县城徒步走向敕木山山脚，再从山脚翻山越岭前往位于海拔700多米的敕木山村，并计划入住该村的"蓝文成村长"① 后裔家。

---

① 此处蓝姓的"蓝"在德国学者史图博的《浙江景宁敕木山畲民调查记》中写成"兰"，应是翻译时为了笔画简单而用同音字替代的，现在有不少蓝姓畲族，户口本和身份证上都写着姓"兰"而不是姓"蓝"，当属将错就错类型。

　　蓝文成村长是民国十八年（1929）前后，敕木山村最高级别的领导，也是导师这次敕木山村田野行程的历史媒介人物。这个偏僻的畲族小山村一位80多年前的普通村长在当今之所以能为外界所知，源于一位名为史图博的德国学者。1924年春，39岁的德国耶拿大学生理学教授史图博应邀任教于上海同济大学，先后担任该校医学院的生理学教授和生理学馆主任等职务。史图博教授不仅是一位卓越的生理学专家，也酷爱人类学、民族学研究。1929年夏天，他在北京大学校长蔡元培先生的支持下，由同济大学青年教师（亦说是其学生）李化民①陪同，考察了福建北部山区的畲族，还来到敕木山村做了为时一周的田野调查，三年后，即1932年出版了德文版的《浙江景宁敕木山畲民调查记》，该书1973年由周永钊首译，1983年由张世廉重译，后经石钟健、张雄、吴永章等审订，1984年由中南民族学院民族研究所编印出版。自该书面世后，畲族学界获悉在距景宁县城不远处有座高耸的敕木山，敕木山上有个名为"敕木山村"的蓝姓畲族小山村，而当年接待史图博一行的蓝文成村长也因此成为景宁畲村的历史符号人物。正是凭借这本罕见的西方学者书写的畲族民族志的指引，导师一行决定回访当年史图博调查过的敕木山村，也希望重温当年史图博的足迹，故选择以徒步翻山的苦行僧方式进入敕木山村。

　　那天日暮时分，当两位来自厦门的扛着被包的不速之客，突然降临在这个宁静的畲族小山村时，着实让当地畲民吃惊不小。当他们二人凭着直觉径直进入当年蓝村长的老宅院时（蓝文成故居现已列为第六批古建筑类省级文物保护单位），蓝村长的曾孙女及其赘婿在短暂的惊愕之后，热情地接待了这两位真诚而又坚韧的远方来客。房东夫妻二人麻利地将当年史图博居住过的二楼木板房间收拾妥当，安置客人。这样导师等在当年史

---

　　① 史图博教授长期任教于同济大学，不仅为畲族研究保存了珍贵的民族志资料，而且对海南岛黎族研究也贡献卓著，他的助手李化民亦功不可没。1940—1946年抗战期间，同济大学迁校于四川南溪李庄（今属宜宾市翠屏区），其时史图博创办生理馆并担任主任，李化民教授担任内科部主任。据上海《同济大学史》记载："史图博在李庄和中国师生同甘苦，共命运。当时上海德国医学院负责人欧特来信，提出用高薪聘请他到该院教书，遭到他的严正拒绝。他每天从下麦坝宿舍到学校要走40分钟的路，不管刮风下雨，一直步行。有一天因路滑跌伤了腕骨，学校派出滑竿（轿子）供他乘用，他却谢绝，坚持步行到校上课。平时居家穿长袍、着布鞋，业余喜练汉字，向邻居学习华语，对中国人民怀有浓厚的感情。当1945年6月19日他60寿辰时，徐诵明校长送他一幅'高山仰止'的中国画，表达了同济师生对他的敬爱。"参见翁智远、屠听泉主编的《同济大学史·第一卷（1907—1949）》第二版，同济大学出版社2007年版，第124页。

图博居住过的地方生活了一周。但与史图博不同的是，他们的眼光不是集中在敕木山村一村之地，而是对敕木山村及周边的畲族村落，如惠明寺村、周湖村、东弄村等地进行了泛型的田野考察。导师敏锐地将学术眼光停留在景宁敕木山一带漫山遍野的惠明茶及其当地畲族村落的经济转型方面。

导师当年那次徒步进入敕木山村的田野场景，久久地萦绕于我的脑海中，深深铭感！更为重要的是，他为我开启了一扇畲族村落经济研究的大门，因其科学方法论的指导，让我的畲族学术之旅少走了许多弯路。2005年初，进入新学期后，我着手查阅惠明茶相关资料并开始关注景宁敕木山一带的畲村经济转型问题。是年暑期，我正式进入与敕木山村毗邻的金奖惠明茶原产地惠明寺村，开展深度田野调查。此后的近两年内，通过与畲民同吃同住的方式，运用人类学的参与观察和深度访谈等研究方法，以该村农作物种植结构变化为背景，以金奖惠明茶的复兴和畲民如何逐步走向市场为主线，着力聚焦惠明寺雷姓宗族村落的社会经济生活变迁和现代农业经济转型问题，同时运用点面结合的田野调查方式，参照惠明寺村周边六个关系较为密切的畲族村落的经济生活概况，收集了数十万字的第一手田野资料。2007年春，在田野调查的基础上，完成题为《走向市场：一个浙南畲族村落的农作物种植与经济变迁》的30万字博士论文，顺利通过了博士论文答辩，并获得同行专家的好评。笔者在田野调查和博士论文写作过程中，也完成了三个有关畲族村落经济转型方面的浙江省社科联和浙江省教育厅的研究课题，这既是对博士论文写作的支持，也是我在畲族研究方面迈出了艰难而又重要的第一步。博士论文的完成，仅仅是畲族村落经济研究的阶段性成果，有必要对其作进一步的补充和完善。2008年，笔者在博士论文的基础上，申报了名为"畲族村落经济转型田野研究——以景宁敕木山区惠明寺等畲族村为个案"的项目，并获得浙江省社科规划办后期资助重点课题立项。后又经过近两年的田野回访和资料补充，在博士论文基础上修改完成的专著，以《走向市场：一个浙南畲族村落的经济变迁图像》（简称《走向市场》）为书名，于2010年5月在中国社会科学出版社正式出版。

在拙著《走向市场》中，以景宁敕木山区惠明寺村为深度田野对象，以该村周边其他六个畲族村落为田野参照物，勾勒了以惠明寺村为核心的畲族村落的经济变迁图像。进而在畲村田野调查与畲族相关文献资料相互观照和彼此印证，以及畲族历史与畲族现实深度评估的基础上，从历史人类学和经济人类学的视角，对我国散杂居畲族村落经济转型的方向与契机，以及加快畲族村落经济转型的内源性因素和外源性条件等问题予以整体思考，试图提出带有一定普遍意义的理论思考，要点如下：

第一，畲族村落经济转型的方向与契机：依托畲区资源禀赋，发展现代特色农业。基于畲区交通偏僻、经济基础薄弱、农本意识深厚以及现代人力资源和社会资本匮乏，但山林资源丰富和山地农耕经验发达等现状，畲族村落经济转型的方向只能是依托现有资源禀赋，扬长避短地开发本土优势资源，改造传统农业，逐步实现由传统生存型农业向现代特色产业化农业的转型。而其经济转型的契机则是传统与现代的有效整合，即根植于传统而超越传统，让传统成为现代的资源，实现二者的协调发展。其内涵大致包括：传统乡土经验与现代农业科技的整合；传统优势资源与现代消费市场的整合；传统手工作坊与现代规模产业的整合；传统农副产品初级加工与现代农业科技精细加工的整合，等等。以上畲村经济转型的方向与契机的定位，又是具有一定战略意义的。首先，符合农业大国国情和平等与发展的本质目标。唯有开发畲区优势资源，优化畲村农业结构，加快畲村农业产业化进程，才能从根本上解决畲族经济发展滞后的问题，进而实现畲族经济与区域经济的协调发展。其次，符合畲汉共生互融的可持续性发展战略。因为对传统农业的改造和本土山林资源的开发利用，不仅有助于扬长避短地推动畲村经济转型，更有利于从整体上保护畲汉共享的区域生态环境，进而促进民族经济与区域经济的可持续性发展，符合人与自然和谐的新型现代性追求。再者，符合城乡协调发展的长远战略目标。因为所谓农村剩余劳动力大都是基于农业报酬低下的相对剩余，如果一味地强调农村劳动力向城市的转移，势必给城乡发展带来一系列的弊端。而挖掘畲区山林资源潜力，则有利于城乡协调、可持续发展。

第二，畲族村落经济转型的内源性因素：提升文化自觉意识，强化族群互动频率。首先，需要畲族村民超越"耐劳杂作，弗事商贾"的传统农本意识，突破和转换与现代性相抵牾的小农经济思维，将耐劳的品质从传统农本意识中剥离出来，以山区拓荒者的坚韧，接受商品观念的熏陶和市场经济的挑战，才能挖掘山林经济资源潜力，加快传统农业改造进程；其次，需要畲民淡化"山野自足，于世无求"的族群封闭心理，唯有如此才能从故步自封和畲汉交往的被动状态中解放出来，激发畲村经济转型的主体活力；再者，畲族村民应努力提高族群互动频率，强化区域经济辐射优势，即以开放的心态与周边汉族及其他民族进行多方位的交流互动，积极采撷其他族群各种新观念、新技术、新知识，进而最大限度地利用区域经济文化资源辐射优势，并通过各级区域经济文化体系中的刺激扩散效应，从民族经济与区域经济良性互动的角度，加快其村落经济转型。

第三，畲族村落经济转型的外源性条件：优化政府职能配置，利用区域辐射资源。首先是畲区政府职能的合理配置，除了遵循农村市场经济建设中政府职能体系建设一般规律外，在各级地方政府职能体系建设总体思路中，还应考虑到畲村经济发展的明显滞后性和历史上畲汉互动的长期性。在各级政府职能具体配置模式中，则应与国家民族政策相呼应。至于在畲区农业结构调整的具体实施中，各级相关政府部门在职能配置和运作上，则要避免多头管理、权责不明等现象。其次，应加快农业发展战略转型，促进山林资源深度开发，即加大调整畲村农业结构的力度，整合区域优势资源，大力发展那些具有最佳自然适宜性和技术可行性以及良好市场前景的现代特色农业。再次，建立农业科技推广体系和完善农业风险防御机制，即畲区各级地方政府需要建立有序的农业科技推广体系，为畲汉农民提供产前、产中、产后的技术培训及服务。在推广新技术时，尤应考虑到区位、生态、市场、技术、储存等风险因素，可借鉴国际农业机构让农民反复调适新技术的"回归农民模式"，从而避免"神奇的种子，破碎的梦"。再者，逐步完善农产品市场体系、健全农产品流通体制，即统筹处理生产与市场建设的关系，有步骤地筹建或完善农产品批发市场，形成结构合理、层次鲜明，适应畲村农业产业化发展要求的农产品批发市场，并加强市场网络建设、完善市场政策相关法规等。另外，加快畲村人力资源建设，即转换教育理念、拓宽教育渠道，分层次、分阶段强化畲区基础教育和职业技术教育等。最后，完善畲区农业产业化组织模式，即整合社会力量，加快制度创新。探索适合分散畲族农户与市场链接的组织模式。努力培育和健全各类畲村新型经济组织，逐步走新型乡村合作化道路。

以上三个方面试图从人类学的整体观来分析畲族村落经济转型。其中第一个方面是试图为畲村经济转型提供一个总体目标和方向，第二个方面是从畲族文化自觉和文化与经济互动的层面，激发畲村经济转型的内在活力与主体意识。第三个方面则是从社会支持体系层面为畲族村落经济转型提供制度保障。这三个方面构成畲族村落经济转型与发展的不可分割的整体。

　　尽管拙著的出版，获得许多同行专家的肯定和鼓励，也获得一定的荣誉。然而，自己对于书中那些所谓普遍意义的思考，常怀忐忑之心，还需要进一步探索。对于畲族村落经济究竟如何发展，心中还有许多迷惑，还需要更多的田野案例作深入的思考和研究。因此，2010 年，笔者又申请了题为"畲族经济发展模式"的教育部人文社科基金项目并获得立项资助。在课题的前期准备工作中，为了选择合适的田野对象，也为了扩大学术视野，更为了对拙著《走向市场》有一定的补充和突破，我分别对浙江丽水地区的松阳县象溪镇、金华地区的武义县柳城畲族镇、杭州地区的桐庐县莪山畲族乡，以及湖州地区的安吉县章村镇等地的部分畲族村落进行了泛型的田野考察。我在田野考察中发现，这些分布在浙南、浙中及浙北不同地区的畲族村落，其发展模式具有多样性。例如，松阳象溪镇石马源等畲村以发展茶叶、板栗、油茶等山林经济为主；武义柳城畲族镇下迁等畲村以发展宣莲和茶叶为主；桐庐莪山畲族乡的中门、山阴坞、尧山坞等畲村以进入附近乡镇的针织厂打工和开发高节笋为主；安吉章村镇郎村畲村则以毛竹产业化和美丽畲乡旅游开发为主。这些分布于不同生态环境的畲族村落虽然发展模式有较大差异，但均有一个共同的特点，那就是充分利用区域经济文化资源的辐射优势，因地制宜地寻求村落经济和家庭生活的发展，畲民家庭经济水准和所在村落经济水准呈总体上升趋势，经济面貌均发生了质的改观，其中尤以杭州、湖州等区域经济条件较好的畲族村落经济发展最为显著。此外，畲村内部家庭经济发展类型呈现出多样化和较为明显的发展不平衡状况，那些发展较好的往往是外出经商，或开办企业，或从事农产品销售等商业意识和市场能力较好的农户。

　　通过以上这些泛型的田野考察和景宁敕木山区惠明寺等畲村的回访，笔者对畲族村落经济发展的多元化模式有了一定的感性认知。尤其是对畲族如何通过提升文化自觉意识，在强化民族与区域互动的基础上，发挥区域经济文化资源辐射的优势，进而加快畲族村落经济的整体转型和发展，有了较为清晰的认识。但心中仍有诸多疑惑。诸如：畲族家庭经济发展与畲族村落经济发展之间的关系错综复杂，有时候并非完全同步。少数畲民具有较强的畲汉互动意识和市场拓展能力，因而可以脱离村落经济发展模式而寻找到更好的发展路径。这部分外出经商办厂的佼佼者，有的回乡兴建漂亮的空置楼房，成为城乡两栖人，有的成为春节返乡的候鸟人。还有极少数举家迁往城市，成为脱离村落经济环境的城市新移民。而大部分居住在村内的农民（包括在附近企业上班的钟摆型打工者）与村落经济的发展则存在着千丝万缕的关联，他们大都依赖于村落或区位经济环境而生存。这其中也有部分畲农是从当地农业产业化中寻找到发展商机的，如经营茶叶、茶油、香菇等。基于以上畲村内部家庭经济多元化发展类型，不免引发一系追问：如何看待畲族家庭经济与畲族村落经济之间的不平衡关系？如何看待畲族个体农民工商业经济与畲村农业产业化之间的非对称关系？如何看待畲村现有经济发展模式与其未来可持续发展关系？如何形成村落合力来促进畲族村落经济的整体转型与发展？正是带着以上这些思考和疑问，开始了我对畲村经济发展的进一步研究。与以往研究思路一脉相承的是，不必为建构某些宏大叙事和普遍真理而贪多求全，只需要深度回归田野，力求以小见大地去探寻畲族村民真实的生活逻辑和畲村经济发展的多样化路径及其本质规律。

（二）机缘巧合有幸走进文成培头村

以上通过学术史回顾的叙事方式交代了本课题研究所蕴含的必然性。以下再交代该课题研究对象选择的偶然性，即田野点选择的机缘。时间可追溯到 2009 年 7 月暑期，其时正值我给 2008 级民俗学硕士研究生开设的"民俗志与田野调查"一学期课程刚刚结束，便带领 9 位硕士生至桐庐县莪山畲族乡进行为时半个月的"畲乡新农村建设"田野调查，旨在让学生领悟田野调查方法，为日后毕业论文的写作奠定一些基础。经协调联系，我们的田野团队入住在莪山畲族乡山阴坞村，莪山民族小学退休教师钟樟林先生家。钟老师一家没有因为天气炎热、食宿困难而将田野团队拒之门外，他们不仅想方设法解决了同学们的食宿问题，而且充当了很好的田野调查向导与报道人的角色。让师生一行尤为感动的是，钟老师的妻子李阿姨（娘家是本村的李姓畲族），每天都要忍受着酷暑，用自己曾经做过厨师的手艺为团队准备一日三餐，饭菜之丰盛和精细可口，令人难忘。而钟老师也不顾年事已高和路途疲劳，常带领师生们翻山越岭、走村串户。也正是由于钟老师一家的热情接待和辛勤付出，同学们才能顺利完成这次田野实践。还记得当时上海某著名高校一学生暑期实践队，因为没有找到便宜实惠的食宿处，扛着旗帜在莪山畲族乡绕了一圈就打道回府了。也正是钟老师一家浓郁的民族情怀，让彼此有了更多关于畲族的话题交流，此后我们如朋友和亲人般经常保持联系。

据钟老师介绍：他家移居桐庐是从祖父辈开始的。他的祖父本姓蓝，1900 年出生在文成双桂乡，9 岁那年祖父的生父去世，祖父的母亲招赘平阳钟姓畲族，祖父遂改姓钟，13 岁那年祖父的继父又不幸去世，他不得已跟着同族大人，肩挑背驮、跋山涉水地从文成徒步迁入桐庐莪山畲族乡山阴坞村讨生活。其祖父在桐庐学了一手精湛的木匠手艺，后娶雷姓畲族祖母成家立业，祖母生下其父亲不久，得产后风病逝。单传的父亲生下他们兄弟四个，为了传承蓝、雷、钟三姓的香火，四兄弟中有两个姓钟，另外两个分别姓蓝、雷，畲族传代意识与重情观念由此可见一斑。由于经济条件的限制，其祖父再也没有回过老家，其父亲在有生之年也未能实现该心愿，而他自己也只是从父辈们的念叨中想象着故乡祖地。在他心中，对祖地始终有种挥之不去的根的眷恋之情，希望在退休岁月圆了自己的寻根梦。同时，他还渴望去景宁畲族自治县，看一看生活在那儿的畲族同胞日子过得怎样。只因没有找到接洽和联络的熟人，钟老师的寻根之旅也一直未能由理想变为现实。

为了协助钟老师完成多年来的心愿，2010 年国庆节，我邀请钟老师夫妇从桐庐来金华做客，10 月 2 日我带上自己的硕士研究生刘洋，一行四人同赴景宁畲族自治县惠明寺村，我还是入住在原来的房东家。中午时分到达景宁县城，考虑到畲民下山采购不是十分方便，按照惯例我到菜市场准备了一些鱼肉蔬菜之类，提前已与房东大姐商量好，晚上准备在她家宴请村里的老人，也希望用这种特殊的方式来开启钟老师夫妻俩的寻根之旅。这次是由房东的儿子雷彬开着新买的小轿车来景宁县城把我们接进村里的，经过二十几分钟的盘山公路抵达惠明寺村，我发现这个 300 余人口的畲族小山村又有了新的变化，路面硬化并安装了路灯，还增添了好几辆小轿车。热情的房东一家早已准备好了如过年般丰盛而充足的食物，还特地磨制了新鲜的豆腐。这些变化无疑是惠明寺村惠明茶进一步产业化带来的畲民生活品质再提升的体现。傍晚时分，村中的十来位老人陆续到来，一场别开生面的畲家宴开始。席间，钟老师夫妻俩一边与大家品尝着家酿的红曲米酒，一边用畲语与惠明寺村的老人们亲切地交谈，气氛热烈而真挚，毫无陌生和拘束之感，既有彼此了解的欲望，也有聊不尽的话题，体现了"天下山哈一家亲"的温馨。

据钟老师说，他用畲语与惠明寺村老人交流，99.9% 的语言都能听明白，没有任何障碍。我不禁对畲族如此深厚的文化认同感慨万千。一个祖父辈从浙南文成移居浙北桐庐，且自小生长在桐庐60余年的钟姓畲族与那些几乎没出过门的景宁畲族老人的交谈是如此的融洽和畅通。可见，畲族尽管"大分散、小聚居"于强势的汉文化包围圈，畲族文化表征已消失殆尽，但始终用民族语言顽强地保持着畲汉边界，维系着强烈的族群认同。倘若他们各自用汉族方言交谈，气氛肯定不会如此融洽和热烈，还很可能因十里不同音的语言隔阂导致相互的陌生化。

我们在惠明寺村待了4天，愉快地考察了惠明寺村及周边的几个畲族村落的生产生活状况，还参观了位于景宁澄照乡金丘村的封金山旅游景区。离开惠明寺村后，我们又赴文成寻找钟老师的祖居地。本来这次在惠明寺村直至第三天下午，钟老师对如何寻找祖居地仍线索模糊，只记得祖父辈依稀的描述，对能否找到没有任何把握，他曾一度打起了退堂鼓。后来在第四天（10月5日）傍晚时分，事情发生了转机。其时，我去村里雷仁妹大婶家告别，热情的大婶给我泡了一杯她叫不出名字的保健茶，说喝了该茶如何神清气爽，还说该茶是他老伴文成老家的堂妹带着村里人在原始森林中好不容易采集来的，早几天带到她家茶叶厂来加工，给她家留了点。离开大婶家时，她还送我一点保健茶和一株带花朵的植物标本，并给了其堂妹的联系方式。这时我才得知她堂妹是文成县人大副主任钟金莲女士，也想起2007年在潮州召开的畲族会议上见过她，只不过彼此没有打过招呼。我当即给钟主任打电话，拜托她协助钟老师寻祖。没想到钟主任如此神速地答复，说她有把握很快能找到钟老师要找的人，明天会在文成接应我们，这让我们喜出望外。事后才知道，她因长期深入基层从事民族工作，对文成各地畲族村民的家庭生活状况、迁徙情况了如指掌。

10月6日在惠明寺村房东家午餐后，我们到达景宁县城。下午，我们拜访了景宁县农业局茶叶办的相关干部，了解到金奖惠明茶的最新发展状况。因农业局周成璟副局长曾长期在林业部门工作，我将从惠明寺村带来的那株保健茶植物标本拿给他看，请教其学名，他仔细看了半天，告知名曰"青钱柳"，其他在场的人普遍感觉很陌生，看来这不是一种普通的植物。然而，正是这种陌生的珍稀植物，影响着我日后田野对象的选择，这是后话。是日晚，我们一行四人入住在县城车站附近的小宾馆里，观赏了景宁的夜景，体味到这座畲族小山城的柔和与宁静。

故地重访，自然勾起我许多回忆。这些小宾馆，也是若干年前我来惠明寺村前一宿的落脚点。每次我均乘坐中午金华至景宁的唯一班车，临近傍晚时分到达景宁县城，就近安排好食宿后，赶去见两个重要的畲族报道人，一个是景宁民宗局干部雷先根先生，一个是复兴金奖惠明茶的雷石才老师。每次都要分别在他们家里访谈两个来小时，然后踏着夜色充实而又疲惫地回到小旅馆，次日再进入山上的惠明寺村。此次重访，临近九九重阳节，既有秋风习习、菊花盈园的祥和，也有物是人非般的伤感。昔日景宁县城那两个令人敬重的报道人，一个已退休回云和畲村陪伴老母亲，一个已病重入住丽水医院，待我次年春天去丽水看望石才老师时，没想到那已是最后的告别。

10月7日清晨，我们搭上了景宁至文成的班车。汽车自西北向东南方向行驶，地势亦自西北向东南倾斜，一路上穿越蜿蜒而下的盘山公路。公路两旁时而是茂密的森林，时而远处层层梯田映入眼帘，崇山峻岭中偶尔散居着几户山里人家，山脚有迂回的河谷溪流。此地形地貌与景宁至泰顺再至闽北福鼎等地沿途类似，让我联想到明清时期由闽入浙的畲族"只望青山而去""沿河谷而上"的迁徙路径。也理解了景宁与相邻的文成、泰顺之间为何构成相对稳定的族群内部通婚圈。中午时分，我们到达文成汽车站，钟金莲主任的丈夫，文成县公安局退休干部钟维宗先生早已在此等候，旁边还站着一位来自周山畲族乡上坑村的蓝姓村委书记。维宗先生热情地招呼我们一行人吃午餐，并告知其妻子金莲正带着一帮村民在景宁与文成交界处的一片原始森林中采摘青钱柳叶，中午赶不回来与大家见面。在午餐的交流中得知那位周山乡来的蓝姓村委书记，正是钟樟林老师的本族兄弟。钟老师几代人的寻根梦想，终于在此刻实现。我由衷替他高兴，也不得不感叹钟主任民族工作之深入扎实。

午餐后，我们随蓝书记乘坐乡村公交车奔赴周山畲族乡上坑村。一路上穿行于崇山峻岭之中，山道弯弯、树深林密。一个半小时左右的车程，抵达村口汽车站。再爬上一段山坡路，来到上坑行政村水坑自然村蓝书记家，一边喝茶，一边翻阅蓝氏宗谱，钟老师找到了祖父支系。随后，蓝书记带领我们往屋后陡峭的山坡攀爬，去看钟家祖屋。老宅院因长久无人居住已是残垣断壁，四处长满了野草，但还能隐约看出昔日房屋格局。钟老师夫妻俩绕着残破的老屋遗址走了一圈，缅怀着先祖们往昔的艰难岁月，也回忆起祖父当年遥望故乡的神情，我替他们拍照留影后下山。随后我们又参观了村口新建的蓝氏宗祠，也了解了该村畲民的生计模式。下午5点左右，我和自己的硕士生被蓝书记在县城打工的儿媳妇开车送回文成县城，钟老师夫妇俩则留宿在水坑村与同姓族人共叙宗族亲情。

　　傍晚时分，我们到达文成酒店，与早已等候在那里的钟维宗先生会合。稍后，钟主任也从山上采摘青钱柳回来。夫妻二人盛情款待，畅谈甚欢。得知他们二位均是20世纪60年代初毕业于浙江少数民族师范学校，工作经验丰富、民族情怀深厚。钟主任告诉我，她的家乡是一个畲族文化底蕴深厚，信仰凤凰的村庄，名为培头村，历史上十分重视文化教育，有十几位祖先考取过功名，还出了许多远近闻名的律师，村里有座200多年的钟氏宗祠，还有近80年历史的培头小学。她谈得最多的还是希望如何把村里的传统文化更好地保存下来，如何发掘畲族文化资源，发展村落经济。当得知她在繁忙的工作之余还主编了《文成畲族民歌》《文成畲族文化》《畲族历史研究》等三本书后，钦佩之情油然而生。还了解到她两年多来，带领村干部为培头村引种青钱柳而多次奔波于湖南、江西等地调研取经，并带领村民七次深入茫茫原始森林中采摘野生青钱柳，不禁肃然起敬。临别时，她送给我她自己主编的三本书，还有一些亲手采摘制作的青钱柳，我感觉沉甸甸的。我也将拙著《走向市场》送给二位长辈留念。次日临别时，他们期待着我下一次能进入培头村调研，希望我能为这个村落写本书，我带着这份殷切的期望，从文成返回。我一路上在思考，自己能为这个特殊的村庄做点什么，同时也被二位执着的民族情怀和桑梓之情所深深感动。在我返回家的第二天傍晚，就接到钟维宗先生打来的电话，告知我他花了两个白天和一个通宵全部读完了我送给他的那本书，他对内容给予了高度的评价，还对其中有关畲族经济思考予以了仔细的点评，我听后既吃惊又感动。究竟是怎样的精神，是何种力量，促使一个畲族退休老人不知疲倦，不分昼夜地仔细阅读完一本并不那么"好看"的40余万字的学术专著？那无非是源于畲族知识分子高度的文化自觉和对本民族的挚爱之情。

　　正是在这种精神的感召下，我不久就开始查阅培头村相关文献资料，并着手田野调查的前期准备工作。我日益觉得培头村是一个很有价值的研究对象，尽管路途往返稍费周折。于是我在次年暑期（2011年7月）带着自己的民俗学研究生殷红首次进入培头村田野调查。自此以后，我每年都要往返培头村数次。经过近四年来的田野调查和反复思考，我将研究的主线放在培头村钟姓畲族祖祖辈辈，是如何不断以超越大山的精神来推动本村落社会经济文化变迁的。

以上研究缘起一改往常严肃的叙事风格，而是用某些故事细节串联起一幅因果链条图像。也许有点冗长，但是十分真实地再现了本研究课题的生发。该叙事风格，不妨看成笔者对所谓"反思民族志"将研究主体纳入研究场景中的某种尝试吧。

二　研究旨趣

何谓旨趣？商务印书馆出版的现代汉语词典指的是"主要目的和意图"，等同"宗旨"。而百度百科词条将旨趣解释为"宗旨和大意"，并进一步指出："旧指用于写书的目的与大意"。例如，《后汉书·郎顗传》中有"谨条序前章，畅其旨趣"之说。二者的解释略有差异。本书采用后一种用法，即"目的与大意"。下文要交代的是本研究的目的和大意。

（一）研究目的

本书的研究目的可以从宏观和微观两个层面来看。宏观层面是指从畲族经济总体发展状况而言，微观层面是指从田野研究对象而言。

其一，从畲族经济总体发展状况来看，畲族乡村发展问题具有进一步探讨的学术价值。

畲族是我国东南山区一个历史悠久、散杂居程度较深的山地农耕民族，20世纪50年代初，随着新中国民族平等政策的实施，逐渐从总体上改变了历史上政治、经济、文化等方面的长期边缘化处境。尤其是自20世纪80年代改革开放以来，各地畲村已先后脱贫，少数已率先致富。然而，由于深受历史和现实等诸多因素的制约，畲族社会经济文化变迁较之当地汉族呈现出较明显的结构性迟缓状态。首先，从畲族乡村人口比例和高学历人才比例以及职业构成和人均年收入来看，畲族社会经济文化发展仍较明显滞后于当地汉族。其次，畲族经济发展存在着多层次的不平衡性。既有畲村内部和畲村区位发展的不平衡，也有畲族与当地汉族发展的不平衡，更有畲族经济与东南发达区域经济呈现出的较大反差。随着全球化背景和东南区域市场经济的加速发展，畲汉差距以及畲村内部差距之马太效应亦日趋明显并呈扩大化趋势。再次，目前各地畲村大都处于农业经济结构单一、劳动力资源流失严重、山林资源开发利用率低、特色农业产业化程度低的传统农业阶段。再者，畲族经济与区域经济存在着事实上的分离。例如，畲族乡（镇）经济开发区，甚至位处畲族村落的企业，大都与当地畲村畲民无甚关联。尽管畲族经济发展总体优于西部少数民族，也更具有区域经济辐射优势，但畲汉一体化的经济指标，致使畲族滞后性和分离性往往更容易被发达区域经济指标所掩盖或忽略①。

基于以上畲族总体发展状况，对于畲族乡村发展问题，无疑具有进一步探讨的学术价值。该学术价值又可以从理论价值和实践意义两个方面来看。从理论上而言，对于畲族这一散杂居程度深、散杂居历史悠久的山地农耕民族，如何在强化畲汉互动和利用区域经济辐射优势的基础上，依托现有资源禀赋，扬长避短、因地制宜地调整农业结构，整合多种资源，形成符合自身规律的特色村落经济发展模式，显然具有深入畲村田野调查和理论升华的必要。从实践上而言，通过深入的田野案例和具体的可操作模式来探讨畲族经济问题，对于如何缩小畲汉发展差距和畲村内部的发展不平衡性，促进畲族经济与东南区域发达经济的协调发展，进而从实践中贯彻我党"以人为本、全面协调可持续、统筹兼顾"的科学发展观和"各民族共同繁荣、和谐并存"的民族发展战略方针等，无疑具有现实意义和时代紧迫性。

其二，从研究对象来看，培头村是一个颇有研究价值的田野个案。

培头村是浙南温州地区文成县一个地理位置较偏僻，而畲族传统文化底蕴却十分深厚的钟姓畲族宗族村落。钟姓先祖自平阳来此开基立业，迄今已有近300年的历史。钟姓先祖们以筚路蓝缕的拓荒精神和开放的民族心态，将培头村营造成一个环境优美、崇文重教、人才辈出、民风淳厚的生态家园。在清代至民国的钟氏先贤中，有历经27年不屈不挠的历史抗争为畲民挣得科举考试资格的钟正芳，有为官一方的钟逢扬、钟熙贤父子，还有倾力创办培头小学的钟德彰，等等。现今村内还完整地保存着具有200多年历史的钟氏宗祠，具有80年历史的培头小学仍蓬勃兴旺。当代钟姓畲族后裔们承袭先祖们既立足大山又超越大山的精神，将耕读传家之风和民族开放心态发扬光大。他们有的通过读书升学而驰骋山外的世界，有的通过传统技艺改变昔日面貌，还有的通过打工经商共圆家庭致富梦，甚至还有的走出国门寻找发展的新天地。

然而，培头村又是一个正在转型和发展的村落。钟姓畲族个体发展与村落发展还存在着明显的不平衡现象。往往走出村外的畲民发展较好，而

---

① 据近年来田野调查并参见王道《走向市场：一个浙南畲族村落的经济变迁图像》，中国社会科学出版社2010年版，第2—4页。

留在村内的则发展滞后。正是基于这种发展不平衡状况，自 21 世纪初始，本村的部分钟姓畲族退休干部、知识分子以及其他国家公职人员等与村基层干部共商村落发展大计。他们利用民族优惠政策，带领村民大力复兴畲族传统文化，深入挖掘村落发展的文化资源，初步启动了青钱柳绿色产业开发项目，近年来如火如荼的畲家乐民族特色村寨建设已初有成效。

虽然培头村的民族特色村寨建设还任重而道远，但广大钟姓畲族村民具有较强的凝聚力和主体意识，外出经商打工的村民有的以经济入股的方式支持村落发展，有的已辞工返乡亲自投入村落建设。退休村落精英与基层干部，具有强烈的村落发展使命感，能够不计个人得失，排除困难、达成共识、凝聚合力，引领村落发展。培头村从改革开放后的多元化经济发展模式，到今天的民族特色旅游村寨建设，实际上为我们提供了一个类似中国台湾社区营造的畲族村落发展个案。

因此，对培头村这样一个既具有历史研究价值，又具有现实思考意义的畲族村落，对其进行深入的田野调查，无论是对培头村的发展，还是对畲族村落发展的学理性思考均具有重要的意义。对培头村而言，可通过第一手鲜活资料，勾勒其村落经济文化变迁图像，挖掘并保护村落经济转型的文化资源，通过文化与经济互动的方式，加快民族特色旅游村寨建设的步伐。此外，结合田野案例对畲族经济发展的本质特点予以学理性思考，可以为相关政府部门就如何协调发展民族经济问题，提供某种政策性参考，也可为今后畲族学术研究提供相应的资料性支持和新的学术对话。

（二）研究大意

本书以浙南山区文成县培头村这一钟姓畲族宗族村落为深度田野调查对象，以钟姓畲民祖祖辈辈如何不断地超越大山为主线，勾勒出培头村钟姓畲族的社会经济文化生活变迁图像。该变迁图像以金钟山为坐标，以钟姓畲民与金钟山的互动关系为半径，呈现出四个不同半径的内切圆。每一个圆分别代表不同的历史阶段钟姓畲民与山外世界的接触视域，半径越长视野越开阔，超越大山的程度愈深，但金钟山始终是钟姓畲民唇齿相依的时空原点。

在这四个内切圆中，最内圈的"立足大山"是指钟姓先祖从平阳辗转迁徙至金钟山下拓荒开基这段早期的艰难岁月。大约经过两三代人约半个多世纪的奋斗，他们将荒山野岭开辟成旱地和水田。水旱并作的二元型

图1　培头村钟姓畲民超越
大山轨迹图

农耕经济模式与农业生产力互为因果，相互促进，缓慢发展，钟姓畲族人口因而逐渐增长，村庄聚落亦逐渐形成。钟姓畲民们依托金钟山，过着自给自足的农耕狩猎生活。也正是在长期的山地农耕生活中，基于自然崇拜和万物有灵基础上的多神信仰逐渐孕育产生，并安顿着钟姓畲民的精神世界，这与其现实世界中的拼搏奋斗并行不悖。

第二圈中的"走出大山"是指钟姓祖辈们自第三代起，通过发展百工技艺、扩大市场交换等经济方式和送子弟入附近汉人私塾读书，并努力抗争获取科考权等文化方式，推动着钟姓先祖不断地走出大山，逐步实现了从文化经济边缘到耕读传家的历史时期。该时段大约自清代乾隆中后期至新中国成立前，历经七八代人大约一个半多世纪的艰难拼搏才实现历史飞跃。自钟正芳百折不挠地为浙南畲民争得与汉人同等的科考资格之后，培头村遂成为远近闻名的钟灵毓秀之地，钟姓畲族人才辈出，崇文重教、耕读传家蔚然成风。正是钟姓祖辈们百折不挠的精神和超越大山的毅力，推动着村落经济面貌实现了质的改观。该精神和毅力也构成新中国成立后乃至当今培头村经济生活变迁中生生不息的动力源泉。

第三圈中的"跨越大山"是指新中国成立后至21世纪初这半个多世纪以来，钟姓畲民通过读书升学、发扬打石技艺、打工经商以及走向海外等多元化跨越大山的方式，推动着当代培头村经济文化生活变迁的重要时期。该时段处于较以往历史时段截然不同的社会制度环境中，随着新中国民族平等政策的实施，尤其是农村改革开放政策的实施，培头村钟姓畲族超越大山的方式发生了质的变化。其眼界和视野由以往的地方区域扩大至省外和国外，村落经济面貌发生了新的历史飞跃。这些为当下培头村民族特色村寨社区营造准备了物质基础和精神基础。

第四圈中的"回归大山"是指自21世纪初至今，在培头村基层干部和热心家乡发展的钟姓知识分子、退休干部等村落精英引领下的，基于广大钟姓畲族村民高度文化自觉基础之上的村落经济文化发展模式大转型时期。主要内容包括：民族传统文化复兴和青钱柳特色产业开发以及畲家乐民族特色旅游村寨营造等。该阶段与前几个阶段具有本质意义的不同，是基于新时期党和国家政府对少数民族村落经济发展实施各种帮扶政策基础之上，充分发挥各类钟姓族人的村落主体意识，传统与现代互相整合的"社区营造"阶段。该阶段的所谓"回归大山"与第一阶段的"立足大山"，具有本质不同的内涵，前者是对后者的否定之否定，是钟姓畲民以更广阔的发展视野，以多种力量的整合来实现更高层次的立足大山和开发大山，从而实现村落社区新时代的发展。

以上四个内切圆反映了培头村钟姓畲族超越大山的不同历史阶段和不同的社会流动程度与发展视野。但是无论处于何种阶段，也不论钟姓畲民离开家乡有多远，都始终是心系培头村金钟山的，也正是这种对根的眷恋之情，成为当代培头村民族特色旅游村寨社区营造的凝聚力和向心力。

第二节　研究方法与全书架构

一　研究方法

所谓研究方法是指在研究过程中发现问题、分析问题和解决问题所运用的工具和手段。大致可从基本研究方法、材料收集整理方法和科学思维分析方法等宏观、中观及微观三个层面来把握。这三个层面的方法既有相互之间的联系，也有侧重点的不同。基本研究方法是指研究的基本手段，包括总体研究方式、研究特征、研究取向等，对后面的材料收集整理和科学思维分析起着总体的指导作用。材料收集整理方法是获取和运用资料的手段，是具体的可操作模式，受特定规范的方法论指导。而科学思维分析方法则是分析资料，提出新理论、新观点或揭示事物内在规律所运用的逻辑分析手段。该思维分析方法除了受基本研究方法的指导以外，还可以是其他多学科研究方法的综合运用。当然，以上不同层面的研究方法，有时会交叉渗透于某一具体的研究过程中，层次的区分只是相对而言的。

具体到本书而言，采取的基本研究方法是历史人类学方法（historical anthropology）。虽然历史人类学的学科归属问题，目前仍存在着较明显的争议。但其作为一种研究方法，学界已基本形成共识：它是历史学与人类学相互渗透、相互结合、相互借鉴的一种新的研究方法。该方法实际上是历史学与人类学这两个学科分别取彼之长以补己之短后形成的产物。传统史学主要关注精英历史和国家宏大叙事，研究方法主要以文献梳理和辩证考据为主，强调历时性研究。而传统人类学主要关注草根百姓的日常生活和地方叙事，研究方法则主要以田野调查的口述史料和民间文献为主，强调共时性研究，两者都有偏颇。面对历史与现实的社会文化百花园，前者的研究眼光朝上，过于钟情树上的花朵，而忽略了树上的枝叶和树下的小草，且过于注重历史的过程分析，而忽略共时的文化关系和文化结构分析，缺乏现实的文化向度。而后者虽然眼光朝下，注重现实文化关系和结构分析，但往往忽略了历史的发展脉络，缺乏历史的深度。而两者结合形成的历史人类学研究方法可克服上述各自的弊端。首先，研究眼光的下移，扩大了研究范围和研究对象。其次，资料获取的广度和深度均有大幅度增加，而且历史文献资料与田野现场感的呼应互证，大大提升了对整体历史和文化全貌的感知与把握。再者，从研究取向来看，历时性研究与共时性研究的有机结合，既关注到文化在历史过程中的连续性，又在历史文化分析中始终贯穿着现实的向度。正如瑞士学者雅各布·坦纳所述：历史人类学采用一种全面的"文化概念"，主张在"小的"但却是可以"详细"描述的现实片段方面进行历史研究工作，主张着眼于社会的内在方面。在研究过程中，既有档案管理的田野考察，也有田野考察时的寻踪觅迹①。

　　本书研究所采纳的基本方法正是基于历史人类学方法论的革新意义。在资料获取上，以人类学田野调查为主，以历史学文献研究为辅。通过鲜活的村落口述、访谈资料和民间文献文物资料等与相关历史文献资料相互印证、彼此观照。在研究取向上，在对培头村社会经济文化历史变迁图像分析中，始终带有强烈的现实关怀，既关注村落社区历史文化与区域地方历史文化的畲汉互动关系，也关注区域地方历史文化与国家大一统历史文化的互动关系。而对培头村现实的经济文化分析则将其始终纳入历史的发展脉络，既关注钟姓畲族的日常生活，也关注意义性的"历史事件流"；既关注钟姓畲族的文化行为过程，也关注其文化行为的动机、经验及意义等。进而从历时性与共时性相结合的研究视角来洞悉理解研究对象的内部文化结构。

　　本书资料获取方式，除了在田野调查前对相关公开出版的文献资料和

----

　　① ［瑞士］雅各布·坦纳：《历史人类学导论》，白锡堃译，北京大学出版社 2008 年版，第 68 页。

科研成果的研读以外，主要通过点面结合的田野调查方法来获取。具体包括参与观察、深度访谈、口述史、座谈会、影像记录、文献文物搜集等多种方式。本人近四年来在培头村的追踪定点式田野调查中，通过参与观察法，对该村钟姓畲民一年四季的经济生活概貌、节俗信仰、人生仪礼以及村落内外各种社会关系等获得直观而又深刻的体验。通过数十人次的深度访谈和口述史记录等方式，获取了丰厚可观的有关培头村社会经济文化变迁口述访谈资料。通过座谈会的形式获取了大量有关当代培头村经济生活变迁和民族特色村寨建设的当事人口述资料。通过影像记录的方式，留下了大量有关培头村钟姓畲族生产生活镜头。通过对培头村留存下来的谱牒信函、契约文书、碑刻铭记、通告庆典、诉讼辩词、乡规民约、人情账簿、歌谣抄本、畲药处方等民间文献资料，以及钟氏宗祠、村庙、民居、日常生产生活用具等村落文物的翻拍记录等，探寻钟姓畲族社会历史文化变迁轨迹。此外，还到当地政府部门查询户籍年鉴、统计报表、经济账目、合同报告以及出版或未出版的方志、村史、回忆录等相关背景资料。同时，还采用以上方式获取田野参照物的第一手资料。

　　大量的田野资料获取后，还需要整理和分类以及回访补充资料，进而对获得的资料予以分析和解读。本研究运用多学科交叉渗透的方法来对田野资料予以系统综合分析。首先，运用人类学的整体观分析法，即将社会文化当作一个整体来研究，从整体与部分的有机联系，来剖析和把握社会文化与人类行为的各个层面及各种文化要素。这样既有利于深入事物内部，从细节和侧面为认识整体积累材料，同时又不会隔断事物之间的联系。其研究过程包含着分析与综合两个方面。分析法关注细节和部分，综合法关注事物的整体联系，前者是后者的前提和基础，后者是前者的升华和发展。其次，运用主位与客位相互交替的分析研究方法。所谓主位研究是指研究者摒弃自己的主观认识和刻板印象，尽可能地从当地人的视角和立场去理解和分析材料的研究方法。而客位研究则是研究者以文化外来观察者的身份去理解当地文化，用学科知识来解释和分析材料，用辩证的观点看待报道人所提供的材料。这两种方法各有所长，需相互交替使用，方能洞悉地方村落社区文化面貌的内在结构。倘若过分迷恋当地人的主位立场，研究者会丧失自己的意见和判断。而过分迷恋客位研究，则会淹没研究对象的真实声音，带有更多的主观性。因此，笔者在将培头村田野材料上升至逻辑分析层次过程中，力求从钟姓畲族的主位立场和本人作为外来研究者的客位立场两相结合的方式来阐释和把握。此外，还交叉运用比较法、统计法、历史分析法等多种科学思维方法。

二　全书架构

本书首先概览村落社区背景，然后着力聚焦培头村钟姓畲族祖祖辈辈如何以拓荒者的勇气和超越大山的精神，逐渐从历史上政治、经济、文化的边缘化境地嬗变为远近闻名的崇文重教典范，进而勾勒培头村钟姓畲民社会经济文化变迁轨迹，并着重关注当下培头村的民族特色村寨建设问题。在聚焦完深度田野研究对象以后，再将关注的视野转向若干畲村田野参照物进行扫描式类型比较。最后，跳出社区，将畲族经济发展问题从人类学田野调查的具象层次，上升到抽象的、逻辑的层次。力求在畲族历史与畲族现实相观照，微观村落社区与地方、国家政权相互动的基础上，探寻畲族村落经济的多元化发展模式的类型特征和内在规律，以及畲村经济转型和发展问题的内在动力机制和外在制度性支持因素。

具体而言，本书分绪论、中心内容（第一章至第六章）、结语三部分。

绪论，对选题缘起与研究旨趣、研究方法与全书架构等予以简要交代。该部分着重基于读者意识，让读者对全书的研究背景、意义、内容、方法、思路、结构等具有基本的了解和总体的把握。

第一章，"培头村社区背景概览"，主要交代了培头村的区位自然地理环境和人文地理环境，以及培头村的地理位置、行政建制、人文历史、村落人口、生计方式等村落社区背景概况，旨在为聚焦田野研究对象的社会经济文化生活变迁，提供一个总体的时空叙事背景。

第二章，"立足大山：培头钟姓宗族村落之形成聚合"，主要叙述钟姓先祖是如何从平阳辗转迁徙至培头村金钟山下开基立业并逐步推动钟姓村庄聚落形成与发展的。该章以立足金钟山为主线，揭示钟姓先祖如何通过以山为基和以农为本的生计模式，从现实与信仰两个维度营造凤凰和鸣的生态家园，从而实现对大山的亲近和眷恋。

第三章，"走出大山：培头钟姓宗族村落之历史飞跃"，主要叙述培头村钟姓畲族先辈钟正芳是如何百折不挠地上书呈文为畲民争取科举考试权利并最终获胜，此后钟姓畲族又是如何通过崇文重教和强化畲汉文化互动等形式逐步改变自身政治、经济、文化等边缘化历史处境，并最终实现耕读传家和人才辈出之历史飞跃的。该章以走出金钟山为主线，揭示钟姓畲族先贤以拓荒者的精神和开阔的民族胸襟实现对大山的历史超越。

第四章，"跨越大山：培头钟姓宗族村落之当代发展"，主要叙述新中国成立后培头村钟姓畲族是如何通过读书升学、弘扬传统打石技艺、外出打工经商、走出国门闯荡等多样化路径实现自身和村落的当代发展。该章以跨越金钟山为主线，揭示钟姓畲族后裔们如何在新中国民族平等政策和改革开放政策等新的制度环境下，将钟姓先贤们的拓荒精神发扬光大，实现对大山的当代超越。

第五章，"回归大山：培头钟姓宗族村落之社区营造"，主要叙述21世纪初培头村钟姓畲族村民如何在村落精英的引领下，通过民族传统文化复兴、青钱柳特色产业开发以及畲家乐旅游村寨项目建设等环节实现民族特色旅游村寨社区营造。该章以回归金钟山为主线，揭示钟姓畲族如何基于文化自觉，以回归村落的方式和多种力量的整合，实现村落传统与现代相整合式发展。

第六章，"超越大山：来自田野参照物的多元观照"，在对浙南、浙中、浙北若干畲族村落予以泛型的田野考察后，着重选取文成县其他畲村的发展个案、丽水松阳县石马源村的山林经济发展模式、景宁敕木山区惠明寺等畲村的回访，作为田野参照物，使之与培头村钟姓畲族发展案例予以共性和个性的比较，进而揭示山区畲族超越大山的本质特征。

结语，"社区营造视野下的畲族乡村发展"，基于乡村发展内涵和畲族乡村发展现状，并结合中国台湾社区营造经验，对我国畲族乡村发展存在的问题予以反思并提出相应的对策与建议。

第一章　培头村社区背景概览

　　培头村所在的文成县属丘陵山区地形地貌，自然资源丰富，生态环境优美，虽行政隶属关系历代屡屡变迁，建县较晚，但历史人文资源丰富，社会经济文化发展与日俱进。而培头村是一个坐落在金钟山脚下的钟姓畲族宗族村落，虽历史上交通偏僻、长期发展滞后，但钟姓畲族祖祖辈辈善于开拓进取和崇文重教，故人才辈出，文化底蕴深厚。尤其是近几年来，其民族特色村寨建设如火如荼，村落经济文化面貌日新月异。

第一节　培头村区位背景

　　培头村，现行政村名培头民族村，因村委驻地为培头自然村而得名，隶属浙江省文成县黄坦镇。2010 年文成县撤乡并镇前，该村隶属文成县富岙乡，2011 年富岙乡并入黄坦镇，原乡政府所在地改为富岙社区。故培头村的区位背景可从文成县、黄坦镇、富岙乡这三个不同的行政层级来概述，内容涉及自然地理环境和人文地理环境两个方面。

一　自然地理环境

　　培头村所在的文成县地处浙江省南部山区，温州市西南部的飞云江中上游。东临瑞安市，南接平阳、苍南二县，西南倚泰顺县，西北连景宁县、北毗青田县。总体而言该县自然环境具有如下几个特点：

　　其一，地形地貌复杂独特。文成县属典型的浙南山区地形地貌，境内峰峦起伏、重峦叠嶂，山地面积占全县总面积的 82.5%，海拔千米以上的山峰达 178 座，素有"八山一水一分田"之称。地势自西北向东南倾斜，山峰与低地落差大，最高处为西北部的石垟林场杨顶峰，海拔 1362 米，最低处为平和乡大垟口村，海拔仅 15 米。最大的河流飞云江中上游横贯县境南部，将文成县境分割为江北和江南两大部分。江北属南田山脉，为洞宫山脉分支，江南则为南雁荡山脉分支。飞云江流经全县 10 个乡镇，流程长达 43.5 公里。主要支流有泗溪、玉泉溪、峃作口溪等，此外还有小溪流多达 219 条。源于飞云江水系的众多山涧溪流将高山峰峦切割成 V 字形地貌，形成峭壁深壑、雄奇险峻的自然风光。境内高山上分布着开阔的台地，构成文成独特的山地形貌。

其二，自然资源充盈丰富。文成县境属中亚热带海洋季风气候区，年平均气温为 14℃—18.5℃，常年无霜期长达 285 天。终年气候温暖湿润、雨量充沛、四季分明，热量丰富。独特的生态环境，使该县林业、水能及非金属矿等自然资源蕴藏十分富饶。首先，森林资源极其丰富。全县林业用地面积 135.8 万亩，其中原始森林面积 1.2 万亩，森林覆盖率达70.24%。珍稀树种和经济林木丰富多样。例如，毛竹蓄积量高，油茶籽、油桐籽、乌桕籽产量高。现全县建有 4 个国有林场，属国家级生态示范区。其次，动物资源种类繁多。在原始森林中有脊椎动物 5 纲 34 目 379种，其中列为国家重点保护的珍贵动物有华南虎、云豹、黑麂、黄腹角雉、猕猴、短尾猴、金钱豹、金猫、白颈长尾雉、穿山甲、水獭等 17 种，其他两栖类和鸟类等动物 100 余种，比中国临安天目山国家自然保护区的各种珍稀动物资源还要丰富。再者，水利资源亦得天独厚。水能蕴藏量达50 万千瓦，可开发资源 42.29 万千瓦，居温州市第一位，全省第五位。后相继建成百丈漈二级、三级电站，西坑高岭头一级、二级和三级电站，装机 4.6 万千瓦。全国最高水头百丈漈水力发电厂坐落于县城北面，装机容量 20 万千瓦的珊溪水利枢纽工程已竣工。此外，矿藏资源较为丰富。文成县境内矿产资源分布面广，种类较多。现已发现的有锰、铜、金和铅锌矿等 13 种，矿点 50 余处。其中尤以非金属矿花岗石、高岭土、萤石、叶腊石储量最为丰富。

其三，生态环境优美怡人。县境内举目远眺尽是修竹茂林，空气质量优于国家一级标准。境内高山之巅出平湖，湖上有湖，湖中有岛，湖光山色独具一格。湖水碧绿如镜，清澈见底。湖内野鸭成群、天鹅游弋。湖外，满目青山，鸟语花香。湖内湖外，山水相映、风景如画。其中，最大的湖泊当数飞云湖，湖面约 35.4 平方公里，最小的位于铜铃山森林公园，称"小瑶池"，湖面只有近千平方米，但海拔却在 1100 米之上。自然生态最浓郁的湖泊为天顶湖。湖面约 5.4 平方公里，大约和杭州的西湖面积相等，海拔在 630 米之上。由天顶湖倾泻而出的百丈漈瀑布高达 192 米，为全国之最，蔚为壮观。此外，飞云江中上游蜿蜒于崇山峻岭间，两岸高山深涧，风光秀美。上游水流湍急，气势恢宏。中游水势平稳，滩潭相间。春夏青苔扑地，白浪拍岸。秋冬晴空碧水、鱼翔浅底。石垟、叶胜林场："山高峰奇林茂，虎啸猿啼莺歌，谷幽石怪泉清，云蒸雾集风轻"①。

以上丰富的自然资源和良好的生态环境，为文成农、林、牧、副、渔等业提供了优越的发展条件。优美的自然景观更为文成生态旅游业的发展提供了得天独厚的自然条件。

二　人文地理环境

1. 建置疆域

文成建县肇始于民国三十五年（1946）12 月。是年国民政府行政院核准从瑞安、青田、泰顺三县边区析置新县，以明朝开国元勋刘基（伯温）之谥号"文成"② 为县名。经过一年半的筹备，民国三十七年（1948）7 月，文成县正式成立。全县总面积 1292.16 平方公里，现辖 9 镇 1 乡，其中有一个畲族镇和一个畲族乡。③ 县地域形态似薯叶状，东西和南北直线距离各约 40 公里。县人民政府所在地大峃镇距地区城市温州 62 公里，距省会城市杭州市区 274 公里。④

2. 行政隶属

文成地域行政隶属关系历史上屡屡变迁，建县前因分属三县，隶属沿革变化繁复。建县之初，隶属浙江省第五行政督察区。1949 年 5 月 8 日，文成县解放，6 月改名大南县。同年 8 月，恢复"文成"县名。1958 年 10 月，撤销文成县，与瑞安县合并。1961 年 9 月，文成县又从瑞安县析

---

① 自然地理环境参见朱礼主编《文成县志·概述》，中华书局 1996 年版，第 1—3 页；"文成县"，百度百科，http://baike.baidu.com/link.

② 刘基，现文成县蓝田镇人，字伯温，系明朝开国元勋，大明军师。其死后，明朝第十一位皇帝明武宗于公元 1514 年下了一道诰令，称其："慷慨有志，刚毅多谋，学为帝师，才称王佐"，"占事考祥，明有征验；运筹帷幄，动中机宜"，是"渡江策士无双，开国文臣第一"，故"今特赠尔为太师，谥号文成"。在古人看来，所谓经纬天地为"文"，安民立政为"成"，意即刘基具有"经天纬地、安民立政"之功勋。值文成建县之时，当地文化人以"文成"为县名，不外乎纪念刘基，并取自"经天纬地、立政安民"之寓意，希望本县国泰民安，欣欣向荣。

③ 2011 年文成县撤乡并镇前，全县下辖 8 镇 25 乡。

④ 朱礼：《文成县志》卷 1，《建置》，中华书局 1996 年版，第 13 页。

置，自此作为单独的一个县迄今未变。自新中国成立后，文成县先后隶属浙江省第五专区、浙江省温州专区、浙江省温州地区革命委员会、浙江省温州地区。1981 年 9 月，温州地、市合并，实行市管县体制，文成县隶属温州市。①

3. 行政建制

1949 年 5 月文成县解放后，废除旧县、区、乡政权和保甲制度，建立县、区、乡（镇）人民政权。但区、乡（镇）行政区划屡屡调整。人民公社时期改为区、人民公社、生产大队制。1984 年人民公社"政社合一"体制结束，恢复乡（镇）体制。全县行政区划为 1 个县属镇、7 个区、3 个建制镇、58 个乡，其中包括敖里和周山 2 个畲族乡。1992 年 5 月撤区并乡，全县辖 8 镇 27 乡，其中包括 1 个周山畲族乡。2000 年全县辖 8 镇 25 乡，其中包括 1 个西坑畲族镇和 1 个周山畲族乡。2011 年开始较大规模的撤乡并镇工作，全县辖 9 镇 1 乡，其中西坑畲族镇和周山畲族乡名称保留，规模扩大。②

4. 人口民族

据考古资料发现，早在新石器时代，文成县境即有人类活动。唐宋时期的寺观遗址留存不少。自元以来，诸多英雄豪杰，揭竿而起。至明清时期，闽粤畲民陆续入迁，结庐深山，拓荒垦殖。民国时期，县民支援红军革命，奔赴抗日战场，投身解放战争。追溯历史，境内早有相当人口规模，只因建置变迁频繁，行政隶属关系复杂，有关历代人口数据，难以查证。1948 年 7 月建县之初，由青田划入人口 50237 人，瑞安县划入人口 9 万人，泰顺县划入人口 3 万人，全县合计人口 170237 人。1949 年，据县人民政府统计，全县总户数 5.59 万户，17.62 万人。此后，随着新中国的建立和社会经济水平的增长，文成县人口快速且有计划增长。据户籍资料显示，截至 2012 年底，全县总户数 12.92 万户，总人口 39.12 万人③。但第六次人口普查数据显示，文成常住人口仅 21.21 万。这说明随着社会经济的快速发展，县境外出谋生人口日益增多。

文成县共有 16 个民族，其中畲族为主体少数民族。畲族主要有雷、

---

① 朱礼：《文成县志》卷 1，《建置》，中华书局 1996 年版，第 15 页。
② 朱礼：《文成县志》卷 1，《建置》，中华书局 1996 年版，第 15—72 页，并参考《文成县行政区划》，内部文件，2011 年。
③ 据文成县统计局资料。

蓝、钟、李等四姓。均系明清时期从浙江景宁、青田、云和、平阳、苍南、瑞安、福建侯官等地迁入。据畲族族谱统计，入迁文成县境的畲族共有 20 个支系。其中雷姓 8 支、蓝姓 6 支、钟姓 4 支、李姓 2 支。1948 年建县初期，全县有畲族人口大约 4000 人，1949 年有 4850 人，占全县总人口 4%。1953 年第一次人口普查有 5976 人，占总人口 3.2%。至 2007 年，畲族人口 17253 人，占总人口 4.6%[①]。文成畲族人口绝大部分居住于山区或半山区，畲族村庄依山而建，以"大分散、小聚居"插花式分布于当地汉族地区。20 世纪 90 年代，全县各乡、镇有畲族居住的行政村 287 个，自然村 483 个。纯畲族聚居的行政村 9 个，自然村 114 个。有畲民 100 人以上的行政村 37 个。尽管此后少数高山畲村陆续整体搬迁，但文成畲族"大分散、小聚居"地理分布格局基本未变。[②]

5. 社会经济

新中国成立初期的文成县地处僻壤、交通闭塞、经济滞后、生活贫困、百废待兴。经过半个世纪的艰难创业、奋发图强，该县工农业经济发展突飞猛进。至 2000 年，全县已拥有机械制造、电力、纺织、化工仪表、酿造、电机、印刷、制药、建筑材料、竹木加工、食品、陶瓷等行业，工农业总产值达 97910 万元。社会经济的快速发展，又推进了文成的城市化建设，并促进了文教、体育、卫生、交通、邮电、电力等方面的快速发展。时至新中国成立 60 周年之际，文成的社会经济发展取得了令人瞩目的成就。地方财政总收入从 1952 年的 32 万元增加到 2009 年的 3.69 亿元，57 年间增加了 1152 倍。全县国内生产总值从 1978 年的 4868 万元增加到 2009 年的 33.59 亿元，30 年间增加了 68 倍。农民人均纯收入从 1961 年的 27 元，增加到 2009 年的 5312 元，48 年间增加了 195 倍。公路通车里程数从 1957 年的 20 公里增加到 2007 年的 833.91 公里，50 年间增加了近 41 倍；中小学校教职工人数从 1949 年的 572 人增加到 2007 年的 2864 人，58 年间增加了 4 倍多；医疗机构由 1952 年的 4 所增加到 2009

---

① 钟金莲：《文成畲族文化》，国际炎黄文化出版社 2009 年版，第 21 页。

② 人口民族情况主要参见朱礼《文成县志》卷 4，《居民》，中华书局 1996 年版，第 211—213 页，并结合网络最新数据。

年的 113 所，57 年间增加了 27 倍多①。

近几年来，文成县委、县政府加快经济发展战略转型，将立足生态资源优势，集中发展"生态工业""生态农业""生态休闲旅游业"等作为新的经济增长点。尤其是县境交通的发展日新月异。明清时代的文成境内只有几条民间集资修建而成的狭窄道路，通往青田、泰顺、丽水、瑞安、温州等地。建县初期，处于崇山峻岭中的文成人出门主要靠双腿翻山越岭，运输则主要靠肩挑背驮。飞云江的船运和泗溪、峃作口溪、玉泉溪等小木船或竹筏运输，行程缓慢，运输量较少，而且酷暑寒冬摇橹拉纤苦不堪言。直至 1956 年文成县境才开始修建公路，到 1957 年全县仅有 20 公里的简易公路②。经过近 60 年发展，全县已修建成四通八达的公路网。尤其是自 20 世纪 80 年代以后，县境开始大力修建乡村公路，90 年代以后大力扶持畲乡村级公路建设。至 2007 年底，全县 37 个畲族聚居行政村通公路的有 35 个，村通公路率高达 95% 以上③。近几年来县境各级公路进一步得到扩建和改建，尤其是新 56 省道④的竣工，大大缩短了文成县城至各乡镇的直线距离，县城至温州的车时也缩短至 1 个半小时左右。2012 年底获审批的龙丽温高速公路景宁至瑞安段（含泰顺支线）的工程项目现正在紧锣密鼓的建设中，届时文成至周边县市乃至福建等地，将更加畅达便捷。

6. 历史人文

文成境内不仅自然资源丰富，历史人文资源也毫不逊色。尽管该地历史上分属瑞安、青田、泰顺边沿，属地域辽阔、交通不便、风气晚开的边鄙之地。但受中国传统耕读文化的辐射，元、明、清时期境内的县学、书院、塾馆等达 20 余处，民国年间各类小学达 200 余所，穷乡僻壤处也不

---

① 以上经济增长数据根据中共文成县委史志办公室和文成县志（续志）编委会编辑部编印的《文成县 60 周年纪事》（2010 年内部出版）中的 "1949—2009 年文成县社会发展情况表" "1949—2009 年文成县交通邮电发展统计表" "1949—2009 年文成县教育卫生发展统计表" 等相关统计整理计算而来。

② 朱礼：《文成县志》卷 10，《交通 邮电》，中华书局 1996 年版，第 415 页。

③ 钟金莲：《文成畲族文化》，国际炎黄文化出版社 2009 年版，第 57 页。

④ "新 56 省道"是文成人的口头习惯表达，按照浙江省公路标准，现在统称为 330 省道。该路段是相对于从瑞安经文成县城到百丈漈、傲里，再到西坑畲族镇这段 "老 56 省道" 而言，"新 56 省道" 实际上是打通黄坦镇到周岙底与西坑和景宁方向相连接的路段，该路段的打通大大缩短了培头村到黄坦镇和文成县城的距离。

乏金榜题名者。据历史记载，自北宋雍熙二年（985）至清末，该地有文武进士15名。自元至顺三年（1332）至清末，有文武举人26名。光绪十八年（1892）有3人同中壬辰科武进士，一时传为美谈①。此地还涌现出一些光彩夺目的历史文化名人。例如，西坑畲族镇的富弼，乃北宋名相，名垂千古；南田镇的刘基，乃明朝开国元勋，千古人豪；龙川的赵超构，乃当代新闻泰斗，享誉文坛。这些历史文化名人的故里宗祠及诗文碑刻，大大增添了文成县的历史文化底蕴。

7. 宗教信仰

文成县宗教氛围浓郁、历史悠久，留存至今的有佛教、道教、基督教等，民间信仰往往佛道杂糅、巫道一体。县境佛教流传迄今千余年。唐、宋、元、明、清时期，修筑大小佛寺30余处，历代佛寺名僧辈出。其中，唐元和三年（808），西坑建"安福寺"，近年斥巨资重建，气势恢宏；元和七年（812），黄坦筑"栖真寺"，历代修葺扩建，"文化大革命"时被毁，1990年重建后，规模壮观；元和十五年（820），大峃七甲玉泉山造净慧禅寺（俗称七甲寺），后屡毁屡建，光绪年间著名高僧谛闲挂锡至此，重修七甲寺，境内佛教遂转入天台宗，一时高僧云集。1972年全寺拆除，1984年重建后，称法门宏界。

境内道教可追溯至南朝著名道士陶弘景于百丈漈崖巅筑炼丹台，台下现留有陶氏38岁时的摩崖题记。据旧《瑞安县志》和大峃岩庵碑记，均载有唐吕洞宾的《游岩庵诗》。而位于南田镇高村的无为观道教遗址，始建于唐天宝年间，占地4000平方米以上，毁于元末兵燹，现已变为农田。此外，还有分布于县境四面八方的各类民间道教神庙180多处，诸如：三官庙、许真君庙、五显公庙、徐三公庙、杨府爷庙，等等。1990年，全县活跃于乡间的民间正一派道士达176位，随着老一辈道士的去世，现民间道士数量总体有所减少。

至于境内基督教则大大晚于佛、道二教。最早的基督教堂当属大峃教堂，位于大峃镇徐宅巷80号，始建于清光绪六年（1880）。"文化大革命"期间被拆毁，1987年重建，现为全县基督教委员会驻地。此外，在文成其他各地乡镇等还建有规模不等10座教堂，这些教堂均属20世纪80年代至90年代重建或新建，其中重建的5座教堂始建于清光绪或民国

① 朱礼：《文成县志》卷26，《教育》，中华书局1996年版，第781页。

年间，大都是在"文化大革命""破四旧"运动中被毁。县境内还有若干个安息日聚会点[①]。新建的教堂以侨乡玉壶镇分布居多，可视为华侨对欧洲基督教文化的本土传播。

8. 老区侨乡

文成县还是革命老区和著名的侨乡。新中国成立后至1991年底，经县以上人民政府批准，被追认的各个时期的革命烈士共有356位[②]。其中，红军将领刘英在文成县留下了极为深刻的民间记忆。据《文成县志》记载：刘英（1903—1942），江西瑞金人，原名声沫，化名可夫、王志远、林远志等。高小文化，始任小学教师，后经营小米店生意。1929年4月参加红军，10月加入中国共产党。历任红军连、营、团、师、军团等领导职务。1934年7月，任原红七军团组成的中国工农红军北上抗日先遣队政治部主任。次年1月先遣队出师失利后，奉党中央指示组建中国工农红军挺进师，任政委，与粟裕师长一起，开辟浙南游击根据地。1942年2月，因叛徒出卖在温州被国民党政权抓捕，5月18日在永康方岩慷慨就义。刘英在文成的山山水水留下了许多革命足迹，文成百姓广泛传颂其英雄事迹。县境仍保留着石角、双垟包、毛岭头等多处刘英住房和下庄"红军联欢田"、三合村"红军洞"等纪念遗址。1991年，文成群众自发筹资，于花前穹口村建刘英石雕塑像和珊溪百万山刘英纪念馆。"刘英纪念馆"几个大字，为时任中共中央政治局常委、中央军委副主席刘华清于1994年4月题书[③]。

文成华侨移居海外，最早可追溯至清光绪三十一年（1905），玉壶东头黄河村胡国恒，随其青田舅父从上海赴欧洲贩卖青田石雕，后转赴南美阿根廷谋生。此后，县境陆续有人远赴南洋、日本、欧洲等地[④]。尤其是改革开放后，通过亲缘或地缘关系，文成形成出国发展的移民高潮，不少山区农民纷纷走出国门，或做工或经商。从1985年至1998年，文成县境共移民海外53540人（不包括劳务输出者），相当于1984年前80年时间

---

① 有关文成县宗教信仰情况参见朱礼《文成县志》卷30，《宗教》，中华书局1996年版，第883—903页。

② 朱礼：《文成县志》卷8，《人物》，中华书局1996年版，第332页。

③ 有关文成革命英烈事迹，参见朱礼《文成县志》卷8，《人物》，中华书局1996年版，第307—308页。

④ 朱礼：《文成县志》卷5，《华侨》，中华书局1996年版，第225页。

移民海外总人数 4536 人的 12 倍。截至 1998 年底，全县移居海外侨胞已达 6.7 万人，分布于 52 个国家和地区，其中移居欧洲各国的约占 95%，并以侨居于意大利、法国、荷兰、德国、西班牙等国居多。

近百年来，文成海外侨胞，不仅为侨居国的经济繁荣做出巨大贡献，也为祖国家乡的独立、富强、繁荣贡献着自己的力量。他们虽身处异国他乡，但心系祖国，情系桑梓。截至 1998 年，文成华侨已投资 10 多亿元人民币，在祖国各地创办了 37 家侨资企业，并投入资金 1.036 亿元，帮助家乡开发建造四座股份制水力发电站。尤其是，大量的山区畲汉农民被侨胞亲属带出国门，通过辛勤的劳作，使家庭和家乡摆脱了昔日贫困的经济面貌，所创造的大量侨汇，推动了文成地方经济的繁荣发展。据统计，从 1961 年至 1999 年，全县累计侨汇总额 12.48 亿元，其中从 1994 年至 1999 年的短短 6 年中，侨汇达到 11.9 亿元。文成侨胞还为家乡公益教育事业慷慨捐资。据初步统计，捐资达 7542 人次，累计金额达 4091.70 万元人民币，依次用于中小学现代教学楼的兴建、交通通信照明等基础设施的建设、影院图书馆网络设备的修建、风景名胜景区的完善以及医疗卫生条件的改善，等等。至于捐资修建桥梁、凉亭、给福利院捐钱送物等，更是多不胜数①。可见，文成社会经济文化的发展，海外侨胞功不可没。

9. 风景名胜

文成县优美的自然景观与浓郁的人文景观相得益彰、交相辉映。众多的风景名胜令人心旷神怡、流连忘返。全县主要有百丈漈、刘基故里、石胜林海、飞云江中上游四大景区。百丈漈与刘基故里景区，除百丈漈景区峡谷景廊景点延及大峃镇部分辖地以外，其余均位于海拔 600 米以上的南田山，自然景观有百丈漈、天顶湖、峡谷景廊。南田山因风光绝美而被宋代文人张君房在《云笈七签》中称为"天下第六福地"。人文景观有刘基故里、刘基庙、刘基墓，北宋名相富弼高祖富韬之墓亦位于此，该景区可谓钟灵毓秀、人杰地灵。石胜林海景区，由高岭头库区、石垟林场、叶胜林场等组成。景区内苍松翠柏、奇峰竞秀、云海苍苍。主要景点有金猴湖、铜铃山国家森林公园、石角刘英②住地等。

---

① 有关文成华侨对祖国和家乡的贡献，参见朱礼《文成华侨志概述》，中国华侨出版社 2002 年版，第 8—9 页。

② 石角林区吴炳莲住房，现存原建筑 7 开间，木结构，依山面水，自 1935 年始，刘英曾多次居住于此。1942 年牺牲时，浙南特委在此屋二楼为其开追悼会。

飞云江中上游景区则主要集中在双溪、会溪、珊溪等飞云江沿线一带。两岸群山万壑、清荣峻茂，江内素湍绿潭，回清倒影。南宋诗人陆游（1125—1192）赴福建的上仕途中曾畅游飞云江时赋诗云："俯仰两青空，舟行明镜中。蓬莱定不远，只要一帆风。"江潭之中游弋着多种名贵鱼类，沿江两岸拥有多种古文化遗存，远自新石器时代山麓文化时期，近自唐五代至元明清时期。可谓自然风光与人文风光融为一体。主要景点有岩门洞、刘英纪念馆、西安寺、福源寺、云居寺、双垟包村刘英住地①等。

此外，黄坦镇境内的稽垟千年古樟、吴王洞、吴王墓、栖真寺等，均为县级重点保护文物。古樟历尽千年风霜，仍枝繁叶茂，生机盎然，其胸径3.75米，高25米，覆盖面积1068平方米，实为浙南闽北所罕见。吴王洞为元末农民起义领袖吴成七兵败后的避难之所，后不久被其外甥诱杀。洞外山上还有署为"元龙凤二年"的摩崖石刻，远处山顶则为吴成七寨。吴王墓位于稽垟东庄庵后山，墓下路边，有始建于明代的宝华寺。雅梅乡（现为黄坦镇）严本村的栖真寺，始建于唐元和七年（812），宋治平二年（1065）重建。明清时期多次重修，系浙南著名古刹。"文化大革命"后主体建筑被毁，1990年后，古刹重建，群众募资重建，规模壮观。至于大峃镇内则有云峰山、金鱼山、栖云山、赵超构故居、南宋大臣周必大墓等。玉壶镇内有明代玉泉寺、狮岩寨、金钟寺、文昌阁、陈御史故里（明代官员陈茂烈）、胡泰清故居（清光绪年间武举人）等。这些风景名胜内，自明清至今有国内名人题书49幅，留下珍贵的书法艺术资源和历史文化价值②。

建县60多年的文成县，社会经济文化快速发展，县域面貌日新月异。但由于历史因素和地处山区，其区域经济文化变迁长期总体滞后，现地方政府将文成新的经济增长点立于生态兴县发展战略上。上述独特的自然资源和人文资源，无疑为当今文成生态兴县奠定了基础。

---

① 房屋坐落于文成与平阳交界的崇山之巅，双垟包村毛岭头，四周白云缭绕、林木葱茏。1935年后，刘英曾两次从平阳经此住在林新城家。该屋后被国民党平阳靖卫团烧毁，新中国成立后重建。

② 有关风景名胜参见朱礼《文成县志》卷3，《名胜》，中华书局1996年版，第146—175页。

第二节　培头村村落概况

一　村落地理环境概览

培头村位于文成县城西部，黄坦镇政府所在地北面，富岙社区南面。中心村培头自然村背倚风景秀丽的金钟山，距文成县城约 25 公里，距黄坦镇约 10 公里，距富岙社区约 5 公里（以上均为 56 省道改建前的道路里程）。村域面积约 3.5 平方公里，境内群山环绕、山峦起伏，风光旖旎，村庄聚落分布于海拔约 500 米至 600 米之间，属典型的中山丘陵地带，村内主要山峰有金钟山（海拔 598 米）和驼寨峰（海拔 758 米）。村庄地处亚热带海洋季风气候区，四季分明，气候温和，谷地年平均气温 14℃—18.5℃，常年温暖湿润，无霜期长、雨量充沛，适合农、林、牧业、养殖业等发展。村落依山而建，梯田沿山坡延伸，山中布满松、杉、竹、槠、枫、苦槠等树木，还有丰富多彩的各类野生植物，既可作蔬菜食用，亦可作草药内服外敷。村庄自然生态环境优美，空气清新怡人。拥有国家三级保护的古树 4 株，其中马尾松 1 株（200 年）、苦槠 1 株（150 年）、枫香 2 株（150 年）。

村落交通几经历史变迁，发生了天翻地覆的变化。清代至民国年间，村内只有一条民间修筑的拾级而上的青石板路通往外面的世界，除个别达官贵人出入该地是乘坐轿子以外，其余普遍肩挑背驮、徒步而行。新中国成立后直至 80 年代初期，出入村内也只是羊肠小道，村民至乡镇或县城购物，以及中学生上学，往往抄山路步行，往返一趟费时费力。自 20 世纪 80 年代末，始有蜿蜒盘旋的山间公路通往镇上和县城。自公路进村后，村民出入依靠摩托车、中巴车、小汽车等，到县城和镇政府的距离大大缩短。尤其是自 2013 年底由 56 省道改建的新 56 省道竣工后，王宅和周岙底隧道打通，培头村距省道仅 2.5 公里，至县城的路程缩短至 10 余公里，至黄坦镇缩短约 5 公里，交通条件大为改善。近年来，进入培头村的乡村公路也经过多次拓宽和维修，路况日益改善。景宁经文成至瑞安的在建高速公路也即将与温州绕城高速公路衔接。届时，培头村与外界的联系将更加迅速便捷。日益发达的交通，为该村的发展将带来新的机遇。

二 行政隶属关系变迁

培头村所在的富岙乡在清代至民国初期，还只是一个村庄。据康熙版《青田县志》[①] 记载：富岙村属青田县八都中的八外都[②]，位处青田县西南，"距城一百六十里"。而乾隆版的《续青田县志》[③] 中的"八外都"境域图上，则标有"富土夭庄"和"培头庄"[④] 等名称。此后，培头村的行政隶属关系始终随着文成县和富岙乡的行政建置的时代变迁而变迁。以下不妨分为隶属青田县和隶属文成县两个历史时段予以简要说明。

（一）隶属青田县管辖

今文成县的南田镇、黄坦镇及西坑镇一带在文成设县之前，均归青田县管辖。据清康熙版《青田县志》记载：明洪武年间（1368—1398）定青田为3乡、18里、23都、252图。今文成县黄坦镇属青田县柔远乡、南田西里、八外都。清康熙二十年（1681），青田县城设坊，乡间设都、图，全县为6坊、18都、52图。今文成县黄坦镇属青田县八都之八外都。其时八外都辖4图30村，这30村中有培头村附近的富岙和周岙底等村名，但没有培头村之名。这毫不奇怪，因为培头村钟姓先祖直至康熙五十六年（1717）才来此开基。清雍正六年（1728），保留都，取消图，将每都划为10源，源设源长，青田共有182源。其时，培头村隶属青田县八都之八外都的五源（辖8村）。至今，在培头村的钟氏宗谱和民间账簿及其他手抄本的封面上还写着"五源培头"的字样，这应是培头村历史记忆中最早的行政隶属关系。

清光绪三十四年（1908）、宣统元年（1909）设置城、乡制。青田划分为1城区、34乡，今文成县原青田属地分为南田乡、熬里乡、黄坦乡。其时，培头村隶属青田县八都之八外都的黄坦乡。民国初期沿袭清制。民国十九年（1930），青田全县设4区、3镇、112乡、1832闾、8062邻，其中第二区辖22乡。其时，培头村隶属青田县二区富岙乡。民国二十七

---

① （清）张皇辅修，钱喜选纂，康熙二十五年刊刻；万里增订，雍正六年补刊。

② 青田县八都分为八内都和八外都。

③ （清）吴楚椿纂修，乾隆四十二年刻本。

④ 青田多个老版本县志，关于"富岙"地名的写法多样，有"富墺""富坳""富土夭"等，大概属于方言谐音与异体字，而培头庄则是富岙村旁边的一个村庄，后富岙村的富岙桥发展为乡政府的所在地。

年（1938），二区改称南田区，辖十乡。其时，培头村隶属青田县南田区富岙乡。民国三十六年（1947），富岙乡与熬里乡合并为岙里乡。其时，培头村隶属青田县南田区的岙里乡。

（二）隶属文成县管辖

民国三十七年（1948）7月，文成正式设县。全县设5区19乡镇。培头村隶属文成县南田区岙里乡的三保。1949年5月，文成县解放，废除旧制，建立新的行政规划。全县划分为5区、32乡镇，培头村隶属文成县黄坦区富岙乡。1950年7月，全县调整为5区、55乡镇，培头村仍属黄坦区富岙乡。1952年，再度调整，全乡分为7区120乡镇，培头村属黄坦区培岙乡（由富岙乡析出培岙、双莲2乡）。据悉，培头村的钟氏宗祠曾作为培岙乡乡政府办公地点。1956年，培头村所在的培岙乡复并至富岙乡。培头村仍隶属黄坦区富岙乡。1958年10月，文成县与瑞安县合并，区、乡、镇名称改变，区称人民公社，乡称为生产大队，不久生产大队又称为管理区。其时，培头村隶属瑞安县黄坦人民公社富岙大队。1961年，文成县从瑞安县析出，全县设7区62人民公社，其时，培头村（大队）隶属文成县黄坦区富岙人民公社。此后，自1965年至1983年，全县建制虽有所变动，但培头村（培头大队）隶属关系不变。1984年至1992年，随着人民公社"政社合一"体制结束，恢复乡镇制以后，培头村隶属文成县黄坦区富岙乡。1992年，文成县撤区并乡，培头村仍属富岙乡。2004年培头村与汉族红星村合并，行政村名为培头民族村。2011年，文成县撤乡并镇，富岙乡隶属黄坦镇，培头民族村至今隶属黄坦镇①。

三　村落人口与行政建制

（一）村落人口

1. 人口民族

培头民族村现今共451户，1325人，其中，畲族人口为817人，主要集中分布在培头、呈山底、牛塘这三个畲族自然村（老培头村），占培头民族村总人口数的61.7%，占老培头村总人口数的97.3%。各自然村人口分布状况参见表1。随着20世纪80年代改革开放，培头、呈山底、牛塘等三

---

① 培头村行政隶属关系参见康熙版《青田县志》和乾隆版《青田县续志》及朱礼《文成县志》卷1，《建置》，中华书局1996年版，第13—72页。

个畲族自然村，也相继嫁入了 20 多位外省媳妇（其中 8 位为湖南土家族，6 位为云、贵等省的布依族，其余为外地汉族，均会说流利的畲语）。如今培头民族村是一个以畲族为主体人口的多民族村。而畲族以钟姓为主，自清康熙五十六年（1717）由平阳搬迁而来，1956 年被国家民族事务委员会识别为畲族。该村畲族与浙江其他各地畲族一样，不太认同"畲族"族称，内部自称"山哈"，而对非畲族则自称为"我们少数民族"。

表 1　　　　　　　培头民族村各自然村人口状况分布表

自然村名称	村落类型	现有人口（人）		主要民族	主要姓氏
培头	中心村	300		畲族	钟姓
呈山底	自然村	320		畲族	钟姓
牛塘	自然村	220		畲族	雷姓
富竹岭	自然村		1325	汉族	
林斜	自然村			汉族	郭、苏、张、赵、杨等
山林	自然村	485		汉族	
和平丘	自然村			汉族	

资料来源：户籍资料与田野访谈（2010 年 7 月至 2013 年 12 月）。

培头村的老年人终年劳作、心情恬淡，加之该村气候适宜、空气洁净、水质甘醇，因而长寿老人相对较多。现全村 80 周岁以上的老人有 38 位，其中，畲族 24 位，汉族 14 位；90 周岁以上的有 10 位，85—90 周岁的有 15 位，80—85 周岁的有 13 位。这些长寿老人目前年龄最大的生于 1917 年，大都身体健康，家庭幸福。他们不仅亲自操持家务，还能参加种地、砍柴等户外生产劳动，其中白头偕老的金婚夫妇有 16 对。[①]

2. 社会流动

相对于偏僻的地理位置而言，历史上培头村的社会流动程度并不低。其流动路径主要依赖读书和发展手工业、小商业等。清代至民国年间，培头村钟姓畲族读书人大都在村里耕读传家，少数出类拔萃者有至四川、江西、福建等地为官，还有的在本乡教书，或者至平阳、泰顺、福鼎、霞浦

---

① 据 2013 年培头民族村文化礼堂资料中的"寿星榜"和"金婚榜"，以及该村户籍资料和入户调查等资料统计。

等地以诉讼为业。而从事打银、木工、绘画、医药等技艺的主要在宣平、云和、泰顺、平阳等地谋生。至于从事牛羊等贩卖生意的除了频繁往返于景宁、泰顺、平阳等地以外，最远处还抵达福州。新中国成立后迄今，培头村最重要的社会流动主要是通过读书升学，成为国家公职人员。至于普通村民的社会流动则始终与国家体制密切相关。在长达 20 多年的人民公社时期，培头村畲族村民亦如全国其他农村农民一样，在国家计划经济体制下，流动程度十分有限。这种有限性流动，又分组织性流动和自发性流动。组织性流动，主要是体制内允许的在当地从事修桥、修路、修水库等集体基础设施建设，村民（公社社员）获取有限的工分收入。自发性流动，实际上是生存性流动，主要是农闲时从事手工业和搬运砍伐等副业经济，以补充家庭集体经济收入的严重不足。村民有限流动的收入大部分用于购买生产队工分，小部分留作家庭开支，收入总体有限。自 20 世纪 80 年代初，我国农村实现改革开放政策后，培头村畲族村民流动空前活跃。他们大部分于温州、瑞安、杭州等地打工经商，还有的至两广、两湖、云、贵、川一带从事技术工作或商贸经营。时至 90 年代，陆续有年轻村民走出国门，到法国、意大利、苏里南等国家打工或经营餐馆、百货商贸等生意。

　　3. 婚姻继嗣

　　畲族历史上长期实行民族内婚制，蓝、雷、钟、李等畲族姓氏之间相互婚配。后由于居住分散，姓氏少，又实行较为严格的民族内婚制，故同姓不同祠堂的亦可以相互婚配。培头村在清代至民国年间，总体而言是以民族内婚制为主。通婚范围除了本境周边畲村以外，其余主要在泰顺、瑞安、景宁、平阳等地畲村，个别的也远及遂昌、桐庐畲村。然而，由于培头村钟姓畲族先辈崇尚耕读传家，广泛结交汉族文人，因而具有开放的民族胸襟，较其他畲族村落较早打破畲汉通婚的壁垒。早在清代乾隆年间，钟姓畲族先贤钟正芳就将自己的三女儿嫁给本境汉族郭世良，可谓开畲汉通婚之先河。自此后至 1947 年，培头村畲汉通婚数量 70 余对（详见本书第三章），主要以畲女外嫁汉男为主，这是因为汉族女子较少愿意嫁到较为偏僻的培头村。过去培头村钟姓畲族男子大都娶的是周边畲族女子。该族内婚情形在新中国成立后维持了相当长的时间。直至 20 世纪 80 年代初改革开放后，才陆续有来温州打工的外省女子嫁入该村。现今通婚圈范围由新中国成立前的青田、泰顺、瑞安等地扩大至千里之外的湘、贵、川等地。

至于培头村钟姓畲族历史上的婚嫁形式和继嗣规则，如同当地汉族。从《钟氏宗谱》来看，基本以"男娶女和女嫁男"的婚姻形态为主，招赘婚寥寥无几，只是极个别家庭贫困的男子至外地招赘或被收养。倘若无子嗣者（包括未娶者），则过继同族兄弟为子嗣或收养附近的畲汉子弟为子嗣，当地人俗称"接代"。该村有女无儿的家庭，倾向于过继或收养儿子，而选择将女儿外嫁。该情形与丽水、景宁、云和等地畲村盛行招赘婚大相径庭。说明过去培头村受汉族父系血缘观念影响至深。新中国成立后，培头村无子嗣的家庭收养、过继的现象减少，而女儿招赘现象增多，这表明其传统父系血缘观念的淡化。当然，未生育和未婚配家庭还是习惯本族过继或收养，即便是名义上的，也要选择接替有序的继嗣形式。

（二）行政建制沿革

培头村村庄聚落分布和行政建制亦几经历史变迁。1958 年之前为纯钟姓宗族畲族村落，分培头和呈山底两个自然村。1958 年与地理位置稍高的牛塘雷姓畲族自然村合并为培头生产大队（曾一度为富岙大队中的一个生产小队），大队部设在培头自然村，村内人口以钟姓占绝对多数，雷姓次之，因通婚和搬迁使村内还杂有少量蓝姓和李姓畲族。1984 年随着人民公社"政社合一"体制的解体和乡镇制的恢复，培头大队自然转换为"培头行政村"（俗称培头村），直至 2004 年之前，培头村基本上是一个纯畲族行政村。自 2004 年始，培头行政村与山脚的红星汉族行政村（内分富竹岭、山林、和平丘、林斜等四个自然村）合并为畲汉杂居村落，行政村名为"培头民族村"（习惯简称培头村），全村共辖 7 个自然村。村委会仍设在培头自然村（当地人称为"中心村"）。

合并后的培头民族村根据地理位置和文化传统，实际上分为"培头畲族片"和"红星汉族片"。这两个片区既友好合作，又保持一定的边界。村两委班子成员由畲汉两族共同构成，根据畲汉人口比例，畲族基层干部人数略多于汉族。在当地民俗语汇中，说到"培头村"时，其具体含义视语境而定。大多数情况是指中心村——培头自然村，有时候也指老培头村，即合并之前的培头大队或培头行政村（包括培头、呈山底、牛塘这三个畲族自然村），在某种正式或官方场合则指的是培头民族村，即包括合并后的红星村。而本书根据研究内容，深度田野调查所指的培头村侧重于培头钟姓宗族村落，即培头自然村与呈山底自然村，而牛塘等其他

5个自然村则只作为田野调查的参照对象。

（三）村落基层组织变迁

培头村属革命老区，钟姓畲族默默无闻地支援过土地革命战争和抗日战争以及解放战争。早在抗日战争期间该村就成立了中国共产党支部委员会，钟维楷从1941年至1952年担任了10年的党支部书记。自1941年3月至1943年3月，仅有三百来人的畲族小山村就发展了5名中共党员。1944年4月至1948年10月，又发展了7名党员。从1948年11月至1949年10月，全村党员人数达到25人（还不包括一些失去联络的地下党员）①。新中国成立后，党员人数逐年增加，目前培头民族村党支部村民党员人数已达到50名。自从培头村党支部成立以后，该组织未曾中断过（参见表2）。20世纪90年代中后期以后，培头村支部书记文化程度有所提升。2014年4月，文成县响应温州市委提出的"红色细胞"②工程，将培头民族村作为重点试点，要求每个党员以责任制的形式入户调查，结对关照村民。

培头村基层行政组织自从1950年迄今亦从未中断，组织机构逐渐完善。从表3历任村委主任（大队长）人员名单基本状况和任职年限来看，比较重视文化人，具有初中文化程度的钟秉义（1928—2008）曾为两届负责人，钟炳岳为第四届和第五届县人大代表。成员分布也考虑到自然村落的平衡，农业家庭联产承包责任制以前，担任大队长的既有培头村自然村村民，也有呈山底自然村村民，尤其还有一位赵姓汉族。该汉族家庭是一个"汉族畲族化"的典型案例。据悉，20世纪40年代初，一位名为赵钦满的汉族小伙由山脚的周岙底村迁徙至培头村，新中国成立初期就在培头村成家立业，其妻子也是一位外地汉族。赵家成为培头村唯一的一户汉族。这户长期生活在畲族文化中的赵姓汉族家庭完全被畲族文化所涵化。他们一家与村内钟姓畲族关系融洽，平时讲畲语、行畲族习俗。赵钦满还善唱畲族山歌。钟姓畲族没有因为赵家是汉族而将其排除在我群之外，相反看重其能力和品行，拥戴赵钦满做了两届六年的大队长（1978—1984）。

---

① 该数据来源于呈山底自然村已故村民钟秉义先生的手稿，由其儿子钟其宽提供，鸣谢。
② 所谓"红色细胞工程"是温州市委于2013年底提出的，即充分发挥基层党组织和党员的骨干先锋作用，构建密切联系群众、贴心服务群众、结对关心群众的系统组织网络工程。

有意思的是，为了让赵家子女享受民族优惠政策，钟姓畲族经过集体商量，允许赵家三个儿子姓钟，并将他们录入《钟氏宗谱》，可一同祭拜钟氏宗祠，其班辈随辈分较高的邻居。赵家三位改姓钟的儿子，都通过读书升学参加工作。其中老二还担任过文成西坑畲族镇的副镇长，现已调任温州市某机关工作。该村出现父子之间分为畲汉两族和赵钟两姓的奇特案例，体现了文化人类学中的文化涵化理论和族群认同理论中的工具论，也折射出培头村钟姓畲族的文化包容和文化开放，更是畲汉友好互动的象征。

此外，从培头村基层组织变迁来看，虽然人员结构不是十分完善，但体现了很好的畲汉互助合作关系，近三届中青年一代文化水平有所提升，女性作用亦受到重视（参见表2至表4）。

表2　　　　　　　　培头村历任党支部书记任职情况表

姓名	性别	自然村	出生年月	文化程度	任职起止年月
钟维楷	男	呈山底	1921—1966	小学	1941—1952
钟丁敖	男	培头	1927—2006	略识字	1953—1958
钟尧盛	男	呈山底	1924—2012	小学	1959—1963
钟炳奎	男	呈山底	1940—	小学	1964—1995
钟维禄	男	呈山底	1948—	初中	1996—2007
张聪富	男	富竹岭	1965—	高中	2008—2013
钟松夏	男	呈山底	1966—	初中（函授大专）	2014 迄今

资料来源：《钟秉义手稿》《培头钟氏宗谱》《呈山底钟氏房谱》《培头村党员名册》及田野访谈等。

表3　　　　　　培头村历任村委主任（大队长）任职情况表

姓名	性别	自然村	出生年月	文化程度	任职起止年月
钟秉义	男	呈山底	1928—2008	初中	1950—1954
雷志法	男	呈山底	1935—2013	小学	1955—1958
钟秉侯	男	培头	1935—2006	小学	1959—1962
钟义招	男	呈山底	1944—	初中	1963—1968
钟义厚	男	呈山底	1933—	小学	1969—1973
钟秉义	男	呈山底	1928—2008	初中	1974—1977

续表

姓名	性别	自然村	出生年月	文化程度	任职起止年月
赵钦满	男	培头	1934—	小学	1978—1984
钟炳岳	男	呈山底	1945—	初中	1985—1995
钟维久	男	培头	1964—	高中	1996—2002
钟一兵	男	培头	1972—	高中（函授大专）	2002—2004
钟维好（代理）	男	培头	1968—	高中	2005—2007
钟松夏	男	呈山底	1966—	初中（函授大专）	2008—2013
钟新宽	男	培头	1972—	初中	2014 迄今

资料来源：《钟秉义手稿》《培头钟氏宗谱》《呈山底钟氏房谱》《培头村文化礼堂》及田野访谈等。

表4　　　　培头民族村近三届基层组织状况表（2008 年迄今）

届次	职务	姓名	支部成员/村委成员概况	任职起止年月
第一届	村委书记	张聪富（1965—）	郭高村（1944—小学）、钟明秀（1960—初中）、钟廷村（1946—小学）	2008—2010
	村委主任	钟松夏（1966—）	赵东金（1957—小学）、雷宽马（1956—小学）、雷金锁（1948—小学）、钟炳村（1949—小学）	
第二届	村委书记	张聪富（1965—）	郭高村（1944—小学）、钟晓南（1972—女初中）、赵东金（1957—小学）	2011—2013
	村委主任	钟松夏（1966—）	钟维好（1968—高中）、郭瑞峰（1975—初中）、杜小丽（1982—女初中）、钟海敏（1985—大学）	
第三届	村委书记	钟松夏（1966—）	钟海峰（1984—初中）、钟一兵（1971—高中）、钟维平（1969—初中）、郭高村（1944—小学）	2014 迄今
	村委主任	钟新宽（1971—）	郭瑞峰（1975—初中）、赵汉民（1960—初中）、赵东金（1957—小学）、雷晓芬（1981—初中）	

资料来源：据《培头村户籍》《培头村文化礼堂》《培头村村两委信息》及田野访谈等资料整理。

四　村落经济变迁

历史上培头村所在的富岙乡位处青田繁华县治的边缘地带，山高林密、交通不便。与此相对应的是经济生活的贫困。据悉，富岙本名"苦坳""苦竹坳"。方圆数十里的姑娘都不愿意嫁入该乡，当地流传着"女儿不嫁苦竹坳，一条山岭透天长"的俗语。相传，有一年，富岙邻乡有一位张姓秀才，看中了该地的一位聪明勤劳的小伙子，硬是打破世俗偏见将女儿嫁到这里，并将"苦坳"改名为"富岙"。也有人认为"苦坳"改名是源于当地人对改变贫困落后面貌的热切期盼，因而有意将"苦坳"说成"富岙"，久而久之也就约定俗成了。以上传说虽然不能等同于历史，但传说却是历史的叙事。没有历史的真实，却有历史的意义。"富岙"地名的传说，折射出该地历史上的贫困以及富岙百姓对富裕生活的向往。

而位处富岙乡政府南面的培头村，地势更高，地形地貌更复杂，历史上较之富岙乡周边村落交通更为滞后。钟姓畲族先祖世英公和世雄公兄弟二人自康熙五十六年（1717）于培头村金钟山开基立业以来，钟姓世代以"筚路蓝缕，以启山林"的拓荒精神，将村落周边的荒山野岭开辟成旱地和梯田，实现了水旱并作的二元型农耕生计模式。但由于山区水田大都为岗头田，不仅耕作半径大，生产效率低，且属沙质土壤，缺水怕旱，即便风调雨顺，稻谷亩产量也仅是平坝水田的50%。倘若遭遇严重的旱、涝、风、虫等自然灾害，则几乎颗粒无收。加之，文成山区畲汉村落直至1956年以前，种植的是"泰顺禾""平阳白""早禾仔"等高杆稻谷品种，不仅产量低，而且怕倒伏。所以，培头村钟姓畲民在新中国成立前，无论多么辛勤耕耘，亩产100公斤以下的稻谷无法满足一年三餐的需求，故需要种植大量的番薯、玉米、黄豆等旱地农作物才能满足温饱。"番薯丝吃到老"是过去钟姓畲民生活的写照。

为了弥补农业收成的不足，改善家庭经济，钟姓畲族先辈也从事打银、打铁、打石、做木、种菁、绘画、缝纫、编织、医药等手工技艺，以及贩卖牛、羊、蓝靛等。通过数代钟姓畲族们的辛勤耕耘和克勤克俭，以及手工业和商业对农业的补充，推动着培头村村落经济的缓慢发展，也促进了该村崇文重教、耕读传家风尚的兴起。因文化与经济的互动，培头村钟姓畲民的衣食住行，总体优于周边大多数畲汉村落。钟姓族裔们大约在清代中后期迎来了人口增长、丰衣足食的生活。现今村内留下的大量清代契约、诉讼、账本等民间文书就是明证。呈山底自然村还保留着一座六兄弟聚族而居的清代式样的钟氏古民居，这无疑是昔日钟姓畲民经济积累的象征。

　　但因培头村长期囿于旧中国的制度环境和位置偏僻、交通不便等不利因素，加之清末至民国年间该村曾遭遇两次较大火灾，大部分积数代人辛苦而成的房屋被化为灰烬，因而直至新中国成立初期，该村村落经济始终处于缓慢低度发展的温饱或半温饱水平。例如，该村留存了较多清末至民国年间的小块田地山林的售卖契约，说明自耕农经济分化严重和不稳定性增强。此外，在 20 世纪 50 年代初期土地改革运动期间，划分阶级成分时，该村没有一户地主，仅有几户富农，其余均为中农及贫农。这也说明该村在新中国成立前夕经济状况处于凝滞甚至倒退的状态。

　　自新中国成立后，尤其是土地改革的完成，培头村钟姓畲民人均获得了 0.25 亩水田和 0.4 亩旱地以及 0.2 亩山林。他们开始过上了较为稳定的小农经济生活。自土地改革至农业合作化运动前期，畲民们安居乐业，生活质量大为改善。随着农业合作化高潮的到来和快速地进入人民公社化运动期间，培头村畲民也与我国其他农村众多农民一样，先是经历了吃野菜、得浮肿病的三年困难时期，继而经历了农村经济长期迟滞发展阶段。虽说，1963 年村内改种矮秆水稻，御风能力强，产量由过去的每亩 100 公斤以下提升到 150 公斤至 200 公斤。1977 年全面推广杂交稻，产量每亩提高到 300 公斤左右①。畲民们餐桌主食的番薯丝比重因此有较大下降。然而，"政社合一"的人民公社体制，导致严重的经济生产"过密化"②和平均主义现象，阻碍了农业生产力的大幅度提高以及村落经济的多元化发展，畲民们经济生活水准仍然总体上在温饱线上挣扎。

　　自 20 世纪 80 年代初期，随着人民公社"政社合一"体制的结束和家庭联产承包责任制的到来，培头村农业生产的热情获得巨大的释放，水

---

　　①　钟金连：《文成畲族文化》，国际炎黄文化出版社 2009 年版，第 50 页。

　　②　过密化概念源于美国人类学家格尔茨（Clifford Geertz），在其 1936 年的著作《农业过密化：印度尼西亚的生态变化过程》（*Agricultural Involution：The Process of Ecological Change in Indonesia*）中，作者考察了印尼的水稻经济，指出农民在人口压力下不断增加水稻种植过程中的劳动投入，从而获得较高的产量。然而，劳动的超密集投入并未带来产出的成比例增长，出现了单位劳动边际报酬的递减，即过密化现象。此后，黄宗智对过密化现象进行不断深化，提出过密化理论，指出过密化经济增长是在以劳动力的超密度投入，单位工作日边际报酬递减为代价的条件下扩展，即所谓的"没有发展的增长"，参见黄宗智《华北的小农经济与社会变迁》和《长江三角洲小农家庭与乡村发展》（中华书局 2000 年版）。

稻亩产量达到 500 公斤左右。尤其是大量的剩余劳动力向非农业领域转移，不少畲民外出打工经商，20 世纪 90 年代甚至有畲民陆续走出国门打工经商。因获得较多的非农业收入，村民经济生活水准普遍提升。村内破旧低矮的房屋大都改建为楼房，餐桌食物结构荤素搭配，品种日趋多样化，不少家庭擅长制作药膳和各种土菜。招待客人的食物尤其丰盛，大都喜好用山上采制的中草药炖制鸡、鸭、鹅、兔、羊、猪等各类药膳待客，各种山珍海味以及糯米麻糍、红豆饭等美食也端上了餐桌。畲民衣着与城镇无异，年轻人更追求时尚，不少家庭已购置了小汽车，还有十几户家庭已在城镇建房或购房。

然而，由于受地理环境和历史文化传统以及村落布局分散等多重因素的制约，培头村目前经济发展总体滞后。主要表现在：相对温州和浙江发达区域经济而言，经济基础较为薄弱、产业结构有待优化、农业产业化程度低、新型经济合作组织发育程度弱、村落内部家庭经济发展严重不平衡，不少家庭主要依赖传统种养生存型农业和外出非技术型务工，村民抗伤病丧偶等意外风险能力低，收入水平状况与日益攀升的生活和教育及人情等消费支出不成正比。以 2011 年为例，全村人均纯收入 6672 元，虽然高于全县少数民族 5920 元的人均纯收入，但仍然低于全县农民 7435 元的人均纯收入。其中，低收入农户 169 户，合计 556 人，占总人口数的41.96%①，而且畲族总体滞后于本村汉族。从表 5 可以看出，培头村近五年的农民人均纯收入逐年提高，但与温州市和浙江省的平均水平仍然有较大的距离，也低于全国平均值和文成县平均值。当然，不排除村内还有少数打工经商（含国外）收入未统计在内，但该数据基本反映培头村村落经济收入的总体滞后和内部不平衡状况。如何缩小培头村与本省发达村落的差距和减少村落内部不平衡性，是今后需要长期努力的发展目标。

可喜的是，随着各级地方政府发展战略的转型和对少数民族各项优惠政策的实施，培头村也进入了民族特色村寨的大规模建设中。2012 年 5 月，温州市经济建设规划院与文成县黄坦镇人民政府联合编制了《培头民族村经济社会发展实施方案》，该方案在分析培头民族村发展的优势与

---

①　参考温州市经济建设规划院和文成县黄坦镇人民政府编制的《文成县黄坦镇培头民族村经济社会发展实施方案》，2012 年 5 月。

弊端等现实基础上，围绕文成县委和县政府提出的"宜游宜居生态小康县"战略发展目标，抓住新56省道开通的机遇，立足培头民族村的实际状况，努力将该村打造为温州市知名的畲族民俗文化村和特色农家乐基地。在各级政府的大力支持下，通过村落基层组织的引领和畲汉村民的大力配合，民族特色旅游村寨建设目前已紧锣密鼓地在培头中心村展开，期望未来几年逐渐辐射到其他自然村落（详见第五章）。

表5　　　　　　　　培头民族村近五年农民人均年收入比较表　　　　　单位：元

名称 \ 年份	2010	2011	2012	2013	2014
培头村	4600	6672	7200	8200	8600
文成县	5800	7435	8400	9200	10200
温州市	11416	13243	14719	16194	19394
浙江省	11303	13071	14552	16106	19400
全国	5919	6977	7917	8896	9892

资料来源：据《文成县黄坦镇镇政府社会经济统计年表》《历年来文成县政府工作报告》《温州政府网》《浙江在线》《国家统计局资料》等整理。

五　历史人文资源

培头村虽身处大山，相对浙江温州发达的区域经济而言，其村落发展较为滞后，但却具有浓郁深厚的畲族传统文化底蕴和历史人文资源。早在清乾隆四十年（1776），培头村钟姓畲族第三代优秀先辈钟正芳联合浙南其他各县畲族读书人，为畲民争取科举考试的资格进行了长达27年的漫长申诉，期间13次赴省会杭州呈文浙江省府，终于在清嘉庆八年（1803）获得嘉庆帝谕批："准允畲民与汉族一体考试"，并将畲民考试章程载入《学政全书》（详见第三章），从此畲民有了钦定合法的科举考试资格。科考权的艰难获取无疑是畲族历史上的时代里程碑。尽管钟正芳及其故里培头村，在今天的畲族学界和畲族内部仍知之不多，但对于培头村而言却是实实在在的具有划时代意义的历史转折点。正因为钟姓先贤不屈不挠的文化诉求和历史抗争，推动着钟姓族裔耕读传家蔚然成风，培头村因崇文重教而人才辈出。

据 1947 年《培头村重修钟氏宗谱》记载：自清嘉庆至清光绪年间，钟姓畲族考取庠生、增生、廪生、贡生等不同类别的文武秀才功名者达 18 人。其中有数位特别优秀者被选拔入京就读国子监，成为贡生，即为皇帝贡献才能的人，甚至有的官至福宁府提举、江西布政司理问等①。人才荟萃的培头村，在清代至民国年间，还涌现出一批远近闻名的律师。以至于今天福建霞浦等地畲民在遇到相关民事纠纷时，还屡屡遵循着历史记忆来培头村寻求帮助。除律师以外，村内在书法、绘画、音乐、医药、编织等文化技艺方面亦人才济济。现今村内还拥有许多擅长吹拉弹唱的优秀畲族民间文化艺术人才。用村民的话说："村里要演出一台像样的畲族文化节目根本不需要去外村请演员，而文成别的畲族村都是做不到的，就是西坑镇每年一次的畲族表演，每一次都得有我们培头人参加。"也正因为深受畲族传统文化的浸染，现村内有许多音乐、书法、谚语、祭祖等各类民间人才，有的还成为县市级非物质文化遗产项目传承人（参见第三章第四节中的表 14 和表 15）。尽管当年培头村钟姓畲族获得的功名和才能远没有同时代汉族世家大族那样显赫，但是对于没有本民族文字且长期处于封建主流文化边缘的畲族而言，其意义已非同寻常。

培头村还拥有一座具有近 250 年历史的钟氏宗祠，也是文成县内仅有的两座钟姓宗祠之一。宗祠古朴典雅、气势非凡，虽历经清光绪、民国、当代数次修缮，但构筑和基本风貌保存完好，2002 年被公布为文成县第二批重点文物保护单位（详见第三章）。除了修建宗祠以外，钟姓畲族还编撰了多部《钟氏宗谱》和《钟氏房谱》。最早的《培头村钟氏宗谱》为呈山底自然村钟国祯编撰的线装手抄本。清光绪年间修撰的《钟氏宗谱》和《钟氏房谱》，不幸在民国初年村中遭遇的一场特大火灾中焚毁。于是在民国十二年（1923），钟姓族人集合力量创修了《钟氏宗谱》和《钟氏房谱》。民国三十六年（1947），又重修了《钟氏宗谱》和《钟氏房谱》②。2002 年，则新修了《钟氏宗谱》和《钟氏房谱》。民国和当代修撰的《钟氏宗谱》和《钟氏房谱》保存完好，留下了大量珍贵的一脉相承的历史文献资料。除族谱以外，培头村还保留了大量清代至民国年间

---

① 参见《培头村重修钟氏宗谱》，民国三十六年版。

② 1947 年版的《钟氏宗谱》和《钟氏房谱》具有承上启下的作用，历史文化信息最丰富，故本书引用的谱牒资料大都出自该版本。

的契约文书、诉讼文本、账本日记、宗教科仪、经文善书、歌谣唱本、地理阴阳、中医药方以及其他手抄本等民间历史文献资料。这些民间文献承载着钟姓畲族的日常生活历史，折射出往昔村落经济生活面貌。同时，该村还保存着大量清代至民国年间的精美的生产生活器具，体现了钟姓畲族的智慧与艺术，承载着村落发展的历史记忆。

此外，培头村还拥有一所具有 80 年历史的培头小学。其前身是钟姓族裔钟德彰于民国二十四年（1935）创办的崇道小学。该小学培养了一代又一代的畲汉人才，成为钟姓畲族的文化摇篮。新中国成立初期，地方政府文化普查时，发现该村钟姓畲族老人中鲜有文盲，如今健在的十几位八九十岁老人，普遍能阅读报纸，大都能写一手漂亮的毛笔字，这一切无不得益于培头小学的创立，也折射出这个畲族小山村昔日耕读文化的辉煌和崇文重教的历史传统。如今培头村在外参加工作者百余人，无一不是从培头小学走出去的。

培头村除了村落内部丰富的历史人文资源以外，周边旅游文化资源亦十分丰富。该村西与国家级森林公园铜铃山和著名风景区龙麒源毗连，北与国家级风景名胜百丈漈——刘基故里景区比邻，南与著名风景区岩门大峡谷相依，附近还有珊溪水库、月老山、西坑畲族镇等。其所在的黄坦镇山川秀丽、古迹众多。如前所述，内有多处元末农民起义领袖吴成七抗元战寨遗址和源于唐代的楼真禅寺等。培头村附近还有佛寺道观和女神庙等数处。例如，合觉寺，位于黄坦镇内原雅梅乡占里村，从牛塘自然村翻过山岭即到，该寺始建于明，扩建于清光绪，规模轩敞。原寺内有重达 500 余斤的铜钟一口，早晚钟声方圆数里可闻，1958 年"大跃进"期间寺庙被毁，1989 年重建①，2001 年修缮，现由当修和尚打点。合觉寺下方岩背处还有清光绪年间畲汉百姓共同修建的娘娘庙一座，供奉临水夫人、汤夫人、马夫人三位女神。娘娘庙下方山间盆地左右两边则建有大罗宝殿和许真君殿，分别供奉着三清道祖、玉皇大帝、许真君、土地公等道教神灵。再如，灵隐寺，位于原富岙乡石竹寮村，始建于元代，现为清代至民国建筑，寺庙为五开间合院式，有僧人打点。与灵隐寺相邻的还有一座徐三公庙，位于原富岙乡东坑村陈塘坑，始建于元代，历经明、清数次重修，敞亮开阔。此外，还有始于民国年间，位于阮底村苦马塘山腰上的绵

---

① 朱礼：《文成县志》，中华书局 1996 年版，第 891 页。

延四五百余米长的罕见的岩葬群。现呈山底自然村后山上也有数座畲族岩葬墓，成为新的生态墓葬群，日后可培育为新的旅游景观。

小　结

综上所述，无论是培头村的区位背景，还是村落社区背景，均蕴含着良好的自然生态资源和历史人文资源，这些无疑为培头村的社会经济文化变迁和民族特色旅游村寨保护与发展提供了广阔的现实基础和方向指针。而培头村深厚的历史文化底蕴和浓郁的畲族文化特质，既是钟姓畲族祖祖辈辈超越大山的明证，也是他们进一步超越大山的动力源泉，更是当今培头村民族特色旅游村寨社区营造极其重要的文化资源。

第二章　立足大山:培头钟姓宗族村落之形成聚合

大约 300 年前,钟姓开基祖世英和世雄兄弟俩从平阳辗转迁徙至青田县富峃乡（今隶属文成县黄坦镇）金钟山脚下拓荒耕耘,随着农业生产力的缓慢提高和人口的日益增长,钟姓宗族村庄聚落逐渐形成。钟姓畲族先祖们以筚路蓝缕的精神,从山地农耕与多神信仰这两个务实与务虚相依存、人德与天命相配合的维度,拓展自己的生存空间,营造出具有凤凰栖居诗意般的生态家园,以立足大山的方式推动着村庄聚落变迁。

第一节　辗转迁徙:钟氏先祖开基立业

一　钟氏先祖辗转迁徙

早在清嘉庆元年（1796）,呈山底自然村钟姓畲族第三代先祖钟国槙（钟国祯）,编撰了一部简易的《钟氏宗谱》手抄本。族谱简略地记叙钟氏先祖经历了从广东到福建,再从福建到浙江平阳的辗转迁徙概况。其迁徙路径为:先祖钟百户原居广东,后从广东迁至福建罗源大坪,百户的大儿子钟善斋又从罗源大坪迁至宁德六都黄泥雷,再从宁德搬至福安守麻,后又搬迁至福鼎新洋水沟牛塘下。在福鼎居住不到一年,又搬迁至泰顺八都四溪九峰,数年后再迁往平阳闹村马塝、浮岭头。后钟善宗的第五世孙钟德进（奇元公）分迁平阳县五十都五堡陶峃门前居住[①]。

而民国年间培头村的两部《钟氏宗谱》则对奇元公以上的五代远祖一笔带过,重点交代近祖奇元公的迁徙情况:始祖钟启党,始祖母蓝氏,

---

① 参见吕立汉、施强《浙江畲族民间文献资料总目提要》,民族出版社 2012 年版,第 43 页。

生一子,名奇元。奇元生于清顺治丙戌年 (1646),卒于康熙丁丑年 (1697),原居福建福州府罗源县罗彭里进山黄泥漯,清康熙二年 (1663),17 岁的奇元与堂弟奇章迁入浙江温州府平阳北港五十都五堡陶岙门前居住。可见,清嘉庆与民国年间的《钟氏宗谱》有关畬族先祖辗转迁徙情况,稍有出入。前者远祖与近祖世系较清晰,但迁徙时间模糊,后者远祖迁徙模糊,但近祖迁徙时间较明确。本书以民国年间的两部《钟氏宗谱》为主要依据,以清嘉庆元年 (1796) 的《钟氏宗谱》为参考,并结合历史逻辑,对培头村钟姓先祖辗转迁徙的情形予以梳理分析。如果说钟奇元是在福建罗源出生的,17 岁才随家人辗转迁徙至浙江平阳陶岙门开基立业,那么这 17 年内在宁德、福安、福鼎、泰顺等地辗转停留的时间不会太长。

　　另外,奇元的父亲启党、母亲蓝氏,奇章的父亲启兴、母亲雷氏等生卒年代均不详,族谱中没有提及他们从福建罗源迁往浙江平阳的明确记载,但根据奇元、奇章均为独生子,以及畬族迁徙均以一家一户为单位,两三家结伴而行的历史特点,奇元、奇章应是随父母 (或许还有祖父母) 一同跋山涉水辗转迁徙来浙江的,他们的父母或许在平阳闹村乡 (现已并于水头镇) 的马墙、浮岭头一带居住过,后终老于此。据悉,今闹村一带仍有自福建迁入的畬族与汉族,讲福建闽南方言。钟姓畬族远祖迁徙详情早已消弭在历史的深处,但从近祖奇元公落脚平阳到世英公、世雄公于培头村拓荒开基这段历史则较为清晰,梳理如下:

　　清康熙二年 (1663),年仅 17 岁的奇元带着稍小的堂弟奇章,来到平阳陶岙门 (今属平阳县山门镇大岙村①) 拓荒耕耘。历经十来年的拼搏,奇元、奇章兄弟俩先后成家立业。奇元娶雷姓畬女,近 30 岁时陆续生下四子一女,四子谱名分别为世明 (君星)、世福 (君祥)、世英 (君荣)、世雄 (君发),分属仁、义、礼、智四房,奇章生子一,谱名世诵 (陈宝),为信房。② 康熙丁丑年 (1697),奇元过世,享年仅 51 岁,疑因早年随父母过着颠沛流离的生活,后又为养育四儿一女过度辛劳而病故。奇元卒后被安葬在今浙江省平阳县三门镇大岙村前一低缓的山坡上,其坟

---

　　①　陶岙门或许是钟姓族谱对"大岙"的记音,也有可能是今平阳人对当年陶岙门地名的简写。

　　②　培头村《钟氏宗谱》按仁、义、礼、智、信命名房支,体现了钟姓先祖对儒家耕读传家文化观念的遵循。

图 2　2014 年，培头村钟姓畲民清明节
祭扫平阳祖墓

厝"坐癸向丁兼丑未"，意即葬于风水宝地。康熙五十六年（1717），即奇元一家移居平阳整 54 年，奇元过世整 20 年后，奇元的四个儿子协同奇章的独子，分迁文成县境各处。其中长房（仁房）世明迁双桂周山下、二房（义房）世福迁雅梅高斜、三房（礼房）世英迁富岙培头、四房（智房）世雄迁培头呈山底、五房（信房）世诵迁富岙牌坊底坳上大田（其后裔衍居文成吴山、杨柳垄、长垄、石竹龙等村）。以上五个房支，日后成为该地钟姓后裔的开基祖，其中奇元的第三子世英和第四子世雄，分别为培头自然村和呈山底自然村钟姓畲族的开基祖。而奇元公则成为仁、义、礼、智钟姓四房的平阳先祖，奇章为信房钟姓后裔的平阳先祖。

钟姓后裔们敬祖尊宗意识浓烈深厚。据《钟氏宗谱》记载：在长房世明移居的双桂乡周山下，直至新中国成立前，还一直保留着钟姓族裔轮流祭祀平阳先祖的祭田一块："计租一袋，以为子孙轮流祭扫坟茔"。乾隆十三年（1748），奇元的三子世英和四子世雄（其时两个哥哥早已去世）还为父亲修建了一座气势非凡，里外三台的石制椅子坟，坟墓碑文上书："乾隆十三年三月吉旦，先考奇元钟公，妣雷氏安人，男君星、君祥、君荣、君发（同）立"。乾隆甲戌（1754）年，世雄在三哥世英也已过世的情况下，带领钟氏族裔给父亲奇元公举行了颇为隆重的捡骨二次葬。此后尽管钟氏族裔分迁各地，但对于平阳奇元公祖墓的祭扫却鲜有间断。尤其是在培头村钟姓族裔考取功名后，对祖坟的祭扫更加虔诚和隆重。据悉，清嘉庆年间世英公四世孙钟永谐（名逢扬）在身为"贡生加五品提举御署福建省福宁分府布政使司"时，分别在自家房屋门前和曾祖父（世英公）、高祖父（奇元公）坟前各立旗杆石碑一副。当年培头村请来附近的畲汉百姓数十人抬着旗杆石碑，礼炮喧天、鼓号齐鸣，浩浩荡荡地送往 80 多里外的陶岙门奇元公坟墓，沿途观者甚众，平阳五十都街道更是水泄不通。自此，培头村钟姓畲族闻名遐迩。

钟氏族裔甚至还在平阳祖坟旁盖石头屋一座，雇请本地老人专门照看坟墓，坟墓周边的山林和田地亦由守墓人照料和收获，直至 20 世纪 50 年代初土地改革后，专职看坟人才被辞退。2014 年清明节，笔者陪同钟姓族裔至平阳祖墓祭扫时，发现看坟人居住过的石头老屋至今保存完好，其坐落于钟氏祖坟约 50 米处的一个缓坡上，掩映在一片茂林修竹中。房屋面积大约 20 平方米，一门一小窗，进门右边是卧室，左边是厨房，

图 3　培头村钟姓畲民平阳祖坟
守墓人居住的石头房

中间无隔断。厨房内至今还留有两眼的土灶台一个，紧靠灶头墙壁上还有祭灶神的长方形小神龛一只。灶台前方，靠墙壁处立有木质碗柜一只，内有若干个陶瓷碗，布满了灰尘和蜘蛛网，碗柜旁正对大门方向还有放木主和香炉的稍大一点的四方神龛一只。石头房外面还有残破的菜园和水井等，幽静沧桑的石头老屋见证了当年钟氏祖坟的尊严与荣耀。

　　据悉，最后一位看坟人是一位蓝姓畲族孤老太太，新中国成立初期被辞退时已 70 来岁，因无至亲，无处可去，也就一直居住在石头房子内，内心仍默默地守候着钟氏祖坟，直至 90 多岁终老于此。现今培头村钟姓族裔每年清明节来此祭扫祖坟时，必定会对石头房进行简单修缮，那里保存着数位守墓人真诚守护钟姓始祖坟墓的家族记忆，也是培头村钟姓畲族慎终追远的物化象征。那位已故的蓝姓畲族老太太，最后一位孤独守墓人，其灵位牌也在十几年前被前来祭扫祖坟的钟姓族裔带到了培头村，被安置于钟氏宗祠内的祖先神龛中，一同接受钟氏后裔们的祭拜，这也是钟姓族裔对这位看坟老人的铭感和关怀吧①。

---

　　① 2014 年 3 月 31 日清明节前夕，钟维宗先生和钟金莲女士乘笔者来培头村参加"三月三畲族文化论坛"之机，为了让我直观感受钟姓先祖原居地和祖坟状况，不辞辛劳地特意安排了前往平阳陶岙门的田野考察，同行的还有培头村村民钟明秀、钟秀娟以及温州大学刚毕业的民俗学硕士孟令法和文成长垄村的钟海波（系维宗之侄，专门请他来开车送我们前往），我们早晨七时从文成培头村出发，约一个半小时的路程到达平阳山门镇，买了香烛纸钱等前往大岙村奇元公坟墓，明秀用砍刀将坟墓内的杂草除掉后，大家烧完香烛纸钱叩拜离开。随后我们又观看了旁边守墓人居住过的石头老屋，以及村后山上争芳斗艳的桃花林。中午在山门镇午餐后，前往平阳青街畲族镇考察，返回培头村时天色已暗。

钟姓畲族在平阳陶岙门的祖居地，从地形地貌和交通位置而言，较之历史上山高偏僻的培头村要优越不少。村庄位于一片开阔的山间盆地处，屋前良田百亩，地势稍高的水田田坎大都用坚固的石头砌筑而成，饱经岁月磨砺的青褐色石头田坎在阳光的照耀下熠熠生辉，折射出中国传统农人的辛劳和智慧。村子后山是一片低矮的茂盛丘陵，还有一片200余亩的水蜜桃基地。绕过村子前方不远处稻田旁的乡村公路是一条清澈见底的河流，内有鱼虾游动，跨过河流上古老的石桥，即进入河对岸一条铺满石板的古老街道，还能隐约感受到当年的商贾云集和熙熙攘攘。据悉，钟姓先祖们曾在此卖过鱼虾。这条古老的街道与山门镇新区相连。传统穿过岁月，在这座浙南山城小镇内平静地与现代和谐交融。萦绕在我这位外来研究者心头的，也是培头村众多钟姓族裔们颇感兴趣的一个话题：当年先祖们为何要从开阔平坦的陶岙门搬到山高偏僻的培头村呢？多种版本的《钟氏宗谱》均没有提及，只是从老一辈口传中依稀可知：当年先辈与当地汉人发生鱼类资源争斗，争不过，只好远走他乡。

据口传资料和历史逻辑分析：在刀耕火种超低生产力水准下，随着钟姓人丁日渐兴旺，人口与土地、环境资源等方面的矛盾也日渐突出，尤其是遭受当地汉人地主沉重的山租地租剥削，其经济资源和经济地位处于相对劣势。此外，当年平阳钟姓先祖们在拓荒耕耘之外，也逐渐学习当地汉人从事渔业生意，而这对于长期以农为本，经济处于弱势的山地农耕民族而言，并不具有竞争优势，加之奇元公离世较早，留下妻子雷氏独自将四个儿子抚养成人（奇元公去世那年，四个儿子分别为22岁、18岁、8岁、5岁），因而家庭经济基础总体较薄弱。在钟氏兄弟们成家立业之后，深感生存日益艰难。为寻找新的生存空间而举家迁徙他处，这是从平阳再度迁徙的内在必然性。时至康熙五十六年（1717），钟姓兄弟在一次与当地汉人的鱼类资源争夺中挫败，故无奈地告别移居长达半个多世纪的平阳故乡（亦说因争斗打伤了人怕吃官司而不得不举族外迁），官司纠纷或许是钟姓先祖从平阳迁至培头村的直接因素。

二　钟氏兄弟拓荒开基

（一）钟氏兄弟开基祖概况

1947年《培头村重修钟氏宗谱》是这样记载世英和世雄这两位兄弟开基祖之生平状况的（其中标点符号、分段和括号内为笔者所加）：

世英名君荣，奏名法聪，生康熙己巳（1689）十月十九未时，卒乾隆辛未（1751）六月二十八辰时。配蓝氏，生康熙乙亥（1695）正月十六日午时，卒乾隆壬辰（1772）正月十八午时。生子二；女一，适蓝天久。坟厝青邑八都五源培下谢垟，坐辛向乙兼卯酉，分金，于乾隆甲戌（1754）九月二十一日巳时建造。蓝氏于乾隆庚子（1780）四月廿九申时入室。公原系温州平阳县五十都五堡塘垮居住，自康熙五十六年（1717）移居浙江处州府青田县八外都五源培头，为培头肇基之始祖。

公抽拨膳田一段坐五源培头亭基岑头双隔大邱安着，并堪下小田路上屋基围坪在内，计租二十硕为英公祭扫坟茔及春秋宗祠做戏文公用……又有水田一邱坐培头石坪基安着，计租二石……各房轮流，永不许后裔盗卖，此嘱。世英公长子振福，名马松，号天庆，生康熙壬寅（1722）十二月未时，卒乾隆乙未（1775）十月十四日亥时配雷氏……世英次子振禄，名天寿，生雍正丙午（1728）二月二十八戌时，卒乾隆乙卯（1795）闰二月二十七辰时，配蓝氏……

世雄名君发，生康熙壬申（1692）二月廿四亥时，卒乾隆庚寅（1770）二月初五亥时，配雷氏，生康熙戊寅（1698）二月廿八寅时，卒乾隆丁未（1787）十一月十三戌时。生子四；女三，长适蓝景亮、次适雷明远、三适雷天久。坟厝青邑五源培头路后，公自嘉庆元年（1796）丙辰八月十八日辰时斩草造坟，二年（1797）丁巳十二月初一日丑时进葬。公原住温州府平阳县五十都垟心，于康熙五十六年（1717）移居浙江处州府青田八都五源培头，后转迁郑山底，为郑山底肇基祖。世雄公四个儿子分别为：振名、振旺、振德、振宝。除记载振旺生雍正丙午（1728）八月二十六申时，卒乾隆乙卯（1795）正月初九辰时，其余三子生卒年不详。

根据以上记载并结合始祖奇元公的生平，可对培头村开基祖兄弟俩的人生予以大致梳理。世英年长世雄3岁，兄弟俩属童年丧父。其父奇元公康熙丁丑年（1697）去世时，世英年仅8岁、世雄5岁，可谓童年坎坷。世英16岁成人之后，受过传师学师宗教仪式的洗礼，取得法名资格，生前受人尊重，死后葬礼十分隆重，可做三天三夜的红身功德。世英享年

62岁，妻蓝氏，享年77岁，育两儿一女。世雄享年78岁，妻雷氏享年89岁，育四儿三女。兄弟俩辞世后，均受到钟氏历代子孙们的虔诚祭拜，只不过世雄的坟墓修造较晚，地点位于培头村老屋路旁。在钟氏两位开基祖中，世英年寿虽然不及弟弟世雄，生育子女也相对较少，但作为兄长，无疑享有更多的权威。日后钟氏宗祠也设在世英开基的培头自然村，成为凝聚钟姓族裔的神圣空间。

此外，世英、世雄兄弟俩移居培头村前，在平阳居住的具体地点不同，一个是平阳五十都五堡塘塆、一个是平阳五十都垟心，这两个地点估计是房屋坐落的小地名，由此可推算出兄弟俩搬迁时均已成家并另立门户。再者，虽然世英公两个儿子都在培头村出生，但因族谱对其女儿生卒年和婚嫁地点从略，并不排除其女儿生在平阳。而世雄公四儿三女生卒年均从略，不排除迁徙时已经有年幼的子女。再根据畲族迁徙的特点，一般一两家结伴而行，由此可进一步推算，康熙五十六年（1717），时年28岁的钟世英（1689—1751）一家，带着时年25岁的弟弟钟世雄一家（1692—1770），大约六七口人，从平阳肩挑背驮、跋山涉水来到培头村拓荒开基，后因人口增多，若干年后，世雄带着全家再转迁至相邻的呈山底村。迄今为止，培头村钟姓畲民在此繁衍生息近300年。

（二）雄鸡啼鸣择风水

康熙五十六年（1717），世英、世雄兄弟俩各自带着妻儿，肩挑背负从平阳一路往青田富峃乡方向走来。映入他们眼帘的是莽莽大山，究竟在何处停留安身呢？关于这一点，在培头村老人中流传着一个"雄鸡啼鸣择风水"的故事。相传，当年世英挑担中放着一只大公鸡，一路上，公鸡安安静静地不曾啼鸣，可到达培头金钟山一个名叫"停鸡笼"的地方，大公鸡突然"喔喔喔……"地大叫起来，声音嘹亮，响彻山谷。这在世英看来，公鸡突然啼鸣，一定是个风水宝地，而且金钟山形状如展翅欲飞的凤凰，因而决定在此拓荒生息。

畲族"雄鸡啼鸣择风水"的理念，源于将公鸡当作叫醒太阳的神鸟。据悉，文成一带畲族流传着金鸡叫太阳的传说：很早以前，公鸡头上长有一对漂亮的犄角，而龙的头上没有角，龙很羡慕公鸡头上的犄角，就向公鸡借来戴在自己的头上，很神气，很威武，但迟迟不归还给公鸡，还躲着公鸡。于是公鸡为讨回自己的犄角，每天早上天蒙蒙亮，公鸡就对着大海的方向响亮地啼叫："龙哥哥，归还我……"，一遍又一遍，一年又一年，从不间断，公鸡的啼叫没有唤回龙哥哥归还他的犄角，倒是叫醒了太阳，后来人们觉得公鸡是一个很了不起的，能唤醒太阳的神鸟。

该传说部分采取了汉民族的十二生肖传说，具有独特的象征意义。一方面蕴含着公鸡被赋予了神性和威力，具有勤奋、守时、执着等精神品格，另一方面暗含着公鸡与龙的关系，二者既具有兄弟般的亲密，又具有某种大欺小、强凌弱般的恶作剧。隐喻着崇尚凤凰图腾的少数民族与崇尚龙图腾的汉族的互动与边界关系。此外，公鸡与凤凰具有亲缘关系，民间有"鸡窝里飞出金凤凰"之说，而畲族自古就有凤凰崇拜的观念，故将鸡升华为凤并予以神圣化，进而加以膜拜。

事实上，畲族的"鸡鸣择风水"传说与"牛眠地卜风水"传说文化结构类似，折射出一个历经近千年历史迁徙的山地农耕民族，其风水观中所蕴含着浓郁的农耕文化色彩。该类传说的建构既为畲族先辈从拓荒迁徙转向定耕安居增添某些人文意蕴，也为其迁居新的生息地添加某些合法性的文化元素。

（三）畲汉友好定根基

说到钟氏先祖于金钟山开基立业，培头村钟姓畲民还盛传着一个源远流长的畲汉互惠友好的故事。相传，当年世英、世雄拖家带口来到培头村金钟山时，该山的主人本为温州西角（现温州市老城区最西边）汉族苏珊。大户人家苏珊因温州家乡常发洪水，就花银子买下金钟山方圆十里山林土地，然后变卖家产，携带家眷在此安居乐业。当他看到世英、世雄一大家子远道跋涉而来，就慷慨地答应他们在金钟山搭建草寮安身，还提醒他们要注意虎狼等野兽的攻击。此后，钟姓畲族与苏姓汉族友好往来。若干年后，苏家房屋因山体滑坡而倒塌，苏家举家迁往附近另一个山谷，同时将整座金钟山以半卖半送的方式转让给世英兄弟①。从此，钟姓族人在金钟山一带安居下来，繁衍生息，人丁日渐兴旺，经过若干代的艰辛奋斗，培头村逐渐发展为当地数一数二的钟姓畲族宗族村落。

苏珊过世后，钟姓族人为了铭感他当年雪中送炭般的帮助，于金钟山

---

① 村民钟亚丁保存了一份呈山底村开基祖钟世雄买田后获得浙江官府"给发业户契尾"一份，记载了清乾隆五年（1740）十一月，钟世雄用二十三两八钱白银买原户主苏有发田，遵例买价一两纳税三分，共缴纳税银七钱一分四厘。从该契尾内容能大体反映出呈山底村钟世雄族畲拓荒开基的发展情况。但不知苏有发与苏珊是何种关系？是否是同一个人，抑或前者是后者的后代，只能暂存疑，但钟家买苏家山林田地并非空穴来风。

建"地主殿"一座，将苏珊升格为村落保护神"苏三公"①，供钟姓族裔
逢年过节祭拜（详见本章第三节）。迄今为止，培头村钟姓畲民对苏三公
已进行了近300年的祭拜，他们还口耳相传着畲汉互惠友好的故事。据
悉，搬出金钟山的苏家后来日渐衰落，苏姓族人无力单独修建祠堂，最后
还是在培头村钟姓畲民的人力和物力支援下才完成这一重任。当年苏三公
族裔在金钟山的遭遇，在培头村钟姓畲民的口传叙事中，流传着多个版
本。有的认为山体滑坡时苏姓人死伤大半，从此变得不景气了。也有的认
为金钟山一带山体滑坡的现象不多，主要是因为野兽太多，很不安全，苏
三公他们才决定搬走的，而畲族擅长打猎，不怕野兽，所以能长久扎根。
具体如何，已无从考据。其真实性已不重要，重要的是，苏三公一家的搬
迁给培头村钟姓畲民在金钟山的落地生根留下了广阔的地理空间，而钟姓
畲民一致口耳相传的钟苏友好故事，以及祖祖辈辈对苏三公的虔诚祭拜，
则体现了历史上畲汉族群的友好互动与和谐并存。

事实上，明清时期由闽入浙，自南向北迁徙的浙江畲族在定居过程
中，不可避免地存在着畲汉互动关系。在畲汉互动过程中，既有友好协
作，也难免存在着族群文化冲突和资源争夺，畲族大都处于当地汉族地主
经济的依附地位。但为何不少畲村都将迁居地的汉族地主升华为村落保护
神而加以虔诚祭拜？他们的主位解释不尽相同。例如，景宁惠明寺村惠山
头自然村雷姓畲民的叙述则充满着幽默的反讽结构。他们一方面津津乐道
地叙述着当年梅姓汉人如何被他们的雷姓先祖们半夜祭祀而吓跑的故事，
一方面又虔诚地祭拜那位被吓跑的梅相公，旨在感谢他留给自己开阔的生
存空间②。而培头村钟姓畲民的叙述则渗透着更多的温情和历史逻辑。该
类传说，不论畲汉互动过程如何，但都是以畲民占据该地，获得基本的生
存空间，进而对当地汉族予以虔诚祭拜为结局。该类传说，不论叙述版本
多么不一样，但都折射出畲汉族群的良性互动关系，也体现了畲民族的质
朴重情和积极采借主流汉文化的开放心态。

---

① "苏三公"并非"苏珊"的简化写法，而是一种尊称。因为在中国传统哲学观念中，
"三"是一个极具生命力的数字，数目虽小，却是无穷之始，能引发万物生长，故民间许多道教
俗神被冠以"某三公"之名。

② 参见王道《走向市场：一个浙南畲族村落的经济变迁图像》，中国社会科学出版社2010
年版，第55—57页。

三　钟氏宗族枝繁叶茂

（一）祖屋选址与村落地名传说

相传当年世英、世雄兄弟及其家眷准备在金钟山脚安顿下来，但草寮究竟搭在何处，颇是费了一番周折。那是一个隆冬积雪的早晨，天寒地冻，世英不畏严寒爬上金钟山顶，发现山脚白茫茫一片，但有一块黑乎乎的大石鼓，[①] 上面及周边却没有丁点雪花。他走进一看，原来落在石鼓上面的积雪已经融化，石鼓四周的积雪也基本消融。他感觉到这里一定地气温暖，于是就决定将草寮搭建于此。后经过若干日子的艰苦劳作，生活状况有所改善，兄弟二人又开始平整地基，砍来树木，准备将草寮改为木结构的瓦房，但那块黑色的大石鼓正好横在屋中央，当时计划将石头搬走，可石头深陷地中，无法撬动，最后也就顺其自然地让它留在屋内，心想就当个桌子用吧。日后，奇迹产生了，不管雨天雪天，钟家人将洗干净的湿衣服盖在大石鼓上，第二天早上也就干透了。后来把切好的豇豆、刀豆之类放在上面，第二天早上也焙得干干的。世英遂根据这块神奇的石头，将村名定为"焙透"。

后来钟姓畲民又发现这块黑色的大石鼓，还有更加神奇的地方，一旦发出红光，就表示天气太干燥，提醒人们要注意周边火灾。自从培头村有了这块神奇的石头后，钟姓后裔一代又一代，不再受天雨潮湿衣服难干之苦恼，而且还有了预防火灾的宝物，无不啧啧称奇。但不知过了几代以后，据说因某房的媳妇将小孩的尿布这一不洁之物晾晒其上，这块石头便失去了"焙透"的神力，尽管后来请道士们做法事也无济于事，钟姓畲民们认为黑石鼓再也焙不透了，往后村名就被改为"培头"。这是在当地广泛流传着的一则关于"培头村"村名来源的传说[②]。也有的钟姓畲民认为"焙透村"村名在人们的口耳相传中逐渐演化为"培头村"，还有的则认为将"焙透"写成"培头"是有文化的先祖故意为之，意思是要把钟姓后代个个培养为出人头地的人才，这种解释倒是十分契合培头村钟姓畲族耕读传家风尚的。

直至今天仍有不少村民热情地将外来客人们带到现场，并略带遗憾地讲述着这块神奇石头的故事。传说终归是传说，不等同于历史，但却是具

---

① 石鼓：畲语，凸起的岩石。

② 该传说来源于田野调查，并参见《中国民间文学集成·文成县畲族卷》1988 年内部出版，第53—54 页。该书收录的培头地名传说，将故事的主人公误认为葬在平阳的始祖钟奇元，不符合历史逻辑。

有地方文化意义的历史叙事，隐含着有关洁净与肮脏[①]的分类思维和禁忌观念。那块黑石头既是培头村历史变迁过程中具有文化意蕴的自然纪念物，更是钟姓畲民们对其村落历史变迁的集体记忆。至于呈山底村名传说则要逊色很多，村民们只是简略地提及，呈山底原名"郑山底"，据说该地归郑姓汉人掌管，后来有人写成"呈山底"，便以讹传讹，延续至今。

（二）宗族谱系与房支源流

1947 年版《培头村重修钟氏宗谱》对远祖世系进行了模糊化处理，只是笼统地将钟姓远祖推至百户，居住地不详。百户有三个儿子，长房善宗、次房善贤、三房善辉。其中长房善宗生一子，名圣完。圣完生二子，长房成义、次房成登。其中次房成登又生五子，长房启党、次房启兴、三房启樑、四房启宾、五房启龙。成登公的五个儿子大约于明末清初陆续从闽东罗源迁往闽北宁德，后辗转迁徙至浙南丽水青田（包括现景宁、文成）和温州平阳一带。启党五兄弟源流大致如下：长房启党为培头村钟姓畲民始祖，次房启兴为吴山（现属文成百丈漈镇）钟姓畲民始祖，三房启樑为孙奥（现属文成西坑畲族镇）钟姓畲民始祖，四房启宾为杨斜（现属景宁东坑镇）钟姓畲民始祖，五房启龙后裔情况不明（参见图 4）。

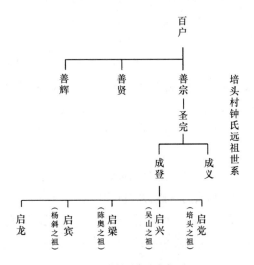

图 4　培头村钟姓畲民远祖世系图

---

① Douglas, M. (1966). *Purity and Danger: An Analysis of the Concepts of Pollution and Taboo*. Routledge and Kegan Paul.

如前所述,大约明末清初,长房启党携其年幼的独子奇元与次房启兴携其年幼的独子奇章,由福建福州府罗源县启程,辗转经宁德、福安、福鼎、泰顺等地,"迁迁住住、徐徐而行"①,大约十几年后迁居于浙江温州府平阳县闹村马塆、马岭头一带居住。康熙二年(1663),奇元携堂弟奇章迁居平阳五十都五堡陶岙门前。后奇元的四个儿子:世明、世福、世英、世雄与奇章的儿子世诵,于康熙五十六年(1717)年携家眷从平阳分迁今文成县境各处。其中,世英和世雄两家迁往培头村开基立业,兄弟俩分别为培头村和呈山底村的开基祖。其宗族谱系简述如下:世英生振福、振禄二子,而振福生国声、国启二子;振禄生国肇、国凯、国懋、国攀、国辅等五子。今天培头村钟姓畲民均为世英公派下二子七嫡孙的后裔。而世雄生振名、振旺、振德、振宝等四子,其中,振名生国豪、国宏、国应三子;振旺生国贤、国开、国原三子;振德无子嗣,过继同胞及同族兄弟的儿子国应、国丰、国襟等为子嗣;振宝生国祚、国礼、国裕、国襟、国祥等五子。现今呈山底自然村钟姓畲民均为世雄公派下四子十三嫡孙的后裔(参见图5)。

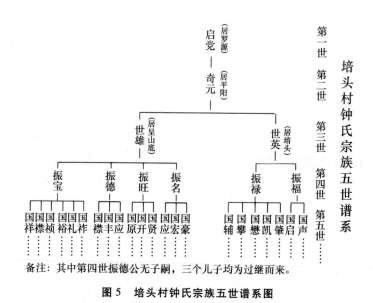

备注:其中第四世振德公无子嗣,三个儿子均为过继而来。

图5 培头村钟氏宗族五世谱系图

---

① 参见吕锡生《畲族迁移考略》,《浙江师范学院学报》1981 年第 2 期。

从《钟氏宗谱》和田野访谈可知：培头村钟姓畲民，以百户为广东远祖，以启党为福建始祖，以奇元公为浙江始祖，以世英和世雄为开基祖，现已在培头村繁衍14代至德字辈，现今800多人口，加上外迁的钟姓族裔共3000余人。其班辈排行字头体现了千秋兴绍、子嗣多福的传统观念，具体如下：

> 百善圣成、启奇世振、国永建大、学义秉维、
> 思希祖德、应运中兴、云祁继作、丕显家声。

（三）宗族繁荣与房支外迁

自世英、世雄兄弟在金钟山下拓荒开基以来，钟姓畲民辛勤劳作、克勤克俭，人丁日渐兴旺。随着钟姓后裔的日益增加，培头与呈山底两个自然村内人口与土地资源和环境的压力也日益凸显。为求得更好的生存空间，自清乾隆年间至民国年间，部分房支陆续外迁。其中培头村世英派下自第五世孙始，有房支陆续搬迁至浙江云和、龙泉、遂昌、桐庐及文成本县其他各乡镇，甚至还有移居福建崇安和安徽歙县等地。而呈山底村世雄派下自三世孙开始陆续迁往文成本境，以及遂昌、桐庐、景宁、泰顺等地。

培头村世英公派下自清道光年间五世孙开始外迁，至民国时外迁结束。其中五世孙建字辈1支，六世孙大字辈6支，七世孙学字辈12支，八世孙义字辈2支，共移出21支，以七世孙在光绪至民国年间外迁居多，迁出地以外县和外省为多，北至安徽，南到福建。具体分衍如下。

五世孙：建柱，道光时迁云和陈宅。六世孙：大量，咸丰时迁官田；大贡，同治时迁龙泉；大罗，迁遂昌尧丰庄；大萼，光绪时迁桐庐安乐乡小突里；大礼，咸丰时移居呈山底梅树冈；大体，迁桐庐尧山。七世孙：学获，光绪时迁昌化县；学劳，迁桐庐；学赋，民国时迁崇安南门外；学宾，迁崇安黄柏里家村；学肥，迁歙县黄村；学赞、学诵、学限、学涂、学株，迁桐庐；学平，移居雅梅南山坑；学锦，移居中樟苦株垄。八世孙：义刹，民国时移居周山下，义象，迁桐庐吴溪。

呈山底村世雄公派下自乾隆年间开始外迁，民国时外迁结束。其中，三世孙国字辈2支，四世孙永字辈7支，五世孙建字辈5支，六世孙大字辈8支，七世孙学字辈6支，八世孙义字辈6支，九世孙秉字辈1支，共

迁出35支。世雄派下子孙外迁时间早，自乾隆年间延续到民国年间，外迁房支数量多，但以迁居本县及周边县为多数，最远迁往浙北桐庐等地。具体分衍如下：

三世孙：国祚，乾隆时先移居三源高村水碓冈，后移新东周阳寨；国礼，迁梅岐园桥高山。四世孙：永清，乾隆时迁垟山头；永州，迁严州；永湖、永权，迁三源高村水碓冈；永绰，移居枧坳岭头；永源，移居西坑黄坑；永告，道光时迁遂昌金县长连。五世孙：建退，嘉庆时移居黄垟陈垟岭头；建印，移居八都四源吴庄外垟处基丘；建津，由水碓冈移居石坦头；建寺，道光时移驮岙下窑岭头；建炳，咸丰时迁桐庐。六世孙：大贝，咸丰时移居黄垟石井镰钩地；大裕，迁李山寮冈；大祚，光绪时迁景宁东坑岭后；大雅，迁大吴山；大桔、大敖、大誉，迁桐庐；大莲，移居白水际。七世孙：学朋、学友、学及、学承，光绪时迁桐庐；学境，移居西坑樟山；学泮，宣统时迁八都九源上村后坑（即西坑猫狸坑）。八世孙：义争、义圃、义虔，光绪末时迁严州；义铭，迁泰顺。九世孙：秉舆，民国时由镰钩地迁景宁沙湾①。

综上所述，培头村钟姓宗族经过近三百年的发展，已是枝繁叶茂，散居于从浙南到浙北的众多畲村，部分南达福建北部武夷山区的崇安县，北抵安徽南部皖南山区的黄山市歙县。据粗略估计，世英、世雄派下的钟姓畲族人口已逾三千。

第二节　拓荒耕耘：村落经济缓慢发展

一　租山而食与佃耕以活

明清时期，既是畲民由福建迁往浙江垦荒的高潮时期，也是封建制度高度成熟和土地资源高度集中的时期，处于经济弱势的浙江畲民，只能普遍租种汉族地主山林开垦或佃田耕种。例如，云和畲民："土不与通婚姻，而耕耨佃田咸籍其力。"② 景宁畲民："佃耕以活，邑之陇亩，所治者半厥。"③ 遂昌畲民："负耒为氓自远来，相传旧姓有蓝雷；茅居偏向陇头

---

① 钟姓房支外迁情况参见钟金莲《文成畲族文化》，国际炎黄文化出版社2009年版，第35—36页。

② （清）王士鈖：《云和县志》卷15，《风俗门·畲民》，同治三年刊本。

③ （清）周杰：《景宁县志》卷12，《风土·附畲民》，同治十二年刊本。

结，佃种无辞荒处开。""吾乡佃作黎，强半属畲客……岩栖亘茅舍，火耕劚秀陌。""力田傭工，不敢与本地人抗礼。"①

　　而康熙五十六年（1717），世英、世雄兄弟俩拖家携口来到金钟山时，周边山林土地所有权已属于温州汉族富人苏珊，他们自然只能租山而食和佃田以耕。虽然，在钟姓畲族的口传故事中，苏姓大户人家属于心肠比较好的富人类型，允许他们太公在此搭棚居住，后来又将垦熟的山地半价转让给本族。然而，苏珊公与世英、世雄兄弟俩的友好应是互惠性的。当年钟姓畲族因获得开垦权而解决了养家糊口的生计问题，而苏姓汉族则获得了部分山租和地租。事实上，畲族的经济依附地位，虽然被畲汉互惠式友好故事笼罩上了一层温情的面纱，但始终改变不了钟姓祖辈们拓荒耕耘的艰辛。为了多开垦出一分土地，他们男女老少，在崇山峻岭中披荆斩棘，为了获取稍好一点的收成，他们全家日出而作、日落而息。为了多增加一点经济收入，在农事之余，男子们只好去周边当挑夫、轿夫等，妇女们则更辛劳，白天与男子一同在户外劳作，晚上则夜夜挑灯纺纱织布至深夜。

　　然而，在金钟山上披荆斩棘、终年劳作的钟姓先祖们，在缴纳完山租和田租后，也只能勉强充饥。倘若在遭遇水、旱、风、虫等自然灾害的年景，则温饱也成问题，只能采摘金钟山上的野菜充饥，或者做一些抬扛、拉纤之类的苦力以补充生计。正如清光绪年间《处州府志》对浙江处州畲民的描述："力耕苦作，或佃种田亩，或抗抬山舆……佃田都是盘瓠种，雨过夫妻尽把犁……贾客东瓯逆水帆，群推力挽傍层岩。……编氓苦作谋生计，腊月风寒尚短衫。……薪担压肩走风雨……耕不疗饥，歉岁仍赈灾，休问官仓陈，麻布单衣着两层。朔风吹，壁寒欲冰，爇来茅草蓬蓬火，促膝团坐温如春。"② 而民国文人胡先啸则将温处一带畲民的租山和佃耕生活困境刻画得淋漓尽致："每每彼所开垦之地，垦熟即被汉人地主所夺，不敢与较，乃他徙，故峭壁之巅，平常攀越维艰者，畲客皆开辟之，然每每刀耕火耨之所得，未成卒岁，则掘草药，种茯苓以自活。"③

---

① （清）褚成允：《遂昌县志》卷11，《风俗·畲民附》，光绪二十二年刊本。
② （清）周荣椿：《处州府志》卷30，《艺文志·诗篇》，光绪三年重修本。
③ 胡先啸：《浙江温州处州间土民畲客述略》，载《科学》1923年第7卷第3期。

钟姓先祖们"租山而食和佃田以耕"的经济依附地位，势必成为其农耕生产力和家庭经济发展的桎梏。

二　刀耕火种与二元农耕

所谓刀耕火种是一种对自然极度依赖的粗放型农耕生产方式。具体而言，开垦山地时，先用劈刀将表层的杂木野草等砍倒铺放，待干燥后，便放火焚烧，焚烧时一般按自上而下的顺序，以控制火势蔓延，待一两天熄火后，再进山翻垦。新垦之地因拌有草木灰而不至于太贫瘠，故可以播种收获。刀耕火种还是一种群体协作的生产方式，为防野兽鸟类糟蹋农作物，往往数家数户的火田连成一片，方便轮流看护。一般刀耕火种后的地力仅能维持三年，第四年地力就消失殆尽。因此，早期游耕畲民往往迁徙他处，另劈新地，重新"火种"[1]。而晚期定耕畲民则在每年播种时继续烧些草木灰并掺拌一些人畜肥料以改良土壤和恢复地力。但无论怎样辛勤耕耘，刀耕火种因生产技术简单粗放，很难摆脱广种薄收的命运。

无奈刀耕火种是畲族这一山地农耕民族延续了千余年的传统耕作方式。正如南宋末年刘克庄在《漳州谕畲》中记述闽南、闽西畲民："刀耕火耘，崖栖谷汲……其来久矣。"[2] 晚明谢肇淛曾亲历闽东北"畲人烧草过春分"的壮观情景："过湖坪，值畲人纵火焚山，西风甚急，竹木迸爆霹雳。舆者犯烈炎而驰下山，回望十里为灰矣。"[3] 而清人屈大均《广东新语》中的粤东北畲民："澄海山中有峯户，男女皆椎跣。持枪弩，岁纳皮张，不供赋。……其人耕无犁锄，率以刀治土，种五谷、曰刀耕。燔林木，使灰入土，土暖而虫蛇死以为肥，曰火耨，是为畲蛮之类。"[4] 至于清代嘉庆年间的浙江处州官员周荣椿则在《处州府志》中，用一首四句五言诗，形象地浓缩了浙南畲民刀耕火种的艰辛情景："攀陟重岩艰，依栖穷谷僻。斫畲刀耕举，烧畲火种墟。"[5]

---

① 参见雷弯山《畲族风情》，福建人民出版社2002年版，第7页。

② （宋）刘克庄：《后村先生大全集》卷93，《漳州谕畲》，《四部丛刊》集部232，上海古籍出版社1980年版。

③ （明）谢肇淛：《太姆山志》卷中，《游太姆山记》，福州慕园书屋，嘉庆五年重刊本。

④ （清）屈大均：《广东新语》卷7，《人语·峯人》，康熙三十九年刊本，中华书局1985年版，第243页。

⑤ （清）周荣椿：《处州府志》卷30，《艺文志·诗篇》，光绪三年重修本。

千百年来，畲族祖祖辈辈正是以筚路蓝缕的精神，用刀耕火种这一简单的耕作技术开发了整个东南山区，使无数的荒山野岭变成了良田茶园。刀耕火种的形成与长时段的延续，在较大程度上源于畲民族所处的生态环境和经济依附地位。至迟在公元7世纪，就已聚居在闽、粤、赣交界处一带的畲族先民，处于"山深林木秀茂……地多瘴疠"，"莽莽万重山，苍然一色，人迹罕到"①的生态环境中，并在超低生产力水准下，过着刀耕火种、采食猎毛、随山散处的游耕生活。尔后，因受自身生产力因素的制约，尤其是历代封建社会政治、经济、军事等多种因素的影响，畲民族遵循着"只望青山而去"的路径，自南向北展开了近千年的民族迁徙。他们每到一处山区，自然条件较好的平坝地区早已被先到的汉族农民所开垦耕种，只能以"迟到者"的身份散居于丛菁邃谷并租佃当地汉族地主的山林，以刀耕火种的传统方式予以开垦而维持生计。该生产方式就是这样随着畲族在东南山区的迁徙而四处播迁，一直持续至明清时期，其残余形态甚至遗存到20世纪五六十年代。

当年，培头村的钟姓先祖们也是沿用这一传统的刀耕火种方式，在杂木丛生的金钟山上开垦出一片片的土地，种上山禾（旱稻）、番薯、玉米、粟米、荞麦、高粱等旱地农作物，以维持简单的生存。随着畲汉互动交流的加深，钟姓畲族又积极地采借了当地汉族先进的锄耕和牛耕农业技术。他们在房前屋后和金钟山的山坳沟坑处有水源的地方垒筑梯田，种植水稻。经过数代钟姓畲民的辛勤开垦，培头村四周及金钟山有水源的地方皆开辟为水田，缺水的地方则开垦为旱地。钟姓畲族也因此逐步结束了单一刀耕火种型的生计模式，而转向梯田水稻耕作和旱地杂粮种植的二元型农耕模式。水旱并种的二元型农耕经济模式相对刀耕火种而言，生产力水准有了较大幅度的提高，农业的收成能养活较先前更多的人口。正是随着生计模式的转型，钟姓宗族各房支人口日渐增多，钟姓村庄聚落也相应地壮大并向四周扩展，村落经济获得缓慢发展。

三　持弩射猎与番薯丝饭

依山而居的畲族是一个擅长狩猎的民族。他们长期在高山密林中刀耕火种的同时，也习得一整套狩猎的技艺和相关习俗。对畲族男子而言，狩

---

① （清）杨澜：《临汀会考》卷1，《山川考》，光绪四年刊本。

猎并非是闲情逸致的爱好，而是特殊生态环境下的必备生存本领。简言之，首先是为了保护人畜不受伤害和庄稼不受侵害糟蹋。其次，可以给贫困的餐桌增添一些荤腥，改善一下伙食。有关畲族擅长狩猎的记载屡屡见于各种地方文献中。例如，清初长汀文人范绍质眼中的闽西畲民："种山为业，夫妇皆作……粪田以火土，草木黄落，烈山泽雨瀑灰浏田，遂肥饶播种，布谷不芸籽而活，精射猎，以药注弩矢，着禽兽立毙，供宾客，悉山雉野鹿狐兔鼠蚓为敬。豺豹虎兕间经其境，群相喜谓野菜，操弩矢往，不逾时，手拽以归。"① 对此，另一名长汀文人杨澜以诗相和："姜薯芋豆种山椒，叉木诛茅各打寮；夜半风声呼野菜，强攻毒矢竟相邀。"② 而清代永定文人巫宜耀在其《三瑶曲》中，则以浪漫、羡慕的笔调诗化着闽西畲民恬淡静谧如世外桃源般的刀耕狩猎生活："竹篱毛瓦白云齐，别是山庄望里迷；偶向渔舟来荡桨，匆匆错认武陵溪。……青山何地不为家，无数棱禾夹道斜，更问一年鲑菜美，斑衣竹笋紫姜牙。……生平射猎善神奇，饱寝雄狐大兕皮，夜半酸寒闻角处，声声卷地雪风吹。"③ 至于清代同治年间的《景宁县志》则是这样记载景邑畲民的："耕耨之外无余技……居散在岩谷，常持鸟枪以角禽兽……而业者鲜矣，为善猎，畲民尤为习者。"④

事实上，文成培头村钟姓畲民狩猎的场景却远非清代文人眼中如此这般的诗性和浪漫。据悉，昔日文成山区的畲村，因山高林密、人少地阔，往往野兽成群结队，时常伤害人畜，糟蹋庄稼，每当太阳尚未落山就得关门闭户，以免被野兽所害。甚至到了1963年，富岙乡双坑村雷德葱在自家附近的菜园拔菜时，还不幸被老虎伤害致死。而当年培头村周边的山林更是虎狼出没之地，呈山底村对面的一座山因此名曰"老虎坳"，邻近的乌田村门前一座山则名为"老虎窝"，该地均为老虎繁殖的山场。每当夜幕降临，周边畲民在屋内就听到此起彼伏的虎啸狼嚎，令人胆战心惊。为了在虎群狼窝中求生存，当地畲族男子必须学会高超的狩猎技术。相传当年呈山底村开基祖钟世雄就是一个非常出色的猎手，钟姓后裔们至今还津津乐道地传颂着当年世雄太公"一铳千金"

---

① （清）范绍质：《瑶民纪略》，载李绂《汀洲府志》卷41，《艺文记》，同治六年重刊本。
② （清）杨澜：《临汀汇考》卷3，《风俗考·畲民附》，光绪四年刊本。
③ （清）杨澜：《临汀汇考》卷3，《风俗考·畲民附》，光绪四年刊本。
④ （清）周杰：《景宁县志》卷6，《武备·兵制和保长》，同治十二年刊本。

的故事：一个太阳逐渐西沉的下午，世雄手握土铳，照例上山去狩猎，当发现动静时，他眼疾手快地瞄准猎物，一铳射杀过去，结果打死老虎一头，母野猪一头，野猪仔十二头，该神奇的狩猎故事被誉为"一铳千金"，在钟姓族人中口耳相传，其狩猎技艺也随之被钟姓族裔不断地发扬光大。

正是崇山峻岭的生态环境孕育出培头村钟姓先祖们丰富的狩猎知识。其打猎的工具门类齐全、多种多样，从弓箭、竹吊、火药弹，到棒头刀、鸟枪（一种自制的7字形火药铳）不等。他们还根据不同的野兽种类，运用不同的狩猎工具和不同的狩猎方式，采取相应的分配方式。据村中老人回忆："凡遇虎、狼、野猪、山羊、麂、鹿等野兽，一定要全村或几个村的群众联合行动，分为'赶山'、'观山'、'拦路'几队人马，集体狩猎。赶山的带猎狗进山把野兽逼出山林，观山的站立四周山顶，察视兽类来去动向，以锣鼓或呐喊为号，警示赶山的追攻方向，如果兽类将要出山，立即警报拦路的做好射击准备。拦路的分守各个路口和山㟧，持枪以待，等野兽出现，马上对准射击。猎物的分配，凡有参加出猎的人一人一份平均享受。发现野兽报信者和第一枪击中者，另外特殊照顾一份，猎狗也同样分得一份。对狐狸、獾猪、山鸡、野兔等小野兽，一般是用竹吊、毒饵药弹等工具来狩猎，谁狩谁得，宰后烧熟，请邻居大小都来品味品味。兽皮进行加工后，拿到集镇出售，换回生产和生活用品。"①

由此可见，狩猎已成为培头村钟姓先祖们生产和生活方式的必要补充，其狩猎形式和分配方式，既体现了群体合作性，又体现了某种意义上"效率优先和兼顾公平"的原则。至于兽皮的市场交易，则在一定程度上促进了其商品观念的发展。位于大山深处的培头村，正是在钟姓畲族世世代代与大自然充满艰辛和智慧的斗争中而逐步壮大和缓慢发展的。

但由于受经济依附地位和生态资源劣势的双重制约，直至新中国成立前夕，培头村的二元型农耕经济与闽、浙、粤、赣其他众多畲村一样，其生产力水平总体上仍呈低度发展状态。因为"梯田水稻耕作是在汉族先进生产方式影响和畲族内部生产力提高等因素的交互作用下发展起来的。而定耕型旱地耕作则是早期的游动性刀耕火种适应定居发生变

---

① 钟金莲：《文成畲族文化》，国际炎黄文化出版社 2009 年版，第 47—48 页。

异后的传承，因而其中原始游耕生产方式的残余色彩很浓厚。绝大多数的畲族聚落或家庭，由于拥有适宜水稻耕作的田亩并不多，不少开拓出来的梯田，因水利条件差成为'望天田'，收成有限，所谓'地瓜半年粮'的俗话，便是这种状况的反映。"① 其时，培头村位处山塆的梯田面积狭小贫瘠、蓄水能力差，故耕作半径大、耕作效率低，加之种植的水稻品种老化，产量低，不耐倒伏。因而，收获的稻谷十分有限，每亩产量不足 100 公斤，难以满足日常需要，只能添加番薯丝或玉米、高粱等杂粮伴煮，才能维持温饱②。新中国成立前在闽东和浙南畲区广泛流传着："火笼当棉袄、火篾当灯草、辣椒当油炒，番薯丝吃到老"这样的民谣，这无疑是土地改革前，培头村钟姓畲民日常生活的真实写照。也正如沈作乾在民国年间对处州一带畲民的调查："以番薯为正粮，玉蜀黍次之，食米的很少。普通用番薯切丝，掺米炊食叫做'番薯丝饭'，或用玉蜀黍磨成细粉，加少许食盐，和米炊食，叫作'包罗糊'。纯粹的米饭，非到宴客时，是难得见面的。"③ 来金钟山拓荒开基的钟姓畲族先祖们，尽管他们日出而作、日落而息，也只不过维持"番薯丝饭吃到老"的温饱水平。

四　营造凤凰栖居般诗意家园

自开基祖世英、世雄兄弟从苏姓汉族半价买得金钟山以后，他们就带领子孙们开荒辟地，日夜奋战，不仅种上各种水旱农作物，解决一日三餐问题，还栽种成片的毛竹、松树、梧桐等，将金钟山逐步营造成如美丽凤凰栖居般诗意家园。相传，当年他们在金钟山顶 1 万平方米的开阔平地上种上松树，象征着凤冠；在金钟山东北、东南两片六七百亩的肥沃坡地种上毛竹，象征着凤凰的羽翼；在西南坡则种上近千株梧桐树，象征着凤尾。经过钟姓先祖数代人的艰辛努力，新中国成立前夕的金钟山一片苍翠葱茏，山顶的松树，俊秀挺拔、迎风招展，东南与东北山坡上茂密的竹林，青翠欲滴、摇曳多姿。而西南山坡上层层密密的梧桐树，每年二三月开花时节，沁人心脾的花香，在十里外就能闻到。

---

① 施联朱、雷文先：《畲族历史与文化》，中央民族大学出版社 1995 年版，第 26—27页。

② 钟金莲：《文成畲族文化》，国际炎黄文化出版社 2009 年版，第 50 页。

③ 沈作乾：《畲民调查记》，载《东方杂志》1924 年第 7 期，第 57 页。

在今天培头村老人看来，当年先辈们栽种大片毛竹和梧桐树的用意深远，他们不仅要在形态上塑造凤凰形象，还要用梧桐和毛竹引来金凤凰，让凤凰与钟姓族人世代相依相伴。他们相信凤凰"非梧桐不栖、非竹米不食、非醴泉不饮"的传说，也相信"栽下梧桐树，引得金凤凰""多栽梧桐树，迎来天下客""家有梧桐树，何愁凤不来"等古语，甚至还相信梧桐树是一种能"知月"和"应时"的有灵性的树木。所谓"知月"是每根枝条上生长十二片叶子，这与每年的十二个月相对应。所谓"应时"，即应时而生，如果有闰月，则长出十三片叶子。在畲族文化人看来，梧桐树叶的"应时而生"与古人的"应德政之时"相对应，这与"凤凰兆瑞"的神性相一致。因而培头村钟姓畲族先辈们大力栽种梧桐树，并一代代地告诫子孙要保护好梧桐树，甚至留下"一代烧梧桐，十代耳朵聋"的祖训。只可惜，那成片的梧桐林在1958年"大跃进"全民大炼钢铁运动时期时被砍伐得所剩无几，如今村口只剩下一株与柏树交相缠绕的梧桐树。

所谓竹米即竹子开花所结的果实，极具营养价值和药用价值，且味道甘美。宋代《太平广记》是这样描述竹子的："其子粗，颜色红，其味尤馨香。"[1] 而宋代《大观本草》则记载："竹米，通神明，轻身益气。"[2]然而，竹子开花结果极为罕见，据悉，一般要在50—100年时才会有开花结果现象，且并不是所有开花的竹子都会结出竹米。竹子开花是竹子新陈代谢的象征，意味着竹子生命的枯竭，唯有留下果实做种子再度繁殖，新的生命才会开始，可见竹米异常珍贵。因而中国古人传说罕见珍贵的竹米只有高贵神秘的凤凰才能享用，故有"凤凰非竹米不食"之说，所以毛竹又叫凤凰竹。

培头村钟姓畲族先辈认为广栽凤凰竹就可以多产竹米，引来凤凰，而食了竹米的凤凰，就能保佑全村一年四季风调雨顺、吉祥和美。他们还赋予金钟山的凤凰竹以神秘感，认为它本是东方凤凰的尾羽，被一个财迷心窍的人扯下后，飘落到金钟山生长而成。因此，爱惜凤凰竹、保护凤凰竹、严禁乱砍滥伐，也成为培头村的古训。钟氏后裔世世代代将这一古训

---

① （宋）李昉等：《太平广记》卷412，中华书局1961年版，第3351页。
② （宋）唐慎微著，（宋）艾晟刊订：《大观本草》卷13，安徽科学技术出版社2004年版，第464页。

铭刻在心。据悉,时至清代中后期,社会动荡,民生凋敝,而培头村又因地处偏僻、交通不便,且位处景宁、瑞安、泰顺三县交界之处,这样给土匪、盗贼等以可乘之机。他们无恶不作,为所欲为,或偷伐树木,偷挖竹笋,或盗窃财物,或强行乞讨,而深受其害的钟姓畲民却防不胜防。这不仅打破了培头村往日的宁静,更给钟姓畲民带来极大的经济损失和心理恐慌,在单一家族力量无法根治忧患和消弭威胁的情况下,钟姓族人曾多次上书呈文至青田县衙寻求保护。

正是由于钟姓畲民坚持不懈的努力并获得当地汉人作证,青田县衙先后两次为培头村颁发了"禁骚扰"的政治文书。其中一份是清道光十三年(1833)颁发的,另一份是清咸丰四年(1854)颁发的,这两份文书原件至今完好保存在呈山底村村民钟亚丁老人手中,而复印件则装裱存于钟氏宗祠的文物陈列室内。其中咸丰四年(1854)青田县府的告示如下(标点符号为笔者所加):

> 署浙江处州府青田县正堂加六级纪录十二次张
>
> 为贼匪滋害等事,据生员钟际时,武生钟逢年、钟鸿章、钟凤岐,耆民钟育才、钟永会、赵瑞纯、钟彩祖、苏承田、张小毅,地保陈好善,呈称伊等邻居八外都培头等处,因该地贴近瑞泰两邑交界兼值荒歉,乃有内外一等不肖之徒乘机鼓众日夜盗窃,尤将山前山后,屋前屋后篆样护荫魁木,强砍树头,强挖树根并肆窃茅竹春笋等项,见之实堪痛恨。更有外来流丐挨家强讨,滋扰不堪,联名叩请示禁等情到县。据此,除批示外,合行出示严禁,为此示仰该都附近居民人等,知悉尔等,当思物各有主,岂容任意偷窃?嗣后务须革面究心,自谋生业,切勿复萌故智,致罹法纲,至外来流丐亦须善求施舍,不得三五成群沿门强讨,倘致故违,许该祖耆等,扭禀送县,以凭从严惩治,断不姑宽,各宜凛遵毋贻后悔,特示。
>
> 右仰知悉
>
> 咸丰四年柒月廿五日给告示发贴郑山后晓谕

青田县衙上述告示,一方面劝喻偷盗强夺者洗心革面,自谋生路,另一方面又允许培头村钟姓耆老有权将违法乱纪者扭送县衙严惩,该告示具有一定的威慑作用，在一定程度上保障了培头村钟姓畲民的部分权益，也有益于培头村生态环境的保护。有了县衙告示作尚方宝剑，民国十一年（1922），钟姓族人将窜入培头村内的贼首赵亚巧、赵亚秀二人抓获，并呈文青田县衙，要求严惩贼首。现该村村民钟春宽家还保存了一份钟姓显祖钟碎格（号佐臣，曾任江西布政司都事和青邑八都自治员，详见第三章）当年具禀县府的底稿一份，内容如下（标点符号为笔者所加）：

> 具禀公人：
>
> 为联名公叩事，窃民都，离城稍远，民心剽悍，东盗西窃，盗贼纷纷，民都敢怒而不敢言，故此民都于民国五年，立一清盗会，扫除贼匪，而安良善之美意，并暨具禀叩明公署，立案在卷，案卷确可吊核，无如贼匪纷纷，民都方安枕二三年矣。无如贼匪复起，大肆猖狂，东临烧门盗窃，西邻强拉耕牛，各地惨被窃者，不计其数。胆于本阴历十一月二十日黑夜，贼头赵亚巧、赵秀巧等，引带贼多数人，盗窃邻村培头地方，钟佐臣并伊侄钟学宦家中，将门壁用火烧入，盗窃内房所有银洋首饰，衣被杂物等项，盗窃一光。当报民等并乡警严成文等，公人王有森、徐亚品等，看明门壁，果系用火烧入，盗窃行迹是实，迫至本十二月廿八日，佐臣仝侄学宦，归收账项，至伊秀家中，窥见赃物，仍报民等，验明赃物酒壶一把，是友字号，友字用刀刮去，棉被一床、饭篮一双，又大棉碗二个，俱友字号，均以用碗凿将友字铲去，友字行迹确鉴向明，当获贼头赵亚巧一名，口供明承认盗窃是实，讵料同盗贼多，亚秀等赃真贼确，反排设贼谋，将伊自己货物搬遁藏叔伯戚家，声扬搬抢大题，抵制倒诬等语，民等系左右邻居，甚抱不平，确可质证，似此贼头若不送案准予收押，执法惩办，以儆效尤，整顿风化，再任伊猖狂妄为，民都莫得安枕矣，为此不服，联民公叩伏乞知事长先生电鉴施行，除盗安良而静地方，合都沾恩，大德上禀①。

结合钟春宽家保存的另一份内容类似的草稿，可知该文是钟佐臣（1877—1946）在45岁时所写，大约在民国十年（1921）发生的事情。

---

① 原件保存在培头村村民钟春宽家中，于2014年1月30日提供给笔者拍照并复印，鸣谢。

从上文可知,民国五年(1916)培头村钟姓畲民为保护自己的家园,以钟佐臣为首组织了"清盗会"这一民间护卫组织。但数年后,盗窃又起。赵姓等窃贼猖狂用火烧门壁,将佐臣及其侄子学宦一家盗窃一空①,当钟姓畲民追到赵家后,赵家不仅将赃物转移,反诬告钟姓畲民抢劫。异常愤怒的钟姓族人推钟佐臣呈文县府要求严惩贼匪。从村民钟春宽家留下的另一份"三月初六被郑姓数十余人搬去失物单"来看,这是另一位钟姓族人所遭遇的另一次较大的抢劫,被抢去棉被、单被、长衫短衫、柴刀水桶、面盆蓑衣碗筷等家中生活用品数十件。可见,清末至民国年间培头村屡屡遭匪盗之患,这也反观出培头村当年已有一定数量的殷实之户。钟姓族人面对盗贼屡屡进犯,并没有坐以待毙,而是积极应对,一方面自组民间护卫组织,另一方面查明事实,具禀官府以严惩。正是由于历代钟姓畲族的积极抗争和本族内严格执行村规民约,以及县衙"禁骚扰"告示文书等的共同作用,才保证了培头村的"松青、竹翠、梧桐美"。

钟姓先祖除了在金钟山广泛栽种吸引凤凰的梧桐树和凤凰竹以外,家家户户还将金钟山上凤凰喜饮的醴泉水引入自家的院内。所谓的醴泉,实为从金钟山上石罅处流淌出来的清澈透亮的山间清泉。钟姓畲民只要在泉眼旁挖坑筑井,就有潺潺清泉流入,成为其取之不尽,用之不竭的井泉水。他们不仅用剖开的毛竹片插入石罅处,将汩汩清泉引入自家厨房内的水缸,还给井泉取了好听的名字——"醴泉",以供"非醴泉不饮"的高洁凤凰畅饮。金钟山上的醴泉,冬暖夏凉,清醇甘甜,不仅永不枯竭地滋养着培头村钟姓畲民心目中美丽的凤凰,更生生不息地滋养着钟姓畲民祖祖辈辈。

事实上,世英、世雄二公当年带领儿孙们栽种松树、毛竹、梧桐并挖筑醴泉,不仅仅是营造审美意义上的凤凰栖居地,更有其经济生活实用价值。例如,毛竹不仅美化环境,而且生长周期短,四五年就可以成材,是制作农具、家具的原材料。竹笋还是美味的菜肴。梧桐树木质轻软,为制作木匣和乐器良材,种子可榨油,根、皮、茎、叶、花等均可药用。而用金钟山甘甜的醴泉酿制的畲家米酒,也格外芳香醇厚。

---

①　其时钟佐臣在出任江西布政使司都事卸职后,担任青田八都自治员,而其侄子钟学宦常年在外打银,两家住在一个庭院,属于培头村相对殷实之家。

钟姓畲族经过数代人的努力，将金钟山下的培头村营造为凤凰栖居般的美丽生态家园。昔日培头村那成片的苍苍梧桐再现了《诗经·大雅·卷阿》中那种"凤凰鸣矣，于彼高岗。梧桐生矣，于彼朝阳。菶菶萋萋，雝雝喈喈。"①的诗情画意和悠悠古风。那苍翠葱绿的茂林修竹更让人体味到"鸣凤在竹，白驹食场"般的恬淡清幽。那苍松翠柏间的潺潺醴泉则让人置身于"明月松间照，清泉石上流"般的禅林意境。

此外，培头村钟姓畲民还将对凤凰的珍爱融入日常生活习俗之中。例如，在建筑居住习俗中，他们喜欢在自家房屋门梁下方雕刻一只美丽的凤凰图案，以象征着风调雨顺、吉祥如意。可惜该村的清代传统民居大都在民国年间的一场大火中焚毁殆尽，那些雕刻精致的凤凰也随之在烈火中"涅槃"。现只能从培头村钟氏宗祠和呈山底村钟氏老屋这两座幸存的传统建筑中，目睹当年的凤凰雕刻。每当人们踏上那座始建于清乾隆年间，具有两百多年历史的钟氏宗祠台阶，抬头就能看到正门门梁下方那只雕刻精致、展翅欲飞的凤凰，仿佛昭示着钟姓族人世世代代的祥和美满、兴旺发达。而呈山底村那座建于清咸丰年间的五间两厢的钟氏老屋，其面厅廊间横梁下方也雕刻着一只精致的凤凰。如今，培头村的民居门梁虽不再保留雕刻凤凰的传统，却仍保留着新房上梁挂金鸡的习俗。所谓金鸡即凤凰的别称，是用柏树枝红绸等轧制而成，在畲民建新房上梁之日，一对金鸡被悬挂在栋梁下方的左右两边，以象征着新房主人平安吉祥、富贵祥和。此外，过去培头村人还在橱柜、椅子、床铺等家具上绘有美丽的凤凰，甚至在糖糕印模上，也雕刻着美丽的凤凰。

至于在服饰穿戴习俗中，直至民国年间，培头村畲族妇女们还对本民族传统服饰喜爱备至，她们称之为凤凰装。每当她们在出嫁或出席盛大节日时，必着凤凰装。包括穿凤凰衣、着凤凰鞋、梳凤凰头、戴凤凰冠等。所谓凤凰衣，实际上是在衣领、袖口、衣边、拦腰裙、裤脚边等处饰以美丽的花边，象征着凤凰的颈、身、翼、尾等。凤凰鞋则是在鞋面上绣上美丽的凤凰图案。而凤凰髻则是将头发梳成发髻，并戴上银制头饰，谓之着凤冠。过去培头村的畲族妇女亦与其他浙南畲村一样，将结婚时的凤凰装珍藏于箱底，在年老离世后将其作为寿衣带入棺材，意味着生死都要与凤凰相伴。在她们看来，在生时有凤凰陪伴，一定会夫妻和睦，幸福吉祥。

---

① 参见程俊英《诗经译注》，上海古籍出版社2004年版，第455页。

死后若灵魂依然与凤凰相随，一定会平安地进入极乐世界，还会庇佑子孙后代吉祥平安。

在生诞婚嫁丧葬等人生仪礼习俗中，培头村人也对凤凰情有独钟。小孩出生第三天要做"三诞"，先是置办供品祭祀祖先，祭毕后，主人家给邻居每个小孩分一个用茜草（畲语俗称染蛋草）染红的"凤凰蛋"（熟红鸡蛋），表示吉庆。男女谈情说爱时，也以凤凰互称。例如，该地一首《隔山对歌》的情歌，歌词是这样的：

女：牡丹花哩野芙蓉，两花骨格不相同，牡丹只许凤来采，只怕碰着贪花郎。

男：我郎不是贪花郎，乃是堂堂真凤凰，原是凤凰山上出，祖公龙麒名远扬。

过去培头村的出嫁新娘不仅被装扮为凤凰模样，更被直接称呼为"凤凰"。出嫁那天，婆家正门门梁上必书"凤凰到此"的横批。新婚之夜的《酒令歌》更是将新娘称为凤凰娘："一请凤凰飞过江，二请阿郎结成双。三饮鸾凤交杯酒，四方庆贺凤凰娘。"现在培头村新娘虽然不再着凤凰装，但新娘子进门后，夫家第一碗点心是汤圆外加两个剥壳的熟鸡蛋，名为"凤凰卵"。

而培头村老人做寿坟时，习惯在坟洞底部放置一碗，碗内放入少许米糠，再于米糠上放两只鸡蛋，俗称"金鸡蛋"。该村倘若老人去世，也认为亡故老人魂归凤凰山，《哭灵歌》唱道："××老落（去世）坐大厅，临时去请老先生，风水先生踏坟地，坟地踏着凤凰山。"再如，该村一年四季八节祭祀祖先，鸡是必不可缺的供品，俗称金鸡，没有鸡就改用米粉蒸熟捏成鸡的模样（俗称米鸡，详见本章第三节）替代。以上无不体现了培头村的崇凤习俗。

此外，在培头村钟姓畲族的口传叙事中也离不开凤凰的传说。至今，村里的老人还流传着有关凤凰传说的族源故事：很久以前，西方昆仑山有个名字叫凤凰的仙女，到凤凰山游玩，不慎落入蛇精之口，被打猎的年轻小伙子阿山救起，后来两人相爱，生下四个孩子，他们兄妹四人就是畲族盘、蓝、雷、钟的祖先。

培头村另一个有关凤凰传说的族源故事则附加了英雄祖先的故事情

节：相传在很早以前，广东潮州附近有座凤凰山，有一只凤凰吞吃玛瑙，生下一只凤凰蛋，从蛋里跳出一个胖娃娃，长大后与龙女相爱，生下三男一女就是盘、蓝、雷、钟的祖先，但祖公祖母因与官府抗争而壮烈牺牲。

从以上生产生活习俗再到口头文学，无不体现了培头村钟姓畲族的崇凤民俗心理，他们犹如栖居在美丽的凤凰家园，与其记忆中的远祖故乡潮州凤凰山遥相呼应。钟姓畲族更喜好用自编的歌谣对自己的凤凰家园加以深情的赞美：

（一）

金钟山上竹满坡，满目青山竹米多。
对对凤凰飞来食，年年月月食不尽。
金钟山上长梧桐，知月应时引凤凰。
凤凰栖息梧桐上，对对凤凰结成双。

（二）

金钟山下美名传，培头处处出醴泉。
清甜泉水凤凰引，畲山年年报安康。
青松翠竹照琼浆，参天梧桐引凤凰。
问君桃园何处是，金钟山下钟家庄①。

第三节　多神崇拜：钟姓畲族心灵安顿

多神崇拜是钟姓畲民的民俗信仰特点。民俗信仰，亦称之为民间信仰，是源于人类社会远古先民基于万物有灵观念而产生的宗教情感。简言之是人们围绕着对于超自然力的信仰而形成的一整套观念、态度及行为。民间信仰中所敬仰的超自然力，既包括人格化的力量（如神灵），也包括非人格化的力量（如法术）。相对制度化和系统化的世界五大宗

---

① 有关培头村崇凤习俗，参见金钟莲《文成畲族文化》，国际炎黄文化出版社 2009 年版，第 190—207 页。

教而言，中国民间信仰具有区域本土性、民众自发性及多样杂糅性等特征。根植于特定地域的民间信仰尽管是自发的和非系统的，但它与该地民众的日常生活却是息息相关的，人们通过对地方神祇的周而复始的程式化祭拜，诠释着他们对生活的理解和对生命的思考，蕴含着对生于斯、长于斯、死于斯的乡土社会"根"的深切体验和深深眷恋。民众也正是在这种体验和眷恋中，编织着一张带有习俗、乡音、血缘、姻缘、地缘、业缘、神缘等一系列乡土文化符号的关系网络，营造出一个温情脉脉的乡土人情社会，从而缓解痛苦、释放压力、安顿心灵。透过这张因地方民间信仰而编织出的网络图，能反观出这一方水土上养育的一方人们，其所蕴含的思维模式、生活态度和人情关系，从而获得外来研究者对当地人"理解的理解"①。

培头村钟姓畲族的民俗信仰世界与我国众多乡村地区一样，是一个极其庞杂的多神信仰系统。它大致分为三大类别：一是祖先崇拜，二是社神崇拜，三是鬼魂精灵类崇拜。这三大类别的民俗信仰根植于培头村钟姓畲民的心灵深处，呈现在畲民们日常生活中的则是一整套特定的仪式行为，这些仪式行为渗透在逢年过节、生命孕育、婚丧嫁娶、疾病灾厄、升学经商等重要岁时节日、人生仪礼及命运转折时刻。这些复杂的多神信仰及其仪式行为，折射出钟姓畲民在长期的社会历史文化变迁中孕育出的特殊民族文化心理，它充当着抚慰钟姓畲民心灵的精神安慰剂，与其克勤克俭、耕读传家的风尚并行不悖，以下择其要者予以分析。

一　香火榜与祖先崇拜

祖先崇拜简言之是人们将已故祖先神格化并予以周期性祭拜，它不同于一般的神灵崇拜，除了祈求祖先庇佑后代以外，还包含着对已故祖先的缅怀和纪念，以及对后人不应数典忘祖的仪式训导。祖先崇拜又包括远祖崇拜和近祖崇拜两种。对培头村钟姓畲民而言，所谓远祖崇拜是指对本民族英雄始祖忠勇王和钟姓始祖钟志琛的崇拜，而近祖崇拜则是对浙江始祖和开基祖先及三代以内祖先的崇拜。随着畲汉文化互动的加深，钟姓畲民对远祖的崇拜已相当模糊，主要隐含在"做功德"等超度亡灵丧葬仪式中和盘、蓝、雷、钟一路人等族群认同记忆中。钟姓畲

---

① ［美］克利福德·格尔茨:《文化的解释》，韩莉译，译林出版社1999年版。

民的做功德仪式与闽、浙大多数畲族村落类似，集祭祀、音乐、舞蹈为一体，载歌载舞、巫风弥漫，通过模仿远古先祖披荆斩棘、间山学法等道教丧葬科仪，隐喻着对远祖英雄业绩的缅怀，通过唱哀歌、做法事等超度亡灵的仪式表达着对亡故亲人的祭奠，从而实现了远祖崇拜与近祖崇拜的融合，以忠勇王和三公主等英雄祖先传说和盘、蓝、雷、钟弟兄故事所维系的族群认同，根植于世代钟姓畲民意识深处。如今在钟氏宗祠门前功名旗杆上飘扬着的盘、蓝、雷、钟四个大字的四面彩旗，成为这种认同的表征符号。如果说钟姓畲民对远祖崇拜是模糊而抽象的，那么对近祖崇拜则是清晰而具体的。

培头村钟姓畲民对近祖的崇拜主要体现在以家户为单位和以宗族为单位这两种方式。前者是逢年过节、家有喜事时，给香火榜中近三代以内的祖先灵位牌点香烛、上供品，以及清明节至祖先坟墓除杂草、烧纸钱、上供品等祭祀礼仪。后者是指全体宗族成员（与传统汉族祠堂祭祖不同的是，畲族女子可以参加），在族长和房长的引领下，各房支于每年农历的正月十五和八月十五春秋两季，带上香烛、祭品等至钟氏宗祠隆重祭拜列祖列宗，届时由族长宣读祭文，钟氏族人按照长幼次序依次叩拜。倘若家族有盛大喜事，还会在祭祖那天，请来戏班子唱戏以娱人和娱神。钟氏宗祠祭祖在新中国成立后的破除迷信运动中被取缔而长久销声匿迹。仅在2009 年正月，为配合"三月三"节日的复兴，根据老人们的回忆而隆重地展演过一次，随后即淡忘于钟姓畲民的日常生活中。随着岁月的流逝，培头村当年祭祖大典的盛况和细节已消失殆尽。但钟姓畲民关起门来的家庭香火榜祭祖仪式，却从未随着新中国成立后历次政治运动的冲击而消逝，只不过20 世纪六七十年代的香火榜祭祖是悄悄地祭拜，自20 世纪80 年代始，无论是香火榜祭祖，还是坟墓祭祖，均由"隐藏的文本"转化为"公开的文本"①。

培头村钟姓畲民香火榜祭祖是较之清明墓祭更为隆重和频繁的祭祖形式。所谓香火榜，是畲民家庭摆放祖先灵位牌和香炉的神圣空间。一般是在中堂（堂屋）阁楼②内墙（面朝大门方向）挖一长方形小壁橱，内放

---

① Scott，J. C.（1990）. *Domination and the Arts of Resistance：Hidden Transcripts*. Yale University Press.

② 随着20 世纪80 年代新楼房的修建，培头村钟姓畲民家的香火榜大都移至顶楼（三楼或四楼）等清净之处。

香炉一只和已故三代男女祖先灵位牌，有的家庭在香火榜内还安放着某位道教神灵的香炉，象征着祖先神灵与道教神灵的和谐并存，隐含着提升神灵庇佑能量的愿望。香火榜外框则用红字书写对联和神位名称等。例如，香火榜横额有的书写"彝鼎堂"① 三个大字，更多的是书写"安位大吉"四个大字；香火榜右联书写"香烟透霭上赐福"，左联书写"灯花落尘土生财"，也有的右联书"日日招财童子"，左联书"时时进宝郎君"等。香火榜内墙则用红纸贴着："本家寅奉长生香火，颍川郡上历代祖先之神位"等字样②。据悉，书写香火榜时，必须坐着写，否则，祖宗只有"站位"而无

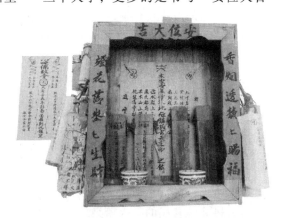

图6　培头村钟姓畲民家中
祭祀祖先的香火榜

"坐位"，是极为不孝的行为。此外，香火榜前方摆放方桌（或圆桌）一张，以供摆放祭祀祖先的祭品所用。

　　培头村钟姓畲民在安放祖先灵位牌至香火榜内时，还有"立香炉"和"点主"两个重要仪式。所谓立香炉是指安葬毕亡故先人之后，子孙们从宗祠祖宗香炉中拨些香灰放入新的香炉，然后将新香炉安放在自家香火榜内。现今因宗祠祭祖已消弭，往往直接于家中香火榜安放香炉。而"点主"则是安放灵位牌之前，至今不能省略的重要步骤。所谓"点主"是指安葬好亡故祖先后，子孙们回到家中在尚未拆去的灵堂内隆重举行（也有的在出殡前一天举行）。具体程序是请本宗族一位德高望重的前辈作为"点主官"，手执朱砂红笔，在早已准备好的木祖（也称为神主③灵

---

　　① 为了表示蓝、雷、钟香火榜有别，往往蓝姓写"福德堂"、雷姓写"和德堂"，而钟姓则写"彝鼎堂"，这也体现了畲族对儒家文化观念的采借。

　　② 按畲族的族源历史传说，钟姓先祖原居河南颍川郡，故香火榜上写颍川郡祖先神位。如果是蓝姓则为汝南郡，雷姓为冯翊郡，这反映了作为华夏边缘的畲民族，对中原华夏文化的强烈认同。

　　③ 神主也简称"主"，本是古时为亡故的君主、诸侯制作的牌位，后此俗被民间仿效，并相沿习成至今，旨在表达尊宗敬祖之情。

牌）上补写"神主"之"主"字上面一点，谓之"点主"。"点主毕，孝男孝女、六亲眷戚手捧木祖（木主）相互传递，叫'传祖'。后由孝子将木祖送到香火神龛处安置，永留下代祭祀。"① 点主仪式流行于我国汉族地区并传播到某些少数民族地区，象征着子孙昌盛和鸿运当头，也表达着一种慎终追远的尊祖情怀。培头村钟姓畲民过去制作木主颇为讲究，给达官显祖制作的是做工极为精致的雕花镀金彩绘镶嵌宝石的栏观位牌（参见第三章第三节）。即便一般家庭，也会制作内外两层可推送的普通木主牌，稍考究一点的还要加上油漆和彩绘。关于木主的制作，也有严格的讲究："木祖（木主）的高矮、长短、厚薄要有一定的规格，它的尺寸可分为：三十三天、十八重地狱、二十四孝、三魂七魄、人生七尺身躯、伸手五尺五等含意，在切料加工时不许用脚踩踏，须膝盖跪着。"② 培头村这一浓郁尊祖敬宗意蕴的木主制作仪规与点主仪式，无疑体现了钟姓畲民们与主流汉文化的良性互动。

培头村钟姓畲民的香火榜祭祖，属大年三十那天最为隆重。每年农历腊月二十四日始，该村"入年架"，即进入辞旧迎新的倒计时，家家户户开始扫尘、购年货、做麻糍、打年糕、做米斋③、杀鸡宰猪等。大年三十那天，各家各户准备好猪头、公鸡、豆腐、米斋、香烛、米酒等各种祭品，先在院内拜过天地，再到地主殿（村庙）烧香祭拜，最后到自家香火榜前拜祖先。该祭拜顺序体现了天地至尊、社神管一村平安、祖先神灵为自家人等由大到小、由外向内的各司其职的秩序观念。

该村大年三十祭祖，由家中主人主持（不分男女），仪式过程主要有摆祭品、点香烛、斟酒、烧纸钱等几个环节。如今培头村祭祖祭品较过去丰盛很多。兹以 2013 年村民钟彩莲家的祭祖为例加以说明。大年三十傍晚时分，在儿子儿媳拜祭好天地和村庙之后，彩莲的丈夫德珍将香烛纸钱酒肉等祭品挑至老房子二楼的香火榜就离开了，接下来按惯例由 60 多岁的女主人彩莲张罗着祭拜仪式。只见她有条不紊地将祭品一一摆放于香火榜前方的祭桌上。祭品按面向香火榜由近到远的顺序依次摆放：最前排摆

---

① 金钟莲：《文成畲族文化》，国际炎黄文化出版社 2009 年版，第 127 页。
② 同上。
③ 即用蒸熟的米粉捏制成鸡、鱼、馍或圆锥体之类的祭品，分别简称米鸡、米鱼、米馍、大米斋等，究其用意，当地人说不出所以然。我猜测或许源于物质匮乏年代，不得已以米斋替代实物，或许因为民间信仰佛道神灵共聚一堂，为了照顾吃素的佛教神灵而已。

放内插三支香和两支蜡烛的米斗一只，第二排为圆锥形的大米斋①三只及米鸡一只，第三排摆放五杯酒，第四排摆放五小碗菜，内装红枣、蛏干、木耳、蕨菜干、笋干等，上面还用葱花点缀，最后一排摆放猪头一只，附猪尾一根，象征全猪，猪鼻子上插香一支。猪头旁为公鸡一只、豆腐一块，豆腐也插香一支，所有菜肴均用开水烫过，表示给祖宗神灵只能吃熟食。祭品可谓荤素搭配，极为丰盛。主人摆好祭品，就开始点香烛。首先她点燃大门外走廊上的三支香，然后点燃香火榜内香炉中的三支香，最后点燃米斗内的三支香，以及猪鼻子和豆腐上的香。燃香环节象征着用袅袅香烟恭请祖先赴宴。紧接着她斟满五杯酒，期间还手提酒壶，象征性地给酒杯斟酒三遍。随后，她面朝香火榜方向拜三拜，大约十几分钟后，估计祖先已酒足饭饱即将打道回府，她开始烧纸钱，象征着送给祖先回阴间的花销。烧完纸钱后，她将杯中酒，逐一泼洒于祭桌下方，象征着祖先已喝干了美酒，满意而去，仪式至此完毕。接下来是一一收拾祭品，送回厨房，用祭祀过的猪头、公鸡等准备年夜饭。年夜饭全家享酢的意义非同寻常，既象征着钟姓族裔沐浴在祖先福佑的阳光下，也仿佛此岸世界与彼岸世界的亲人们同舟共济，欢聚一堂。香火榜祭祖仪式的最后环节，没有像墓祭和地主殿社神祭拜那样鸣炮，带有接祖先回家安静地享用酒饭的意味，无须外界那样喧嚣和张扬。

培头村大年三十自家香火榜隆重祭祖之后，从正月初一至正月初五，需每天早晚在家中香火榜和大厅门口，各点三支香，象征早晨接祖先回家过新年，傍晚送祖先回家。正月初五那天村内进入"开年架"，即送年节。这天大清早，家里的主人除了照例在香炉上点三支香以外，还要手握三支燃香，将屋内角角落落的纸屑等垃圾清扫出来，放到屋外较远的地方，谓之"送年"，象征着将晦气瘟神等送出门外。送年后，祖宗也回到各自原来的"住处"，只需在正月十五元宵节那天再接回来一起欢度元宵，过年和春节祭祖仪式即告结束。

培头村钟姓畲民除了除夕和正月于香火榜虔诚祭祖以外，在清明节、端午节、重阳节，以及婚嫁生育等家庭喜事时，也要给香火榜上香，象征着接祖先回家，与子孙后代一起过节或参加喜庆活动，共同分享家中的喜悦和享用节日食品。甚至有的人出远门做客也要点香火、供祭品禀告祖

---

① 三只大米斋象征着三山五岳。

先，以保佑自己一路平安。倘若稻谷收割尝新，第一碗新米饭必需敬献给香火榜前的祖先神位，让"大人"们先尝新，然后才轮到子孙后辈这些"小人"们享用。

此外，清明节的祭祖也较为隆重。现在该村一些在国外务工经商人员，春节可以不回来，但清明节大都要赶回来祭祖。钟姓畲民清明祭祖包含香火榜祭和墓祭两个不可分割的环节。香火榜祭相对简单，一般只需上香点烛即可，讲究一点的会摆上酒菜等祭品。而墓祭则较为繁复，早几天就要准备好香烛、米斋等祭品，清明节前几天（赶早不赶迟）一大清早家中老小挑着装有祭品的篮子，翻山越岭至墓地。

如今培头村的清明墓祭，与过去最大的不同也体现在祭品上。而墓祭仪式的环节依旧不变，依次是清理杂草、摆放祭品、点燃香烛、叩首作揖、鸣放火炮、焚烧纸钱等。祭品摆放于墓碑前方平台，依次为内插三支香和一支白蜡的米斗一只、圆锥形的米斋三至五只、熟肉一块、荤素菜肴五碗（内盛木耳、香菇、蛏干、豆腐、鸡肉等）和米酒三杯，讲究一点的还包括水果、饼干、干果、鲜花。培头村清明墓祭较之大年三十香火榜祭祖所烧的纸钱要多好几倍，似乎要把祖先一年所需的冥币准备充足，否则不足以表达子孙们的心意。当然，在空旷野外烧纸相对也比较方便，只要小心守护，注意安全即可，所以村民们一般尽量多烧点纸钱给自己的祖先。至于鞭炮也尽量买响数多一些和力度大一些的，试图通过祖先墓地上空燃起的纸钱烟雾和震耳欲聋的鞭炮声，表达对亡故亲人的缅怀。

培头村与浙南许多畲汉村落一样，活人墓与亡人墓连在一起，二者以红黑两种颜色的字迹相区别。墓祭时，在活人墓上压上红纸条，在亡人墓上压上黄纸条，祭品只摆放于亡故祖先的墓碑前，活人墓不必。此外，因文成是侨乡，其清明节祭祖所使用的冥币也打上了浓郁的"国际金融"色彩，冥币的种类有人民币、欧元、美元等多类币种，背面则统一印有"天地通用银行"字样。多国币种共用的"天地通用银行"的语言表述，既是此岸与彼岸的勾连，也是国内与国外的互通。清明节从海外归来的钟姓畲民偏好给祖先烧去成捆的美元和欧元冥币，以此寄托远方游子对故去亲人们的思念。

总之，近300年来，培头村钟姓畲民通过以家户为单位的祭祖和以宗族为单位的祭祖，营造了一个温情脉脉的宗族社区。他们通过周而复始的对祖先英灵的虔诚祭祀实现生者与亡故祖先们的无限沟通，以此象征着子嗣香火的绵延不绝，从而补偿因生命的有限而导致的现世无奈，最终实现永生和超越。

二　地主殿与社神崇拜

所谓社神崇拜是指对庇佑村落社区人畜平安和五谷丰登的神灵的崇奉。浙南一带畲汉村落崇奉的社神主要是指地主殿中的地主爷（有的也称之为地头庙中的地头爷）。培头村钟姓畲民所崇奉的社神主要是苏三公。如前所述，钟姓畲民对苏三公的祭拜源于一段钟苏友好开基的故事。钟姓开基祖世英公为感谢当年大户人家苏姓汉族苏珊的帮助，在村西南山坡上一片幽静的松树林中修地主殿一座，立苏三公（苏珊）为培头村的地主爷。至清嘉庆十八年（1813），钟世英的第三世孙钟正芳、钟春芳、钟万芳、钟流芳、钟芬芳五兄弟，又重修苏三公地主殿。

清嘉庆年间重修的地主殿，在民国年间已破损，现在的地主殿是钟姓畲民于2008年集资重建的。殿里还保存着两块刻字的砖头，其中一块竖刻："大清培头地主苏三公，始祖钟世英立，重立正芳、春芳、万芳、流芳、芬芳"等字迹。而另一块竖刻："大清顺治十八年始立，嘉庆十八年重立。"这两块砖刻反映了培头村苏三公地主殿的由来。但究竟是不

图7　2014年，培头村钟姓畲民大年三十祭祀地主爷苏三公

是嘉庆十八年（1813）钟正芳五兄弟在世时制作而留存，或者是清嘉庆之后，钟姓族裔补刻，目前只能存疑。因为砖刻上的"顺治十八年（1661）始立"，显然不符钟姓畲族迁徙开基的历史逻辑。因为《钟氏宗谱》记载钟姓始祖来培头村开基的时间为清康熙五十六年（1717），此地主庙不可能由钟姓先祖在顺治年间所立。或许是篆刻者记忆有误，或有意将始立时间往前推，或许是苏三公早在顺治十八年（1661），钟姓先祖来此开基以前，就是当地的地主爷，与其互动友好的是苏三公后裔，只不过钟世英来此开基以后，再以钟姓畲族的名义，郑重其事地将其立为培头村的地主爷。无论如何，培头村钟姓畲民对苏三公这位地主爷已经虔诚地祭拜了近300年。

2008 年，培头村钟姓畲民重修的苏三公地主殿，简朴而宁静。重修的地主殿在原有的苏三公石壁神龛上，加了一个石头雕刻的带飞檐和祥云图案的"小阁楼"，新神龛的横额上横刻"地主爷"三个大字，左联竖刻"一地之主保一村平安"，右联竖刻"万世显灵佑万代繁荣"（按传统习惯，左右联位置应互换才对）。该对联表达了钟姓畲民们期盼苏三公庇佑合境平安、万世昌盛的美好心愿。新神龛内既没有塑像，也没有香炉，只有三面磨得十分光滑的石壁，底座上是自然的泥土，祭拜的香烛就直接插在泥土上。新神龛右侧石壁上还生长着一株粗壮挺拔的松树。神龛正前方立一石制的方桌，供摆放祭品之用。神龛与方桌之上，用左右两面砖墙和一块水泥顶棚围成一个简易的屋子，旨在给地主爷苏三公及祭拜他的人们遮风避雨。此外，苏三公地主殿右侧，还立有一块"重修地主爷苏三公殿"的捐资碑，从中可看出捐资名单和施工年份。捐资者除了培头自然村钟姓畲民以外，也有个别呈山底自然村民，还有培头小学退休教师及外出公职人员和打工经商者等，但捐资者全部为钟姓族裔。而地主殿外正前方还有一只用石头雕刻的较为精致的香炉，香炉横额上刻"浩然"两个大字，左联竖刻"万户颂安顺"，右联竖刻"五岳唱康宁"，香炉旁边还有一个焚烧纸钱的简易方形地炉。该香炉与苏三公神龛相互呼应，在某种程度上表达了钟姓畲民们由祈愿一村康宁到祈愿天下康宁的大我境界。

钟姓畲民对地主爷苏三公的祭拜是隆重和虔诚的。祭拜的时间固定在大年三十那天，一般在午饭后进行，届时家家户户（男女老幼只要愿意去的都可以去，没有女性禁忌和人员限制）挑着猪头猪尾、公鸡、豆腐、米斋以及香烛纸钱鞭炮等，爬过一段陡峭的石级台阶，穿过几段山间梯田的田塍，再越过一面山间小坡，就到达幽静的地主殿。整个祭拜仪式过程中，主要有摆祭品、点香烛、斟酒、烧纸钱和鸣鞭炮等几个关键环节。兹以 2014 年大年三十村民钟一兵家祭拜仪式为例。① 首先是按面朝神龛的方向依次摆好祭品，前两排是香烛，第三排是圆锥形的大米斋三只、米鸡一只，第四排是五杯酒和豆腐一块，最后一排是猪头一只（带猪尾一根）、公鸡一只。摆放祭品以后是点香烛，该环节没有太严格的规定，先是点红烛，分别插放在苏三公神龛内（两支）、祭桌上（两支）、地主殿外面的香炉内（一支），接着点香一把，面朝神龛和外面的香炉各自拜三

---

① 此次祭拜地主爷仪式，当家人钟一兵因忙未能参加，由族内兄长代替。

拜，再分别插三支燃香在神龛、祭桌上的米斗以及外面的香炉中。此外，猪鼻子和豆腐上亦各插燃香一支。

稍等片刻，估计地主爷苏三公等神灵已入座品尝酒宴一会，当家人手提酒壶象征性地给酒杯斟酒，先后三遍。斟酒毕，家庭祭拜成员朝地主爷神龛和殿外的香炉叩首作揖，十几分钟后，估计地主爷吃得差不多了，就开始烧纸钱，表示吃饱喝足后，还要提供充足的冥币让其在天界享用。纸钱烧好后就进入最后的鸣炮环节，畲民们用震天动地的鞭炮声，欢送地主爷打道回府，抑或是用此方式与其告别。随之就是当家人将杯中酒逐一泼洒于祭桌下，象征着地主爷干完杯乘兴而归。祭拜地主爷仪式结束后，所有祭品又被当家人一一放回篮子，将其挑回家去，回家后再添些祭品，到自家香火榜前祭拜各自的祖宗。

大年三十培头村的苏三公地主爷殿既是热闹非凡的，又是井然有序的。以家户为单位的祭拜，一家接一家。此起彼伏的鞭炮声响彻山谷，无疑给这个畲族小山村增添了几分天地祥和的浓浓年味。钟姓畲民们也在一年一度的社神祭拜中辞旧迎新。据悉，畲民平时一般很少去地主殿祭拜，除了以村落为单位做清醮保平安仪式时，其中有到地主殿绕一圈的仪式环节，将地主爷作为村落保护神而予以象征祭拜，其余就要等到大年三十的隆重祭拜了。此外，培头村地主殿与浙南众多村庙不同的是，祭拜的神灵纯粹单一，而没有将土地公、土地婆、五显灵官等各路神灵齐集一堂。钟姓畲民与苏三公之间崇奉与庇佑的神缘关系，是建立在昔日钟姓畲族与苏姓汉族之间长久的世俗友好互动基础之上的。正如王斯福（Stephan Feuchtwang）所述："民间仪式是对社区过去的历史重构"①。

过去培头村钟姓畲民对社神的崇奉，除了到地主殿祭拜苏三公以外，还要到村口的马佛宫烧香祭拜。马佛宫位置在钟氏宗祠的西北角，现在是该村的健身场地。培头村《钟氏宗谱》上也标注了该地名。当问及马佛宫崇奉的是何方神灵，村内老人普遍说不清楚，只模糊地记得是从福建罗源来的神灵。据推测，马佛宫祭拜的应是源起景宁鸬鹚以孝道成仙的马仙娘娘。相传，马仙信仰自宋代由浙南传入闽北，再传至闽东②。估计马仙

①　［英］王斯福：《帝国的隐喻——中国民间宗教》，赵旭东译，江苏人民出版社 2008 年版，第 266 页。

②　林国平、彭文宇：《福建民间信仰》，福建人民出版社 1993 年版，第 193—194 页。

信仰是明清时期被钟姓畲民先祖自福建带回浙南，也有可能是直接采借于浙南当地汉族。培头村马佛宫信仰源流已无从考证，往昔的祭拜已一去不复返，但可以肯定，过去马仙信仰没有被提到地主爷的高度，而苏三公地主爷对于钟姓畲民的意义却历久弥新。此外，呈山底自然村和牛塘自然村祭拜的地主爷分别名为"飞天地主"和"看牛大王"，这两个村的部分畲民也常翻过山岭去合觉寺和娘娘庙祭拜。虽然以上各畲族自然村祭拜的保护神类型有别，但信仰的本质一样。畲民们将一方村落平安交给社神管理，将子孙发达等家事则交给祖先神灵管理，家庭和社区犹如双保险一般，以此求得幸福和安宁。

三 保平安与鬼魂崇拜

所谓"保平安"是培头村钟姓畲民对于由道士举行的"驱鬼除妖、保佑个人、家庭或村落平安吉利"等类仪式的通俗表达。该类仪式的产生源于人们的鬼魂崇拜观念。而鬼魂崇拜是人类早期社会原始宗教中较为普遍的表现形态之一，源于"万物有灵"和"灵魂不灭"等思维观念。在人类早期童年时期，人们对大自然的变幻莫测和人之生老病死以及旦夕祸福等人间苦痛无法作出科学的解释，便用类似法国结构主义人类学大师克洛德·列维－斯特劳斯（Claude Levi－Strauss）所述"野性的思维"①作出自认为较为合理的解释，他们认定其中必有某种超自然的力量在主宰和操控着人类的命运，这种超自然的力量就是鬼怪精灵和人死后的灵魂（简称鬼魂），它们"来无踪、去无影"般地存在于天地宇宙万物之中，时不时地作祟人间，给人们带来厄运和恐慌。与鬼魂观念相伴相随的是神灵观念。在人们心目中，神灵与鬼魂属于超自然力量中两个"德行"相反的概念。前者为至阳之体，一般住在天上（上界），具有替天行道、消灾避难的神力，而后者为至阴之体，一般住在地下（下界），常窜到住在地上（中界）的人间作恶捣乱和残害生灵，于是人类便产生了借用神灵的力量对鬼魂予以沟通和反控制的欲望，巫师、道士等神职人员也就应运而生了。他们通过具体的巫术和祭祀仪式来建立人鬼之间的对话，以缓解人类内心的矛盾和焦虑。

---

① ［法］克洛德·列维－斯特劳斯：《野性的思维》，李幼蒸译，中国人民大学出版社 2006年版。

畲族也与我国众多的其他民族一样，历史上长期存在着"俗信巫事鬼，祷词祭赛"① 等民俗信仰行为。鬼魂崇拜观念对畲民的精神世界影响甚深，培头村钟姓畲民也不例外。他们认为人的一生并非处处坦途，会遇到各种各样的难关，而这些不同的难关又被统称为"不太平"。这种"不太平"在日常生活中主要体现为疾病灾祸、诸事不顺等。他们将这些"不太平"归结为"鬼魂作祟"所致。因此，该村过去有数位道士之类的神职人员，主要负责施行"保平安"仪式。道士一般又分为文道士和武道士两种，在培头村的民俗语汇中统称之为"先生"。该村文武两类道士在道教科仪中所扮演的角色不同，前者主持的仪式被称为"文场"，侧重祈福。后者主持的仪式被称为"武场"，侧重驱魔。文道士与武道士的着装亦有所不同，前者斯文，一般头戴系有两条飘带的无顶"水古帽"，穿红色或蓝色的斜襟长衫。武道士一般头戴面目狰狞的兽头法冠，并裹以红色方巾，穿红色神裙，或穿红、蓝的斜襟道袍②。文武道士在文场与武场的表演风格也大不相同，前者以唱诵掷卦为主，伴以小碎步转圈，醮仪音乐婉转柔和；后者舞唱结合，伴有惊险翻越等动作，锣鼓喧天，激昂热烈。过去培头村一般的消灾祈福、渡关、把脉、做功德等由文道士主持文场仪式，而"求雨""打猚"等大型法事则由武道士主持，文道士常在旁边予以配合。现今培头村数位钟姓武道士已故多年，只有一名家传九代的文道士钟怀超先生，肩负着本村及周边村落的保平安仪式。在一些重要法事中，他往往身兼文武二职，通过着装、道具、法器以及仪式风格等来分别表演文场和武场。迄今为止，在培头村具有较强历史连续性的保平安仪式主要有"做清醮""许愿还愿""送流霞"等几种。

（一）做清醮：以村落为单位的集体保平安仪式

培头村的"做清醮"又称之为"做年头醮"，实际上是以自然村为单位，村落社区的祈福禳灾仪式。时间一般定在每年的农历正月或二月。在老年村民的记忆中，该仪式除了"文化大革命"头两年中断过以外，其余时间都没有停止过，只是繁简程度不同而已。2014年培头自然村的做清醮定在正月十五，而呈山底自然村的做清醮则定在正月二十三日，仪式主持人均为本宗族的文道士钟怀超先生。以下不妨对该仪式的过程及其文

---

① 邓光瀛：《长汀县志》卷35，《杂录畲客》，民国二十九年修。
② 参见郭志超《畲族文化述论》，中国社会科学出版社2009年版，第475—476页。

化意蕴予以简要叙述和分析。

其一，仪式准备阶段。

首先由总管①至道士先生家挑选日子。然后，总管筹集经费，负责全权安排。筹集经费的方式培头自然村与呈山底自然村略有差别。前者是由轮值户承担，该村有50多户，从二十几岁成家分户开始，每户大约一辈子只能轮值一次，一次花费3000元左右。而呈山底自然村则采取由各家各户均摊的方式，有时候也由各家各户凑份子，数量多少随自己的心愿。经费筹集之后，由总管负责安排仪式当天的相关事宜。诸如：购买聚餐的食材、厨房帮工（洗菜、切菜、煮饭、烧菜、洗碗等）、扎稻草船、乐队吹奏、购买香烛纸钱、备祭品以及由谁做先生的助手等。呈山底自然村还要选择在谁家聚餐（一般定在干净卫生的人家），培头自然村则要给每户准备5只用熟糯米粉做成的圆形米馍，届时作为入户净灶的祭品。仪式前几天，先生在家准备"文书"和道教符篆，同时还要负责做"米斋"。所谓米斋是前文所述用蒸熟的米粉捏制成的祭品，有圆锥形的大米斋，有圆形的小米斋，最为精致的要数"十二生肖"米斋，代表一年十二个月的不利。倘若先生来不及做，米斋也可以到黄坦镇或文成县城等地购买过来。

其二，仪式进行阶段。

做清醮保村落平安仪式相对而言程序较为繁杂、礼仪极为周到。仪式进行阶段大致分为以下几个相互衔接的过程：

首先，布置醮筵和摆放祭品。此时由先生的助手帮助设醮筵和摆放祭品，即布置神圣空间。设醮筵的助手可以是总管本人，也可以是村里懂行的热心人。所谓醮筵是用四张方桌按不同的方位摆放而成，其中屋内三张，屋外一张。屋外的一张摆放在大门外，正对着屋内的三张，称"外台"，外台上方前排摆放米斗一只，米斗上插红色蜡烛一支，香三支。后面三排依次为：圆锥形大米斋三只、米酒五杯、请各方神灵的文书筒九只。屋内的三张方桌是这样摆放的：两张前后平放、第三张叠放在后排平放的桌子上。前后平放的两张桌子分别称为前台和后台，叠起的那张桌子

---

① 总管即负责统筹安排做清醮仪式具体事宜的人。培头自然村的总管由轮值户全权充当，而呈山底自然村的总管则一般由畲民约定成俗地推选管理能力强的人充当。

称为高台①。前台和后台两张桌子为主要祭台,上面依次摆放两套相似祭品(一张桌子上各一套,也有的略有差异)。前台按由外向内(面对大门)的方向所摆放的祭品分别是:第一排盘装猪肉一块,外加一只米鸡(如果不用米鸡,也可以用宰杀的公鸡,肉和公鸡均用开水烫过),两边分别叠放着五只圆形的米馍;第二排米酒五杯,第三排圆锥形的大米斋五只,第四排米斗一只,米斗中间插红烛一支,象征着光明,红烛前方插香五支,象征着五福。后台祭品大致相似,只是前排的两叠米馍换成了一块豆腐,其余相同。

高台上最前排摆放了十只圆锥形的大米斋,中间一只米斋的下面还压着一张道符;第二排是五杯茶;第三排是插着红烛和五支香的米斗一只;最后一排是木匣上摆放的水果。高台上的斋礼是给佛教神灵享用的,故以茶代酒,用十只大米斋代替猪肉鸡肉等荤腥。以上祭桌的摆放体现了民间信仰中的佛道并存。在助手设醮筵

图8 2014 年正月,道士先生在呈山底自然
    村地主殿做清醮

的同时,村里中老年妇女们帮助叠纸钱,将黄表纸对折成三角形备用。在设醮筵期间,先生自己一刻也没有闲着,一边穿好道袍,戴好道帽,一边将自己的法器和道具一一取出,摆放有序,时不时地还要纠正一下协助者。当所有的祭品摆放好,先生将一块写着"金玉满堂"的帷幔垂挂在前台,至此醮筵这一仪式空间布置完毕。

其次,恭请神灵和祈愿。

在醮筵仪式空间布置好以后,随之进入由先生唱诵的核心阶段。该阶段又包括"净坛""请神"和"念福词"等三个核心环节。"净坛"时,先生手持一碗水,一边念"净手科"经,一边在水上象征性地写字,念毕,手撒水滴于醮筵周边空地。紧接着,先生点香烛,类似会议的开幕

---

① 因呈山底自然村做清醮仪式一般在户外地主殿进行,高台用普通的箱子代替,外台则选择天然石头。

式。随后，先生开始念"文书科"经。文书相当于道教神灵界颁布的敕令，上面盖有法印，用道符封存于文书筒内（用长方形白棉纸折成的笔筒状），象征着该道士已获取"尚方宝剑"，具有做清醮仪式的法定资格。在先生念完一大段佶屈聱牙的"文书科"经后，随即由两个村民用竹编的架子抬着九筒文书，拿到屋外空地焚烧。此举，意味着晓谕四方神灵，通知他们前来醮筵就座。烧完文书之后，先生及其助手，就开始宴请四方神灵入座，此时先生手持铃铛，口念"接佛科"经①，类似于给四方神灵致欢迎词。为表示礼仪的周到和隆重，不仅先生与助手两人要交换转圈念经，还有锣鼓唢呐伴奏，鼓乐节奏随先生铃铛的轻重缓急而变化。约半个小时的"接佛科"经念完以后，估计众神灵已一一入座，助手们就开始放鞭炮、敬酒等，象征着宴席正式开始。此时，先生开始念福词和烧福书。该环节时间较长，先生不仅手摇铃铛不停唱诵，还要带领手持燃香的助手向屋外、屋内摆放祭品的供桌朝拜，期间还穿插着小碎步和转圈。先生与助手的虔诚唱诵和祭拜，相当于向四面八方前来赴宴的神灵们祈愿，让众神灵赐福村民，保佑村落风调雨顺、四季平安。

再者，送十二生肖入瘟船。

在经过近两个小时的唱诵后，做清醮仪式告一段落，随即进入"送十二生肖米斋入瘟船"仪式阶段。所谓瘟船是由稻草编织而成，将稻草一束束地扎起，共十一束，然后并联成草船，一般船底放五束，两侧各放三束，用数根粗毛竹篾撑成船篷，上覆盖着红纸。瘟船前后有两个草人，草人是用一束稻草和一张画有简笔脸谱的黄表纸捆扎而成的，分别代表张三和李四两个艄公，俗称"张艄公把船头，李艄公把船尾"。瘟船中有一稻草扎制的鬼魅，俗称"白虎"，为三头九尾状。据说"白虎"为惨死的小儿所变，七月十五日被虎咬死，遂成厉鬼，此处代表了当地一切不利因素。

送十二生肖仪式开始时，首先由先生对着一盘米斋（内有十二生肖、圆形米馍等）一边唱诵，一边掷筊杯，在获得阳卦后，就进入仪式的"送十二生肖"环节。先生一边唱诵"编船科"经，一边将代表一年十二个月不利的十二生肖米斋逐一放置于瘟船之内，每送一只都要唱诵一番。先生一边唱诵，一边还伴有洒水的动作，象征着瘟船停泊于河流。此时旁

---

① 因我国民间往往佛道不分，此处的佛并非特指佛教神灵，而是泛指一切民间佛道神灵。

边还有人唱十二生肖歌助兴。待十二生肖米斋被一一放进瘟船以后,先生与一前一后站在稻草船旁负责开船的艄公张三和李四,还有一唱一和的唱诵。先生的唱诵根据程式(带有点调侃和明知故问的意味),船工的唱词则可以随意发挥,其他在场的助手们也可以自由与先生唱和,整个气氛十分热烈,先生和船工、助手们,一改此前严肃的神态,脸上带有轻松欢快的笑容,仪式进入高潮部分。部分唱和的内容如下:

先生:你俩叫什么名?

船工:我叫张三,我叫李四。

先生:今年多大了?开了多少年船?

船工:今年八十三了,开了六十二年船。

先生:你开的这是什么船?是从哪里来,要到哪里去?

船工:我开的叫做开山船,是从处州来,要到青州去。

先生:这艘大船是请谁造的?花了多少工?

船工:大船请的是鲁班师傅造的,花了三千三百工。

先生:造船洋钉用了多少个?桐油用了多少斤?

船工:洋钉用了三千三百六十个,桐油用了三千三百六十斤。

先生:船上有多少旗杆?有多少船舱?

船工:船上有七十二根旗杆,三十六间船舱。

先生:这个是什么(手里拿着一只老鼠米斋问)?

船工:这是一只大老鼠。

先生:有多少斤重?你从哪里抓来的?花了多少工?

船工:有八斤八两重呢,我从黄坦抓来的,花了三天三夜工!

(可随意发挥,其中不乏搞笑成分。)

先生:大船带不带得到青州去?

船工:带得去。

"送十二生肖"是整个仪式过程中最富有喜剧色彩的环节。待先生与船工等唱和毕,助手将一张符箓烧于早已准备好的脸盆里,盆里装有净水,上面用两根木料架起一把菜刀,意味着用道教符箓和净水做镜子可以照出妖魔,然后用菜刀砍杀,送十二生肖仪式遂告一段落。随后转换仪式空间,进入入户净灶仪式阶段。

再次，抬瘟船巡游和入户净灶。

抬瘟船巡游和入户净灶实际上是做清醮尾声部分两个密切相关的仪式环节。所谓巡游是抬着装有十二生肖的稻草瘟船，并伴有驱邪送瘟神等巫道动作的游村活动。先生喊"开船啰"，乐队奏乐，巡游开始。瘟船由两位头戴斗笠，装扮成船工"张三"和"李四"的男性村民抬着走在队伍的最前面，前面的船工背后插一把辟邪的木符剑，后面的船工则手拿驱鬼的桃枝。紧随其后的是吹拉弹唱的乐队，先生则走在乐队之后，一手拿铃铛笭杯，一手提水壶，不时向地面洒水，模拟瘟船在大海中漂流。紧随先生其后的是一群看热闹的村民。走在队伍最后面的是由村民充当的帮工，手端一只脸盆，盆内装有全村的平安符和浆糊。巡游路线按村落房屋分布格局统筹，队伍依次进入各家各户的厨房。

主人家看到巡游队伍临近，以鞭炮迎接，并事先在灶头上摆上斗灯一副（米斗上插一支红烛和五支香）、茶三杯、瓜子糖果七碟（内装黄豆、葵花籽、南瓜籽、花生、板栗、糖块、水果等），还有五只叠放的米馍（呈山底自然村则是用三只熟米粉制作的桃子）。瘟船被抬进厨房时，置于脸盆上，盆内有净水和菜刀。净水象征着大海，菜刀代表着船锚。仪式开始时，先生唱诵"净手科"经，随之向厨房灶头各处洒点水，象征洁净厨房，然后先生唱诵恭请诸位神灵的"文书科"经，随后助手烧文书，象征着禀报天庭，恭请神灵来凡间驱鬼除妖，紧接着先生再次唱诵压缩版的"接佛科"经，主人旋即鸣炮迎接四方神灵。鞭炮声止，意味着神灵进屋，于是先生念"净灶科"经和平安福词，祈愿四方神灵保佑该户家庭平安吉祥，同时掷笭杯，当笭杯两面朝上为阳卦时，象征着阳气战胜了阴气，灶头已清洁，仪式即将结束。此时主人将一个茶米包放到稻草瘟船里。茶米包是用纸包起来的茶叶、大米、五谷等，代表妖气、邪气等不洁不祥之物，放于瘟船里届时一并送掉（呈山底自然村也有当场就在主人家烧掉的），象征着驱逐了家中的妖气和晦气。瘟船旋即被抬出，帮工将一张平安符贴在主人家的大门上（其他类型的平安符则贴在小门上），主人家随即在灶头下面烧纸钱，至此入户净灶仪式全部结束，整个过程持续15分钟左右。巡游队伍离开时，主人把灶头上的瓜子糖果等分发给客人，还要给船工们一包香烟，以示酬谢。净灶仪式依次进行，直至全村最后一户人家。

最后，送瘟船和祈福。

当全村入户净灶仪式结束后，进入最后的送瘟船和祈福环节。其时，瘟船被抬到村内一溪流处，谓之"青州"的地方，扔下让其自由漂走，如果没有溪流，就找一僻静之处，谓之"洪州"的地方，将其烧掉。瘟船扔掉或烧掉之后，鸣鞭炮，同时将桃枝和木符剑插在附近的地上，木符剑据说是用桐子树所做，当地人称之为"桐符"，也称之为茅山道士剑。送瘟船仪式象征着村内的一切不祥不洁之物统统被剔除，从此家家户户吉祥太平。随后，再回到醮筵神圣空间，进入祈福送神的最后阶段，类似于会议闭幕式。届时，先生再念"保佑科"经，祈求八方神灵保佑全村吉祥太平、四季兴旺。诸如：保佑读书的榜上有名、打工的赚大钱、务农的猪牛膘肥体壮、远离火烛等灾害。先生祈福词念毕后，鸣炮、烧纸钱，象征着打发神灵回府。此时，先生还要带一支红烛和五支香去地主殿禀报苏三公地主爷，后面跟着助手和乐队，场面十分热闹，表示不忘专司村落人畜平安的地主爷。在祭拜禀报完地主爷之后，做清醮仪式全部结束。

仪式完毕后照例是大聚餐。聚餐的形式培头自然村与呈山底自然村因筹集资金的方式不同而略有差异，前者是由轮值户负责全部经费，因而聚餐时自己所在的村民小组和左邻右舍是每户一位，其他村民小组共来五位代表，加起来一共七八桌。后者因为是凑份子，故聚餐时每户一位代表。不过，随着村落人口的增多，做清醮又必须在一天之内做完，因此有时往往要扎两只稻草船，同时从不同的方向入户净灶，中午和晚上集体聚餐两次，才能完成这一大型的保村落平安仪式。

培头村钟姓畲族做清醮仪式，具有精神慰藉和村落社区认同功能。该仪式在"大跃进"和"文化大革命"期间曾一度停顿。自改革开放后全面复兴，至今从未中断过。复兴后的做清醮仪式，虽然增添了一些现代元素，但仪式的传统内核一直保留着，体现了村落社会文化变迁的历史连续性。[①]

（二）许愿还愿：以家户为单位的个体保平安仪式

培头村钟姓畲民面对重大人生转折（诸如升学、做生意等），或从事某种带有不确定安全因素（诸如开车、出远门办大事等）均要做许

---

① 现桐庐莪山畲族乡的畲民大都为清代至民国年间由文成迁徙过去的。故文成畲民的民间信仰也播迁到该处，只不过经过桐庐的本土化而已。文成培头等畲族村的做清醮仪式在桐庐莪山畲族乡尧山坞等畲族村则以"二月二""六月六"做福仪式面目出现，其中的送十二生肖和送瘟船仪式环节具有较多的相似点。参见笔者指导的张彩霞硕士学位论文《涵化与互动：一个浙北畲族村落的田野民俗志》，浙江师范大学，2010年，第92—97页。

愿和还愿仪式。许愿与还愿构成一个完整的以家户为单位的个体保平安仪式。前者内容是祈福，具体是请本村的道士先生祈求五显灵官等神灵保佑某某平安吉祥。后者内容是酬神，具体是请道士先生来帮助主人完成自己对神灵许下的诺言，酬谢神灵的庇佑。不同的许愿对象和不同的许愿目的，其还愿和许愿的形式和次数有较大差异。以下试举两例予以简要说明。

1. 升学考试"许愿还愿"案例

主人公钟某宁（1994—），女，2013 年 6 月初高考前，家中为她做了许愿仪式。仪式过程大致如下：首先，要准备四张供桌，一张放在大门外，另外三张放在厅屋内，屋内两张前后平放为祭台，另一张放在后面平放的桌子上叠成高台。祭台按面朝大门的方向，依次摆放斗灯一副，即米斗上插蜡烛一支、香五支，斗灯后面摆放五杯酒，然后是开水烫过的猪肉一块和公鸡一只。高台上摆放五杯茶，以及梨子、橘子、香蕉、柿饼、红枣等干鲜水果以供佛教神灵享用，也象征着大吉大利。此外，还要用竹子编一扇"宫门"，用于迎接神灵。同时还要准备一只碗，内盛水并放入十几只活的小虾。

许愿者和陪伴的干爹坐在祭桌的左边，前方放置宫门。仪式开始时，由先生点香烛，助手鸣炮后，先生向五显灵官等神灵祈愿。首先是唱念恭请五显灵官大帝①：第一位金轮藏主显聪大帝广格王，第二位银轮藏主显明大帝广佑王，第三位铜轮藏主显正大帝广惠王，第四位铁轮藏主显直大帝广泽王，第五位锡轮藏主显德大帝广成王。显然这五位灵官是按"金、银、铜、铁、锡""聪、明、正、直、德""格、佑、惠、泽、成"等五字阶序排列的，体现儒家文化的人伦道德和差序互补格局②。先生唱念完

---

① 五显灵官大帝在民间有多种称谓，诸如五显公、五通神、五显神、五圣、光华大帝等。五显信仰以江西婺源（古徽州一带）为中心，很有可能由徽商传播至我国南方的大部分地区，尤以浙、闽、粤等地为甚，随后又由移民播迁到中国台湾及东南亚一带，北方个别地区也有零星此类信仰。五显灵官被塑造为有求必应、灵验无比的道教神灵，在民间信仰基础颇为深厚，其神灵谱系参见明代佚名的《三教源流搜神大全》。

② 对于五显灵官大帝的封号是宋代帝王逐年加封的，宋理宗封八字王，第一位，显聪昭应灵格广济王，显庆协惠昭助夫人；第二位，显明昭列灵护广祐王，显惠协庆善助夫人；第三位，显正昭顺灵卫广惠王，显济协佐正助夫人；第四位，显直昭佑灵贶广泽王，显佑协济喜助夫人；第五位，显德昭利灵助广成王，显福协爱静助夫人。参见《道藏》第 60 册，文物出版社 1988 年影印版，第 233—234 页。

五显灵官大帝后，又唱念了上百位神灵，所谓上界天府、中界五岳、下界水府，能请的神灵全部请来，大凡民间请神，多多益善。先生唱诵神灵名字的同时，手持插一支燃香的手炉，象征性地将众神灵从"宫门"迎接过来。随后，先生手持五雷号令牌，开始念"解厄"经，意味着借助神灵的力量驱逐妖魔鬼怪等一切不利因素。此时干爹要给许愿者撑一把大黑伞，先生一边念解厄经，一边将数道平安符等分式贴于黑伞的边沿，象征着给许愿者一个受神灵保护的安全世界（类似于"保护伞"），拟亲属干爹的协助似乎是强化世俗与神灵沟通的能力。先生贴完平安符以后，还要让许愿学子端着一碗小活虾（小碗平放于木板之上），先生一边念解厄经，一边用调羹连水带虾地往外舀出，象征着所有不吉利的因素，让河虾带走。在先生唱诵跪拜时，助手们则多次给神灵斟酒。大约两个小时后，鸣炮、烧纸钱，表示送神灵回府，仪式结束①。

2014年1月25日，钟某宁大学放学回村，家里又为她准备了隆重的还愿仪式。还愿仪式与请愿仪式不同的是没有设置"宫门"等环节，但需要先生写还愿文书。祭品也较许愿时丰盛许多，除了斗灯一副，米酒五杯以外，还包括：猪头一只（附猪尾一根）、全羊一只、全鸡一只、豆腐一块，以及代表五岳的圆锥形大米斋五只。先生的还愿文书格式是这样的：

> 今据浙江省、文成县××乡（镇）××村地居住，奉道设醮酬恩，弟子××恭维五显大帝、列位真聪、天地主人、六合昭灵、上中下三天，丕振显恩无不济泽被，惟深情益，于×年×月×日，弟子告诉五显灵官大帝：圣前宝花盆供猪，醲醇良款祈保××清吉事，幸蒙感应，宜切酬还，谨择×月×日虔备猪酒宝花福礼，伏乞灵官大帝哀怜微意，俯鉴凡情，弟子叩庇，慈光合眷，拜醇良愿……

还愿文书极其谦卑虔诚，体现了世俗世界对神灵世界的敬畏。先生根据许愿者的情况，填写好文书以后，签署自己的法名并盖上法印，在还原仪式开始时，即焚烧给五显灵官大帝，表示禀报迎接众神灵赴答谢

---

① 倘若许愿对象命理属相有凶煞，许愿仪式还有较为复杂的"斩铁蛇"和"送流霞"环节。

宴。随后，先生还要叩拜神灵并再次向神灵祈福保佑还愿者及家人平安大吉，期间给神灵斟酒三遍，然后鸣炮烧纸钱，送神灵回府，仪式宣告结束。所有祭品被送回厨房，加工成美味佳肴，让许愿者家人和客人享酢，以沐浴神灵福气。与许愿相比，还愿虽然祭品更为丰盛，但作为还愿者的身份较之许愿者的身份更为自由，许愿者本人必须到达仪式现场，而还愿者只要家人在仪式现场即可，本人倘若有事不能亲临，亦无关紧要。

2. 开车做生意"许愿还愿"案例

村民钟某好（1968—），男，家有中巴车一辆，负责接送培头小学的学生。妻子在村中开一小店，平时也常去县城进货。因常开车，安全问题至关重要，家中做点小生意，也希望生意顺利。因此，他每年正月都会请本村的先生做许愿仪式，年底腊月举行还愿仪式。因为该仪式每个年度周期都要举行，故仪式不太繁琐。许愿时只需要在家中供桌点上香烛，摆上五杯米酒和几碟瓜子糖果之类，请先生向神灵祈愿保佑许愿者及家人吉祥平安。2014年的还愿仪式是在腊月28日中午12点，屋外摆一张供桌，供桌上依次摆放：猪头一只（附猪尾一根）、豆腐一块、公鸡一只、斗灯一副，猪鼻子和豆腐上各插香一支，五碗米饭（代替米斋）、五杯酒。仪式开始时，点香烛，鸣炮，先生一手拿筊杯，一边唱念：文成县、某某乡（镇）、某某村，钟某某于某年某月祈愿五显灵官等神灵保佑平安吉祥，今幸蒙恩感应，特奉道设醮酬恩云云。还愿者钟某时而手提酒壶斟酒，时而手持燃香，面朝供桌叩拜，20分钟以后，先生掷筊杯，胜卦后，开始烧纸钱、鸣炮，仪式结束。只见还愿者给先生一个300元的红包，被先生客气地退回。此善举，一是基于仪式简单，二是基于村落亲缘、地缘关系。主人还强调，因为每年都要许愿还愿，所以仪式比较简单，表达一下心意而已。

（三）送流霞：以家庭为单位的孕妇保平安仪式

所谓"流霞"，按民间道教说法，又称"血煞"，是根据人的所谓命理属相和生辰八字，推算出人的命中是否犯血煞，亦即是否带流霞。血煞又分值年血煞和值月血煞、值日血煞等多种，即犯血煞的年份、月份、日子等。犯血煞轻者有皮肉伤折等血光之灾，重者有生死意外之祸。如果是女性命中带流霞，则容易有产厄、血崩之灾，事关两条人命，往往需要请道士先生做"送流霞"的法事，以便消灾解厄，保佑胎儿健康、生产顺利、母子平安。

2014 年农历十二月二十七日，培头村一钟姓畲民请本村的道士先生为待产的女儿小丽做了隆重的"送流霞"法事。小丽时年虚岁 29 岁，两年前与本县百丈漈镇一汉族青年结婚，属于两头家婚姻①，其时有身孕 9 个多月，夫妻二人在杭州经营一家酒店，生意不错，娘家选择其回家过年并待产之际，举行"送流霞"保孕妇胎儿平安仪式。仪式于是日中午 12 点正式开始，至下午 16 点半结束，整整持续四个半小时。当天男女双方的亲朋好友均过来帮忙，场面十分热闹。

举行一场送流霞的法事，不是一件很简单的事情。主人家需要较早地与道士先生就有关仪式时间、仪式规格、祭品准备等进行磋商和沟通。而在仪式开始的前两天，双方都要做相应的准备。主人家要准备好仪式用品和仪式结束后客人聚餐的食材以及通知相关亲朋好友等。而道士先生则需要准备发给神灵的文书和降妖驱魔的符箓等。具体而言，道士要准备九只文书筒和九张文书。文书筒类似信封，是用黄表纸糊成的长方体，封口处印有道符和一个较大的"封"字。正面印有道符，上部签收处分别印有"本境祖师""三清玉帝""汤氏真人"等代表性神灵字样，落款处则印有"爰具文状拜投"字样。文书筒内放九张签有道士法名，并盖有法印的文书。文书有标准的范本，道士先生只要根据仪式的时间、地点和仪式对象的基本情况稍作变动即可。此次送流霞的文书全文如下（原文为从右至左的竖式，标点符号为笔者所加）：

> 祭酒臣，钟真周②具奏：浙江省文成县黄坦培头梅降居住地，道椹星解，除煞消灾，延生祈福，保安信人钟小丽，行年 29 岁，切见星不利，运途多舛，虑灾星以对照，恐恶耀而加临，自念生居下土，命属上官，惟仗上天降椹以消灾，圣力扶持而纳福，卜以今月是日于家修奉流霞法事，法事仰仗道力移凶作吉，易祸为祥，延生保安之庇事等情，臣据此具文百拜上奏伏望，三界诸真列席，众圣下降物为信人丙寅命上，祛退凶星，迎回吉宿高照，命位扶保，自此身体健康，

---

① 即夫家与娘家"两可居"婚姻居住模式，夫妻与男女双方原生家庭形成对等的照顾和被照顾关系。

② 钟真周是呈山底自然村的道士钟怀超先生的法名。

疾厄毋犯星光，大大寿命延长，更保合家人口咸安，老幼积福生财……中华农历岁次癸巳年十二月二十七日投。

该文书是道士先生写给当地重要神灵们的书面信件，行文谦恭、态度诚恳，旨意明确。文书的左上角还盖有"雷霆都司"篆体字样法印一枚，更增添了几分庄重。接下来，道士先生还要准备数张消灾解厄符和斩妖符。其中雷霆都司恩准的"太上消灾解厄真符告"最具有震撼力。符告用黄表纸书写而成，文字竖写，文字右边画有消灾解厄符箓，文字左上角盖有雷霆都司篆体字样的法印，符告全文如下（标点为笔者所加）：

右符告下：玄灵解厄灵官八卦系属之门，特为信人钟小丽接触疾病，伏连一切厄难斥除，丙寅命中刑冲，对临正干，正犯飞魔凶宿，应干星辰，移星作吉，易祸为祥，恶神远遁，吉耀腾飞，即请十二官辰、九官八卦大神、威剑神王、天蓬三十六员、太保大将军，立予将流，正气灌注、身中通彻、表里周匝荣卫、三田通畅、六脉调和、五脾舒适、百关安宁、福寿绵绵，一如高命风火驿传，中华农历岁次癸巳年，十二月二十七日今时告下，臣钟周真承告奉行玄灵解厄天尊。

除此之外，道士先生还要准备三张至关重要的符箓。一张是红色的消灾解厄符，横额书"元君临照"，右联书"卫房定生产"，左联书"临水保胎源"。另一张是紫红色的斩妖符，上面画着道教符箓，左右两边分别写着"逢妖寸斩"和"遇鬼擒收"几个大字。还有一张是用黄表纸竖写的祭祀神位，中间书"奉送丙寅命正干正犯一切流霞产厄神君"，右书"凶星退度"，左书"吉耀常临"。

仪式开始前，首先是先生和助手们布置祭台和摆放祭品。祭台由四张方桌组成，其中屋内三张，屋外一张。屋外一张摆放于大门外，正对着屋内的三张，称"外台"。外台从大门方向依次摆放九只文书筒，写着吉星高照的彩色道教神灵画像牌一块，三杯酒、一支大蜡烛、五只圆锥形大米斋、一只米鸡。最引人注目的是，外台上还摆放了大、小两碗沙子。小碗沙子上插一支红烛和三支香，大碗沙子上方前端插着一支红烛和三支香，中间插着一面小圆镜和一把剪刀，后面摆着一把木尺和一张写着"卫房定生产、临水保胎源"的红色符箓。沙子、剪刀、镜子、尺子以及临水夫人护胎符箓等均是对付产厄煞星的。屋内的三张桌子,其中两张前后摆放,成为前台和后台,第三张叠在后台上为高台。前台垂挂金玉满堂的帷幔,台上前方摆放先生的法器,随后依次摆放五杯酒、九只圆锥形的大米斋(代表九州)、一块肉和一刀豆腐、米斗一只(上插一支红烛和三支香),还有大米一碗和沙子一碗(分别插着一支红烛和三支香)。后台祭品与前台略有不同,摆放着四碗沙子(分别插着一支红烛和一支香),还摆放着二十几块彩色道教神灵的画像牌(用竹签插在萝卜块上)。而高台上则依次摆放着五只大米斋、三杯茶、米斗一只(上插一支红烛和五支香)、三碗沙(各插着一支红烛和一支香),最里一层还放着一只木匣(上面摆放一些橘子、苹果、花生等干鲜果品之类),因为高台是敬献给佛教神灵的,故没有荤腥祭品并以茶代酒。但高台空隙处插着八块彩色的道教神灵画像牌,可谓佛道辉映。此外,高台的边沿压着那张红色的斩妖符和那张用黄表纸书写的,由雷霆都司恩准的"太上消灾解厄真符告"颇具威严。

以上送流霞的祭品虽然相对比较简单,不必猪头、全鸡等,但仪式空间布置花样较多,程序较复杂,尤其插香烛的米斗与沙碗,形成鲜明的二元对立,用米斗插香烛用于迎接善良正直的神灵,用沙子插香烛则代表着降伏一切妖魔鬼怪等邪神。祭台上之所以添加了许多道教神灵画像牌,想必是希望增添降妖的道力。显然,该仪式是以降魔驱妖为主题。

布置好神圣空间以后,仪式正式开始。首先是点香烛和鸣鞭炮,意即用袅袅香烟和响亮的鞭炮声,宣告现实世界与神灵世界的正式沟通。接下来是以先生为主角的一系列祭拜和唱诵活动,只见他手持燃香叩拜过四方神灵以后,一边手掷笅杯,一边唱诵。十几分钟以后,进入"烧文书"步骤,只见两位帮忙的亲友用竹篾帘子抬着九只密封好的文书筒至屋外空地燃烧,这种以书面文字来恭请四方神灵的形式,庄严而肃穆。接下来进入"迎接神灵"步骤,先生唱诵"五显大帝醮",恭请五显大帝及其四方神灵,部分经文如下:

　　　五显大帝　黄中理炁　总统玄真　镇星吐辉　流焕九天　明光童
子　一十二人　元气阳精　焰上朱烟　洞照天下　及目等身　百恠摧
落　杀鬼万千　中山神咒　普天同然　五方安镇　身飞上仙　与道合
真　鸣法三通　大梵三天主　具位　三清　六御　昊天　高上　玄通
十方　灵宝　大罗　六师　上界天府　中界五岳　下界水府　第一位

　　金轮藏主显聪大帝广格王　第二位银轮藏主显明大帝广佑王　第三位铜轮藏主显正大帝广惠王　第四位铁轮藏主显直大帝广泽王　第五位锡王藏主显德大帝广成王　显庆叶惠昭助夫人　显惠叶庆普助夫人　显正叶佑正助夫人　显佑叶济嘉助夫人　显福叶庆静助夫人　五祖父启佑　嘉应敷泽候王　五祖母衍庆助顺慈觊夫人　五父广惠慈济方义相公　五母崇福慈济广善夫人　长妹嘉应赞惠淑显夫人　次妹懿顺福靖淑显夫人　史卞二太保黄庭道士妙法真人　紫庭圆觉大师辅翊善史候王　辅顺翊卫淑显夫人　辅顺翊卫卞候王　灵姑寺顺周候王　灵姑寺承王真人　廿九元帅　打供高太保　胡百二检察　胡清一总管　逼招黄太保　勒供王太保　除凶捼事　金吴二大使　和合二使者　顺风耳大将　千里眼将军　通天一郎　通佑二郎　贤望三郎　白马四郎　亲善都大师　华光大帝　九天风火院梨师　傅田元帅　开封府主龙面包相公　天下都大城隍司　扬州社令司　浙江省府五县沿途八十一庙香火等神　丽阳三殿在城祀典　十朝英列正神　县衙六房土地主　萧王相公　金钟洞主木四相公　今年行灾主令怖福大神　北山洪州中州勒封宣封　七五四陵当境梨园子弟　带来香火护佑神明祖师玉堂派下　列位师尊　随行香火　灶君　守管　判官　直符祛遣　门首醮筵　会启一切真聪　臣闻混沌未判　大治濆光　天无像而无形　日未轮而未转轮　时为太古　运属先天　妙隐玄中之玄　端居象外之象　恭惟①

　　道士先生唱诵的"五显大帝醮"实际上是一个以五显灵官大帝为统帅的庞杂的道教神灵大集合，能想到的神灵都请到了，礼仪不可谓不周全。在先生一一唱诵神灵名单时，他的两个助手则分别用铙钹和胡琴伴奏。当先生唱诵完众神灵的名单之后，有人不时给神灵斟酒。稍作休息后（估计众神灵已酒过三巡），开始进入高频率的唱诵阶段，只见他时而手拿木笏念念有词，时而手持内插燃香的手炉虔诚转圈，时而跪地叩拜，这实际上是向神灵提要求，赐自己法力以降妖擒魔。先生唱诵祭拜时，那两位民间乐师也没有多少闲暇，一曲终了，稍事休息，一曲又起，法事在悠

---

① 该五显大帝醮是本村道士钟怀超先生保存的手抄本，在流传过程中，由于误抄和改编等因素，与其他各地的版本存在着一定的变异。

扬的演奏声中而倍感热烈。期间，还有先生带着孕妇的干爹跪拜，带着孕妇的丈夫绕着祭台持香祭拜等亲人参与环节。先生大约经过两个小时的唱诵和祭拜后，仪式进入"解厄"和"送瘟船"部分。

　　"解厄"是为孕妇送流霞仪式的关键。其时，孕妇坐在祭台旁边的椅子上，其干爹为她撑起一把大黑伞。首先，先生一边唱诵消灾解厄经，一边将四张道符等分式贴在黑伞的边沿。随后，先生拿一小把拌有香灰的大米置于孕妇手中，并在孕妇前方，继续唱诵消灾解厄经，旁边助手掷筊杯，在获得阳卦后，先生开始烧纸钱，他

图9　2014年正月，道士先生在呈山底
自然村送流霞

一边手持燃烧着的纸钱，一边在孕妇前方唱诵，片刻后即将快燃尽的纸钱放于地上的脸盆里，脸盆内置一把菜刀，象征着除妖驱魔。烧完纸钱之后，就开始送十二生肖米斋于瘟船内，瘟船底部垫着几张黄表纸，船头点一支蜡烛。这只送流霞的稻草瘟船与前述做清醮的稻草瘟船类似。只是两位船工的简笔画像不是画在黄表纸上，而是分别画在两张红纸上，并写着李俊和张横两个名字，红纸画像被捆扎在稻草船的前后。

　　先生拿起一只生肖米斋，立于孕妇跟前唱诵（亦说是唱"送十二生肖歌"），唱诵过的生肖米斋依次被助手捧着绕过高台的四只桌腿，再置于稻草船内。当所有的生肖米斋唱诵完毕，全部放于瘟船内后，先生再拿一小半碗水（内装十几只活小虾）置于木板上，让孕妇端着，再一边唱诵，一边拿调羹将小虾舀到瘟船内的小纸杯中，动作重复了七八次。随后手提水壶，继续一边唱诵，一边象征性地朝瘟船洒水，半个多小时以后，进入送瘟船到青州的仪式。此时，装扮成船工的两位村民，头戴斗笠，一前一后地立于瘟船旁。而先生也一改此前严肃的表情，面带笑容地开始与两位船工一问一答地唱诵"编船科"经，部分诵词如下：

　　　先生：船工师傅哪里人？叫什么名字？

船工：我是青州人，名字一个叫李俊、一个叫张横。

先生：二人成家了吗？开船开了有多久？

船工：成家了，从十二岁开到五十八岁。

先生：这只船是谁造的？

船工：这只船是鲁班师傅造的。

先生：鲁班师傅哪里人？娶了几个老婆？

　　此时，船工回答不出，众人哄笑，先生自问自答："鲁班师傅山东人，娶了两个老婆，一个聪明、一个笨。"诵答之后，开始放鞭炮，两位船工抬着瘟船往屋外走去，后面跟着一个手拿鞭炮的助手，行至四五百米远的小溪流旁，即仪式中所谓的青州，再次鸣炮，二位船工将瘟船连同里面的十二生肖、小虾、香烛纸钱等一同扔在小溪沟里，象征着送掉了一切灾厄妖孽。然后在附近的路旁钉了一把用泡桐木做的茅山道士剑，象征着挡住妖魔鬼怪的复活。

　　送完瘟船之后，先生带领助手将那张"逢妖寸斩，遇鬼擒收"的道符贴在孕妇卧室门额，还将外台上施过法的大碗沙子连同插在上面的香烛、照妖镜、尺子、剪刀以及"卫房定生产，临水保胎源"的道符，置于孕妇卧床对面的长凳上，旁边还摆放着一只插满香的圆锥形大米斋。孕妇经过三个多小时繁琐仪式的考验后，终于可以回到房间休息，还被要求三天之内，不能离开该房间外出。安顿好孕妇之后，仪式进入尾声阶段，先生一边唱诵平安经，一边掷筊杯，大约十几分钟以后，当筊杯两只凸面朝上为阳卦时，宣告仪式顺利结束。随即，收拾祭台，主人家摆上了丰盛的晚宴，众人在欢歌笑语和心满意足中享用着美味佳肴①。

　　上述各类民俗信仰在培头村钟姓畲民中具有浓厚的心理基础，它并未随着时代的发展而消弭，如今仍一如既往地让钟姓畲民从传统的信仰逻辑中寻求生活的稳定和慰藉。总体而言，钟姓畲族的祖先崇拜更多的意蕴是缅怀和追忆，而对于日常生活中的平安祸福和未来期盼则主要依靠神灵来解决，因而一年一度村落社区祈福禳灾的做清醮仪式特别隆重，而驱鬼辟邪的各类保平安仪式亦十分频繁。这诚如武雅士（Arthur Wolf）所言：在

---

　　① 2014年3月29日，笔者参加培头村的"三月三"节日时，恰巧碰到年前送流霞的主人公小丽，正抱着一个两个来月的男婴，一脸幸福和满足，微笑着向我打招呼。

传统中国,祖先不似神灵那样有威力,历代亲属的权威为帝国官僚政府的更大威力所掩盖,因而人们在重大事件面前,更习惯向神灵寻求帮助[1]。

小　结

早在 300 年前,培头村钟姓畲族先祖世英、世雄兄弟俩自平阳辗转迁徙至金钟山下拓荒开基、繁衍生息。钟姓先辈们以筚路蓝缕和立足大山的精神,在荆棘丛生的金钟山"开垦有畸零,树艺无间隙"[2],逐渐实现了从单一的刀耕火种向水旱并作的二元型农耕经济的转型。随着农业生产力的缓慢提高,钟姓畲族人口不断增长,村庄聚落逐渐形成、壮大。培头村金钟山历经钟姓畲族祖祖辈辈的辛勤耕耘,由荒山野岭化为山间秀陌和田园粮仓,犹如凤凰栖居般的美丽生态家园。

钟姓畲族亦如我国众多乡村百姓一样,在现实生活中始终遵循着务实的"人神分工"理路,一方面将未知的、不确定的因素交给神灵们打理,周期性地与祖先神灵和地方神灵们予以沟通和交流,另一方面更多地专注于当下的事务,既勤勉踏实,又开拓进取,从而不断地超越大山,一步步地靠近心中最理想的生活目标。

---

①　Wolf, A. (1974). *Gods, Ghosts, and Ancestors.* Martin, E., & Wolf, A. P. (Eds). *Religion and Ritual in Chinese Society*, pp. 131 – 182. Stanford University Press.

②　参见 (清) 周荣椿《处州府志》卷24,《风土》,光绪三年重修本。

第三章　走出大山:培头钟姓宗族
村落之历史飞跃

　　培头村钟姓畬族先辈们通过发展百工技艺、扩大市场交换,百折不挠地上书呈文为畬民争得科举考试的权利,并践行耕读传家、崇文重教及畬汉深度互动等多方面的努力,逐步走出大山,改变自身政治、经济、文化等方面的边缘化历史处境,从而最终实现人才辈出之历史飞跃和钟姓宗族村落之发展。

第一节　凭百工技艺拓市场交换

一　发展百工技艺

　　尽管培头村钟姓畬族先祖们在崇山峻岭中,以披荆斩棘的精神,用勤劳和汗水开垦出大量的旱地和水田,逐渐超越了单一的传统刀耕火种农业生产方式,转型为水旱并作的二元型农耕经济模式,但农业收成始终十分有限,无法满足日益增长的人口之实际生活需要。基于此,坚忍不拔的钟姓先辈们在辛勤农耕的同时,将眼光逐步转向发展百工技艺和扩大市场交换这一补充生计模式上。新的生计模式推动着钟姓畬族走出大山,视野日益开阔,村落经济逐步发展。

　　此处所谓百工技艺,是泛指培头村自清代中后期至民国年间,一切活跃家庭经济的手工技艺,诸如打银、打石、烧砖、烧瓦、做木工、缝纫、编织、种菁、印染、绘画、草药医等。这些技艺的形成与发展,一方面源于畬族传统文化技艺的承袭与弘扬,另一方面源于畬汉文化互动。以下择其要者予以分析。

　　1. 打银技艺

　　所谓打银技艺即打制银饰品的手工技艺。钟姓先祖打银手工技艺的产生主要源于传统畲族妇女佩戴银饰的需要。畲族妇女银饰包括头饰、银耳环、银镯子等，其中尤以头饰最为重要。畲族头饰被称为"凤冠"，既是畲族妇女装饰中最为靓丽的风景，也是畲族女子出嫁时最珍贵的嫁妆和已婚的标识，更蕴含着对畲族女始祖三公主的历史记忆。畲族凤冠形制虽然具有不同的地域特征，但无不象征着平安和吉祥。现今培头村当年自制的凤冠已随着民国时期国民党新生活运动而基本消逝，个别保留的也大都随着老年妇女的过世而作为陪葬品。但目前景宁民间还存有传统畲族凤冠，且景宁凤冠与文成凤冠大体一致。这是因为文成与景宁在地理位置上毗邻，在清代与民国年间同属青田县管辖。此外，景宁畲族与文成畲族长期存在着通婚关系。尤其是当年培头村的银匠，常年在丽水、宣平、景宁、云和等地畲村从事头饰制作手工艺活动。据钟金莲女士介绍，她祖上数代都是打银的，打银的足迹遍及闽、浙等地畲村，经常活动的范围主要有温州平阳、丽水景宁、金华宣平①、兰溪等地，民国年间其曾祖父病故于宣平打银地，遗骨后被运回培头村安葬。因此可通过景宁的头饰形制来解读当年培头村的打银状况。

以下是景宁民间收藏家雷献英收藏的一顶清朝光绪三十一年（1905）制造的畲族妇女头饰特征："头饰主体由毛竹根头制成，并以青色棉粗布包裹，银薄片包边。头饰正面'头面'部分呈三角形，镶嵌着4块莲花瓣银片，两边挂着8串22厘米长的白色玻璃珠链，每根链子末端均挂有银薄片。头饰还配有一个浮雕凤凰图案的银质头簪，据说这是每户畲族人家的传家宝，现在就是在景宁数量也已经很少了。"②

2. 打石技艺

所谓打石，培头村俗称打石头，实际包括采石、切割、砌石等多种工艺。该技术的最早传播者可溯源至清代中后期，呈山底自然村那位从泰顺招赘而来的雷姓畲族女婿③。因泰顺为石匠之乡，这位赘婿也带来了一手打石头的好技艺，并在村内村外收徒授艺。当年这位来自泰顺的石匠祖师爷在呈山底村及其周边究竟带了多少个徒弟，已不得而知，但钟姓畲民普遍认为钟义庄是其众多徒弟中手艺最好的一个。据悉，义庄这位村里最优秀的石匠师傅，擅长学习，常与周边石匠高手切磋手艺，新中国成立初期曾因其精湛的石匠技

---

① 宣平与丽水交界，过去为金华武义县的县府所在地，现为武义县柳城畲族镇。

② 何彬峰：《丽水市民间收藏十大精品：清景宁式畲族头饰》，2011-08-21，来源：丽水在线 http：//www. lsol. com. cn/html/2011/zuojiangbaodao_ 0821/64095. html.

③ 按照畲族的习惯法，招赘女婿需改姓岳父的姓，这位雷姓女婿后改姓钟。

艺，被征调至杭州参加钱塘江防洪大堤的修建工程。义庄先后亲自带出十几个优秀的徒弟，徒弟出师后再带徒弟，现今呈山底自然村那些有石匠手艺的村民都自称是义庄的徒弟，或义庄徒弟的徒弟。培头村石匠手艺就这样通过师徒传承的方式，被一代代地发扬光大，以至于自20世纪80年代初改革开放后，给该村钟姓畲民带来发展新契机（详见第四章第二节）。

图10　清代培头村钟姓畲民自制的雕花床挂面

当年培头村的钟姓石匠们，他们用传统的工具一锤一锤地开山凿石，然后一块块地打制成型，或者用于建屋奠基筑墙，或者用于铺桥修路垒坎等。正是因为拥有了打石技艺，培头村的面貌发生了飞跃性的改观。以石为基或以石筑墙的房屋更为经久耐用，以石筑坎的道路和梯田可防雨水冲刷。当年的打石技艺不仅仅是钟姓畲民改善生存环境的重要方式，更重要的是，让他们走出家门，既补充了生计，又强化了畲汉互动，进而在一定程度上超越了大山。

3. 砖瓦木工技艺

烧砖烧瓦做木工等技艺，在清代中后期的培头村也发展得毫不逊色。这些技艺的拥有大大改善了培头村的居住条件。当文成许多畲村直至新中国成立前夕还住着茅草房时，培头村钟姓畲民则基本住上了砖木结构的瓦房。其民居房梁以及屋内家具大都精雕细刻、技艺精湛（参见图10）。

4. 缝纫刺绣技艺

缝纫是一种用针线手工缝制衣服的传统技艺。培头村当年的裁缝大多为男子，主要以父子或师徒传承方式为主。他们主要擅长制作各类传统畲族服装以及民国年间与当地汉族类似的大襟衫等，那些活到新中国成立后的老裁缝也与时俱进地学习脚踏缝纫机技术，实现了由手工缝制到机器缝制的转型，并同时授徒传艺。因受传统缝纫技艺文化底蕴的熏陶，改革开放后村里有不少年轻男女进入温州、瑞安等地的服装厂打工谋生或自己开办服装厂。过去培头村的裁缝师傅不仅为本村制作衣服，也常被请到县境及景宁等地畲村上门服务。

至于刺绣，这是一项与缝纫相关且带有较强美学色彩的传统技艺。首先在衣襟、鞋面、肚兜、围涎、帽子等穿戴用品上绘出图案（各类花草鸟禽等纹样），然后再用绣花针将五颜六色的彩色丝线均匀刺扎于纹样处。这些服装鞋帽因刺绣的点缀而更加赏心悦目。当年培头村畲族妇女，甚至男性裁缝均擅长这种细致的手工技艺。这些精美的刺绣品，除了自给自足以外，也作为馈赠亲友的礼品，抑或拿到市场去换取其他生活用品。

5. 各类编织技艺

培头村过去的编织技艺是竹编、杆编、线织等三种技艺的综合。所谓竹编是用竹篾编织而成的生活用品。金钟山丰富的竹资源，孕育了培头村精湛的传统竹编技艺。竹编是个细致活，首先需用篾刀将竹子去节并按从小头到大头的顺序剖开一分为二，然后再按此顺序将剖开的竹子劈成若干等份的粗篾条，再从篾条上一层一层地剥取均匀轻薄的细竹篾，一般好的手艺，一根粗篾条可以剥取六层细竹篾，最后还要逐一将细竹篾放在匀刀上（一种刀刃朝上的剪刀状刀具）打磨抛光。一束束光洁匀称的细竹篾，被培头村灵活的篾匠手艺人编织成斗笠、竹笼、箩筐、提篮、竹席以及晒帘、门帘、火笼等日常生活用具。因竹编工艺相对较复杂，一般由学过艺的篾匠完成。培头村当年的篾匠以男子为主，也有少量畲族女子，或者采取男子破篾、女子编织的男女协作方式进行。虽然篾匠手工业长期以来仅是农业的兼职，但其产品和技术大都进入市场交换，能够获取一定的手工业利润。

所谓杆编则是用麦秆、稻秆或棕榈杆等编织而成的生活用具。相对竹编，其工艺较为简单，容易在心灵手巧的村民中广为传播，早年培头村男女钟姓畲民大都具备这方面的能力。他们往往就地取材，用麦秆、稻秆、棕榈杆等编织缸盖、锅盖、椅垫、床垫、杆屏（盖房用）、草鞋、扇子、苎笼、牛虻拍等。其产品大都用于自家生活所需，也有少量进入自由市场交换。

所谓线织是指用棉线、麻线或丝线等纺织而成的手工艺品。这是该村畲族妇女们最擅长的技艺。培头村线织包括纺纱和织布这两个有机组成部分。清代至民国年间，培头村家家都有纺纱机和织布机。纺纱的原料有棉麻、蚕丝线等。勤劳的钟姓畲民为了保证衣食住行方面自给自足，在山坡空地到处种上棉花、苎麻，或种桑养蚕。该村畲族女子格外辛劳，她们不仅要与男子一样到田间和山林参加生产劳作，夜深人静时还要在煤油灯下纺纱织布。她们手摇纺纱机，纺出一捆捆雪白的棉纱、麻纱，或者剥茧抽丝，起早贪黑，昼夜劳作。她们用棉纱纺成的棉纱布一般用来制作衣料、被单、夹被、攫巾、拦腰等。用麻纱纺成的苎麻布一般用作衣料、蚊帐、布袋等。麻织布较之棉织品更结实耐用，而丝绸格外昂贵，一般作为夏天的衬衣，透气凉爽。她们除了纺纱织布以外，亦如其他畲村的女子一样，还有一项编织彩带的特殊技艺。

图 11　　擅于编织彩带的钟家巧媳妇雷美秀和雷德花

　　畲族彩带又称"花带""字带""山哈带"等，既是装饰品，又是实用物。诸如：可镶于衣服领口、袖口或裤脚边以装饰，也可作背负幼儿的背带和系围裙的拦腰带等，还是畲族女子送给男子的定情信物，可系于腰间，作为"护身带"。工艺精湛、色彩美观、纹饰多样的畲族彩带是用红、黄、绿、紫等彩色纱线或丝线作经线，以白色纱线或丝线作纬线编织而成的。其图案丰富多彩，有花鸟禽兽及文字符号等。诸如："十三行""水击花""万字花""铜钱帮""十二生肖""蝴蝶花""蜻蜓纹""蝙蝠纹""五字带"等。织带技术是畲族女子十来岁时从母亲那儿习得的必备技艺。织带工具被称为"耕带机"，一般作为女子的嫁妆带至婆家，伴随女子终生。名为"耕带机"的工具其实并不复杂，是一种简单的固定经纬线的木架。具体特征和编织方法如下："（耕带机）杉木制作，外釉大红颜色，十分美观，过去的妇女都有从娘家随嫁而来，长约1米、宽20公分，设有内外二格，所织的彩带长短可伸可缩。用时先将内格推开拉长固定，后布上红、黄、黑、绿的经线，在经线之间间隔按次序提好综，就可编织了，用一篾片，如小刀形将经线上下隔开，穿进白色纬线加以催实，来回挑织，就能随心所欲织出各色各样的彩带来。"① 畲族彩带根据用途可宽可窄，宽窄视经线多少而定。经线有三双、五双、十三根、十六根、二十二根、三十二根、五十五根和双随（即双排图案）等，一般以七根、五双和十三根较普遍。不论彩带宽窄，穿梭编织花纹图案皆在正中的七根线上，其余两边编织平面花边。

过去培头村的畲族妇女大都为周边畲族村落嫁入，她们吃苦耐劳，心灵手巧，其纺纱织布织彩带等除了补充日常生活所需以外，还拿到附近市场去补贴家用。此外，她们还擅长编织一种厚重结实的棉麻类夹被。夹被织好后，她们还学习当地汉族用蓝靛染料将其染成蓝底白花的"蓝花被"或"夹花被"，当地人称之为"夹缬"。夹缬制作是浙南地区一种古老的印染工艺，为雕版印染的活化石，明清时代的温州地区十分流行，作为家居及女儿陪嫁必需品。现仅在浙南少数村庄保存下来。2006 年，夹缬被温州市人民政府认定为"传统工艺

图 12　清代培头村钟姓畲民
制作的蓝底白花夹缬

美术品种"，不久又被列入省、市级非物质文化遗产名录。"夹缬"之名，源于其独特的印染技术。印染时，用一组组雕有各种对称吉祥图案纹样的花版，将白色的手工棉麻纺织物紧紧夹住，浸入靛青颜料液体中，染料渗透至花板空隙处的纺织物即成蓝色，而花板夹住的部分为未浸染染料处，则成白色花纹。由雕花夹板印染过的棉麻布呈蓝底白花状图案，蓝白相映，美观大方，而且其质地柔韧，经久耐用。如今培头村不少家庭还保留着这种精致的传统工艺品。据悉，该印染技艺最早源自平阳，然后才传入培头村，将棉麻织品加工为美观大方的夹缬，可谓畲汉文化互动的产物。

6. 蓝靛种植技艺

正是由于温州地区夹缬工艺的流行，推动了培头村的蓝靛种植及其染料技艺的发展。生于民国癸亥年（1923—），现年 92 岁的培头村畲族老

---

① 钟金莲：《文成畲族文化》，国际炎黄文化出版社 2009 年版，第 103—104 页。

人钟有岳回忆说："我爷爷有六兄弟，爷爷大博公是老大，他专门做种植靛青（蓝靛植物）和加工靛青（蓝靛染料）的生意。当时，家里开了一家靛青作坊，后山种了几十亩靛青，有时还到其他地方收一些靛青回来。靛青割回来以后，将叶子和茎秆放在一个大的木桶里，加大概4倍的山泉水，放四五天发酵。等蓝色的汁渗出来，就把木桶的靛青叶和杆的渣子捞出来，再加上一些蜊灰，就是海里的贝壳烧成的灰，放到木桶里，然后用木棒拍打，一直拍到桶里的水变成稠稠的深蓝色，然后就装到瓷罐里，再卖出去。当年，把这些一罐一罐的靛青染料，运到蓝田镇的东山村，那里有个市场，有时也有外地人来村里买。有时候，为了卖个好价钱，也会卖到青田、平阳、瑞安、温州这些地方。卖到平阳的最多，大博公的一个女儿，我的一个姑婆，后来就嫁到平阳，也是因为做靛青生意结的亲。"说罢，老人回到自己的房间，找出来

图13　清代培头村钟姓畲民盛装待售蓝靛的青瓷罐

一个清代年间祖上用过的蓝靛染料陶瓷罐，瓷罐呈翠绿色，外形精致美观（参见图13）。可以推测，培头村钟姓畲族当年的蓝靛制作技艺娴熟，生意较为红火。

7. 剪纸扎纸技艺

心灵手巧的培头村畲族妇女们，过去除了擅长编织以外，还十分擅长剪纸、扎纸等传统手工艺。剪纸花样较多，主要有红双喜、喜鹊登枝、蝴蝶双飞等吉祥图案，用于日常家居及门窗等装饰之用。还有一种特殊用途的剪纸，就是做功德丧葬仪式时所使用的魂幡、灵牌等。至于扎纸，是与剪纸同类的手工艺，主要有扎纸花、扎纸寮、裱纸箱等，该类扎纸属于丧葬仪式中的特殊用途，用来纪念和缅怀亡者。无论是日常生活中的装饰剪纸，还是丧葬仪式中的剪纸和扎纸花，其制作均十分精美，蕴含着钟姓畲民的审美观、价值观等深层文化信息。

8. 草药医技术

畲族人民生活的东南山区，气候温和、雨量充沛、植被茂盛，草药资

源十分丰富。长期生于斯、长于斯的畲族不仅具有丰富的山地农耕文化知识，还逐渐习得一整套发达的草医药知识。而培头村所在的金钟山一带，草药资源亦极为丰厚。具有草医药传统的钟姓畲族，更是将其祖辈草医药技艺发扬光大。家家户户，对于一般的风寒感冒、头痛脑热、肚疼腹泻等小病，他们一般自己上山拔些草药治疗，大都习惯用新鲜草药熬汤内服或者外洗外敷。他们认为新鲜草药取材方便、疗效好、药剂醇厚。其常用的草药达70多种，分清热、祛湿、祛风、活血、消肿、健脾等功效。村里还有饮用药茶的习俗。诸如：金银花茶，可以疏风散热、清热解毒；夏枯草茶则具有散结消肿、清肝明目之功用。这些传统的草医药知识至今仍然传承于培头村。该村在清光绪至民国年间还出过好几位远近闻名的草药医生，他们有的内外兼治，有的擅长儿科、妇科，有的则专攻某类疾病，诸如肝炎、肾炎、皮肤病、眼疾等。培头村钟姓畲医技艺至今还流传在当地民间记忆中。

据文成地方文史专家吴鸣皋先生（1918—2002）记述："文成全县畲族世代业医的只有两家：一家是黄坦培头的钟氏，一家是玉壶周山垟雷氏。培头钟氏传至第五代，生有一子二女，子名钟碎垒；大女适中樟乌田雷氏叫垒妹①；小女适谈洋岭头雷氏，皆善医。谭阳钟氏生女叫雷美花，嫁玉壶清坑蓝氏。美花少年时用心钻研医药，获得其母钟氏嫡传医药知识及实践经验，是这家历代中有名气的民医。她行医各地，擅治妇女、小儿科疑难疾病，深受畲汉两族人民尊敬。她在古稀晚年，把自己的经验秘方传授自己亲生女儿蓝奶荪后，仍背着药袋早出晚归为附近村人治疗疾病；周山垟雷氏是世代传媳不传女的……"②虽不清楚周山垟雷氏畲医与培头村钟氏畲医是否有渊源关系，但培头村钟氏祖传畲医技艺因打破了"传媳不传女"的传统禁忌而传播更广，受益者更多。据1947年《培头村重修钟氏宗谱》记载：钟碎垒，谱名学茶，生于光绪乙丑年（1889），为大谷公次子，为培头村开基祖世英公派下第七代，碎垒之兄名学喻，过继给呈山底村的员义公为子嗣，家中还有姐妹五个。据培头村老人回忆，碎垒与其姐妹们一样，草医药技艺精湛，尤

---

① 结合1947年《培头村重修钟氏宗谱》，此处回忆有误，应为传至大字辈第六代，生有二子五女。

② 吴鸣皋编：《文成见闻录》，1993年内部出版，第403—405页。

其擅长内科及疑难病症，他甚至不用切脉，就能看准病症，清末至民国年间一直在县城行医，远近闻名。新中国成立后回村里一边劳动，一边看病，直至"文化大革命"前才去世①。

　　培头村像钟碎垒这样的畲药名医还有不少。例如，钟银袋（字云兴）、钟秉吴父子俩，尤为擅长无名肿痛等外科疾病，不仅闻名本县，也盛名于泰顺、平阳等地（详见本章第三节）。钟学庚（1907—不详），医术也相当高明，他擅用草药医治痛风、关节炎、骨髓炎等难以痊愈的病症。用药时往往外敷内服，双管齐下，即用草药叶煎汤内服，用草药根捣碎外敷。他平时以坐诊为主，偶尔也外出上门诊治。此外，还有人专攻某一两种疾病，成为该领域的专家。例如，钟松夏的曾祖母钟氏善于用草药治肝炎；钟维奏的母亲雷氏专治黄疸及眼科疾病；雷秀娟现已80多岁的伯祖母钟氏则擅长用草药治疗肾炎。据悉，土地革命战争时期，呈山底自然村还有一位擅用草药的钟姓妇女，长年带领儿女搭棚居住在距离红军根据地不远的山上开荒种粮，她不仅为红军煮过饭，还采草药治疗过不少红军伤病员②。

二　扩大市场交换

　　手工技艺的发展必然催生市场交换和提升商业意识。自清代中后期始，培头村钟姓畲族先祖们在发展百工技艺的同时，也开阔了商业视野，努力扩大市场交换。市场交换的主要内容除了前述手工艺产品和手工技艺的上门服务以外，还包括出售木材、土产以及贩卖牛羊和食盐等。手工艺品和木材及土产等市场交易的地点主要在飞云江源头的栅溪水库及其支流一带的数个埠头（码头），当年距离培头村最近的一个埠头是飞云江支流岂作口溪的岩门埠头，地图上直线距离标注为4.5公里，但实际上有30多公里的盘山公路。钟姓畲民市场交换十分辛苦，他们翻山越岭将手工艺品、木材、兽皮、菜干、番薯丝等土产挑至山脚的岩门埠头，耐心地等待着顾客光临。一般木材是卖给等候在那里的瑞安、平阳一带的木材收购商，然后由收购商将木料用竹筏或木船顺飞云江而下运至瑞安、温州城区

　　①　参见朱礼《文成县志》，中华书局1996年版，第841页。
　　②　主要报道人钟维宗（1944—）、钟金莲（1946—）、钟松夏（1966—）、雷秀娟（1982—）等，并参见朱礼《文成县志》，中华书局1996年版，第841页。

等地销售。也有的钟姓畲民在埠头帮助装船卸货等,挣点辛苦钱补贴家用,一些经济头脑较为活跃的则直接参与木材的收购与贩运,或者从岩门埠头回去时顺带捎些日常生活用品卖给村子周边的畲汉村民,换点脚力钱。

钟姓畲民除了在本地埠头进行市场交换以外,也有到外县甚至到外省做生意的。这种出远门做生意,除了前述的打银和种售靛青以外,主要是贩卖牛羊和食盐等。当年他们贩卖牛羊大都在农闲季节,主要从景宁等地买来牛羊,饲养一段时间以后,就将其卖到平阳、泰顺等县。个别较有商业头脑的,甚至将牛羊卖到福建的福鼎、霞浦等县,最远到达福州。据呈山底自然村村民钟其宽所述:"我外公过去做羊生意,家里还有一条一百多年前祖传的羊皮钱袋,是绑在腰

图 14 清代至民国年间培头村
附近埠头分布图

上的。他从景宁那边把羊买来,卖到平阳、泰顺、福鼎、福州这些地方。那个时候卖羊都是走山路的,羊一边吃草、一边赶过去卖,这样家里就慢慢富起来了,我外公留下来一铺做工很好的雕花床,说明那个时候生活还是可以的。听我外公说,过去我们这里卖牛羊的山哈有好几家,姓钟姓雷的都有,姓钟的多一些。"① 钟金莲女士回忆道:"我祖父钟学宦当时就是做牛生意的,主要是到景宁、云和、泰顺这些山区把牛买来,然后卖到瑞安、平阳、温州这些地方去。赚点钱就回来买田。我家里因为有点田,是最早响应二五减租政策的。解放战争时,还支援过共产党部队一些粮食,当时部队还给了一张凭证,现在找不到了。"②

当年培头村钟姓畲民除了贩卖牛羊以外,个别较有经营头脑的也做起了食盐买卖。因为食盐长期受封建政府盐铁专卖制度所控制,故在我国很多山区属于稀缺型生活必需品。为了缓解供需矛盾,一些贫穷的百姓不得

① 2012 年 10 月 3 日中午于黄坦镇钟其宽先生家。
② 2012 年 10 月 6 日下午于培头村钟金莲女士娘家。

不冒着风险参与贩卖私盐。据悉，当年钟姓畲民从瑞安、温州等地盐商批来食盐，乘船返回栅溪水库附近的埠头，再肩挑背驮地兜售给培头村周边的畲汉村民，赚取一定的差价。如果说木材与山货的商品交易，主要是销售农业生产中的剩余产品，木匠、石匠、编织等也仅是作为农业生计的补充，难免带有浓郁的自然经济色彩，而专业打银、蓝靛作坊生产、贩卖牛羊食盐等，则是具有浓厚商业色彩的市场行为，能够赚取相对较多的商业利润。不过，出远门做生意较之在当地埠头进行市场交易，要付出更多的

**图15　清代至民国年间培头村
附近渡口分布图**

辛劳。他们有的赶着牛羊，十天半月昼夜兼程地穿行于崇山峻岭之中，有的驮着沉重的靛青染料罐穿过40多公里的羊肠小道（参见图15，尽管地图上只有6.5公里的直线距离），才能走到距离培头村最近的一个渡口即当作口溪边的严阵渡，然后再乘木船或竹筏辗转来到瑞安、平阳等地等待顾客。正是钟姓畲族先辈们当年这种执着地走出大山的商业精神，才让培头村的面貌逐渐实现了质的飞跃。

以反观出当年这个钟姓畲族村落商业意识的萌发和市场交换的规模。而商业市场行为又在一定程度上促进了家庭分工，推动着村落社会经济文化的变迁和村落面貌的改观。因此，清末至民国年间培头村钟姓畲民在衣食住行和文化教育上远胜于周边其他畲族村落。例如，传统草寮被逐步改造为砖木结构的瓦房，以至于直至新中国成立前夕，当大多数畲村还是茅草房时，培头村的草寮早已成为历史，钟姓畲民较同时期周边畲村畲民较早住进了瓦房，而且还建造了聚族而居的院落式民居。现今呈山底自然村留下的钟氏老屋和培头自然村留下的钟氏宗祠等清代建筑，无不折射出培头村钟姓畲民昔日手工业、商业的发展。而培头村名人辈出与崇道小学的修建则体现了经济的发展带动了文化教育的勃兴（详见本章第四节）。现今培头村的老人们对当年祖先打拼积累的富足情景还记忆犹新。例如，生于民国壬戌年（1922），现年93岁的蓝子花阿婆（钟有岳老人的妻子），曾经

常对自己的后辈说起培头村的往事：

> 我小时候就听我上一辈的人说，培头人很厉害的，会种田、会做生意、还出读书人。要比别的山哈村住得好，穿得好。房子是高大的两层瓦房，门梁上还雕着漂亮的凤凰牡丹。可惜，有好几次火灾，把房子和家具都烧光了。我十八岁从瑞安嫁过来时，条件差去了，但发现这边的婆婆、太婆都还穿得很漂亮，头上插着银簪子，手上戴着银镯子，衣服上还绣了花朵。她们箱子里收着很多镶银饰的凤冠。家家户户用雕花床，床上铺着漂亮的蓝花被。这些都是祖上传下来的。
>
> （12/7/2011，pm，于培头村钟有岳老人的院子里）

培头村钟姓畲族先辈们积极发展百工技艺和努力扩大市场交换，不仅推动了村落经济的发展和积累，也为钟姓族裔不断超越大山奠定了物质基础和精神动力。

第二节　钟正芳上书呈文争科考

一　钟正芳上书呈文争科考的历史背景

据1947年《培头村重修钟氏宗谱》记载：钟正芳，谱名国肇，生于乾隆壬申年（1752）七月二十五日，卒于嘉庆壬申年（1812）正月二十日，享年60岁。钟正芳为培头村钟姓畲族第三代，系开基祖钟世英嫡孙，世英次子钟振禄长子，其同胞兄弟共五个，依次为正芳、春芳、万芳、流芳、芬芳，他自己育有六子三女。正芳七岁那年被节衣缩食的父亲送往附近的汉族私塾读书。相传，他生性聪慧，勤奋好学，往往过目能诵，深得汉族塾师赏识。后来他又入当地县学学习。至十五六岁时，他已谙熟四书五经等。随着学识的累积，钟正芳萌发了参加科举考试的强烈愿望，但由于其时浙南地区深受封建大汉族主义影响，更为了争夺有限的科考名额，部分汉族考生假借盘瓠传说，诬蔑畲民为异类，百般阻挠畲民科考，钟正芳的科考梦想屡屡受挫。为此，血气方刚的钟正芳为畲民争科考权展开了不屈不挠的抗争。

二　钟正芳上书呈文争科考的曲折历程

乾隆四十年（1775），23 岁的钟正芳上书青田县衙，严词驳斥"畲民异类说"，痛斥将畲民排斥在科举考试之外的不公平现象，要求县衙呈文处州府，给予畲民科考权。此举受到丽水、松阳等地畲族文人的呼应。正是由于钟正芳等人有理有节的反复申诉，迫使丽水处州府知府督促青田知县吴楚椿查办此事。是年，吴楚椿经文献稽考和走访调查后，著《畲民考》① 一文。该文援引《浙江通志》② 所述："顺治十八年（1661），浙江巡抚朱昌祚因闽海交讧，迁滨海之民于内地，给田给牛，俾安本业。是由交趾迁琼州，又琼州迁处州"，并指出畲民"本属琼海淳良，奉官迁浙，力本务农，已逾百年……"，不能"一任土民谬引荒诞不经之说，斥为'异类'，阻其上进之阶"，呼吁"准许畲民一体应试"③。尽管吴楚椿的《畲民考》追溯浙江畲民来源时，叙述模糊，基本援引《浙江通志》，但其考证畲民早已编户纳粮确是不争的事实。尤其在该文中，他旗帜鲜明地抨击大汉族主义者荒诞不经的"畲民异类"说，呼吁畲民应与当地汉人"一体应试"，这在当时而言，委实难能可贵。

然而，畲民争科考权的道路却十分漫长坎坷。吴楚椿的《畲民考》呈达处州府衙后，迟迟没有答复。钟正芳并没有就此气馁，他多次奔走于丽水、松阳、宣平、云和等地，联络该地畲族文化人一同前往处州府理论，后又牵头呈文浙江省府，强烈要求允许畲民参加科举考试。20 多年来，钟正芳一边耕读，一边继续奔走，在本宗族和周边县市畲民的支持下，期间曾 13 次赴省会杭州申诉，多次呈文浙江省府，请求给予畲民以科考权④。

---

① （清）吴楚椿：《畲民考》，引自（清）周荣椿编撰《处州府志》卷29，《艺文志中·文编三》，光绪三年刊本。

② （清）《浙江通志》卷44，雍正十三年刊行，中华书局2001年版。

③ 该文收入清乾隆四十二年《续青田县志·文部》和清光绪三年《处州府志》，藏台北故宫博物院，现列入《中国方志丛书·华中地方卷》影印本，台湾成文出版有限公司2007年版。参见吕立汉、施强《浙江畲族民间文献资料总目提要》，"甲篇书籍类"，雷阵鸣辑《畲民考》，民族出版社2012年版，第67页。

④ 有关钟正芳呈文原稿目前尚未发现，而有关该事件记载的原件存浙江省苍南县民族宗教事务局民族科，复印件存丽水学院畲族文化研究院。参见吕立汉、施强《浙江畲族民间文献资料总目提要》，丙篇文书类，雷阵鸣辑《谕扎应试章程》，民族出版社2012年版，第306页。

　　经过钟正芳等人艰苦卓绝的斗争，直至清嘉庆八年（1803），浙江畲民争取科考的愿望才最终实现。是年六月，浙江巡抚阮元①会同学政文宁向嘉庆帝上奏《浙江畲民应试章程》奏折："处州十县有畲民……应咨请明立章程，以免无识愚民借词攻讦，准其与平民一体招考应试。"六月二十五日，该奏折经礼部转呈嘉庆帝手中，经嘉庆帝御批后，依惯例交由礼部合议。御批后的奏折，于六月二十七日经礼部合议后，以《浙江畲民应试章程》谕扎的形式，下发浙江巡抚。浙江巡抚收到谕扎已是两个多月后的八月下旬，随即于同年八月二十五日，以浙江布政使的名义将该谕扎应试章程粘单发往处州府各县，粘单落款处注有"浙江布政使学先潘某"押发字样。后该章程又补入嘉庆十七年（1812）才纂修完工的《钦定学政全书》②。只不过补入嘉庆十七年（1812）的《钦定学政全书》有关《浙江畲民考试章程》的内容，较之浙江布政使下发的谕扎要简略概括，但内容大同小异。这实际上是针对不同的文件内容所做的处理，前者作为朝廷御批文件颁布知照，后者作为科考文件档案存录。

　　以下是清嘉庆八年（1803）八月二十五日，经嘉庆帝御批，礼部合议的，由浙江布政使以粘单形式发往处州府各县的《浙江畲民应试章程》谕扎全文③：

　　　　礼部谨奏：

　　　　为奏闻请旨事，浙江巡抚阮臣会同浙江学政臣文咨请：处州府属青田县有畲民钟正芳等呈请与土民一体应试一事，查《学政全书》并无畲民与考明文，惟《青邑续志》载有前县令吴楚椿《畲民考》一篇：称其顺治十八年由交趾迁广东之琼州，由琼州迁处州，历历可

---

　　①　阮元（1764—1849），扬州仪征人，字伯元，号云台、雷塘庵主，晚号怡性老人，谥号"文达"，清代嘉庆、道光间名臣。清乾隆五十四年（1789）考取进士，授翰林院庶吉士。他是著作家、刊刻家、思想家，在经史、数学、天算、舆地、编纂、金石、校勘等方面均造诣很深，被尊为一代文宗。此后曾任礼部、兵部、户部、工部侍郎，浙江、江西、河南巡抚及漕运总督等要职，嘉庆二十二年（1817）八月，由湖广总督调任两广总督，参见百度百科，http://baike.baidu.com.

　　②　嘉庆十七年（1812）修纂竣工的《钦定学政全书》，由武英殿刊刻颁发各省，是继乾隆三十九年（1774）之后再次纂修的一部《钦定学政全书》，也是清代最后一部《学政全书》。

　　③　《浙江畲民应试章程》粘单原件失考，该内容据浙江省松阳县后塘村《雷氏宗谱》等谱牒转载。参见吕立汉、施强《浙江畲族民间文献资料总目提要》，"丙篇文书类"，雷阵鸣辑《谕扎应试章程》，民族出版社2012年版，第306页。

据，而字书不载畲字，惟字典内有佘奢二音，释为三岁治田又火种也，其字义近农民，本非恶劣，且其人在青邑置有粮田卢墓，索行并非贱秽，只因妇女头戴布冠，与本地妇女稍有不同，土著者指为异类，廪生等惑于邪说，不敢具保，致畲民不得与试。

国家休养生息，人文蔚起，而处州十县，皆有畲民，未便因其妇女服饰稍异，概阻其向上之心，应咨请部示明立章程，以免无识愚民籍词攻讦等，因到部，臣等伏思国朝文治光昭，普天之下莫不向学慕义，考《学政全书》所载，各省府、州、县学额，各土司有瑶童，湖南、贵州有苗童，外如云南威远之彝人，四川建昌、茂州之羌苗，广东之黎、侗类皆渐摩风教，登之黉序，至各省同民错处，久与汉民一例考试，隶仕籍者颇不乏人，未闻以其妇女冠饰有异，遂阻其读书上进之阶。

今浙江之畲民既据该巡抚、学政查明，自顺治间迁居内地纳粮编户，务本立农，自非丐户、蜑户、乐户身列污贱，例应禁考者可比。现在生齿自繁其人，能通晓文义者，应请准其与平民一体报名赴考，仍照苗瑶应试之例，取额不必加增，卷面不必分别，但凭文去取，有取进者一体科举补廪出贡，勿令向隅，其廪保识认亦照苗童例，用五童互结，由土著廪生廪保，该廪生毋得少勒抑，土民毋得攻讦，或有顶冒代倩传递等弊一体治罪。至处属各县畲民有情愿应试者，即照此例办理。所有臣等酌定畲民应试章程，理合奏闻，供请钦定俟。

命下之日，臣部行文该巡抚、学政遵奉施行，为此，谨奏，请旨为准。为答事，本月二十七日准本部答开议制司案，本部奏浙江青田畲民应试章程一摺，于本年六月二十五具奏，具奏本日，奉旨依议，钦此。相应抄录原奏，答知浙江学政遵照可也，等因计粘单一纸，到本部院准此令行知照。为此，案仰布政司处州府文到，即饬遵照至案，相传照行。

查此案前奉学宪行司业经转饬在案，兹奉前因，合并饬知，为此，仰府官吏即便转行，饬遵毋违，须至案考。

右案仰处州府，准此。

嘉庆八年八月二十五日

浙江布政使（押）

以上《浙江畲民应试章程》谕扎大致分为三方面的内容。其一,转引了浙江巡抚阮元会同浙江学政文宁二人的奏折详情。其二,宣布了畲民参加科举考试的相关规程。其三,告知奏折的相关处理事宜。该应试章程谕扎的核心内容是:朝廷明文规定浙江畲族读书人,具有与当地汉人同等的科考权:"畲民中其能通晓文义者,应请准与平民一体报名赴考"。还规定有关考试名额及录取等问题,畲族与汉族一视同仁,要求对畲民既无特别优待,亦不得另眼相看,唯才能录取:"取额不必加增,卷面不必分别,但凭文去取"。尤其还郑重告诫,担保畲民科考的当地汉族廪生不得敲诈勒索,当地汉人不得攻讦,也不允许顶冒代考等作弊行为,否则一并治罪追究:"由土著廪生廪保,该廪生毋得少勒抑,土民毋得攻讦,或有顶冒代倩传递等弊一体治罪。"

事实上,嘉庆八年(1803)《浙江畲民应试章程》谕扎的颁布,与浙江巡抚阮元的作为密不可分。一代文宗阮元(1764—1849)于乾隆六十年(1795)八月调任浙江学政,嘉庆三年(1798),又担任浙江巡抚,在浙江任职期间崇文重教、锐意改革、廉洁奉公,深得浙江乡民士绅等的爱戴和清朝廷的器重。阮元会同文宁的奏折基于钟正芳等人的申诉和青田县令吴楚椿《畲民考》等基本事实,再援引封建政府对少数民族"纳粮编户"的政治怀柔和文化同化政策的案例,就明立《浙江畲民应试章程》一事进行了鞭辟入里的分析。在某种程度上,奏折因"动之以情、晓之以理"的陈述而打动了朝廷,获得封建帝王恩准。显然吴楚椿、阮元、文宁等浙江地方官员,在畲民获得科考权方面功不可没,但最深层的动因还是基于钟正芳等畲族文化人士坚持不懈、努力抗争的结果。

自乾隆四十年(1775),钟正芳为争畲民科考权而上书呈文青田县府,到青田知县吴楚椿奉命调查浙江畲民历史生平,再到嘉庆八年(1803),因钟正芳等人反复呈控而迫使浙江省巡抚与学政联名奏请清廷,最后经嘉庆帝恩准,由礼部合议,嘉庆朝《学政全书》备案的《浙江畲民应试章程》之面世,历时整整27年,钟正芳也由当年风华正茂的青年书生步入年过半百的"老生"行列。

三 钟正芳争畲民科考权的意义及影响

尽管畲民在实际的科举考试中,仍然难免遭受封建大汉族主义者的攻讦而阻力重重,但嘉庆八年(1803)《浙江畲民应试章程》的颁布,对浙江畲民，乃至所有的畲民而言，无疑具有时代里程碑的意义。自此以后，畲族读书人，终于获得合法的科考权。广大畲民无不欢欣鼓舞，他们有的甚至将章程粘单抄录于族谱，一来作为尚方宝剑，二来激励族人以耕读为本。事实上，钟正芳为畲民争得科考权，不仅对其家乡培头村钟姓宗族村落的历史文化变迁影响至深，而且对浙南、闽北等地畲族的文化教育也影响深远。钟正芳不屈不挠的抗争精神代代传承于广大畲民心中。闽、浙等地陆续有优秀畲族文化人士名正言顺地参加科考，获取功名，甚至跻身仕途。这在一定程度上，改变了历史上畲族长期处于政治、经济、文化的边缘化处境。例如，除了培头村钟姓宗族人才辈出以外（详见本章第三节），云和县杉坑岭村的蓝宝成（1844—1925）家族也是耕读世家，光绪八年（1882）蓝宝成中恩贡，被任命为石门县桐乡县教谕。他的两个儿子均考取秀才。宣统二年云和县（1910），蓝宝成的学生，赤石洋田村的蓝应东亦考取贡生。

　　此外，钟正芳上书呈文争畲民科考权与福建的钟良弼科考打官司事件具有一脉相承的内在关联。据文献记载，就在浙江畲民获准科考资格的前一年，即嘉庆七年（1802），在福建发生了钟良弼事件。是年，福鼎县童生钟良弼赴福宁府考秀才，县书王望年串通生监，诬指畲民为"犬养"和"贱民"，将钟赶出考场。此事激起闽东、浙南畲民的公愤。最后在族众的支持下，钟良弼一路从县到省反复呈控，最终由福建巡抚李殿图审理，才获胜诉，后考中第 20 名秀才。该事件在清道光十五年（1835），陈寿祺《重纂福建通志》卷一四零《国朝宦绩·李殿图》中有过记载。钟良弼胜诉事件，被备受鼓舞的畲民编成长篇畲族山歌《钟良弼》传唱于闽、浙畲族地区①。虽然目前没有资料提及钟正芳当年是否直接参与了该事件，但根据清代童生试为三年两次，当年钟良弼被赶出考场后到最终胜诉获考，应是在嘉庆八年（1803）之后，即钟正芳胜诉和《浙江畲民应试章程》颁布之后。加之，浙南畲民与闽东畲民向来往来甚密，福鼎钟姓宗族与培头钟姓宗族也素有往来。无疑钟正芳 20 多年的历史抗争对闽东畲族读书人包括钟良弼等具有直接的影响。也可以说，钟正芳多年为浙江畲民争取科考权的斗争，对福建畲民钟良弼事件胜诉起着直接或间接的推动作用。

---

① 蓝炯熹：《畲民家族文化》，福建人民出版社 2002 年版，第 275 页。

正是在钟正芳精神的鼓舞下，浙南畲族读书人面对科考受阻屡屡愤而抗争。例如，清道光六年（1826），泰顺畲族童生蓝芳因当地汉族廪生污其出身不清白，阻其考试而呈文浙省学政，要求秉公执法并获胜诉。清道光二十四年（1844），平阳畲族考生雷云在通过县试后，参加府试受阻，雷云父子及雷云叔父雷子清等先后呈文27篇，反复申诉，坚持不懈斗争三年，最后迫使温州府于清道光二十七年（1847）颁发《禁阻考告示》，给予雷云补考权，并严禁此类阻考事件发生①。无疑，钟正芳百折不挠为畲民争科考权功不可没，其名字与畲族社会文化发展史永恒地联系在一起。

钟正芳不仅是一个敢于为本民族的正义诉求而奔走呼号的勇士，也是同时代少有的畲族文化精英，其业绩、品行、才华等至今仍在培头村钟姓畲族后裔中传诵。相传，钟正芳在争科考权的同时，从未停止过对儒学经典的研读，他还在培头村开办私塾，让更多的钟氏后裔及周边贫困畲汉子弟获得学习的机会。由于儒学功底深厚，在嘉庆八年（1803），即获得科考权的当年，时年51岁的钟正芳以优异的成绩，获得贡生资格，入京就读国子监。不久，被委任四川督学使者，俗称学台，掌管科举事宜，享受钦差待遇②，三年后，他因深谙官场险恶而辞官回乡。返乡后，承袭往日耕读传统，以学童为伴，过着既扶锄又教书、半农半儒的田园生活。这体现出钟正芳既有孟子推崇的浩然正气，也有淡泊名利的豁达。还据培头村老人相传，钟正芳因才学出众，深得嘉庆帝赏识，曾获钦赐《学政全书》一套、御笔一支、水晶墨砚等文房四宝一副。

钟正芳卓尔不群的才华在培头村钟姓族裔中口耳相传。据悉，他不仅精通诗文，还对书法绘画颇有造诣。他独创的茅龙笔书法（即用茅杆制作的毛笔所作的书法），别具一格，笔势硬朗苍劲，在书法中独树一帜。他尤其善画梅、兰、竹、凤凰等。如今培头村钟氏宗祠门梁下那只栩栩如生的凤凰雕刻图案，还依稀可以看到当年钟正芳绘画技艺的萍踪。而其治学方法，对后人尤具启迪意义。他十分强调读书应有"知疑""质疑"和"善取舍"的独立思考精神。为此，他经常引用明代著名学问家，"广东

---

①　蓝芳与雷云等畲民争科考权呈文历史事件原件现藏浙江省苍南县民族宗教事务科，复印件藏丽水学院畲族文化研究所。

②　钟正芳担任四川督学使者一职，除培头村钟氏宗谱及钟氏后裔口传以外，目前尚没有太多的佐证。

第一儒"陈献章"勤思考，取精义"，"重疑问，求真知"等读书方法来教导钟氏后裔，让后代学习者们领悟陈献章的至理名言，诸如："前辈谓'学贵知疑'，小疑则小进，大疑则大进。疑者，觉悟之机也。一番觉悟，一番长进"①。钟正芳身体力行地将前贤学思结合的读书方法运用到自己的治学以及培头村钟氏族裔的教学实践中，还努力将硕儒陈献章的"田可耕兮书可读，半为农者半为儒"作为自己的人生座右铭和耕读传家的精髓，将培头村发展为钟灵毓秀之地。钟正芳不愧为该时代畲族教育大家的典范。

第三节　由文化边缘到耕读传家

一　钟姓宗族人才辈出

钟正芳不仅是浙南畲民的杰出典范，更是培头村钟姓宗族的一面旗帜。正因为其言传身教，钟姓族人世代尊崇"勿营华屋，勿谋良田"的朱子治家格言，严格秉承耕读传家风尚。他们无论生活多么清贫，都要节衣缩食送子女读书，坚信"乌金②要比黄金贵"的信条。培头村自此人杰地灵，人才辈出。据 1947 年《培头村重修钟氏宗谱》统计，自钟正芳为浙江畲民争得科考权以来，培头村就有 17 人获得不同等级的文武秀才称号，其中有多名被选拔进京，就读国子监，有幸成为"为皇帝贡献才能"的贡生，还有出类拔萃者，获"恩贡进士"荣誉称号，甚至被清政府委以重任，为官一方，造福百姓。例如，钟正芳的侄子钟逢扬（谱名永谐），由庠生升恩贡进士，加五品提举御署福建省福宁分府布政司。其侄孙钟熙贤（号笃之），由贡生升布政司御候选江西分府。钟熙贤之四子钟碎格，由贡生升布政司都事衔（从六品），民国丙辰年（1916）充任青邑八都自治员。

还有些虽未获功名，但亦为"德爱礼智、才兼文雅"之人。从清嘉庆至民国年间，仅钟正芳同胞五兄弟（正芳、春芳、万芳、流芳、芬芳）与两堂兄弟（兆芳、春龙）的直系裔孙中（钟姓第三代至第七代），有口皆碑的钟姓历史文化名人有 31 位。他们不仅熟读诗书，匡怀"修身齐家

---

① 参见《陈献章集》（上、下），孙通海点校，中华书局 1987 年版，第 165 页。

② 此处乌金指代墨宝，读书写字的意思。

治国平天下"之理想，还具有一项或多项卓越超群之才能。这些"走出大山"的钟姓历史文化名人中，他们或攻琴棋书画，或习武术弓箭，或参政议政，或热心诉讼，或悬壶济世，或投身教育。精通律例，擅长诉讼者，如钟逢扬、钟建瑶、钟碎格、钟盛林、钟德彰等，他们替人洗雪鸣冤，博取社会公平正义，盛名于闽浙大地；精通音律，雅善丝竹者，如钟清鳌、钟盛林等，他们口传心授，广觅知音，以天籁之音陶冶钟姓畲族的心灵；擅长医药，妙手回春者，如钟云馨、钟碎磊、钟秉吴等，他们"用药施针不逊华佗"，以悬壶济世为己任；潜心育人，志在教育者，如钟德彰、钟志彬等，他们四处奔波，筹办学校，有"化洽菁莪、桃李馥郁"之成就。此外，参政议政，匡时济世者如久负盛名的钟逢扬、钟熙贤、钟碎格等，民国年间的钟盛林和钟德彰还先后担任青田富岙乡的乡长。上述列举中，还有不少钟姓先辈兼具多种才能（参见表6，排序根据房支世系及班辈排行）。

表6　　　　走出大山的钟姓历史文化名人生平事迹一览表

姓名	生卒年月	谱名	字/号/印	功名	职位/职业	才学特长	宗族世系
钟正芳	1752—1812	国肇		贡生	四川督学	诗文书画	振禄公长子
钟芬芳	失考	国辅	字承恩	国学生	耕读	诗书文章	正芳四弟
钟锡光	1774—1819	永光	字毅修	邑武生	耕读	武术狩猎	正芳二子
钟际会	1778—1860	永海	字锡海		业儒	诗书文章	正芳三子
钟逢时	1790—1848	永矫	字锡姣	邑廪生	耕读	诗书文章	正芳四子
钟锡灵	1785—1858	永灵	印逢年	邑武生	耕读	武术狩猎	春芳独子
钟凤腾	1788—1862	永彭	字锡彭	邑武生	耕读	武术狩猎	万芳三子
钟凤翔	1790—1866	永苞	字锡苞	邑武生	耕读	武术狩猎	万芳四子
钟逢扬	1798—1873	永谐	字锡解/印际时	邑庠生后贡生	五品提举衔，署福建省福宁府分府	诗书文章/诉讼	万芳七子
钟际唐	1792—1823	永润	字锡润/印际唐	邑武生	耕读	武术狩猎	流芳二子
钟凤歧	1795—1880	永栢	字锡栢	邑武生	耕读	武术狩猎	芬芳长子
钟建昌	1792—1877	建昌	号笃威	邑武生	耕读	武术狩猎	正芳三世孙
钟员平	失考	建伦	印叙伦	邑武生	耕读	武术狩猎	正芳三世孙

续表

姓名	生卒年月	谱名	字/号/印	功名	职位/职业	才学特长	宗族世系
钟炳蔚	1799—1831	建乡		邑庠生	耕读	诗书文章	正芳三世孙
钟同昌	1831—失考	建献	字廷献		业儒	诗书文章	正芳三世孙
钟熙贤	1840—1908	建瑶	号笃之/印熙贤	贡生	布政司经历御候选江西省分府	诗书文章/诉讼	万芳三世孙
钟必岑	1853—1935	大纯			耕读	诗文书法	兆芳四世孙
钟贵才	1845—1901	大带	印懋春		职九品衔	诗书文章	春龙四世孙
钟碎格	1877—1946	大儒	号佐臣/印绍卿	贡生	布政司都事衔/县自治员	诗书文章/诉讼	万芳四世孙
钟滋根	1854—1935	学最	字弟最	邑增生	耕读行医	诗文医药	正芳五世孙
钟碎垒	1889—1967	学茶			耕读行医	畲医巫道	万芳五世孙
钟学庚	1890—不详				耕读行医	畲医草药	万芳五世孙
钟志鳌	1919—1980	义愿	号志彬/印国杰/又号金钟山人		校长/教书/务农	诗书文章	兆芳六世孙
钟银袋	1891—1952	义壎	字云兴		耕读行医	诗文医药	正芳六世孙
钟清鳌	1901—1968	义足	号桂清		耕读/乐师	音乐	春芳六世孙
钟德彰	1911—1948	义桉	字焕文/号国光		校长/乡长教书育人	教育兴学/诉讼	万芳六世孙
钟盛林	1920—1995	义林	字瑞玉/号森甫		乡长/教书/务农	琴棋书画/诉讼	万芳六世孙
钟志莲	1908—不详	义鲜			闾长/保长	抗日救国	流芳六世孙
钟义藏	1915—不详	义贿			耕读/军人	抗日救国	流芳六世孙
钟茂谷	1922—2007	义阔	号茂士		教书/务农	诗书文章	曾福六世孙
钟秉吴	1923—2010	秉吴			耕读/行医	畲医草药	正芳七世孙

资料来源：据1947年《培头村重修钟氏宗谱及房谱》和田野访谈资料等整理。

　　以下不妨在钟姓历史文化名人中，择其十数位最有名望者予以具体分析①：

――――――――――

　　① 本书列举的钟姓人物，标题以培头村钟姓族裔的习惯称谓为准。对于显祖他们一般不直呼其名，而对于民国年间的先辈则没有统一的尊称，本文均以姓名称谓之。至于标题下的人物介绍，则依次介绍其"姓名""谱名""字""号""印"等。大多数姓名与谱名不同，也有极个别的姓名即谱名。表格中的人物先后，大致以班辈排行顺序为准。至于宗族世系以与钟正芳五同胞兄弟、两堂兄弟的直系亲属关系标注。以下资料全部引自《培头村重修钟氏宗谱》，1947年。

（一）光耀门庭的际时公

际时公，是培头村钟姓族人对其尊称，本名钟逢扬，谱名永谐，字锡解，印际时。逢扬生于嘉庆戊午年（1798），卒于同治癸酉年（1873），享年75岁，娶泰顺筱村雷月旺公女为妻，育四子四女。他乃培头村钟姓开基祖世英公曾孙，世英次子振禄公嫡孙，振禄公三子钟万芳之七子，振禄公长子钟正芳嫡亲侄子。他还是继伯父钟正芳之后，最光宗耀祖的钟姓文化名人："邑庠生，后附贡生加五品提举御署福建省福宁府分府。"钟逢扬获取功名后，在其居住的慎德堂立功名旗杆石一副，旨在光耀门庭和激励后人。后该功名旗杆石移于培头村钟氏宗祠前。逢扬先生在学识上可谓才高八斗、学富五车，尤其精通律令，善诉讼，写得一手好文章，达到"下笔成章、笔翰如流"的境界，而其为人则乐善好施、仁厚豁达。其人品学识不仅在钟氏宗族中德厚流光，也享誉四邻八乡和闽浙众多畬村。以下是1947年《培头村重修钟氏宗谱》中收录的两则对其人品学识的赞誉文字。

其一，清同治六年（1867），青田知县罗子森给钟逢扬先生七十寿诞撰写的贺词，全文如下（标点符号为笔者所加）：

> 恭祝诰授奉直大夫①逢扬钟老先生大人七旬双寿：
> 盖闻箕畴五福②，寿居其先，华封三祝③，寿列其内。诚以寿也者惟有福者所能臻。斯有德者所可必也，如我扬翁先生者，其亦当此而无愧乎恭维。扬翁先生大人德高望重、模范勘风。少儿事亲，立爱事长，立敬宗族，称孝乡党，称弟（剃）亲朋。有婚娶丧葬乏资者，必竭力为之，美成邻里。有词讼争执不和者，必挺身为之排解。而敬兄和睦，信友敦义，历数十年如一日。此扬翁先生之

---

① "诰授"意即皇帝授予。奉直大夫为文散官名。宋徽宗大观二年（1108）设置，为文官第十六阶。金时为从六品上，元时升为从五品，明时为从五品初授奉训大夫，升授奉直大夫。清时为从五品概授奉直大夫。从青田知县的称谓可知，钟逢扬为清政府加封的从五品官员。

② "箕畴五福"典出《尚书·洪范》，相传箕子向周武王上陈天子治国九法，即所谓洪范九畴。故"九畴"又谓之箕畴。其中提到"皇建其有极，敛时五福，用敷锡厥庶民。"意思是天子建立最高权威的首要方法是将长寿、富贵、健康、安宁、好德、善终这五类人间幸福赐给百姓，要做到"向用五福"。此后，民间将"五福"作为人生圆满的象征。

③ "华封三祝"典出《庄子·天地》，意指华州人对上古贤者唐尧的三个美好祝愿：祝寿、祝富、祝多子。

德之素闻也。

淑配雷氏老孺人者，系女中之丈夫也。自耀鱼轩，即端燕婉，能光鸿案，以兆螽斯。生子四，长培贤，次熙贤，三汝贤，四师贤，皆英彦俊伟，头角峥嵘。孙七俱幼，少怀颖敏，嚣宇不凡。卜他日书香奕叶，光大门闾者，正未可量也。兹值扬翁老先生暨淑配雷老孺人，悬弧设悦①之辰时，则寿花献颂，莱彩翻衣，北海开樽，南山奏曲。森谊忝通家，跻堂称庆，爰援数言，以侑一觞云尔。

诰授奉直大夫青田县知县通家愚弟罗子森拜撰

时在　同治六年岁次丁卯　毂旦②

其二，民国十二年（1923），中堡敬业学校校长程德全撰《逢扬先生行述③》一文，兹录如下（标点符号为笔者所加）：

先生名永谐，字逢扬④，印际时，系春芳公之七子，振禄公之嗣孙也，盖生平，幼习儒林，长游泮水，有才有学，人皆称其刀笔之魁，非特一乡一邑之中赖其维持，即浙闽两省亦有沐其恩惠，岂若有名无实所可同日语哉？然而，不特此也。他如接宾朋，则和气可亲，交游无惭于平仲，处相邻则温恭允挹，容忍可疑乎？至于事亲以孝，事兄以敬，尤其余事也。呜呼！有此非常之人，抱此非常之才，不能见用于世，而穷而在下者，未尝不于先生无缺恨也，兹当修谱闻其梗概，爰举其大略以为之赠。

中堡敬业学校校长程德全恭撰

由以上可知，际时公钟逢扬先生既是满腹诗书、才华横溢者，更是父慈子孝、夫义妻贤的道德楷模。上述对其颂扬的文字虽难免有溢美之词，

---

① 旧时，男子生日称"悬弧"，女子生日称"设悦"，"悬弧设悦"泛指生日。

② 毂旦即良辰吉日。

③ 行述，又称行状。汉代称"状"，元代以后称"行状"或"行述"（也谓之"事略"）。为较有名望的死者叙述世系、生平、生卒年月、籍贯、事迹之类的文章，一般由死者门生故吏或亲友撰述，留作撰写墓志或史官提供立传的依据。

④ 此处疑作者有误，按钟氏族谱记载：钟永谐（谱名），名逢扬、字锡解、印际时。

但出自罗子森这位汉族地方政要和程德全这位汉族文化名人之手，这本身足以说明其时钟逢扬社会地位之非同一般。

其三，钟姓族人有关其公正执法的口传故事 [1]：

> 钟永谐先生，适用法律得当，合情合理又合法。例如，道光年间，福建地方长官陈某，遇到荒年，就奏请赈济百姓，上级指令未下达，即开仓发粮。按察使视为专断独行，违法皇令，应予治罪。陈某不服辩称："吾怕灾民饥饿难忍，倘若发生骚乱，不可收拾。不得已而为之，治罪委实冤枉！"当时，钟永谐先生前去处理此案，一是认真审理案情，时年天灾荒年歉收，家家户户实无米之炊，有饿死人民群众之危。二是陈某当时实有将灾情呈报上司，要求发粮救济贫困百姓，但未接皇令就提前发粮了，这是过错。钟永谐先生提出处理意见，认为陈某作为地方长官，如实报告灾情，忧国忧民，出于救济灾民的诚意，非私心。然而他已把灾情上报，因山高皇帝远，迟迟未收到救灾命令，就开仓发粮，他违反了法律条令，应予宽恕过错，但不应受处分，更不可治罪。陈长官的行为实出无奈之举，且有利国家稳定，如此长官，应予以表彰。钟永谐先生迅速审结此案，将文书案卷上报，皇上恩准："好官，免责。"就此了结案件，陈长官非常感谢，称钟永谐先生为"青天"。

际时公精通律例、体恤苍生、机智公允的故事，在钟姓族人中口耳相传。据悉，他退职以后，专门替闽浙畲汉百姓诉讼，既替穷人与恶势力斗争，也解决一般的民事争端。而且他在替人诉讼时给自己及子孙们立下不成文的规矩："官司只赢七分"，即打官司不要全赢，应留三分让给对方。如果不给对方留点后路，就会逼得对方狗急跳墙。他还认为让对方，也是给自己留点余地，这叫子孙饭。官司只赢七分的原则，体现了际时公的大度、仁慈和睿智。正是在这条祖训的指引下，培头村诉讼人才众多，闻名于闽浙大地。际时公其人其事，成为钟氏族人心中的骄傲，是继国肇公钟正芳之后的又一座丰碑。现际时公气势非凡的坟墓坐落在培头村外的山腰

---

[1] 钟维宗访谈整理，载钟金莲：《文成畲族文化》，国际炎黄文化出版社 2009 年版，第 159—160 页。

上，即富竹岭自然村对面山坡。每年清明时节，钟姓族人都要对其隆重祭拜。

　　（二）积善余庆的建昌公

　　建昌公，名建昌，号笃盛，钟锡明长子，钟正芳长孙，生于乾隆壬子年（1792），卒于光绪丁丑年（1877），享年85岁，娶雷氏，生一儿一女。他是培头村第一个获取武生功名的钟姓先辈，虽为习武之人，但为人忠厚、性格平和、淡泊名利，是钟氏族人中竭诚奉行传统忠孝之楷模。地方文人周绍让在《建昌公行述》中对其品行是这样描述的（标点符号为笔者所加）：

　　　　公名建昌，号笃盛，系邑之武生也，为人忠厚，秉性和平，泰而不骄，群而不党，克勤克俭，居室可拟①乎？子荆惟敬惟诚，交游无惭于平仲，效张公之能忍②，法司马之多修③，生平之事业虽艰，彼且居之不倦。家道之丰享难必④，翁能处之以安。盖华屋、置良田，尤其余事。入则孝，出则悌。洵是良模，以如此之人，行如此之事，所以上天眷佑，致使其子大升、孙学梦、学最、曾孙银袋辈，世世相承流传勿替也，不然则子子孙孙曷见有如是之畅茂哉？语云积善余庆，可谓公当之无愧也。

　　　　　　　　　　　　　　　　　　瑞邑大岊泉潭雪斋周绍让撰

　　现今培头村的钟氏族人则广泛流传着关于建昌公苦练武术的传说和神奇狩猎的故事。兹不妨选取两则予以说明。

　　其一，有关建昌公苦练武术的传说⑤：

　　　　建昌先生自幼喜爱体育，刻苦练习武术。他每天用自制的精巧的

---

　　①　暗中图谋。

　　②　相传张公为唐代贞观年间（627—649）潞州（今山西长治晋东南一带）人，不仅寿高体健，而且博学多才，心胸尤为宽广。其为人处事乐于谦让，总是忍字当头，故张公又字"百忍"。此处指建昌公具有张公般宽厚仁忍之风。

　　③　司马光是我国古代勤学励志的典范。此处指建昌公效法司马光勤修苦练的精神。

　　④　难以肯定，或难以料定之意。

　　⑤　钟维宗2008年对钟有岳（1923—）老人的访谈整理，载钟金莲主编《文成畲族文化》，国际炎黄文化出版社2009年版，第163—164页。笔者对内容有所取舍。

木弓箭，以稻草人为目标作靶，骑着自制滑轮为木马，对准草靶射箭，经过年长月久的艰苦训练，练就百步穿杨的好本领。

据说，有一次建昌先生在训练中，他的滑轮木马突然轮子打滑，肩膀挫伤，但他没有被伤痛打败，他让懂草药的叔父，上山采来草药治疗，仍坚持训练，从不间断。还有一次在训练时，突然下起倾盆大雨，因着了寒，腹泻不止，一般人已受不了，但他学会了草药治泻，上山采来了鸡尾草等，塞进嘴里嚼了嚼碎，用手捧来冷水服吞下，几分钟后肚子既不痛也不拉了。经过不懈的练习，他的武术本领炉火纯青。在考场上精神焕发地展现自己的骑射本领，后考中青田县武生，实现了自己的梦想。建昌先生勤学苦练武功的故事，说明天底下的事，工夫不负有心人，怕就怕一个坚持，坚持就是胜利，坚持就是成功。

其二，有关建昌公高超的狩猎技术传说：

相传建昌太公年轻的时候，身高八尺，相貌堂堂，而且力气大得不得了，他很会打猎，还会武术。周围村里很多山哈都来向他提亲。因为家住在山里面，那时的野兽很多，常常出来破坏庄稼，所以他也经常进山打猎。听老人讲，有一次，他独自一人进山，可是到了半夜也不见人影，家里人急得不得了，大家出去找，连个影子都没找到，只好回到家里，担心他可能被山里的野兽吃了，提心吊胆地一夜没有合眼。等到鸡叫快天亮时，就听到外面一阵大叫："开门！开门呀！"大家一惊，开门一看，原来是满脸是血的建昌太公。他身上背着一头很沉的大野猪，左手还拎着一头小的。进门就说："快点，门外面还有10头呢，大家赶紧去弄进来。今天有好吃的啦！"看到这场面，大家心里一块大石头终于落了地，个个都兴奋起来，有磨刀的，有刷锅的，有抱柴的，所有人都忙活起来，整个村里热闹得不得了。在吃饭的时候，大家才知道，建昌太公在山里面先是碰到了一头野猪，然后就对着它射了一箭，但没有射死，就跟着血迹追了过去，谁知在峡谷里面还有一群野猪，它们看到受伤的野猪跑了过来，就都惊觉起来。当建昌太公追过来后，这群野猪一下子就冲了上来，刚开始他还沿着山溪跑，后来被一块大石头挡住了，没办法，就只能与这12头野猪搏斗。幸亏建昌太公武功高强，对这群野猪拳打脚踢，一脚踹飞一头，一拳打死一头，就这样打了一整夜，12 头野猪终于都被他打死了。后来他借着月光，将 12 头野猪一只只背出山，背到家门口。从此以后建昌太公在四邻八方这一带很有名气，后来不久又考取了武生①。

这则建昌公"拳打十二只野猪"的故事，与开基祖世雄公"一铳千斤"的传说结构类似，虽然不一定是真实的历史，但具有历史的意义。反映出培头村钟姓畲族先辈"擅武功、长狩猎"的文化特质。其武功本领与狩猎技艺相辅相成。

（三）出类拔萃的熙贤公

熙贤公，名熙贤，谱名建瑶，号笃之，印熙贤，系钟逢扬次子，钟正芳侄孙。生于清道光庚子年（1840），卒于光绪戊申年（1908），享年 68 岁，年少时聪明颖悟，才智过人，深得其父等赏识和悉心栽培，后考取贡生，获得功名"由贡生升加布政司，经历御候选江西分府职衔"。熙贤公家庭人丁兴旺，原配本地岭根黄公坑村蓝氏，生子二，谱名大博、大慧。次配景宁雷氏，生子四，谱名大格、大儒、大市、大利。其六个儿子均精通文墨、品学兼优，其中尤以佐臣（钟碎格）声名最盛。

以下是 1923 年，汉族文人，兼地方政要，温处司令部侦探队长周绍让为其所撰的《笃之先生行述》（标点符号为笔者所加）：

> 天下之事有前者以创之，必有后者以继之。斯所谓尽美尽善，不然未有不叹相继之无其人也。如吾钟先生甫笃之者，非创业之豪杰人乎？弟溯其少年时，聪明颖悟，才智过人，邻里咸以大器目之。及其壮也，抱经天纬地之才，云游于浙、闽两省。操持刀笔，几如掷地金声，纵今之律师，亦靡不低心下首，岂仅区区小补，致使民到，于今犹称道弗衰哉。然而，先生之所可取者，非止于此。即如谱牒事宜，先生苦其心志，劳其筋骨。举凡族内之散居异地者，其生卒坟茔、婚

---

① 孟令法对呈山底自然村村民钟维仙（1949—）和钟亚丁（1942—）的访谈整理。访谈时间：2013 年 9 月 18 日下午。访谈地点：培头民族村呈山底自然村钟氏老屋，笔者对原文字记录予以了删减。

娶嫁适,一一查考缕晰,一俟后之修葺。虽道里云遥,不辞劳瘁,其功诚非浅鲜,宜其德。配蓝、雷二孺人,所生六子,类皆卓荦不凡,大兴门户也。

然六者之中出乎其类,拔乎其萃惟佐臣,君为独最益。佐臣先生者系才学兼优之名士,箕裘克绍不亚前贤。因思先人创作之艰,有起敬宗睦族之念,出而为之,肩任所有局中事物。凡诸费用,周旋尽至。大圣人所云父作之,子述之,先生当之无愧也。

时在　中华民国十二年岁次癸亥冬月　縠旦
温处司令部侦探队雪斋周绍让撰

熙贤公德高望重的生平事迹在汉族地方政要周绍让的笔下栩栩如生。透过汉族地方政要以上赞誉有加的文字,其社会名望可见一斑。而在培头村人眼里的熙贤公,不仅品行高洁,而且足智多谋、多才多艺。他既精通书法绘画,更精通律令,擅长诉讼。现今培头村还流传着有关他机智断案的故事[①]:

笃之先生,法律精通,适用自如。清末,是年九月初,县民甲某,因田稻将熟,夜恐被盗,又怕山有狼虎,携鸟枪防身,独坐山湾平坡看守。是夜邻居乙某也前往巡田,甲某听闻田响动声,天色昏暗,望有人形,即喊问,因风大未听到答应,甲某怀疑非贼即虎,心畏惧,即点枪射击,图欲吓退,竟不料致伤乙某的胸、颈、膊等多处,伤重而亡。知县将甲某依格斗杀人条律判处绞刑。等上级公文复,再行刑。

甲某戚友不平请讼诉,笃之先生接案审理:甲某携枪守稻,听声响喊问不应,疑为非贼即虎,放枪误伤,乙某身亡。据甲某供词:见其影动,不知是人是虎,在喊问之时,风声大不闻答应。再查:甲某在山中山坡看守,乙某亦巡田之人,田间系彼此往来之所,守稻亦邻里暮夜常有之事,即黑夜风起,心疑见虎,因恐生疑,轻率放枪,误毙人命亡。事关生死出入大事。笃之先生将案审理后,认为在认定事

---

① 由钟维宗访谈整理,载钟金莲《文成畲族文化》,国际炎黄文化出版社 2009 年版,第158—163 页。

实，应用法律条文均有问题，原知县的判决，适用法律条文与格斗杀人罪之义不符，撤销原判决。改判甲某适用法律：依凡无故向有人居止宅舍放弹射箭因而致死律，杖一百，流放三千里。终人心服，使此案得到较妥当的处理。笃之先生在法律词讼的精明之处，在闽、浙、赣的乡邻传为佳话，至今称而不衰。

（四）满腹珠玑的佐臣公

佐臣公，名碎格，谱名大儒，号佐臣，印绍卿。生于光绪丁丑（1877）九月二十二日，卒于民国丙戌年（1946）二月二十日，享年69岁，娶雷氏，生四子四女。佐臣深得家学渊源，满腹珠玑，才华横溢，曾由贡生加布政司都事衔（从六品），民国丙辰年（1916）充任青邑八都自治员。与其父熙贤公一样，擅长诉讼，惩恶扬善，一身正气。加之，其热心族内和地方公益事务，故德高望重、远近闻名。其才学影响了不少钟氏族人。例如，钟德彰、钟盛林等均深受其潜移默化的影响，尔后成为著名的诉讼人才。至今文成、平阳、泰顺等地畲汉村落还广为流传着佐臣当年如何帮助畲汉民众打官司的故事。这些故事被培头村钟姓族裔听来后又津津乐道地在本村口耳相传。相传[1]，有一次佐臣在泰顺打官司时，碰到一豪门大户仗势欺人、百般刁难，为惩治恶势力，他以自己的威严封掉了这家的大门，让其全家出入走边门，直至新中国成立初期，该户大门才被打开。还有一次，佐臣在泰顺打官司时，遭到输了官司的恶霸势力的报复，他们当时封了城门，不许佐臣出城，企图加害于他，最后在当地畲汉百姓的帮助下，他设计冒充亡人躺入棺木中，被"送葬队伍"浩浩荡荡地抬出城门，安然无恙。可见其智勇双全，深得当地广大畲汉百姓的爱戴。

培头村钟姓族裔说得最多的还是"佐臣公机智救方蓝"[2]的故事。说的是清末民初时期，与培头村相邻的西坑熬里村，有一天，一位名叫方蓝（音译）的周姓大户汉族小伙子，到青田县府看望在那里任职的表兄。也不知出于何种目的，他竟然偷拿县衙的官印，盖印于悄悄携带的萝卜块上（一说是豆腐），回家后照着模子私刻了一枚县衙的官印，并将私刻的官

---

① 报道人，钟松夏（1966—），初中文化，信息来源其祖父等。
② 报道人，钟维久（1962—），高中文化，信息来源其父亲等。

印用于伪造减免税收的公文，但事后被告发并被捉拿归案。在封建社会私刻官印可是大罪，严重者可判死刑，乃至诛族。案发后，焦急恐慌的周家请来佐臣为其做辩护律师。佐臣在辩护词中认为县衙没有管好自己的印章，应负很大责任，而且私刻印章并没有造成什么恶劣影响，故主张对偷印私刻者从轻发落，经过佐臣有理有据的辩护，案犯处罚从轻，周家自然感激不尽。据悉，当年熬里村周家挑了六担礼品送到培头村钟家表示感谢。此后，佐臣更是声名远播。然而，天有不测风云。1946年2月20日黄昏，佐臣在一次外出打官司的归家途中，行至距离培头村仅5里路程的上保垟村时，因漫天飞雪，天寒地冻，不幸坠入山崖，后钟姓族人用轿子抬回家中不久就不治身亡。次年，恰逢重修钟氏族谱，地方汉族文人周正为其赋《佐臣先生》诗一首（由笔者标点断句）：

满腹珠玑字字金，誉高望重久相钦。文章佳丽魁多士，刀笔菁华胜翰林。

不喜繁华娱晚景，时依案牍雪冤沉，奸究未完身先死，留得芳名耀古今。

作者在诗歌中高度赞誉了佐臣先生的才华与人品，也对其不幸意外身亡于外出打官司途中而深表痛心。唏嘘感叹其案头堆满了老百姓的诉状，坏人还未完全被绳之以法却匆匆离世，不能再继续他"洗雪沉冤，除暴安良"的执着使命。佐臣虽遭不测，但其精通律例、擅长解决诉讼纠纷的才华却深深地留在钟姓族裔和当地畲汉百姓的记忆中。如今，培头村佐臣公的曾孙辈们，就有数位考上大学法律专业，任职于政法部门，且业绩可嘉，这也算是告慰先辈的在天之灵吧。

（五）雅善丝竹的钟清鳌

钟清鳌，谱名义足，号桂青，生光绪辛丑年（1901），配瑞邑林朱坳雷氏，卒于1968年。其父钟寿德，谱名学圣，号云光，生光绪乙卯年（1879）四月二十三，配瑞邑五十都雷氏，生一子二女，卒不详。清鳌为大棪公独孙，系开基祖世英公七世孙，属世英公长子振福公派下。其伯父钟蒲德，谱名学霞，生光绪乙亥年（1875）正月初四，卒民国壬午年（1942）正月初一，娶雷氏，无子嗣，以侄子清鳌兼祧。清鳌娶雷氏，生子一，名秉图。秉图生于民国戊辰年（1928），配驼峎雷氏，生四子一女，子名耀西、耀东、耀南、耀北，女名冬妹。秉图过世后，其妻招来王姓汉族女婿，又生一女一儿，名菊英和耀足。清鳌自孙子辈开始人丁兴旺。

作为独子独孙的清鳌，恪守孝道，伺俸伯父如亲父，兼桃两嗣，任劳任怨。他不仅极尽孝道，而且天资聪颖，品性高洁，尤其喜好音乐，吹拉弹唱，样样精通，被时人誉为"有伯牙抚琴之遗韵"。在钟氏族人和乡邻心中，他既是一位颇有音乐天赋的艺术奇才，也是集孝道与高雅的典范。清鳌才德兼优，与其父亲教导有方不无关系。其父钟寿德是集仁、义、礼、智、信等多种品格于一身的谦谦君子，其家庭更是"父慈子孝，夫义妻贤"的楷模，故清鳌父子俩远近闻名、有口皆碑。民国十二年（1923），恰逢培头村创修《钟氏宗谱》，地方文人温州师范毕业生吴金焕特撰《寿德先生赞》一首（经笔者标点断句）：

> 先生昆仲二名居其次，亦一乡中之能事人也，为人慷慨，秉性和平，敬以睦族，义以交友，兄弟有和乐之情，夫妇协琴瑟之好。不仅为人谋事，只尽己之心初，不计人之惠我，而啧啧于人口也。其淑配雷氏老儒人所生一子名清熬，能工于乐，无异于古伯牙之遗韵，固其宜也。兹当修谱爱撰数言以为之赠。

> 温师范毕业生吴金焕撰赠

热心族内文化公益事业的钟清鳌，还是1947年《培头村重修钟氏宗谱》的主要首事（总理裔孙）之一，为修谱事宜亲力亲为。当地汉族文化人蒋谦基于自己与钟清鳌的交往友情，还以清鳌之子秉图的老师身份，乘培头村修谱之际，特撰《钟君清鳌行略》一文（经笔者标点断句），以赞其人品和音乐才华：

> 去雅梅北上十里，即富峊之钟山，风景如网川，培头处其麓，钟氏家焉。岁乙酉，余设账于兹，有契友清熬为钟族之秀出者，雅善丝竹，余聆其技颇消客寂，渠一日不至，余必课隙造访，故其家世，因以特详。其父寿德与迺兄步（浦）德两先生，性耿介，均力农，不务荣利，惟恭友是敦，殆怀葛之民钦！伯氏无子，君则承一体心而愿两桃，俾无伯道之悲，斯亦难矣。君妻雷氏，能得伯氏与翁姑，惟里

族称贤。子秉图从学于余，聪颖离伦，一门淑气，令人涎羡，倾耳编修家乘，余不揣固陋，略赠其行，以为爪印云。

　　　　　　　　　时　中华民国三十六年岁次丁亥腊月　榖旦
　　　　　　　　　　　　管窥后学蒋谦谨撰

　　此外，另一位当地汉族文人周正也为钟清鳌赋《清鳌先生诗》一首（经笔者标点断句）：

　　　　怡情风月爱山邱，尽日逍遥任自由。不习棋枰①而解闷，喜弹丝竹以消忧。
　　　　间来林下听松韵，静向亭前观月游。且喜椿萱皆并茂，还教桂子觅封侯。

　　以上地方文人的赞誉，充分肯定了钟清鳌卓越的音乐才能和耕读传家风尚。尤为难能可贵的是，其音乐天赋，影响了一代又一代的钟姓族人。以至于今天的培头和呈山底这两个自然村，还有大量擅长吹拉弹唱的民间音乐人才。他们常常参与民间红白喜事、生日寿诞祭祀等演出。例如，培头村的乐器班子，主要成员有钟义足、钟耀西、钟耀东、钟祝林等，其中耀西、耀东还是清鳌的孙子。他们个个雅善丝竹。现今 80 多岁的钟义足还会演木偶戏。2013 年培头村"三月三"畲族风情节，他还与文成县的木偶戏班子，在钟氏宗祠戏台上同台演出，其风采不减当年。而呈山底自然村的乐器班子，主要成员有钟维彬、钟旭义、钟怀超、钟维宽、钟炳村、钟思精等，他们年龄最大的为 88 岁，最小的为 65 岁，大都是十几岁即跟随清鳌前辈学艺，擅长的乐器有二胡、唢呐、笛子、钹、锣、鼓等。如今培头自然村和呈山底自然村两大乐器班子也吸收了部分文化程度较高的中青年加入，可谓代有人出。例如，生于 1968 年，高中文化程度的培头村村民钟维好，经常和村里的演出队到西坑畲族镇及平阳、泰顺等地演出，这也是对钟姓先辈钟清鳌先生音乐才华的弘扬和发展。2015 年培头村"三月三"的节日舞台上，钟怀超领衔的乐队还表演了悠扬动听的《十一锦头通》等传统曲目。

――――――――――――

　　①　棋枰即棋盘、棋局。

（六）儒雅雍容的钟忠卿

钟忠卿，谱名大市，熙贤公第五子，钟逢扬嫡孙。后过继给叔父钟师贤当子嗣。忠卿既为其名，亦为其号，生于光绪庚辰（1880）年，卒不详。配七都箬坑蓝光银公之女，生光绪乙酉年（1885）。夫妻育有六子二女。两个女儿均嫁入外婆村蓝姓畲族。忠卿属于辈分高、年纪轻的钟姓族人。其家庭人丁兴旺、儿孙满堂，生活克勤克俭、怡然自乐。当其他兄弟子侄走出大山打拼时，他则在村内耕读持家，兢兢业业打点族内大事，在钟姓族人中亦享有较高的威望。在1947年《钟氏宗谱》重修之时，恰逢其临近七十岁生日，当地汉族文人吴中樑和族裔钟芸馨分别为其赋诗两首（经笔者标点断句）。

吴中樑：《忠卿先生诗》

齿德并尊呈老人，雍容儒雅佛前身。只因仙界受调遣，却为浮生未了因。

桂子蒙恩归觉路，兰孙被泽脱迷津，今年恰值古稀寿，聊献俚诗贺喜辰。

钟芸馨：《忠卿公寿诗》

此老自离七宝池，深从岳降太平时。东堦轴焕添寿句，西序筵开益寿诗。

舞彩欣逢黄道日，计年喜值古稀期。苍天若肯增余箕，待到期颐再颂词。

以上两首寿诗，分别从钟氏族内和地方名流两个不同的角度，对钟忠卿先生品行予以高度赞誉，充分体现了钟氏族人对读书人"修身持家治国平天下"理想的倡导和践行。

（七）书法奇才钟必岑

钟必岑，谱名大纯，生于咸丰癸丑年（1853），卒于民国乙亥年（1935），享年82岁，配七都白坑雷叶春之女，生于同治壬戌年（1862），卒于民国己巳年（1929），夫妻育四子三女。必岑系开基祖世英公六世孙，属世英公长子振福公派下。相传，其年幼聪颖，勤苦好学。在祖辈们的熏陶下，自幼习得一手漂亮的楷书，十里八乡，远近闻名。经常受邀抄写书本，撰写对联。在距离培头村不远处的坞田村，至今还存有他抄写的《九经书》和《道门诸经》。因其儿时患头皮疾病，体貌特征较明显，钟氏族裔并无恶意地称之为"烂头公白[①]"。培头村至今还流传着他的书法轶事[②]：

> 相传民国年间的某一天，烂头公白到大峃镇去买盐，回来时路过龙川，一位书生正在为人书写新屋对联，围观的人很多，烂头公白也挤进人群观看，不小心撞着写联书生，这书生放下笔，气呼呼责备：你这老头捣什么乱，又不会写，若是会写，你写写看。烂头公白只好赔笑脸道：对不起啊，我是来欣赏的，请勿怪啊。可写联先生不依不饶，说是败了他的笔风，硬把毛笔塞到老人手里，逼他写，说是若不写，就要赔他两万块纸钞。正当骄横自大的书生，等着看他笑话时，烂头公白毫不客气地接过毛笔，龙飞凤舞地书写起来。在场的观众啧啧称赞，那位书生自知不是对手，就悄悄地溜走了。事后，烂头公白的书法功夫更是远近闻名。

"烂头公白"的书法轶事，反映了人不可貌相的浅显道理，也体现了培头村在书法绘画方面，确是人才济济。

（八）悬壶济世的钟银袋父子

钟银袋，谱名义壎，字云兴，生于光绪辛卯年（1891），卒于1952年，娶水井头雷朝汉之女，生于光绪壬辰年（1892），卒于民国庚午年（1930）。银袋是开基祖世英公八世孙、钟正芳六世孙、钟建昌四世孙，其父钟滋根（学最）为本邑增生。银袋夫妻育有四子一女，其中长子早夭，次子秉椋，生于民国癸亥年（1923），无婚配，后将其外甥水淋过继为子嗣。三子秉浙，生于民国丙寅年（1926），过继给叔父景庄（义虎）做子嗣。四子秉吴，生于民国己巳年（1929），卒于2010年。

银袋基于深厚的家学渊源，自幼聪颖好学、饱读诗书，既能吟诗赋词，又精通律例，只因清末科举渐废，无法考科举、求功名，但他反复研

---

① 公白，是畲族语言中对高于祖父辈老年男子的称呼，类似于"太公""老太公"之类。

② 参见钟金莲《文成畲族文化》，国际炎黄文化出版社2009年版，第107页。作者对行文逻辑略有调整。

习畲族草药，还学会了中医针灸技术，除耕读传家以外，他常外出行医治病，不仅实现了悬壶济世的理想，也具有较好的生计方式。他善治内外科疑难疾病，尤其擅长治疗无名肿毒、疔疮、脓疡等外科皮肤病。常被文成、泰顺、平阳、瑞安等患者家庭慕名请去诊疗。见多识广的钟银袋先生，不仅医术高明，诗文和口才亦好。前述钟忠卿先生的寿诗即为其所作。据悉，他正式场合讲话喜欢引经据典、深入浅出，而平时为人则幽默生动，喜结交、为人爽快。此外，他还十分热心族内族外文化公益事业。诸如：担任 1947 年《培头村重修钟氏宗谱》主要首事，常帮助族内和周边畲汉村落百姓写状子、契约、对联等。他还曾协助族弟钟德彰创办培头小学，二人曾多次奔波至丽水，寻求办学资源。其医德医技享誉方圆数百里。当地汉族文人吴鸿飞，值《重修钟氏宗谱》之际，欣然作《芸馨先生诗》一首（经笔者标点断句），以赞誉其高超医技：

　　　　素习轩黄心得多，汤头虽读复揣摩。膏丸悉照雷公法，补泻全依岐伯科。
　　　　用药无输秦扁鹊，施针不逊汉华佗。而今虽有龙钟态，勿事鸠杖驱病魔。

　　银袋最小的儿子秉吴（1929—2000），年少时亦聪颖好学，是培头小学第一届高小毕业生之一，写得一手漂亮的毛笔字和钢笔字，深得族叔钟德彰校长的器重和喜爱。他高小毕业后，一方面努力向父辈们学习诉讼知识，积极帮助周边畲汉百姓写状子、打官司，另一方面，将主要精力用于跟父亲学习医术。他平时用心观察、善于钻研，故深得父亲医药精髓，擅于用畲族医草药治疗内外科等多种疾病，对于肿毒、疔疮、脓疡等皮肤疾病，可谓手到病除。其医术医德亦如其父，远近闻名。他常一边反复研读各类医术，一边用石臼仔细捣制各类外敷药方，试图将理论与实践完美地结合。新中国成立初期，他还将自己反复摸索的医药秘方抄录给平阳县睦源区卫生院供研究推广之用。20 世纪 60—70 年代，浙南山区普遍缺医少药，像秉吴这样的祖传草药医生，看病便宜、疗效又好，自然广受欢迎。据悉，他通常在生产队收工后，夜晚出诊，有时要连夜走数十里山路到平阳、泰顺等地患者家中。村里中老年人还记得他常挂在嘴边的一句口头禅：医药费有就给点，没有就算了，取长补短嘛。他还常引用毛泽东语录："救死扶伤是革命的人道主义"。

为人谦和、乐善好施的钟秉吴与妻钟月美（1937—2008）共养育二女五子，其家境虽困，但十分注重子女教育，有两个儿子读到高中毕业。秉吴自己则是"活到老、学到老"的典范。直至晚年，他还在钻研各类医药文化知识。2005年3月，他还为丽水市"畲族医药研究与开发"课题组提供竭诚的帮助和支持，旨在发扬光大畲族医药。他遗留下来的珍藏医书主要有：《御纂医宗金鉴外科》《伤寒舌监》《草药歌诀》《万氏家传小儿推拿》《保赤全编》《心疼腹疼偏方》《看脉折书》《梅花针疗法》等，他儿子家中至今还保留他用过的一大一小两个研药的石臼。

（九）办学先驱钟德彰

钟德彰，名德彰，谱名义桉，字焕文，号国光，生于宣统庚戌年（1910），卒于民国三十七年（1948），娶泰邑底庄雷碎儿之女，生于民国甲寅年（1914），卒不详，夫妻生一子二女。德彰系开基祖世英公八世孙，钟正芳大弟钟春芳（国凯）五世孙，钟碎积（学称）之长子。他是培头村继钟正芳之后又一时代里程碑式的人物。经其努力筹划，民国二十四年（1935），培头崇道小学创立，第二年形式完备的培头小学诞生。自此培头小学成为钟姓畲族的文化摇篮，一代又一代的钟姓族人从该校起飞。具有80年历史，迄今仍蓬勃兴旺的培头小学，成为培头村钟姓畲族耕读传家、崇文重教的历史文化符号。

德彰先生不仅醉心教育，还具有参政议政意识。民国三十四年（1945），他继族弟盛林之后，被选任富奁乡乡长暨培头国民学校校长。富奁乡两任乡长都出自培头村钟姓畲族，这足以证明民国年间培头钟姓宗族村落之人文昌盛。此外，他同样热心本族文化公益事业，也是1947年《培头村重修钟氏族谱》的主要首事（协理）（钟德彰事迹详见本章第四节）。

（十）博古通今的钟志彬

说到钟志彬，还得从其父亲钟韶德说起。钟韶德，谱名学舞，号云斋，为大纯公（钟必岑）次子，系开基祖世英公七世孙，属世英公长子振福公派下。韶德生于清光绪壬辰年（1892），娶九都阵头雷碎看之女，生于光绪丙申年（1896），卒不详。韶德生一子，名志鳌[①]，谱名义愿，号志彬，印国杰，又号金钟山人，生于民国己未年（1919），卒于1980

---

① 钟志鳌工作以后，用其号作为自己的名字，故当地人称之为钟志彬。

年，配瑞邑五十三都徐山雷叶语公之女，生于民国丁卯年（1927），卒于1970 年。志彬夫妇育有两子一女，长子名伯宣，2013 年病逝，次子名伯红，招赘至外村。

韶德与族兄寿德不仅性格品行相近，家庭情况也类似。两家均人丁单薄，各养育独子一名，但均孝顺成才。在钟氏宗族中，韶德亦属于安分守己、勤俭治家、父慈子孝、敦厚遵义的楷模。1947 年，适逢培头村重修《钟氏宗谱》之际，当地汉族文人程安定为其赋《韶德先生诗》一首（经笔者标点断句）：

自甘淡泊离市尘，勤俭持家任自然，尽事耕耘歌舜日，夜谈风月乐尧天。

洁身自爱清如水，教子成名愿已填。今日发须虽颁白，依然矍铄胜青年。

程安定称颂的是钟韶德淡泊名利、品德高尚、健康、快乐的生活，对其田园牧歌式的农耕生活表达出一种发自内心的欣羡心情。

韶德先生秉承钟氏家族耕读传家的精神，将年幼的志彬送到本族私塾饱读诗书。志彬天资聪颖，勤奋好学。少年时，被父亲送到瑞安等地中学求学。走出培头村，外出求学的那段时光，使他眼界大开，也与当地汉族同学结下了深厚的友谊。民国二十四年（1935）恰逢族兄钟德彰在培头村创立崇道小学，16 岁满腹诗书的钟志彬，为培养更多的钟氏宗族子弟，毅然回村内任教，日后成为钟德彰办学事业的得力助手，也是培头小学元老级的优秀教师。1945 年，当钟德彰去黄坦镇开办新的学校后，他接替管理培头小学，既担任代理校长，也教授语文、数学及音乐、美术等多门课程，为培头小学的发展做出了卓越贡献。志彬还十分热心族内文化公益事业，他也是 1947 年《培头村重修钟氏宗谱》的主要首事（总理裔孙）。是年重修钟氏宗谱之时，钟志彬的同学，当地文化名人程德铨回忆起当年在飞云江边送别同学少年钟子彬（志彬）的情景，特地为其赋《送钟子彬君归梓第词——调寄少年游》词一首（经笔者标点断句）：

江明水静送扁舟，两岸没沙鸥。积翠攒空，乱云排伍，竹色壮三秋。

联翩玉勒归须早,遮莫久淹留。城里岚光,峰头石色,收拾报
交游。

卸任泰顺县政府秘书兼军法承审员兼代检察官 古瓯程德铨

从程德铨的文采,可反观钟志彬的才华,否则难以倾倒当地汉族文化
名流。

而从培头村钟氏族人的回忆中,志彬虽才华横溢,却晚景凄凉。在
"文化大革命"初期"打倒一切"的大动乱年代,培头村这个偏僻的小畲
村也不宁静,知识分子首当其冲。其时作为培头小学元老级教师钟志彬,
因抗日战争初期参加过国民党"三青团"① 组织,被"左"的错误路线
认定为具有重大历史问题,而被勒令回村里参加劳动改造。年近半百,文
质彬彬的钟志彬,因长期以教书为生,自然对生产队的重体力活感到十分
吃力,但他擅长女红,会织毛衣、做鞋,这在那些纯粹的本族农民看来,
其劳动形象不佳,大多数村民在深表同情的同时,也有个别人有意无意地
表示出轻侮之意。加之其妻子体弱多病,他的家庭属于那种劳动人口少、
工分挣得少的困难拮据型,家境一直不景气,两个儿子长大后,一个长期
单身未娶,一个外出招赘。

1980 年,志彬未能等到国家落实政策,最后在郁郁寡欢中走完了自
己的一生。至今钟氏族裔还十分怀念这位学识渊博,但命运坎坷的先辈老
师。普遍说他书教得好、字写得好,歌也唱得好,要是放到现在是多么难
得的人才。他的学生钟维久还清晰地记得先生当年唱《松花江上》时,
那热血澎湃,潸然泪下的情景。志彬先生的悲剧,无疑是时代的悲剧,也
说明培头村的社会历史变迁,脱离不了国家制度大环境。

(十一) 雅人深致的钟盛林

钟盛林 (1920—1995),谱名义林,字瑞玉,号森甫,生于民国庚申年
(1920),卒于 1995 年,配青邑梧溪富绍治之女,生于民国乙丑年 (1925),
卒不详。民国壬午年 (1942),22 岁的钟盛林被选任为富峑乡乡长及富峑乡

---

① "三青团"是三民主义青年团的简称,是隶属中国国民党组织下的一个政治团体,成立于
抗日战争初期的 1938 年 7 月,1947 年 9 月合并于中国国民党。抗日战争时期,三青团组织是一个
具有两面性质的组织。在它成立初期,有大量的热血青年加入,在广大的下层成员中,抗日是主要
目的。在抗日战争后期,在上层领导阶层中,争权夺利思想严重,逐渐由抗日转向反共。因此,应
区别对待。本书的教书先生钟志彬抗日战争初期参加三青团,无疑是出于抗日救国的热情。

代表会主席等职，可谓风华正茂、美才盛德。他与富姓汉族女子婚后，生一子，名伯鲤，谱名秉荣，字公赐，生于民国乙酉年（1945）。

盛林先生可谓培头村钟姓族裔义字辈中，颇具有逸群之才的一位。他也是培头村首位担任富岙乡乡长的钟姓畲族族裔，这无疑是一件光宗耀祖的大事。其卓尔不群的才能与父亲的教育不无关系。其父钟印沽，谱名学价，号待斋，为开基祖世英公七世孙，属世英公次子振禄公派下，为显祖钟逢扬曾孙，本为大慧公三子，后过继给大格公做子嗣。印沽生于光绪庚子年（1900），卒于民国丙戌年（1946），享年46周岁，娶陈庄雷必傅公女，生于光绪戊戌（1898）年，卒失考。印沽夫妇生二子一女，次子义鸿早夭，女儿嫁青邑八都卓山雷金宝。印沽在次子夭折后，秉承钟氏家族耕读传家精神，节衣缩食培养长子盛林，盛林也未辜负父辈厚望，日后果成大器。可惜在盛林成才不久，其父印沽却中年早逝。鉴于其勤劳质朴、教子有功，在其逝世的次年，适逢培头村重修《钟氏宗谱》之际，当地汉族文人吴文澜作《学价先生诗》一首（经笔者标点断句），力赞其简朴力耕，教导有方：

> 懒读诗书喜力耕，不稀利禄不稀名。乐勤补拙著清节，尚俭成廉咏太平。
>
> 饰去重茵蓀作帐，馔惟二篮醋调羹。如今兰桂阶前秀，尽是老翁教化成。

据悉，盛林先生自幼聪颖勤奋，文字功底深厚，且多才多艺，琴棋书画样样精通，尤其擅长书法，宗族内的许多门联以及坟墓碑刻等均为其所作。至今其子还珍藏着他书写的龙飞凤舞般的"寿"字。此外，他还深受堂祖父佐臣先生的言传身教，对律例也十分精通。新中国成立前，他在工作之余，也常帮人打官司、写讼词，相传他写的诉讼词言简意赅，每份不超过500字，且屡屡胜诉。

然而，卓尔不群的盛林先生晚年命运十分坎坷。据培头村多位钟姓老人反映，新中国成立前盛林是一个典型的白皮红心的人（地下共产党员的俗称）。他17岁到邻近的栅溪乡坛歧小学教书两年，那里是革命老区，实际上是以教书身份为掩护而从事地下革命工作。他19岁又回到培头小学教书，继续一边教学，一边从事地下党工作。22岁他担任富岙乡乡长以后，以乡长的身份营救过许多共产党员，也有的认为这是共产党组织的安排，以乡长的合法身份作地下革命工作的掩护。三年乡长任职期满以后，他又进入国民党温州某部队，担任文书工作，实际上是利用文书的身份，搞策反宣传，后其所在的国民党部队，在 1949 年解放战争时起义投诚，温州和平解放，这在某种程度上，钟盛林是有一定功劳的。部队投诚以后，他选择回家务农。但由于地下党往往单线联络，真正的知情者或牺牲或辗转他乡，因而在新中国成立后，不仅其真实身份被蒙上厚厚的历史尘埃，而且作为反面人物遭到历次政治运动的冲击。"文化大革命"期间还被抄家，并挂牌游街。

钟姓族人每每忆起身材伟岸、文质彬彬的钟盛林被批斗的情景，仍唏嘘感慨。20 世纪 80 年代初，随着我国各项政策的拨乱反正，政治环境日益宽松，盛林先生也开始为恢复自己共产党员身份而多次申诉和反复奔走。但由于各种原因，他最后未能实现这一梦寐以求的理想，只能抱憾终生。从其申诉书原稿来看，他只叙述当年的地下党经历，始终没有提及恢复工作和经济补偿等要求，唯一希望的是恢复党籍。据村里的老人回忆，每一次面对失望时，他都忍不住潸然泪下，其对共产党的赤诚之心由此可见。现今，他唯一的儿子钟伯鲤在家务农，他的两个孙子，一个秉承家学渊源在培头民族小学教书并多年来一直担任学校的党支部书记，另一个则走出国门，远赴南美洲的苏里南国先打工后经商。

二　钟氏宗祠百世流芳

宗祠即祠堂，亦称宗庙，是中国民间祭祀祖先的神圣空间，亦是宗族的象征。宗庙制度起源于我国西周时代。自西周礼乐制度创世以后的漫长历史时期，立庙祭祖向来都是上层统治阶级的特权。直至南宋理学家朱熹首倡在百姓住宅内可设单间灵堂，以专供奉祀高、曾、祖、祢四代父系先祖，民间方才逐渐开修建家族祠堂之风气。一开始民间家族祠堂仅限于居室之内，尔后才逐渐建于居室之外。宋代，民间家族祠堂发展缓慢。迟至明代前期，地方士绅阶层对民间修筑祠堂还颇有顾虑，担心不合乎礼制。[①] 时至明代中期嘉靖帝明确表示"许民间皆联宗立庙"[②] 之后，民间

---

① 参见郑振满《明清福建家族组织与社会变迁》，湖南教育出版社 1992 年版；高丙中《中国民俗概论》，北京大学出版社 2009 年版。

② （清）徐元文等:《明史》52 卷，《群臣家庙》，乾隆四年刊本，中华书局 1974 年版。

修祠祭祖之风才逐渐蔓延，祠堂规格布局也日渐考究。

培头村钟氏宗祠位于金钟山西翼山腰平坡，村口交通要道处，整个建筑物坐西北朝东南，呈背山面水状，占地面积近千平方米，格局完整、风格古朴。无论是选址还是布局，均体现了钟姓畲族天人合一和宗族昌盛的风水观念。该宗祠初建于清乾隆戊子年（1768），因矮小失体例，于清嘉庆十八年（1813）扩大规模重建。扩建后的钟氏宗祠由前院坛、头门、仪门、戏台、廊厢、正厅（含左右耳房）等组成，为二进回廊合院式建筑木构，单檐歇山屋顶。培头村钟氏宗祠的初建与扩建，正处于民间修祠祭祖蔚然成风的清代中后期这一大的历史背景下。然而，具体到各姓宗祠是否能如期兴建，还要视其家族力量而定。诸如：人口规模、经济条件、人才数量等要素应达到一定水准。时至嘉庆十八年（1813），培头村距离钟姓始祖康熙五十六年（1717）于此开基已近百年历史，钟姓宗族已发展到第五代，人口数量已具有一定规模，农业手工业经济得到一定程度的发展，尤其是发生在钟正芳为畲民争得合法科考权之后的第五个年头，钟姓畲族人才亦逐渐脱颖而出。正是在钟姓先贤钟正芳的倡导下，集合各族力量，扩建成了卓尔不群的钟氏宗祠。尔后又历经数代钟姓族人的修缮维护，遂成今天的宗祠风貌。

如今呈现在世人眼前的这栋钟氏宗祠古朴大方、宽敞雅致，由外而内散发着浓郁的耕读传家气息。宗祠门前有一方院坛，院坛两旁各有两副长方形石制的旗杆基座，上边耸立着两对功名旗杆，其迎风傲立的姿态昭示着昔日钟姓宗族耕读文化的辉煌，也激励着一代又一代的钟姓族人勤耕苦读，成为二百余年来培头村崇文重教和人才辈出的象征。据悉，这两副功名旗杆石，原本是际时公钟逢扬和熙贤公钟建瑶考取功名任职后，分别立于自家庭院前的（两家庭院分别为"慎德堂"和"厚德堂"），直至新中国成立后才被移至钟氏宗祠前方，旨在激励钟姓族人缅怀先祖、开拓进取。

宗祠大门门楣匾额上书"钟氏宗祠"几个大字，金黄色的大字在黑色背景的映衬下熠熠生辉。相传，最早"钟氏宗祠"的牌匾是清嘉庆帝御笔（疑为演绎）。宗祠大门两边各有一扇小的仪门，象征着"入孝"和"出悌"等忠孝礼仪。从院地迈过台阶，跨入大门前方的宗祠檐廊下，抬头就能够看到椽梁下雕刻着一只栩栩如生的凤凰，左右两边由美丽的牡丹花映衬。进入大门后，首先映入眼帘的是一座高7.8米、宽4.8米的方形戏台,戏台面对正厅。戏台后侧近大门边有走廊与左右厢房相连,两侧有通往戏台的木梯。戏台檐柱牛腿雕刻精美,梁额为三台镂雕花板,单檐平脊,后檐滴水与大门前檐相叠。两侧廊厢上楼,戏台正前方是一口面阔8.3米,进深6.6米的内天井,内用小石头墁地,天井两角各有一口水井。戏台左右两边为两层楼的东西厢房,对称横开五间[①]。西厢房,过去作为看守祠堂者起居之用,东厢房作为族内议事场所,现分别陈列着从本村收集而来的畲族传统服饰及生活用品等畲族文物。

天井前方是宗祠正厅,"面阔五间17.8米,深10米,明间抬梁,立柱粗壮,穿斗榫卯梁架,构件雕饰从简,柱顶石有大、小圆形鼓腹二式,脊首以垂瓦挑尖代吻。"[②] 正厅是宗祠的核心,由33根石基木柱和穿斗榫卯梁架构成,整体庄严肃穆,大气磅礴。厅内正中间为享堂,享堂正中的太师壁上为神主龛,供奉清代木制雕花式样的钟姓显祖灵位牌,神龛前置祭台,上有香炉、烛台等祭器。神龛两边悬挂着清代服饰的钟氏祖先彩色画像。正厅内主柱上悬挂着钟氏族裔书写的柱联,享堂右上方还能看到当年钟姓先祖科考录取的报条遗迹。正厅后墙神龛内供奉着五座做工考究的木制雕花祖先牌位,均是钟姓族人在清末至民国年间,为纪念钟姓始祖、开基祖,以及各房显祖而精心制作的。现根据辈分先后择其要者分述如下[③]:

第一座:"启奇世振四代祖先位牌"。佚名撰刻,年代不详。上面依次竖排书刻:"颍川郡皇清始祖启党公妣蓝氏安人,二世祖奇元公妣雷氏安人;肇基祖世英公妣蓝氏安人;世雄公妣蓝氏安人,世英分长房祖振福公妣雷氏安人;次房祖振禄公妣蓝氏安人;世雄公大房祖振明公妣雷氏安人;二房祖振旺公妣雷氏安人;三房祖振德公妣蓝氏安人;四房祖振宝公妣雷氏安人众神主香位"。该位牌红底红字,顶额及边框阳刻祥龙并镶嵌5颗绿色宝石。底座上层为围栏,中间为六边柱形,均刻有花草纹饰,下层为八角形底盘,木质、宋体、阳刻,除边框和文字为红色,其余皆为镀金。牌高105厘米,宽40厘米,4行35字。该灵位牌是宗祠内最大的一座,祭祀的是福建始祖钟启党、平阳先祖奇元公,以及开基祖世英公、世

---

① 参见邢松棋《庆余轩文稿》第1卷,国际炎黄文化出版社2005年版,第72页。
② 同上。
③ 其中第一座至第五座,参考钟维发、朱上瑞撰写的"灵牌"资料,载吕立汉、施强《浙江畲族民间文献资料总目提要》,民族出版社2012年版,第125—126页。

雄公及其派下的六房房祖等四代共十对先祖先祖母神灵，象征着钟姓畲族不忘根本，既有对故乡始祖的缅怀，也有对培头村开基祖的怀念，更有对各房祖先的铭记，既源流清晰，又万宗归一。

第二座："五世祖钟正芳及派下六世祖、七世祖位牌"。佚名撰刻，年代不详。位牌由三部分构成，为垂立式阳雕木刻。正中为主体部分，上刻"庆帝恩泽"，上部左侧刻"名著学政全书"，上部右侧刻"志遂皇恩御笔"；中刻"皇清特赠五世祖老寿翁讳正芳妣雷雷氏"；下刻"六世、七世（略）祖神主灵位名"字镀金，底为朱色。顶额及两侧刻有祥龙，嵌有五颗绿色宝石，镀金；底座方形分两层，上层为围栏，与下层底座均刻有花鸟鱼虫等。木质、宋体、阳刻。牌高100厘米，宽36厘米，3行35字。显然该位牌规格仅次于第一座始祖和开基祖位牌，做工同样究究。是钟姓族裔为纪念显祖钟正芳上书呈文争科考，获得清嘉庆帝允许"畲民与汉人一体考试"，并将该考试资格载入国家考试文件《钦定学政全书》而立。立位牌者应是钟正芳的四代子孙大字辈钟姓族裔，时间大约为清末。

第三座："先祖钟春芳神主灵位牌"，钟建仁、钟宰佑等立，佚名撰刻。牌体分为三部分：主体、边饰及主座。主体中间刻："皇清显考老寿翁颍川郡钟公讳春芳府君全妣雷氏孺人神主灵位。"右边刻："祀男锡龄孙建佑元孙必然大全曾孙蒄侬蒄澳。"右边刻："孙建仁建佑元孙笔翰端然大燦大毕葛然立。"朱砂底色，凸出部分镀金。边饰刻有14位人物，雕刻精细，形象生动，镀金。底座方形，双层，上刻花草及饰品，无刻制年代。木质，宋体，阳刻，牌面高82厘米，宽38厘米，3行27字，稍有残损。该位牌是钟正芳的大弟钟春芳的直系儿孙等为纪念钟春芳及其夫人所立。

第四座："钟盛恩（芬芳）及其子孙神主灵位牌"，培头村玄孙钟谷体、钟丹品等立，佚名撰刻。牌体分三部分：主体、边饰及底座。主体部分位于木牌中间，上端刻有"颍川郡皇清特赠先考国学生中讳盛恩字芬芳府君陛妣雷氏安人"，下又分三竖行，从右至左为："老寿翁钟讳锡鉴字凤书府君妣雷氏安人钟讳树滨建乾建朝府君妣雷蓝雷氏安人神主灵位；邑庠生钟讳锡栝字凤歧府君妣雷氏安人钟讳建安建齐培木府君妣雷蓝雷氏安人神主灵位；老寿翁钟讳向北字永坐府君妣雷氏安人钟讳新木贤木府君妣雷蓝雷氏安人神主灵位"。下端右侧刻"奉祀玄孙大家，豁然大悦屿然珍然龙品曾孙学忍"字样，左侧刻"奉祀玄孙谷体丹品昌品才品全立"。无具体年代，木质，宋体阳刻，字呈朱色。边饰部分雕刻精美，人物生动形象,镀金。底座方形双层,上刻花草纹饰。牌面高85厘米,宽38厘米,面刻50×20厘米,稍有残破。查询培头村钟氏宗谱人物关系图,显然这是一座钟正芳四弟钟芬芳房支中的第六代大字辈、第七代学字辈直系子孙为第三代国字辈、第四代永字辈、第五代建字辈等已故先祖父母所立的神主灵位牌。

第五座:"先祖钟际时、钟熙贤等神主灵位牌",钟大博等立,佚名撰刻。灵位牌主体部分从右至左竖刻:"颍川郡显祖岁进士加理讳际时府君妣雷氏安人;考钦授布政司经历讳熙贤字笃之府君妣蓝雷氏安人神主位。奉祀男钟大博大蔚大格大儒大士大利孙学贯学贾学费学挚学赍玄孙义林立。"朱色底,字镀金。顶额及边框均刻有工艺精湛、栩栩如生的众多镀金人物图案。底座上层为围栏,中间为八角柱形,均刻有花草纹饰,下层为八角形底盘。木质、宋体、阳刻,牌高80厘米,宽34厘米,3行45字。从刻文来看,这块做工十分考究的灵位牌是培头村第六代钟大博六兄弟及其儿孙等直系亲属为第四代先祖际时公钟逢扬、显祖母雷氏,第五代先父布政使司熙贤公钟建瑶、先母蓝雷两氏①等所立的显祖灵位牌。

此外,培头村村民钟国其家里还保存着一座较为完好的"先祖钟万芳灵位牌"。灵位牌与上述式样相似,雕花彩绘、做工考究。分底座、主体和顶额三个部分。底座上层为围栏,中间为八角柱形,均刻有花草纹饰,下层为八角形底盘。顶额及主体边框阳刻祥龙,蓝底镀金。顶额雕刻四个人物和"受天百禄"四个大字。中间为主体部分,上部刻:"皇清特赠老寿翁显考颍川郡钟公讳国懋名万芳府君妣蓝氏安人神主之灵位"。下部右刻:"奉祀男锡彭锡苞锡音锡律贡生加里问六品衔际时同",下部左刻:"孙建瑞建第建仙建洪建芝建温建良建德建义建隆培贤熙贤汝贤师贤立"等字样,朱底红字。该灵位牌是钟正芳二弟钟万芳及其夫人蓝氏的灵位牌,是第四代钟锡彭等与第五代钟建瑞等直系儿孙为祭祀先父及先母和先祖父万芳公及先祖母蓝氏安人而立,因其子钟逢扬和孙子钟熙贤考取功名,具有显赫的官职,父以子贤,因而万芳公亦为显贵之祖。

---

① 据培头村《钟氏宗谱》记载,钟熙贤先后娶过蓝雷两位夫人,原配岭根坑蓝氏,生子二,蓝氏故去以后,又配景宁雷氏,生子四。

以上这些做工十分考究的祖先灵位牌体现了钟氏族裔们对先祖的缅怀，尤其是对德高望重、功名显赫的先祖更是充满了绵绵不尽的崇敬之情。

自清代中后期始，培头村钟姓畲族不仅集合宗族力量修建了祠堂，还陆续编制族谱、制订族规。尤其是每年正月初一和八月十五一年两次的祠祭十分引人注目。届时钟姓族裔们浩浩荡荡从村内村外进入钟氏宗祠祭拜祖先，缅怀先祖的丰功伟业，激励后裔将先祖超越大山的精神发扬光大。每逢有读书升学、寿诞等喜事，钟氏宗祠就会请来本地汉族戏班演戏，既有愉悦祖先神灵的象征意义，也有激励钟姓族裔的现实意义。钟姓族裔自己的戏班，也常登台演出，同声欢庆。培头村钟姓畲族正是通过对宗祠戏台上丰富多彩的中国传统戏曲文化的观赏，分享着主流汉文化资源。钟氏宗祠的建立及一系列规章制度的实施，不仅标志着培头村钟姓畲族家族化时代由想象到具象的转型，更是秉承钟正芳等显祖耕读传家风尚的体现。

祠堂这一凝聚着先祖精神和英灵的栖息地，从制度层面而言是中国封建社会"家国同构"政治基础的产物，从观念心意层面而言则是祖先崇拜与神灵崇拜的融合，从集体记忆而言则是家族浓缩的历史画卷。就社会文化功能而言，则是凝聚族人的精神纽带。对于历史上长期处于边缘化的钟姓畲族而言，钟氏宗祠的意义还不仅如此，它是畲族从社会边缘迈向社会主流的象征。钟氏宗祠作为培头村耕读传家的历史符号，激励着一代代的钟姓族裔走出大山，走南闯北。

然而，随着时间的推移，至清光绪年间，培头村钟姓宗族中也出现个别砍伐斫卖宗祠旁护荫树木的不肖子孙。因而由钟姓显祖钟建瑶牵头，集合老大房和老次房（即开基祖世英公、世雄公派下）中的宗族贤达，针对钟姓宗祠前后山林遭到破坏而制订《立议宗祠养篆护荫》①合约一份，旨在保护宗祠（标点符号为笔者所加）：

> 合祠众等：
> 兹因上祖一家，有志创造宗祠，后两房后人，重行新構弃非，望子孙昌炽，烟祀千秋，即支派虽分而根本实一也。讵料日久变生，近年出

---

① 该合约由培头村村民钟春宽提供，鸣谢！

有不肖子孙,将宗祠上下前后荫木尽行斫卖糟蹋,以致空山濯濯,并行开种萌蘖削除,甚至洪水洗冲祠内,淤泥填满祠沟,祠流成河,柱磉沉默,为子孙者于心何忍?绳之不肖者,日见其减,而贤才者亦辈迭出,今邀合祠各家,议整约规,重发善念,以祠后横路上截之山前与老大房样篆照管,路下截山与老次房样篆照管,现议老次房派下五房拨出钱三千文贴老大房山骨嗣体,该山归入祠中为祖山,合祠公共栽植,培养山水,永作护荫,即马佛官前后一峰。次五房人亦归宗祠统中样篆,一为先人争风光,一为后人立根本,先祖英灵岂不含笑而护佑,俨望重兴昌炽哉?自此栽植成材之后,不拘树皮山货有息,概归祠用,永远不许分析,毋容再出强霸,恐有不肖子孙违忤,合祠共责革逐,鸣官究惩。恐空口无凭,特立合同议约,两房各执一纸存照。

光绪年念肆年贰月吉日立养篆护荫宗祠

老大房　钟必勤　蒲德　汉业　俊业

老次房　必允　谷丙　必粲　稷涣　大慰　瑞标　道然　谷体　单品

职员钟熙贤书

以上合约内容乃合众全力维护培植宗祠周边树木,严禁砍伐盗卖,划定山林收获概归宗祠所有,同时责任到各房支,违者必究。该合约宗旨是为了整肃宗族风纪,以达到宗族的昌盛,体现了钟姓畲族的家族文化,折射出钟姓族人的宗族归属感与凝聚力。

钟姓畲族在修建维护钟氏宗祠的同时,也传颂着一些通俗易懂的家训格言,作为耕读传家的座右铭。其内容涵盖劝学、劝孝、修德、感恩等多方面,体现了传统儒家文化中的"修身、持家、治国、平天下"的道德理想。以下不妨摘取数段,以体味钟姓宗族传承的儒学家风[①]。

(一)劝学

养子须要从小训,莫等懒惰过青春。

圣人天下古今传,有子有孙教读书。

莫等长大被人欺,便恨爹娘不送书。

---

① 该文献由培头村村民钟春宽提供,系其先祖钟瑛光的手抄本,鸣谢。题目和标点符号为笔者所加,段落秩序根据内容分类,略有调整。

…………

少年习学勤苦读，殷勤习读在腹中。
莫等急用肚中虚，读得诗书有名声。
忽然一举登科第，方见文章可立身。

…………

两耳不闻窗外事，一心只读案前书。
心到口到眼观到，功夫便练成功金。
十年窗下无人问，一举成名天下知。

…………

（二）劝孝

万事中间莫逆情，在堂父母要敬重。
父母不亲谁是亲，不敬父母敬何人？
你若敬重十六两①，后代儿孙还两斤②。

…………

（三）修德

志气龙门万丈高，吟诗作对无不知。
怒面颜容财也过，人生躁性祸相随。
男人勤耕须早起，五行不顺被人欺。
常有人来说是非，我也未曾行恶事。

…………

天地神明日月知，才高有势莫相欺。
莫笑贫人穿破衣，山林树木有长短。
莲花出水有高低，一派青山景色幽。
也有富贵也有贫，前去后来休言语。

…………

夜间勤读日间耕，别人田地不用争。
谋人妻子占人田，富贵荣华有几年？
莫道眼前无报应，近在自己远在孙。
劝你为人要公道，尧人须小胜看经。

---

① 旧时 16 两为一斤，此处表示全心全意之意。
② 还两斤，意思是加倍偿还。

（四）感恩

人生长大谢爹娘，读得诗书谢先生。

当家才知柴米贵，养儿方知父母恩。

风调雨顺天地恩，国泰民安君王德。

…………

如今培头村这座具有近250年历史的钟氏宗祠，既是钟姓畲族先辈们留给后人最引以为自豪的历史文化遗产，也是培头村社会经济文化变迁的历史符号和村落标志性建筑。

钟姓族人就是在日耕夜读、文章立身等宗族文化的熏染下，一代又一代走出大山，去寻找山外精彩多样的世界。

三 畲汉文化互动不断深化

培头村智慧的钟姓先祖们深知钟姓家族要发展，不外乎是以开阔的胸襟，努力学习主流汉文化，广交汉族朋友，也包括那些文化程度高，与汉族互动深的畲族朋友，从而提升社会资本。自开基祖世英公、世雄公始，他们就节衣缩食地将学龄子弟们送到附近的汉族私塾读书，以此迈出了走出大山的第一步，也开始了畲汉族群之间的良性互动。此后，钟姓畲族世代秉承克勤克俭的精神，不断超越族群中心意识，打破畲汉族群边界，将畲汉文化互动向纵深扩展。钟姓畲族这种不断深化的畲汉文化互动主要表现在以下两个方面：一是广泛结交畲汉文人雅士，二是主动打破畲汉通婚的壁垒。

（一）广泛结交畲汉文人雅士

培头村钟姓畲族与汉族的友好互动，不仅表现在前述开基祖与苏三公的互惠传说中，更反映在《钟氏宗谱》的内容表述与修撰方式中。翻开培头村1923年的《创修钟氏宗谱》和1947年的《重修钟氏宗谱》，发现它与其他各地的畲族宗谱大为不同。在叙述钟氏畲族族源时，剔除了以往打有封建大汉族主义烙印的盘瓠神话传说，也删除了因具有帝王血统而被赋予"免差徭"特权的开山公据，而是将钟姓族源追溯至上古商代中原华夏血统："钟姓源出微子启，至宋桓公之曾孙伯宗仕晋为大夫，其子伯州黎后复仕于楚，食采于钟离。后世子孙遂以钟为姓。至汉之钟浩隐居颍川，与陈寔、荀淑、韩韶为友，世称为颖川四长，所以钟陈荀韩均以颖川为郡。其后钟繇以善书名，钟雅以卫主显，他若明易之，钟嵘孝亲之绍京，以及钟隐之善画，无龙之济困，均炳耀于史册中，固勿庸赘述。惟明季成登公之子启党、启兴、启樑、启宾等均自闽省迁居青景瑞泰各地，披荆斩棘以启山林，创业垂统各为子孙拓万世之基，迄今数百余年，椒聊繁衍①，都蔚然成族……"② 该文字以浪漫主义与现实主义相结合的手法，将钟姓先祖远推至微子启，近推至由闽入浙的钟启党兄弟，体现了强烈的华夏族群文化认同和中华民族同出一脉的精神指向，更体现了钟姓畲族的文化自觉。

　　而培头村《钟氏宗谱》的创修与重修，更是畲汉互动的产物。例如，1923 年的《创修钟氏宗谱》就是聘请当地汉族文化名流，温州侦探队副官周绍让（号雪斋）主持撰修的。正如吴鸿飞在《重修钟氏宗谱序》中所云："民国癸亥培头佐臣先生以修谱不可延，乃搜集先人遗笔，排定各房次序，敦请周雪斋襟兄纂书，襟兄一本欧苏成法，秉笔直书，草创润色，不辞劳瘁，历时一载始克，汇集成帧，而脉络贯通、世次昭然，诚足以副付托之属望也……"③ 而时隔二十五年以后，即 1947 年，培头村钟姓贤达钟志清、钟志彬等又敦请周绍让的襟弟，当地汉族文人吴鸿飞重修，吴因友谊不再推辞，乃勇挑重担，以"概尊成法，率由旧章"的方式，予以重修。可见周、吴二人分别在创修与重修上功不可没。也有钟姓族裔解释说，当年之所以聘请当地汉族名人编撰培头村《钟氏宗谱》，旨在借其威望，消除当地部分汉族对畲族起源问题的历史偏见和以讹传讹。该说法不失为一种较好的畲族主位解释。无论如何，由当地汉族名人主持纂修的两部《钟氏宗谱》，较好地体现了培头村钟姓畲族贤达与当地汉族名流的深度文化互动。

　　令人耳目一新的是，培头村民国年间纂修的两部《钟氏宗谱》，在开篇还增添了许多新的内容（这往往是其他畲族族谱所没有的）。诸如：青田县令罗子森的《恭祝诰授奉直大夫逢扬钟老先生大人七旬双寿》、温处司令部周绍让的《建昌公行述》和《笃之先生行述》、温州师范教师吴鸿

---

① 《毛传》："椒聊，椒也。"古人用椒比喻妇人多子女，"椒聊繁衍"用以喻子孙众多。
② 引自《培头村重修钟氏宗谱序》，1947 年，引文经笔者标点断句。
③ 同上。

飞的《寿德先生赞》和《芸馨先生诗》、中保敬业学校校长程德铨的《逢扬先生行述》和《德彰先生诗》及《送钟子彬君归梓第词》,其他汉族文人如蒋谦的《钟君清鳌行略》、周正的《佐臣先生诗》、吴中樑的《忠卿先生诗》、程安定的《韶德先生诗》、吴文澜的《学价先生诗》,等等。以上诗文充满对培头村钟姓畲族贤达的褒扬和赞美之情,也体现了钟姓显祖广交汉族文人雅士的开阔胸襟。

此外,周绍让、吴鸿飞、吴志平等还在钟氏宗谱创修或重修之际,分别作《培头地境诗》一首(经笔者标点断句),以赞誉培头村之钟灵毓秀和人才荟萃,兹录如下:

(一)
周绍让

邑号培头秀气研,金钟驮寨依俊连。纱帽不离今古在,伏船浮待接宾贤。

(二)
吴鸿飞

培头高居万山巅,柳暗花明别有天。纱帽钟灵光祖德,金钟毓秀叶瓜绵。

旗峰却似青龙舞,伏垛俨然白虎眠。自古地灵人自杰,磻溪莘野出明贤。

(三)
吴志平

虎踞龙蟠山水幽,金钟秀气毓培头。文峰高耸吴山顶,纱帽长悬梅树邱。

俗尚清廉绳祖武,家多耕读贻孙谋。莫夸昔日桃源好,圣地须知人自筹。

正是由于地方汉族文人政要担纲《钟氏宗谱》的创修和重修,并对钟姓显祖品行才能等予以文采斐然的诗文唱和,大大提升了《钟氏宗谱》的文化内涵,也折射出培头村钟姓畲族与当地汉族的深度文化互动。

此外,笔者在细细浏览培头村《钟氏重修宗谱》时,还发现钟姓宗族与其他浙南畲族宗族有一个较为明显的区别:整个宗族传师学师者寥寥无几，仅有开基祖和第二代数位。传师学师是畲族传统文化中极为重视的带有浓郁道教色彩和祖先崇拜的宗教仪式，有的也称之为畲族成年礼①。通过了该仪式可以获得法名，享受令人尊敬的社会地位。因而，畲族传统极为重视传师学师。当然举行该仪式需具备较多的条件，尤其需要一定的经济势力。而清代民国年间培头村的经济势力优于浙南其他许多畲村，为何传师学师者反不如其他畲村？这只能折射出培头村钟姓畲族具有较强的文化适应性，一方面对于传统的传师学师仪式，有限地保留，另一方面对于汉族主流文化予以大幅度地接受，从而为自己增添新的文化特质，获得超越大山，走向山外世界的动力机制。

培头村钟姓畲族与当地汉族文化人士这种深度良性互动，还体现在钟熙贤、钟碎格父子与温州瑞安鸿儒孙诒让的交往。孙诒让（1848—1908），又名德涵，字仲容（一作仲颂），晚号籀庼，今瑞安市陶山区潘岱乡砚下村人。他幼年随父入京，潜心诗书十余载。青年时侍父从宦于江、皖、鄂三省十年整，广泛结交来自大江南北的文人学士和学者名流。壮年时随父回瑞安家乡，潜心著书三十余种，内容涵盖经学、史学、诸子学、古文字学、校勘学、目录学、金石学、文献学等多方面，章太炎赞誉其为"三百年绝等双"，郭沫若称其为"启后承前一巨儒"。他晚年时，关注甲午战争，组织团防以御外侮；支持变法维新，参与汤寿潜等组织的收回利权的保路运动；在家乡积极创办实业和广兴教育。尤其在教育方面倾力最多，成就斐然。对科技教育、师范教育、女子教育，乃至幼儿教育均有卓越贡献。1905年，被公推为温处学务分处总理，在任职四年间，他于温处两府十六县创办了各类各级学校三百余所②。

一代经师孙诒让在浙南温州、丽水一带，可谓尽人皆知。但培头村钟姓显祖钟熙贤（1840—1908）、钟碎格（1877—1946）父子俩与孙诒让往

①　传师学师又称"做醮"或"度身"，是带有浓郁的道教科仪并混合着祖先崇拜的畲族宗教身份通过仪式。必须满16周岁以上的男子，并家中有父辈学过师的才有资格举行该仪式。仪式中有许多模仿远祖忠勇王如何历经千辛万苦至闾山学法的情节，通过传师学师仪式即可取得"法名"，方有资格主持做功德仪式，而且学过师的男子死后可做三天三夜的红身功德，没有学过师的只能做一天一夜的白身功德。因传师学师必须是年满16岁以上的男子才能举行，不少畲族研究者误认为是畲族男子的成年礼，但事实上该仪式并非每一个畲族男子都有资格举行，只是一种宗教身份的获得，而且在年满16周岁以上的任何年龄段都可以举行仪式，笔者认为是畲族成年礼的说法不妥。

②　参见"孙诒让"，百度百科，http：//baike.baidu.com/link。

来甚密，却鲜为人知。钟熙贤年长孙诒让八岁，但两人同一年过世，二人的结交可谓机缘巧合。据悉，孙诒让回家乡潜心著书时，钟熙贤十分仰慕其学识和为人，多次去瑞安拜访，切磋学问，相谈甚欢。尤其是孙诒让在晚年兴办教育期间，两人更是交往甚密。据培头村钟熙贤之孙钟有岳（1923—）老人回忆："我阿公经常去瑞安陶山找孙先生商讨办学事宜，孙先生也常来培头村，每次都是我的叔父大格公（知臣）在家里接待他。"据悉，钟熙贤还将自己的儿子钟碎格（佐臣），引荐给孙先生，二人交往亦甚密。钟熙贤父子与地方文化宗师孙诒让的深度交往，折射出钟姓畲族已从大山深处的文化政治边缘迈入地方汉族精英文化圈。

培头村钟姓畲族不仅广泛结交汉族文人雅士，也十分喜好与畲族文人结交。例如，培头村两代钟姓女子嫁与云和杉坑岭村畲族贡生蓝宝成家族，至今传为美谈。据文献记载："蓝宝成（1844—1925），字韶九，清末民初浙江畲族知名人士。清光绪八年（1882）中恩贡，曾任石门（今桐乡县）教谕。后辞官回家办学，亲自执教，为畲族培养了许多人才，不少弟子留学日本。他拥护辛亥革命，民国初年还出任过云和县参议会会长。同时他还热心地方公益事业，赠资建云和县宾阳桥，募资兴建蓝氏宗祠等。他对畲民团结尤为关心，常常亲自调节畲民间的纠纷，在温、州、婺各县畲民中负有盛誉，极有威望。畲民以其年高德昭，足式乡间，曾胪陈事实，请县知事庞维刚呈请大总统褒扬。"[1] 德高望重的蓝宝成在民国十二年（1923）三月，值80高龄之际，中华民国总统黎元洪授予嘉奖木制匾牌一块，上书："乡里矜式"四字，右边竖书："大总统题褒"，左边竖书："蓝宝成，中华民国十二年三月吉旦"，行书阳刻，黑底金字。匾额正中上方镌有"荣典之玺"朱印一枚，该匾现存云和县云和镇新岭村蓝荣清家。此外，早在清光绪年间，浙江省布政使曾题赠蓝宝成"贡元"匾额，知县洪承栋赠其"学衍箕裘"匾额[2]。以上这些题赠无疑体现了当时各级政要对蓝宝成学识和品德的高度赞赏与褒扬。

青年时代的蓝宝成，天资聪颖，才华横溢，对培头村钟姓畲族贤达十分仰慕，于是蓝钟二姓往来甚密。蓝宝成常与年长四岁的钟熙贤切磋学

---

[1]　云和蓝观海、吴锡鑫辑：《乡里矜式》，载吕立汉、施强《浙江畲族民间文献资料总目提要》，民族出版社2012年版，第128页。

[2]　钟伯清：《中国畲族》，宁夏人民出版社2012年版，第147页。

问，二人如兄如友，交情甚笃。钟熙贤的父亲，际时公钟逢扬对这位前途不可估量的畲族年轻人亦是十分欣赏，基于对畲族文化人的厚爱，遂将自己的长孙女，即熙贤长兄培贤的独女，许配给蓝宝成。自此，钟蓝之间的交往进入更深层次。蓝宝成果不负众望，在 38 岁那年中恩贡，兴办地方教育成就斐然，声名远播。云和畲族名人蓝宝成始终对培头村钟姓贤达心怀敬意。相传，蓝宝成还在私下里给自己起了个"培连"之名，象征着自己的命运永远与培头村相连。他从桐乡辞官回家乡兴办教育期间，还特地在家乡杉坑岭村修凉亭一座，并在凉亭正面横匾上书"望培亭"① 三字，象征着云和蓝姓畲族永远以培头村钟姓畲族耕读传家为楷模。

　　培头村钟姓畲族文人与贡生蓝宝成的交往和联姻，实际上是从另一个层面深化了畲汉文化互动。现今培头村村民钟春宽家里还完整保留着蓝宝成 80 寿诞征文一份。征文由蓝宝成汉族门生弟子们书写。透过征文内容，可观钟蓝两家交往非同一般。该征文用毛笔小楷书写，字迹秀丽遒劲。封面左竖书："韶九蓝先生八十弧辰征文启"几个大字，封面右竖书"如蒙惠赐文件，请于夏历四月二十以前寄至云和县议会或城北杉坑岭本宅"等小字两行。征文全文如下②：

　　蓝韶九先生八秩上寿征文启：

　　　　韶九先生名宝成，吾邑宿儒也，年十七入泮，以优等食饩③考选光绪壬午恩贡，祖衣锦父，占三俱邑庠生，蜚声黉序。先生幼从张辰先生受业，颖悟过人，髫龄即通经史，能文工诗，因洪杨军兴，怀才迟试，故当撷芹时，才华即不逊耆宿。旋出其绪馀以课，徒游其门者，大半获隽而去。顾其教人也，不拘训诂句读及词章帖，括之学课余，必讲宋儒太极西铭、朱子小学暨近思录、大学衍义诸书，以故其门下高足弟子，大都精通性理，不徒以文字见长论者，谓深得鹿洞薪传。

　　　　性好施与轻货财，邻里之穷困者，无不振贷而周恤之，遇桥梁道路诸公益，尤不惜重赀修筑。坐是，誉望日隆，群情益加推戴。凡有

---

① 2014 年 12 月 21 日，笔者田野走访时，该亭已不复存在。

② 征文原件由村民钟春宽提供给笔者复印，鸣谢！内容经笔者标点句读并分段。

③ 此指明清时经考试取得廪生资格的生员享受廪膳补贴。

鼠牙雀角之争，咸来质成①于先生，得片言解纷，双方靡不悦服而去，历任官厅器重其人，恒升以重要职务，如董建县公署、箬溪书院、节孝祠、育婴堂、培文阁，以及经理储仓社谷，暨修理文庙诸大事，先生均洁己奉公，不避劳怨，公而忘私，屡邀嘉奖叙功赠匾，乡里荣之。

光绪乙未，先生掌石门教铎，朔望讲学，必训诸生以端品行，官声著于浙西。解纽②后，以时事日非，退隐田园，遵养时晦，不复与闻人世是非矣。初先生曾研究易学，悟河洛著策③之源，而通于数理，悟山泽形胜之术，而通于堪舆，退迩之，取吉卜宅者，日扣于门，几于应接不暇。

先生不论贫富，凡有所请，无不欣然应酬。是又其匡济为怀达，则惠遍群黎处，亦利及阎里也，至若孝事萱帏，终身孺慕，善垂家范，一室太和，修身齐家，尤为里人所钦佩。现长君文瀚，邑庠生；仲子文蔚，以郡庠，而毕业法校；三子文显，农而兼商；季子文治，毕业省立十一中校。孙男五，曾孙二，均头角峥嵘，英姿勃发，麟趾呈祥，凤毛济美。所谓积善人家，必有余庆，不信然钦？

今者，先生年八十有一矣，道体康强，为我云儒林中仅存之硕果，往岁重游泮水，都人士以其年高德劭，足式乡间，曾庐陈事实，请知事庞维刚呈请大总统襃扬。本夏四月十八日为先生悬弧之辰，其子若孙，将举觞称庆（同人）等，或谊属年家，或忝列弟子久钦，耆儒硕德兼颂，寿考维祺，爰述先生生平，厪暑扬榷于有道君子之前，所冀宠赐，鸿章同申祝敬，则所以为先生寿者更荣于筐筐酒浆之赐矣，谨启。

魏毓祥　张之敬　张之杰　张耀金　饶翼　张秉文　赵邦饴
陈乃猷　张之壬　王以壬　尤希度　柳国荣　陈尧　张之铜
张煜奎　廖奏属　诸葛鸿　宋忠邺　梅占坤　蓝应东　仝启

---

① 质成：请人判断是非而求得公正解决。
② 解纽：喻国家纲纪废弛。
③ 著策：用蓍草占卜。

从上述征文可知，蓝宝成为云和畲族一代硕儒，德高望重、桃李芬芳。20 位门生弟子（仅一位畲族，其余均为汉族）值老师 80 寿诞之际，张罗着征集地方文化名流撰写老师品德才能的诗文，装订成册作为祝寿之礼，此举意义非凡，不失文人雅趣。当然，能获得蓝宝成 80 诞辰征文邀请书的，非交往密切者和才藻富赡之辈莫属。而与蓝宝成往来甚密，且人才荟萃的培头村钟姓畲族，必然成为重点邀请的人选。才高行厚的钟姓畲族贤达也自然不放过与任何畲汉文人雅士以文会友的机会。

此外，从钟熙贤儿孙们的家庭经济分工模式，也能看出当年培头村钟姓畲族的外向拓展性和耕读传家风尚。时年 92 岁的钟有岳老人，回忆了其祖父六兄弟的家庭生活状况（括号内为笔者所加）：

> 我的公白（曾祖父）笃之先生兄弟四个，他是际时公的第二个儿子。他自己一共生了六个儿子，谱名叫大博、大慧、大格、大儒、大市、大利。因为我公白做官，很有威信，教育很严格，家庭很团结，这六个儿子都住在一个叫慎德堂的大院子里，没有分家，但每家都很勤奋做事，相互照顾。大房大博公是做蓝靛染料买卖的，他的生意很不错，经常跑平阳、瑞安、温州这些地方，他没有儿子，有个女儿，后来把女儿嫁到平阳去了。
>
> 二房大慧公是我的亲爷爷，是专门打银的，长年在景宁、宣平这一带打银，后来病死在宣平，好多年后，才把他的骨头捡回来安葬。我爷爷一共生了五个儿子，有的做生意，有的种田。大儿子学贯，我的伯父，他处州中学毕业，很有才华，会武功，刚毕业还没回家，就在丽水被人打伤了内脏，回家不久就死了，年纪轻轻的就没了，很可惜的。二儿子学宦，我的爸爸，金莲的爷爷，是专门做牛生意的，他过去经常到青田、云和、景宁、平阳、泰顺这一带贩牛卖，他很会挣钱养家。因为大博公没有儿子，所以我爸爸给他接代，实际上是两家双挑。大博公养老送终、造坟墓都是我爸爸负责的。三儿子学价，也就是我的三叔，盛林的爸爸，后来给我叔公，三房大格公当儿子，也在家种田，帮助大格公一起接待客人。四儿子学赏，我的四叔，后来迁到桐庐去了，家里搞得很富裕的。五儿子学庚，我的五叔，专门研究草药的，70 年代还在家里坐诊。他很会用草药根治疗关节炎，接骨伤，也会给小孩看病。大慧公这一支比较会做生意，后辈也有不少

会读书。

三房大格公（知臣），在家里种田，负责管理家庭，接待客人，他没有儿子。我的三叔学价过继给他当儿子后，他们父子俩平时种田，有空时也读书，还专门负责接待外面来的官员、朋友，家里搞得很干净，很卫生。其他兄弟们有的做生意，有的做官，都不在家，必须要有个人在家里搞接待。要不然没面子，也没有人来培头，培头也没有什么名气了。所以大格公和我的三叔学价，对培头村扬名，也是有贡献的。

四房大儒公（佐臣），在江西做官，还帮别人打官司。因为在外面结交很广，经常会有很多读书人，做官的朋友，比如青田知县、瑞安的孙诒让先生，还有很多找培头人打官司的老百姓等，都找到培头村慎德堂来，家里客人不断。有老三大格公父子在家里种田搞接待，照顾家庭，大儒公在外面做官、打官司也没有什么后顾之忧了。大儒公一共有四个儿子，大儿子学费在家种田，帮助管理家中事务。二儿子学赞因讨了泰顺司前的老婆，后来搬到那里去住了，条件还不错。那个地方是大儒公经常去帮人打官司的地方，名气很大。三儿子学资也就是祝荣的爸爸，在外南村教书，学资这一房，很会读书，他的儿子祝荣学医，祝荣的三个子女都考上了大学。四儿子学来到丽水去招女婿了，情况一般。

五房大市公（忠卿）过继给他的叔叔建珮公（师贤）接代，也是跟着大慧公在外面打银，经常在外面跑。大市公有六个儿子。大儿子学执（号仲雁），会打银，年纪较轻就过世了。老二学贞做香烛生意，学贞的儿子义聘（祝富）后来做裁缝，学贞的孙子新宽，刚刚做了村长。三儿子学窦（名澄，号志清）在培头小学教书，年轻时就病故了。四儿子学赁在家种田，学赁的儿子义昂（名嘉林）在文成医院工作。五儿子学贶（号文华）在岭后乡小学教过书，他比较有文化，后来他的两个儿子都考上了大学，大儿子杭州大学历史系毕业，现在意大利做生意。小儿子在温州市委当干部。六儿子学廷，也读了很多书，做过乐清市的团委书记，后来到杭州市教育局工作，2012年才去世的。他老婆是浙江医院的外科医生。他的两个儿子，大的中国政法大学毕业，现在做律师，小的浙江大学毕业，学的工商管理。

　　六房大利公（名市利），过继给本族建玉公（名序标）接代，在家种田。大利公有三个儿子：大儿子学赋一家和二儿子学滨一家后来都搬到福建崇安县，民国时期学赋一家居住在县城，据说当时家境很好，国民党陈诚部队经过崇安时，就住在他家里。学滨的儿子是教书的。70 年代，培头人冬天搞副业做工还住在他家里。学滨有个儿子在武夷山电视台工作，家里都还不错的。三儿子学贷后来招女婿到景宁三枝树村务农，过去条件差一点，现在也慢慢好起来了①。

（24/1/2014，am，于培头村钟有岳老人家院子内）

　　从以上钟有岳老人对曾祖父钟熙贤的家族生命史简单的勾勒，可以看出培头村当年钟姓畲族大家庭，通过士、农、工、商相互结合的合作方式和耕读传家的精神纽带，既立足大山，又走出大山并最终超越大山，从而稳定有效地维持家庭的生存与发展，而这种发展与超越的长效动力机制则是畲族与汉族之间的良性互动。钟姓畲族与当地汉族这种长期的友好互动和文化包容性，一直绵延至今②，构成培头村社会经济文化变迁的内在动力。

　　（二）主动打破畲汉通婚壁垒

　　畲族是一个历史悠久的散杂居民族，在源远流长的畲汉交错杂居和畲汉文化互动中，历经了漫长的对主流汉文化的认识、了解，并不断调适的历史磨砺，因而具有较强的文化适应性和包容性。这种适应性和包容性构成畲民族生生不息的精神动力。然而，由于受封建华夷秩序和大汉族主义思想的影响，畲族历史上长期处于政治、经济和文化教育资源的边缘化地位，畲汉文化互动呈非对称性和极不均衡状态。因而作为弱势族群的畲族本能地构筑起一道远离大汉族主义伤害的心理防线，在观念和行为上呈二律背反特征，一方面具有文化的开放性和包容性，另一方面又具有某种隐性的族群封闭心理。这道心理防线最明显的表现莫过于畲族长期的民族内婚制偏好。正如畲族《高皇歌》所唱："女大莫嫁华老③去，准当爷娘不养

---

　　①　因钟有岳老人不太会说普通话，整个访谈过程中，由其女儿钟金莲女士和女婿钟维宗先生充当翻译，并加以解释和补充，鸣谢！

　　②　最生动的案例，莫过于前述该村的一户赵姓汉族的"畲化"故事。

　　③　畲语中"华老"等同"华佬"，是基于历史上某种族群隔阂心理基础之上的对汉人的一种称谓。

你,无情无义是华老,好似小时死去了。"① 这实际上是通过对民族史诗传唱的形式不断强化"汉人是如何不能嫁"的历史记忆,不断提醒和告诫子孙:与汉族通婚是违背祖宗和不要父母的忤逆之举,是对本民族的背叛,违背这一禁忌,必然受到父母、家庭和民族的抛弃。在某种程度上,这折射出畲族试图通过民族内婚的壁垒而躲避与汉族深度交往的历史文化心态。

然而,随着畲汉互动的加深,尤其是在部分开明畲族文化人士的努力下,畲汉通婚的壁垒在清代中后期以后被日益打破。培头村钟姓畲族在这方面走在其他畲村的前列。翻阅 1947 年《培头村重修钟氏宗谱》,自清乾隆至民国年间,钟正芳五同胞兄弟及两堂兄弟的子女裔孙中,实行畲汉通婚的夫妻共有 74 对(还有不少无法判断是畲族还是汉族的李姓未统计在内),其中钟姓畲族男子娶汉族女子的主要集中在民国年间,共有 25 对,表明畲汉通婚不再是单向的畲女嫁汉男,亦有畲男娶汉女,可视为畲汉通婚形式平等的象征。培头村打破畲汉通婚壁垒的先例始于显祖钟正芳。大约在清乾隆至嘉庆年间,他将自己的三女儿嫁给郭姓汉族读书人。不久,正芳大弟钟春芳也将自己的女儿嫁给邻村的苏姓汉族。此后,在钟正芳等钟姓先贤的带动下,钟姓宗族从清乾隆至民国年间,各房支均有畲汉通婚的案例(参见表 7 至表 12②)。

从各房支畲汉通婚状况来看,文化程度越高的家庭畲汉通婚比例也越高,他们也更喜好将自己的女儿嫁给畲汉文化人。例如,钟正芳的侄子钟逢扬,先将自己的长女嫁给邻村汉族读书人吴阿垒,后将自己的次女嫁给瑞安溪口(今文成)贡生吴茂东。尔后,又将长孙女嫁给云和县贡生蓝宝成,还将小孙女嫁给云和县生员蓝文奇。培头村钟姓畲族与云和杉坑岭村蓝宝成家族的联姻,可谓另一个层面的畲汉文化深度互动。如前所述,年轻时代的蓝宝成是云和县著名的畲族才俊,后成为当地一代硕儒,培养了大批优秀的畲汉弟子。他既是浙南地区著名的畲族文化精英,也是畲汉文化互动的楷模,更是畲汉通婚的典范。据悉,蓝宝成四个儿媳妇均是汉族,成为当地打破"畲男难娶汉女"这一畲汉通婚坚硬壁垒的代表。他实际是通过科举考试和兴办教育,以获取社会资本,进而达到与汉族大户

---

① 凌纯声:《畲民图腾文化研究》,《中研院历史语言研究所集刊》1947 年,第 16 期。

② 这六个表格,分别以钟正芳五同胞兄弟及两堂兄弟为世系原点,根据 1947 年《培头村重修钟氏宗谱》逐一统计整理而成。

的门当户对。

培头村钟姓畲族以开阔的胸襟和前瞻的眼光，打破畲汉通婚的壁垒，使畲汉文化互动产生质的飞跃。钟姓畲族也日益冲破大山的屏障，视野愈加开阔。

表7　　　　　　　　　长房钟正芳支系畲汉通婚一览表

通婚成员	通婚年代	婚配对象	班辈排行	开基世系	正芳世代
钟正芳（国肇）三女	清乾隆至嘉庆年间	郭世良	永	四	正芳之女
钟际会（永海）独女	清乾隆至嘉庆年间	周招弟	建	五	正芳孙女
钟锡渠（永渠）独女	清嘉庆至道光年间	苏良	建	五	正芳孙女
钟秉锐（建乡）独女	清道光至咸丰年间	傅维泮	大	六	正芳重孙女
钟定嘉（建业）长女	清道光至咸丰年间	葛瑞皆	大	六	正芳重孙女
钟林儒（建儒）次女	清嘉庆至道光年间	周启泮	大	六	正芳重孙女
钟培彝（建彝）次女	清道光至咸丰年间	赵廷肪	大	六	正芳重孙女
钟同吕（建献）长女	清道光至咸丰年间	苏碎朋	大	六	正芳重孙女
钟叙彝（建蔚）长女	清道光至咸丰年间	苏廷博	大	六	正芳重孙女
钟昆仲（建仲）独女	清道光至咸丰年间	蔡喜选	大	六	正芳重孙女
钟阿朝三子钟甘罗	清同治年间	遂昌周氏	大	六	正芳重孙
钟大内长女	清道光至咸丰年间	郑再猴	学	七	正芳五世孙女
钟大内次女	清道光至咸丰年间	傅阿敏	学	七	正芳五世孙女
钟甘罗（大罗）长女	清同治至光绪年间	吴希义	学	七	正芳五世孙女
钟甘罗（大罗）次女	清同治至光绪年间	包根福	学	七	正芳五世孙女
钟必达（大达）三女	清同治至光绪年间	陈阿胡	学	七	正芳五世孙女
钟大模长女	清同治至光绪年间	周分洋	学	七	正芳五世孙女
钟谷炳（大新）次女	清同治至光绪年间	郭邢义	学	七	正芳五世孙女
钟大量长子（学偏）	民国年间	育婴堂女	学	七	正芳五世孙
钟必来长子（学掌）	民国年间	育婴堂胡氏	学	七	正芳五世孙
钟必来次女（学苟）	民国年间	董米发女	学	七	正芳五世孙
钟步行独子（义龙）	民国年间	王龙贵女	义	八	正芳六世孙
钟首梨长女	民国年间	周贵册	义	八	正芳六世孙女
钟首梨次女	民国年间	王陈廖	义	八	正芳六世孙女

续表

通婚成员	通婚年代	婚配对象	班辈排行	开基世系	正芳世代
钟学萝嗣子（贵蒙①）	民国年间	王姓来承	义	八	正芳六世孙
钟学移次女	民国年间	赵阿苟	义	八	正芳六世孙女
钟学梨独女	清光绪年间	苏未生	义	八	正芳六世孙女
钟义寓长子钟锦存（抗日军人）	民国年间	育婴堂女	秉	九	正芳七世孙
总计	28 对，其中畲女嫁汉男 21 对，畲男娶汉女 7 对					

表8　　　　　　　　　二房钟春芳支系畲汉通婚一览表

通婚成员	通婚年代	通婚对象	班辈排行	开基世代	春芳世代
钟春芳（国凯）次女	清乾隆至嘉庆年间	苏老正	永	四	春芳之女
钟锡灵（永灵）次女	清嘉庆至道光年间	郭世为	建	五	春芳孙女
钟建佑长女	清道光至咸丰年间	周绵有	大	六	春芳重孙女
钟建仁次女	清道光至咸丰年间	苏廷瑞	大	六	春芳重孙女
钟再佑（建陞）长女	清道光至咸丰年间	郭安喜	大	六	春芳重孙女
钟必潜（大潜）独女	清咸丰至同治年间	蒋步生	学	七	春芳五世孙女
钟大权长女	清同治至光绪年间	苏石生	学	七	春芳五世孙女
钟必翰（大翰）独女	清咸丰至同治年间	苏福才	学	七	春芳五世孙女
钟必灿（大灿）长女	清光绪年间	郭吴宝	学	七	春芳五世孙女
钟学愚次子（金明）	民国年间	莱长松女	义	八	春芳六世孙
钟学长长子（志和）	民国年间	黄老周女	义	八	春芳六世孙
钟学雅独女	民国年间	于阿水	义	八	春芳六世孙女
钟志银（义储）长女	民国年间	郭旭仁	秉	九	春芳七世孙女
钟志桃独女	民国年间	金洪人赘	维	十	春芳八世孙女
总计	14 对，其中畲女嫁汉男 11 对，畲男娶汉女 2 对，汉男入赘 1 对					

---

① 据钟氏宗谱记载：钟贵蒙，谱名义贵，生光绪丁亥二月初七，配某氏，生子一。贵蒙系汉族王姓来承，现已归本宗。族谱上没有注明其婚配的是畲族女子，还是汉族女子。但无论如何，这是一个畲汉深度友好互动的案例。即钟姓畲族收养汉族王姓男丁作为养子，改姓钟，并娶妻生子，归入钟氏宗族。按照畲族的习俗，被收养子女，无论收养时多么年幼均可与亲生父母礼仪往来。故此收养案例，可视为畲汉通婚的另一种情形。

表9　　　　　　　三房钟万芳支系畲汉（含与畲族文人）通婚一览表

通婚成员	通婚年代	通婚对象	班辈排行	开基世代	万芳世代
钟逢扬（永谐）长女	清道光年间	吴阿曡	建	五	万芳三世孙女
钟逢扬（永谐）四女	清道光年间	吴茂东/瑞邑贡生	建	五	万芳三世孙女
钟培贤（建瑷）独女	清咸丰至同治年间	蓝宝成/云和贡生	大	六	万芳四世孙女
钟大罴独女	清光绪年间	蓝文奇/云和生员	学	七	万芳五世孙女
钟大博次女	清光绪年间	周福武	学	七	万芳五世孙女
钟大罴三子（学银）	民国年间	徐铁太女	学	七	万芳五世孙
钟碎格次子（学赞）	民国年间	潘碎贵女	学	七	万芳五世孙
钟大市三子（钟澄）	民国年间	赵贵鳌女	学	七	万芳五世孙
钟孝哉次子（阿丁）	民国年间	周廷生女	义	八	万芳六世孙
钟学银长子（石头）	民国年间	赵阿金女	义	八	万芳六世孙
钟印沽长子（盛林）	民国年间	富绍治女	义	八	万芳六世孙
钟义颂次子（秉樛）	民国年间	罗小弟女	秉	九	万芳七世孙
钟长治独子（秉廷）	民国年间	赵杨芳女	秉	九	万芳七世孙
总计	共13对，其中畲女嫁汉男3对，畲女嫁畲族文人2对，畲男娶汉女8对				

表10　　　　　　　四房钟流芳支系畲汉通婚一览表

通婚成员	通婚年代	通婚对象	班辈排行	开基世代	流芳世代
钟锡欣（永欣）独女	清道光年间	郭双来	建	五	流芳三世孙女
钟序兰（建兰）长女	清光绪年间	郭安溪	大	六	流芳四世孙女
钟序兰（建兰）次女	清光绪年间	周朝君	大	六	流芳四世孙女
钟序兰（建兰）四女	清光绪年间	赵廷赟	大	六	流芳四世孙女
钟道然（大权）长女	清同治至光绪年间	蔡永交	学	七	流芳五世孙女
钟超然（大超）次女	清同治至光绪年间	叶朝君	学	七	流芳五世孙女
钟习听独子（岩顺）	民国年间	徐洪根女	义	八	流芳六世孙
钟志莲长子（有金）	民国年间	金连生女	秉	九	流芳七世孙
总计	8对，其中畲女嫁汉男6对，畲男娶汉女2对				

表 11　　　　　　　　　五房钟芬芳支系畲汉通婚一览表

通婚成员	通婚年代	通婚对象	班辈排行	开基世代	芬芳世代
钟锡鉴（永鉴）独女	清道光年间	王水旺	建	五	芬芳三世孙女
钟培木（建棠）长女	清同治至光绪年间	罗武勤	大	六	芬芳四世孙女
钟谷体长子（辰德）	清光绪年间	邱氏	学	七	芬芳五世孙
钟谷体次子（辰掌）	清光绪年间	邱氏	学	七	芬芳五世孙
钟学庚女次女	民国年间	魏方册	义	八	芬芳六世孙女
钟腹拖长女	民国年间	徐志仙	秉	九	芬芳七世孙女
总计	6 对，畲女嫁汉男 4 对，其中畲男娶汉女 2 对				

表 12　　　　　　　钟兆芳和钟春龙兄弟房支畲汉通婚一览表

通婚成员	通婚年代	通婚对象	班辈排行	开基世代	房支世代
钟虎苔长子（阿元①）	民国年间	周氏	义	八	兆芳六世孙
钟虎苔三子（益託）	民国年间	周益唐女	义	八	兆芳六世孙
钟日得独子（发有）	民国年间	闕培女	义	八	兆芳六世孙
钟阿德长子（顶富）	民国年间	徐进发女	义	八	春龙六世孙
钟石生（义宕）长女	民国年间	叶青禄	秉	九	春龙七世孙女
总计	5 对，其中畲女嫁汉男 1 对，畲男娶汉女 4 对				

第四节　钟德彰呕心沥血办学堂

一　钟德彰与培头小学的创立

　　如前所述，钟德彰（1910—1948），名德彰，字焕文，号国光，系钟正芳第五世侄孙，深受钟姓宗族耕读传家风尚熏陶。相传，德彰幼时天资聪颖，10 岁入私塾，勤奋努力，过目成诵。民国十八年（1929），19 岁的钟德彰在处州丽水天主教会的资助下，高等中学毕业。毕业后回家乡做

---

① 钟阿元（1911—1946），谱名义元，自愿参加抗日军，后为国捐躯。

短暂停留，遂经友人引荐，考入南京中央陆军军官学校，民国二十一年（1932）毕业，候补陆军官长，时年22岁①。他因身材不够高大，未能在军队任职从戎，转而回乡承袭先辈传统，热心诉讼，同时兴办教育，享誉闽浙大地。以下是钟德彰南京军校毕业后，在福建福鼎打官司时，该地保存他的一份履历和亲笔赠送的路引（路线指南），从中可以推算出他创立培头小学前的学习经历②。

《钟国光履历及路引》

（一）钟国光履历

钟国光，名德彰，字焕文，年二十三岁。生于宣统二年十一月十七日吉时，奉严命十岁入学，先由私塾转经高等中学俱已毕业。蒙友引至南京军官教育队学校毕业，候补陆军官长前经履历：高祖名际时，科岁进士；曾祖名熙贤，科廪生；祖名绍卿科贡生；叔名学贯，中学毕业③。

通讯处：浙江青田八都黄坛培头钟德彰先生收

（二）培头村路引

途经陶必山（去七十里）→石马下（去三十里）→戳渊（去三

---

① 钟德彰中学毕业和南京军校毕业的时间所记不详，本书根据民国二十一年秋（1932），其亲笔留下的履历和路引推算他在南京毕业的时间，应是1932年夏，而不是之前有的资料所记载的1934年，其在丽水高中毕业的时间，大约为1929年，毕业后当年回乡，次年考上南京军校，两年后毕业返乡，即在福建从事诉讼工作，为方便民众诉讼，留下去培头村寻找他的路引。

② 该履历和路引原件保存在福建省福鼎市磻溪镇赤溪村赤宫自然村畲族村民钟玉宝家中，题目为笔者所加。2002年，该村发生山林纠纷，钟玉宝遵循祖上关于培头村人擅长打官司的历史记忆，根据1922年钟德彰留下的路引，于2002年2月7日，先找到培头村，后又转寻到县城钟金莲女士的家中，请求诉讼。钟金莲女士在县公安局工作的丈夫钟维宗先生具有很强的文献敏感意识，当即复印保存了这一珍贵的民间文献。2012年8月8日，他又重复印一份，留给钟德彰后裔存念。关于这份文献的来龙去脉，他做了详细的注解，因而显得格外珍贵，既保留了历史的原貌，也为笔者的研究提供了极大的方便，鸣谢。

③ 据1947年《培头村重修钟氏宗谱》可知，钟德彰是钟正芳大弟钟春芳的直系子孙，而际时公钟逢扬及其子孙，则属钟正芳二弟钟万芳房支，因此钟逢扬应是钟德彰的堂高祖，钟熙贤是其堂曾祖，钟绍卿（佐臣）是其堂祖父，钟学贯是其堂叔。本履历作者不一定是钟德彰本人，之所以将钟德彰作为直系裔孙纳入钟姓显祖名下，不外乎是这些显祖知名度高，而且对其学术、人生影响也极为深刻。加之，钟氏宗族在无子嗣时，即由内部各房支多子者承祧，以延续其香火。从宗族血缘而言，这样表述可以理解。另外，从其字"国光"而言，可视为对钟正芳（国肇）所开创事业的发扬光大。

十里)→筱村(去二十里)→漈头(去十里)→色洋(去十里)→南田(去五里)→湖背(去十里)→黄洋(去五里)→新亭(去十里),培头即到本境。

中华民国二十一年壬申仲秋日录,钟德章谨赠

从路引和口传资料可知,1932年的钟德彰,年仅22岁,就单独进行诉讼工作,其才华与胆识可见一斑。正是在为畲汉民众的诉讼过程中,他日益深刻感受到文化知识的重要性,因此萌发了回家乡办学的念头。然而,民国年间,全国各地无不经济凋敝,民生艰难,兴办教育谈何容易。意志坚定的钟德彰不惧创业维艰,为获得创办培头小学的物质资源和社会资源而四处奔波,屐痕处处。1935年,他返回母校丽水天主教会学校寻求帮助。据悉,当时他带着年仅12岁的族侄钟秉吴一同前往,估计此举是想让求学少年的形象来打动教会。经反复交涉,他邀请到了加拿大籍天主教神父[1]来培头村资助办学。是年,培头村崇道小学创立,此为培头国民小学的前身。起初,校舍租用民房,无法发展。1937年,钟德彰与钟姓族人商议自建校舍,通过地形勘察,大家一致选定村口一处幽静的,名为"畚门山岗背"的地方为校址。

为筹集建校启动资金,钟德彰与各房长商议抽取钟氏宗族祠堂祭田租谷9600斤,他自己还带头捐谷3600斤和大松树1株,并发动钟姓族人义务劳动,自力更生。在其精神的感召下,钟姓族人以愚公移山的精神昼夜奋战。他们挖山峰、修道路、建校舍,共义务投入1000余工,未及半年,拥有3间教室和1间礼堂的私立培头崇道小学基本建成。随后,钟德彰又亲自带领学生们挖平两排教室之间的泥土,辟就操场。他自任校长,严格聘任教师,严肃校纪校风。由于他治学严谨、管理有方,崇道小学吸引了四邻八乡的畲汉子弟慕名前来就读。至1941年,人口不满300人的培头村,拥有6名教师和近100名畲汉学生的完全小学。随后几年,钟姓族人又继续发扬艰苦奋斗的精神,学校教室逐渐由3间增至6间。其教学质量也一直名列富畚乡各校前茅。抗日战争期间,曾有两年买不到课本,师生们就借来旧的语文、历史、地理等课本继续教读,学

---

[1]　据史料推测,有可能是加拿大籍天主教金神户或安神父,参见朱礼《文成县志》1996年版,第903页。

校从未停过课。

1945 年 1 月，抗日战争胜利前夕，钟德彰开创的培头崇道小学迎来了首届毕业生。次年，他与该校 6 名首届高小毕业生进行了珍贵的合影留念（参见书前彩图十三）。照片中的 6 名高小毕业生中，有 5 名是培头村钟姓族裔，另一位是附近的蒋姓汉族子弟。按从左至右的顺序依次为：钟秉吴、钟维修、钟秉义、钟国光（德彰）、钟维彬、蒋元熙、钟义足。其中钟维彬和钟义足两位尚健在，现均已 80 多岁。该村村民钟其宽还保留着其父钟秉义 1945 年在培头崇道小学的高小毕业证书，该证书由校长钟德彰颁发。他同时还保留着自己 1966 年在培头培峇小学的高小毕业证书，证书由校长张启明颁发，父子两代时隔 21 年的小学毕业证书，见证了培头小学的历史底蕴和历史变迁。

1945 年，在送走培头崇道小学第一届毕业生以后，钟德彰为了扩大办学规模，让学校教育惠及更多的畲汉贫困子弟，毅然将该学校委托给本校教师钟志彬（参见本章第二节）管理。他只身来到黄坦镇，经过艰苦卓绝的努力后，将邢宅天主教堂恢复为教会学堂。不久，该学堂扩充到拥有 4 名教师和 3 个班级的可喜规模。培头崇道小学与黄坦镇邢宅天主教会学校的创立，让更多的畲汉农家子弟走出大山、开阔了眼界。钟德彰先生可谓劳苦功高，惠泽乡里。他无私执着地兴办教育的精神远近闻名，令人肃然起敬。1947 年 8 月，当地一些汉族文人有感于他的高风亮节和卓越贡献，特敬献他"感德高风"木匾一块，称其为"美德可师之人"。匾文为王有益撰，佚名刻。匾文从右至左横刻"感德高风"四个大字，右侧从右至左竖刻题款为"国光钟府君先生，一个美德可师之人也，性非凡，志尚高。毕业于南京军校，达民情、察秋毫、光贤座、忠国惠民遐迩颂歌。吾故曰美也，爱跂而额德予师之人之曰"，左侧从右至左竖刻落款为"王有益、季家黄、季家东、雷清威、董策明全敬赠。中华民国三十六年八月穀旦"。此外，匾文为楷书阴刻，黑底白色，版面 40×120 厘米，面刻 38×118 厘米。除个别字有破损以外，其余保存完好。该匾牌现存云和县钟德彰女儿家[①]。

钟德彰在呕心沥血兴办教育的同时，还因家学渊源而勤奋钻研律令，

---

① 钟维发、吴锡鑫辑：《感德风高》，载吕立汉、施强《浙江畲族民间文献资料总目提要》，民族出版社 2012 年版，第 129 页。

积极帮助畲汉民众进行法律诉讼。其才华出众,秉持公道,盛名流传于青田、丽水、景宁、泰顺、平阳、瑞安等地,深受该地畲汉百姓的爱戴。也正因为其出类拔萃的才华和醉心教育的盛名,1945年被推选为富岙乡乡长。富岙乡的两任乡长均出自培头村钟姓畲族,这既是培头村钟姓族人的骄傲,也是他们从边缘走向地方政治舞台的标志。但十分不幸的是,钟德彰刚直不阿的性格,为社会上的土劣流氓所不容。1948年12月24日傍晚,惨遭共产党的叛徒朱超等人杀害,年仅39岁,令人唏嘘扼腕,痛心不已①。因各种原因,钟德彰冤杀一案并没有被正式平反,所幸的是,杀害钟德彰的朱超,于20世纪50年代初在瑞安被人民政府枪决。

二 培头小学在新中国成立后的发展

钟德彰先生的生命虽然不幸终结,但其开创的事业却薪火相传。新中国建立后,这座地处畲族山村的完全国民小学迎来了新的发展机遇。1950年,培头崇道小学改名为"培岙小学"。首任校长为当地教学经验十分丰富的汉族教师王景良先生,现已近90高龄。在其任职期间该校教学成绩令人瞩目。次年,该校6个小学毕业生有5个考上浙江少数民族师范学校。1954年,该校学生迅速增至310人。1955年,为发展少数民族教育,文成县长吴高谈在该小学听课一星期,亲自指导该校的教学并检查学生的作业情况。不久,该校学生优秀的作文本、大字本等在文成小学公开展出,这大大地激发了师生们的奋斗热情。在尊师重教风气的影响下,当年该校30名毕业生全部考上文成中学或浙江少数民族师范学校,其毕业升学考试成绩也名列全县前茅,语数总评成绩89分。也正是在这一年,该小学被定为县基点小学,并定为文成县普通话推广试点学校。从此,该校畲汉子弟能够较早地在畲语、文成方言及普通话三种语言之间自由交流,从而进一步开阔了山区畲汉子弟的视野,促进了畲汉文化的深入交流。

时至20世纪80年代,随着改革开放与国家民族政策的倾斜,培岙小学获得新的发展,1985年再次更名为"培头小学"。1989年,该校师生首次在文成县熬里乡的"三月三"歌会上崭露头角,畲乡的孩子从偏僻的山村走向弘扬民族文化的舞台,并通过电视荧幕为外界所知。随后,为了

---

① 《培头村新修钟氏宗谱》,《人物传略》,2002年,第1页。

改善办学条件，从培头小学走出去的培头村钟姓畲族文化人士，向市、县、乡镇等各级相关单位及社会贤达呼吁给予政策和资金的支持。1996年7月，共筹得资金54余万元，图书3000册，培头小学新校舍顺利开工，1999年10月，建筑面积1000平方米的新校舍竣工。经过10余年的发展，现学校占地面积4000余平方米，建筑面积1800余平方米，学校操场及学生活动场地达1500平方米，绿化面积200余平方米以上。近年来，随着培头村民族特色旅游村寨项目建设的开展，培头小学的发展又迎来新契机。2013年，总投资136万元①的三层教学综合楼竣工，建筑面积达772.5平方米。2015年，投资100万元，80米长、10米宽的塑胶跑道完成施工，新教学综合楼的竣工和塑胶跑道的完工使培头小学的发展更上新阶。

自21世纪初年始，随着硬件设施的逐步改进，培头小学的办学规模和办学特色以及师资力量和教学质量等也一直处于不断发展和完善之中。为办出民族特色，2001年该校正式更名为"培头民族小学"。此后，该校教师数量有所增加，尤其是师范院校毕业的教师比例有较大提高，现已发展到教师总数14人，其中高级教师7人，占教师总数的百分之五十。在全国农村学龄儿童数量总体减少的大背景下，该校学生人数长期稳定在200人以上，小学1—6年级再加上学前班等7个教学班级配备齐全。此外，近十几年来，该校绝大多数教师获得各类优秀教师称号，年轻教师均获得过县级教坛新秀称号。其中有两位教师还获得过"省级春蚕奖"。该校教学质量长期名列全县前茅。其中有一个班级从1至4年级期末数学成绩均在全县排名第一，语文全县排名第二，其他单科成绩也遥遥领先。自2004年以来，该校毕业班考入文成县实验中学的人数逐年增加，其文体活动亦丰富多彩，多年来硬笔书法统领县级团体奖和个人一等奖。

学校师生们在提高教学质量和丰富校园活动的同时，还积极参与美化新校园建设。他们在教学楼四周的空地栽种各类花草树木。令人感慨的是，钟德彰校长当年亲手栽种的两株一雌一雄的杨梅树，根部被花坛维护，历经近80年的风雨，还依然枝繁叶茂。两栋教学楼中央，是一个美丽的圆形水池，水池边沿一圈请村里的石匠师傅们刻上了60多首

---

① 其中浙江省特扶资金70万元，其余资金通过其他渠道筹集。

中华古诗词，让同学们在课后娱乐中领略到中国传统文化之美。他们还在校园一角劈出一块空地，种上各种中草药，名为"百草园"，这既给师生们普及了传统的畲族医药知识，也可以作为流感的预防药，一举两得。校园内常年书声琅琅，校园外四季鸟语花香，培头民族小学由内而外地散发着祥和之美。

时至 2008 年，为弘扬钟德彰的教育精神，升华校园文化，该校教师钟俊龙自编曲子，其他教师集体创作歌词，谱写了一首《培头民族小学新校歌》：

> 鸟语花香，书声琅琅，我们的学校在崛起。我们是花朵，厚德、博学、健美、求真。肥沃的土地，孕育着我们。努力求知成栋梁，创造明天更辉煌。
>
> 欢歌笑语，琴声悠扬，我们学校在腾飞。辛勤地耕耘，厚德、博学、健美、求真。美丽的土地上，辛勤地播种。携手共育好花朵，创造明天更辉煌。

培头民族小学的师生们在新校歌的旋律中，不断完善和提升自己。由于办学成绩突出，民族特色凸显，2009 年被评为温州市农村合格学校。2010 年正式升格为乡镇级学校，更名为"富岙乡培头民族小学"。随着2011 年文成县撤乡并镇的实施，该小学再升格为"黄坦镇培头民族小学"。但在当地人的民俗语汇中，始终称呼为"培头小学"，因为它渊源于培头村，始终与培头村的社会历史文化变迁联系在一起。尤其是近年来，在非物质文化遗产保护热潮下，该校成为文成县畲族文化传承基地，师生们不仅积极参加培头村"畲族三月三"展演活动，还让畲语畲歌等畲族传统文化走向课堂，每周两节由本村钟姓畲民传授的畲语和畲歌课程从未中断过，该校音乐老师改编的畲家拳，既提高了学生们的身体素质，也陶冶了孩子们的情操，培头民族小学的民族特色日益凸显，它与培头民族村的发展也日益息息相关。

三 培头小学与钟姓族裔的相互发展

培头小学的兴办是钟姓畲族耕读传家风尚又一次质的飞跃，更是培头村社会经济文化变迁史上新的里程碑。该小学是培头村钟姓先祖自己创办的小学，也是钟姓畲族的文化摇篮。它培养了一代又一代的优秀人才苗子，让一代又一代的钟姓族裔走出大山。20 世纪 50—60 年代，从培头小学走出去的十几位钟姓子弟，有的考入县中学，有的考入浙江少数民族师范学校，还有的考入杭州大学等本科院校。他们成为新中国成立后培头村最早一批通过升学途径进入国家公职人员行列的人。自 20 世纪 70 年代末以后，随着我国高考制度的恢复，培头村更多的钟姓族裔考入各级高等院校。诸如：浙江大学、中国政法大学、中南民族大学、浙江师范大学等。他们学成毕业后，大都成为本单位的骨干力量。迄今为止，从培头小学毕业，日后考上中专、高中及大学的钟姓畲族近百位。其中县副处级以上干部 5 人，副科级以上干部 10 余人。还有更多的从事农、工、商、贸等钟姓畲族人才。以上各类人才其小学阶段无不是在培头小学度过的。

此外，还有附近许多畲汉村落的人才，当年也是从培头小学毕业的。事实上，培头小学不仅是培头村钟姓畲族的文化摇篮，更是附近畲汉贫困子弟的福音。正如钟维宗先生所说："我的家是培头村对面山背后的长垄村，新中国成立前我也在培头小学读书的，我早晨下山到培头要走 40 分钟，回去要走 1 个半小时。但那个时候有书读，幸福得很，不觉得苦。那时候到培头来读书的既有我们少数民族，也有汉族，后来很多都考到中学，还有考到浙江少数民族师范去了。毕业后都是单位的骨干人才。当时教我们的既有汉族老师，也有畲族老师。老师们认真负责，学生们学的也很认真。可以说，培头这个学校培养了很多人才，钟德彰当年办学是很了不起的。"[1]（参见表 13—15）

表 13 　　　　　　　　**培头民族村钟姓畲族族裔文化榜**

姓名	性别	出生年月	文化程度	文化成果
钟维发	男	1938	大学	村落文化挖掘整理者、书法爱好者，发表书法作品若干幅
钟金莲	女	1946	中专	主编《畲族民歌选》《文成畲族文化》《畲族历史研究》，编审《中国民间文学集成文成县畲族卷》

---

① 　报道人钟维宗（1943—），2014 年 1 月 27 日上午 9 点，于培头民族小学校园。

续表

姓名	性别	出生年月	文化程度	文化成果
钟维禄	男	1948	初中	主编《文成畲族民歌》、导演《培头村畲族文化DVD》、创作米筛舞、婚嫁舞等
钟炳文	男	1956	大学	热爱地方志修编工作，协助省民宗委编写《浙江少数民族志》《浙江民族乡镇志》等
钟沛康	男	1974	大学	书法爱好者，书法作品获奖
钟嘉华	男	1979	大学	书画爱好者，书画作品获奖

资料来源：培头民族村文化礼堂资料及田野调查。

表 14　　**培头民族村畲族非物质文化遗产项目传承人**

姓名	性别	出生年月	文化程度	传承项目	批准时间	级别
雷长法	男	1928—	略识字	畲家拳	2014.06	温州市级
钟怀超	男	1946—	小学	畲族祭祖	2010.06	温州市级
雷美秀	女	1951—	小学	畲族民歌	2010.06	温州市级
钟维禄	男	1948—	初中	畲族民歌	2012.06	温州市级
				畲族婚俗	2013.09	文成县级
雷德花	女	1952—	小学	畲族彩带编织技艺	2013.09	文成县级
钟聪莲	女	1966—	高中	畲族谚语	2013.09	文成县级

资料来源：非物质文化遗产项目证书等田野调查。

尤为值得一提的是，培头小学自建校以来先后有近 20 位培头村钟姓畲族担任过教师（目前还有 5 位），其中还有多名担任过该校的校长，他们既为山区畲汉子弟的成才辛勤地耕耘，也参与学校的管理，为学校的发展出谋划策、掌舵远航（参见表 15）。例如，1967 年 8 月毕业于温州师范学院的钟维升，被分配在培头小学任教。1972 年 2 月至 1988 年 8 月，被调往富岙乡中心学校任教，1977 年担任该校教导主任的职务。但为了培头小学的发展，1988 年 8 月至 1998 年 8 月，他又从条件相对较好的富岙乡中心小学调回培头小学任教，并担任校长职务。尽管学校设施陈旧，但他苦撑危局，付出艰辛的努力。而 1998 年 9 月至 2002 年 8 月继任的年轻校长钟俊龙，也是从本县别的条件较好的学校调回来的。据悉，当时培头小学因学校硬件太差而导致师资匮乏和生源流失严重，学生人数一度只剩下二十几名。面对前所未有的困境，从培头村走出去的，时任县人大副主任的钟金莲女士，认为一定要把先祖钟德彰兴办教育的旗帜保留下来，于是亲自将培头村钟姓族裔，年轻教师钟俊龙请回来，让他负责重振培头小学。同时她通过多方努力，寻求各级地方政府的帮助。钟金莲女士为复兴培头小学，不放过任何一个机会，甚至去说服一些素昧平生的商界人士捐助。

正是在钟姓族裔们的执着努力下，如前所述，1996 年筹得 54 万余捐款，1999 年 10 月，培头小学新校舍竣工。随着新校舍的落成，培头小学获得新世纪的复兴。现今生源稳定，学校欣欣向荣。今天培头小学的老师和培头村村民对钟金莲女士为培头小学的付出仍念念不忘："要是没有当年钟主任上下奔波，修建成新校舍，恐怕培头小学已经垮掉了，像别的山村学校早已合并到镇中心小学了。"其时，继任的钟俊龙校长也不负众望，带领师生们将培头小学从岌岌可危的境地发展到蒸蒸日上、声名远播。他自己也作出一系列骄人的业绩，荣获：1998 年文成县优秀教师、2001 年浙江省第十四届春蚕奖、2013 年文成县首届育才奖等可贵的荣誉称号。而同是培头村的钟姓族裔钟逸樵，于 2002—2005 年担任该校校长，现担任该校书记并兼数学老师。他也获得过系列荣誉。诸如：2000 年度和 2001 年度文成县教学积极分子、2004 年度文成县先进教育工作者、2005 年度文成县教育系统老教师工作先进个人、2010 年度文成县优秀班主任等荣誉称号，他还多次指导学生获县级科技创新、市级书法大赛等奖项。

表15　　　　　　　　培头民族小学钟姓畲族族裔校长任职表

姓名	性别	出生年月	毕业院校	职务	任职时间
钟德彰（国光）	男	1910—1948	南京陆军军官学校	校长	1935—1945
钟志彬（志鳌）	男	1919—1980	青田县某中学	代校长	1945—1949
钟维升	男	1943—	温州师范学院	校长	1988—1998
钟俊龙	男	1968—	浙江少数民族师范/ 浙江师范大学大专函授	校长	1998—2002
钟逸樵	男	1968—	浙江少数民族师范/ 中南民族大学大专进修	校长	2002—2005
雷聪芳	女	1978—	浙江少数民族师范	校长	2008—2013
备注：雷聪芳是培头村钟姓畲族雷玉明的外孙女，家住邻近的富岙桥村					

资料来源：田野调查。

　　从1935年培头崇道小学创立至今，培头小学已走过整整80年的历史，迎来80周年校庆。该小学自诞生以来，既有畲族学生，也有汉族学生；既有畲族教师，也有汉族教师；既有畲族校长，也有汉族校长。可见，它是培头村最佳的畲汉文化互动平台。同时，它也是培头钟姓宗族村落变迁的文化符号，更是钟姓族裔走出大山，融入多彩世界的桥梁。培头小学80年来风雨兼程，如今仍朝气蓬勃地屹立在培头村村口幽静的山坡上，整洁干净的林荫大道分叉后分别通往新、旧两处教学楼。蓝天白云下的校园常年青山环绕、书声琅琅。学校以其雅致和注重教学质量及全面发展而持续吸引周边畲汉子弟入读①。还有的家长从镇上周边舍近求远地送子女入读地处山村的培头小学，形成"山村小学超越镇中心小学"的奇特现象。当今培头小学的欣欣向荣既是培头村钟姓畲族对先辈耕读传家精神的发扬光大，也是对办学先驱钟德彰先生最深切的缅怀和纪念。如今漫步校园，除了钟德彰校长当年亲手栽种的那两株杨梅树依然生机勃勃以外②，已难觅当年崇道小学的历史踪影，然而钟姓先辈开创的事业却是永

---

　　① 2012年培头小学各年级数学统考平均分为全县第一。

　　② 据悉，培头小学内那株雌性杨梅树，每年都要开花结果，学校多年来形成一个约定俗成的校规，任何人不允许私自采摘，只有待杨梅成熟红透之后，集体采摘，然后师生平均分配，人人品尝，这也是钟德彰精神的延续。

恒不朽的，永远激励和推动着钟姓族人不断地超越大山。

四　钟德彰留在民间的历史记忆

钟德彰先生虽然在英年含冤去世，但他仍长久地活在当地老百姓的心中。民间有关他的历史记忆，主要包括三个方面，一是他当年如何艰辛地创办培头小学，二是他"白皮红心"的政治身份以及被冤杀的经过，三是他擅长打官司的传说，以下简要地分而述之。

（一）有关钟德彰艰辛办学的记忆

培头村有关钟德彰先生艰辛办学的记忆分两个阶段。前一阶段是他多次跋山涉水到丽水去寻求帮助，反复说服天主教神父到培头村资助办学。起初天主教会学校借住民房，也无更多资金支持，困难重重。第二阶段即自力更生建校舍阶段。该阶段他付出的辛劳更多。据培头村钟姓老人回忆道："德彰家里当时并不很富裕，他父亲老大，兄弟姐妹很多，吃饭人口很多，当时为了办学校，他一家就捐稻谷 3600 斤，差不多 10 个人一年的口粮，还有一株很大的松树，这在当时是很不容易的，不是一般人能做到的。"

钟德彰并不富裕的家庭境况，还可以从 1947 年《培头村重修钟氏宗谱》中得到印证：其祖父大昆公，生有二子一女。老大名碎积（学称）即德彰的父亲，生于光绪乙酉（1885）；老二名学镛，即德彰的叔父，生于宣统己酉年（1909），兄弟俩相差 24 岁。而德彰生于宣统庚戌年（1910），弟兄四个，还有一个妹妹。其叔父只不过比德彰大 1 岁。这意味着，家庭重担都落在德彰父亲一个人身上，负担之重可想而知。德彰属钟正芳大弟钟春芳派下，该房支除了出过一个武生（春芳公的大儿子钟锡灵）以外，没有出过秀才之类的科考人才，主要是因为家庭经济状况不佳。然而，为了兴办学校，家境贫寒的钟德彰却带头捐助，委实可敬！钟姓族裔正是在德彰先辈高风亮节精神的感召下，用自己的双手修建了这座畲民自己的学校。此外，在修建好校舍之后，钟德彰自任校长，为崇道小学的师资和管理呕心沥血。他不仅动员本族的文化青年如钟志彬、钟盛林等回乡任教，还去聘请附近优秀的汉族教师来该校教书育人。直至1945 年，经过 10 年的管理和运作，钟德彰才放心地将学校交给族弟钟志彬管理，自己赴黄坦镇再度兴学。

（二）有关钟德彰"白皮红心"政治身份和被冤杀的民间记忆

所谓"白皮红心"如前所述，是文成县对于那些民国年间表面上为国民党政府做事，实际上暗地里保护共产党员的人员的民俗语言表达，类似于地下党的说法，但又不一定是备过案的地下共产党员。培头村出过数位"白皮红心"进步人士。这主要是因为新中国成立前文成县畲族村大都是革命根据地的缘故。因为这些畲族村落大都位于崇山峻岭之中，广大畲民大都生活困苦，对革命具有天然的同情和坚定的信念，故容易发展成为中国共产党的革命活动据点和联络点。

1935 年，以粟裕为师长，刘英为政委的中国工农红军挺进师从闽赣转战浙南，三年间在文成的往来和战斗十分频繁。每到一处，受到畲族群众的热烈欢迎。他们为红军妥善安排食宿，治疗伤员，站岗放哨等。培头村当年也有钟姓畲族默默地为受伤的红军送去畲族草药。解放战争时，文成县有更多的畲族同胞冒着生命危险参加或营救共产党员。培头村也不例外。钟德彰就是在这样的背景下掩护和保护共产党员安全的。据村里老人说：德彰当年利用自己乡长和教书先生的身份，保护了刘正发等地下共产党干部，要是没有他的暗中保护，文成的共产党员惨遭杀害的不知有多少。后来由于混入共产党内的朱超担心自己的叛徒身份被暴露，就残忍地将年仅 39 岁的德彰骗去杀害。新中国成立后，钟姓族裔希望为被冤杀的钟德彰平反昭雪，但由于地下革命活动，本来知情者甚少，而个别知情者又大都不在人世，自然很难有力证明。据悉，培头村人曾到江苏寻找到当年被保护的刘正发家中，刘因年事已高，回忆不起来钟德彰保护革命党人的具体细节，只是明确说那个教书先生（即钟德彰）是好人，是错杀的[1]。由于各种主客观历史原因，钟德彰"白皮红心"的历史真相早已被湮没在历史的尘埃中，他含冤而逝也已 50 多个春秋。然而，他创立的培头小学和他的高风亮节，却永远激励着钟姓族人奋进，若是地下有灵，他应含笑九泉。

有关钟德彰"白皮红心"和醉心教育的历史事迹仍然烙刻在当地人记忆的深处。以下是他当年启蒙过的学生，现已近 80 高龄，曾任职于县政协的文史学者邢松棋先生对老师的深情回忆，可谓是对钟德彰先生最好的纪念：

　　钟德彰世出畲民农家，保持着畲族淳朴厚道的优良传统。为人生

---

① 报道人钟维宗（1943—），2013 年 7 月 24 日于培头村村委会办公楼前。

性注重道义，心地良善。正当先生热衷办学时期，值逢蒋介石毁协，国共卷入内战，解放战争已处风起云涌的艰难时刻。先生与中共地下党人时有接触，亦曾几次在国民党顽固派"清剿"时，毅然"出保"，使中共秘密工作人员脱险。因此，地下党人努力把其推为"白皮红心"保长，并曾打算作为富岙乡"白皮红心"的乡长人选[①]。同时，先生饱学卓识，文才出众，熟谙法律，秉持公道，善为贫民以诉状程序息冤，是位在当时的青田、丽水、景宁、泰顺、平阳、瑞安等县颇负盛名之兼职大律师。而在黄坦，其名望可与当时浙东大律师邢弼相提并论，故为社会上的土劣流氓所不容。

钟先生是我孩提时代的启蒙老师。那时候，我家就寄居在邢宅天主堂门口下侧的草寮棚，先生来黄坦办学时，进进出出，都要经过我家门前。他谦虚谨慎，颇善人缘，凡有空来我家坐坐，如有事来找家父商谈，无意中便与家父成了至交。当时我还是个五六岁的小孩，在家排行最小。从1947年下半年开始，先是每天早晨先生带我到天主堂的"圣堂"，让我跪在矮条凳上念《圣经》，每小段《圣经》教我念了二三遍后，我即能背诵不忘，先生高兴地对我父母说"此子天资聪明，一定是个读书的好料子"。没过多久，便破格把我插入小学预备班（相当于现在儿童的学前班）读书，由先生自己任教，教材亦是先生自己编写的日常生活用语生字，以及"上大人，孔乙己，化三千，七十士"之类，好记易学。1948年始，我被免费送入小学一年级正式读书，在将近30名学生的班级中，数我还是个"吃奶"的小孩，可是到期终考试，我竟得了第一名，受到半捆洋纱的奖励。事后，先生还多次向我父母和邻里夸赞，说我是神童，表示一定要把我培养成材。

然而，在我小学一年级尚未学满，于1948年12月24日（农历十一月尾）下午，先生突然来向我父道别，说是培头家中捎来口信，有急事要回家一趟。当我父（时为隐蔽在地方的秘密中共党员）问明属一个不曾相识之人所捎"口信"后，曾一再警惕地告知先生："现在时局混乱，时势风声很紧，既然不是家中亲人来叫回家，你决不能回去，以免有危险，如你不放心，我可以另差别人去培头问明后

---

① 据1947年《培头村重修钟氏族谱》记载，钟德彰在1945年已担任富岙乡乡长，此处疑作者回忆有误。

再作决定……"可是先生蛮自信地说:"我是个文人,从未做过亏心事,无怨无故的,绝对不会有什么危险。"竟要自己光明磊落地回一趟老家。不料先生此一去,竟成了遗恨千古之永诀!正是当日傍晚,先生刚到培头老家,即遭土匪朱超等诱绑惨杀,时年仅39岁,致使先生致力发展地方教育事业之宏愿未竟。

钟德彰先生惨遭杀害三天后,噩耗传到黄坦,群众无不挥泪哀悼,我更是痛哭流涕,曾经好长一段时间经常从睡梦中哭醒。在我幼少的心灵深处,为失去启蒙良师而耿耿于怀,每思之而默默哀伤酸泪横流。至今,先生冤死已半个世纪有余,然对先生的音容笑貌,严谨执教风范依然历历在目。①

(三) 有关钟德彰擅长打官司的记忆

在培头村钟姓族人的记忆中,钟德彰是民国年间擅长打官司长辈中最年轻的一位,也是最得佐臣公真传的一位。见多识广、远近闻名的钟佐臣对钟姓族裔的培养亦十分重视。而德彰之所以能在众多同辈钟姓族人中脱颖而出,主要源于其聪颖好学、博闻强记。故年纪轻轻就深得堂祖父佐臣的赏识,佐臣从辈分上而言虽是德彰的堂爷,但年龄也只不过长他30余岁,相处时情同父子。正因为堂祖父佐臣的言传身教,智慧的德彰20出头时,就能单枪匹马地赴浙南泰顺、平阳,闽北福鼎、宁德一带替人打官司。

钟德彰当年擅打官司,亦如堂祖父佐臣一样,远近闻名。至今泰顺、平阳很多畲汉村落还流传着他当年打官司的诸多轶事。例如,相传有一天他在平阳救下47位吃了官司的无辜老百姓。他还常在福建福宁府霞浦县的山民会馆②从事公益活动,免费帮助当地畲族民众打官司,以至于今天

---

① 参见邢松棋《庆余轩文稿》第1卷,国际炎黄文化出版社2005年版,第16—18页,个别文字语法有调整。此外,朱礼主编的《文成县志》亦有邢松棋先生所作的"钟德彰"简传,中华书局1996年版,第313页。

② 福宁山民会馆(又称三明会馆)位于霞浦县松城旗下街6号(旧门牌为3号),于清光绪二十五年(1899)兴建,原址在县城西郊教场头,1919年8月,建新会馆于现址。会馆由山门、前座、后座等组成,硬山顶穿斗式砖木结构,面积683平方米。该会馆是由闽、浙两地的畲族文化人发起,是一个跨越闽、浙、赣三省10多县的畲族群众的民间社会公益组织,起着联谊、商议、祭祀、慈善、维护畲民权益等多种作用。历史上会员最多时达2000余人。会馆2005年被定为县级文物保护单位,2009年被定为省级文物保护单位。参见"福宁山民会馆",百度百科,http://baike.baidu.com.

霞浦及周边的年老畲民仍铭刻着培头村人擅打官司的历史记忆。甚至到21世纪初年，每当闽北、闽东等地畲民与当地汉族出现土地或森林纠纷时，仍然根据钟德彰1932年给福鼎畲民留下的"路引"来培头村寻求帮助。例如，2010年7月，我在培头村曾亲自碰到两位来寻求帮助的霞浦畲民，据悉其在平阳做工的妹夫因长期在私人老板企业不健康的环境连续高温加班作业而不幸身亡，他们深感善后不公而申诉无门，故辗转来到培头村，但培头村的律师已成历史，最后只好由笔者本人替他们写了一份诉求文字。此外，钟德彰在平阳畲民心中形象非常高大，至今平阳县城还有用德彰之号"国光"命名的旅馆和街道。时至20世纪80年代还有平阳畲民来培头村索要德彰的照片，希望在平阳为他立一座塑像，甚至还有年老畲民希望将德彰立为地方保护神。立塑像和神庙虽未果，但德彰在平阳的声望可见一斑。

办学先驱钟德彰虽含冤九泉已半个多世纪，但其英灵和名字则永远留在浙南、闽北等畲汉民众的心里。他所创立的培头小学，既是培头村钟姓畲族先祖由文化边缘走向耕读传家的历史标识，也是新中国成立后培头村钟姓畲族后裔不断超越大山的制度保障。他的名字永恒地与培头小学和钟姓畲族的发展联系在一起。他在培头小学所开创的事业，也正如新校歌的歌词所言："明天更辉煌"。

小　结

自康熙年间培头村钟姓先祖拓荒开基于金钟山以来，就以积极开放的心态与当地汉族开展友好的交往互动。大约从开基祖第二代始，钟姓畲族陆续将学龄子弟送入附近的汉族私塾就读。而这些入读私塾之佼佼者，进一步产生了参加科举考试以分享主流汉文化资源的强烈诉求。期间，以钟正芳为代表的优秀钟姓读书人为此进行了百折不挠的抗争。钟正芳自乾隆四十年（1776）上书青田县府争畲民科考权未果后，又多次锲而不舍地奔走于丽水、杭州等地，联合浙南畲族文化人士先后13次呈文浙江省府，直至嘉庆八年（1803），终于迫使浙江省府上奏清廷，获准畲民具有与汉人同等科考权。钟正芳等人为畲民争取科考权梦想的实现，在畲族社会经济文化变迁史上，无疑具有时代里程碑的意义。同时，这对于培头村钟姓畲族而言，也具有历史转折的意义，为他们不断超越大山提供了契机和条件。自此以后,钟姓族人在克勤克俭的同时,一方面积极发展百工技艺和扩大市场交换,另一方面竭力倡导崇文重教和耕读传家。正是经济与文化的良性互动,推动着培头村钟姓宗族人才辈出,他们考功名、入仕途、兴学堂,广交畲汉文化人士,逐渐实现了由文化边缘到耕读传家的历史飞跃。

第四章 跨越大山:培头钟姓宗族
村落之当代发展

自新中国成立后至 21 世纪初这半个多世纪以来，在国家实施民族平等政策，尤其是实施改革开放政策等新的制度环境下，钟姓畲族秉承先祖走出大山的精神，通过读书升学、弘扬打石技艺、打工经商以及走出国门等多样化路径，以眼界和视野愈加开阔的方式跨越大山，推动着当代培头村社会经济文化生活的快速变迁，实现了村落经济生活面貌新的历史飞跃。

第一节 读书升学走向山外的世界

一 新中国成立后第一批跨越大山的钟姓族裔

新中国成立后第一批通过读书升学而跨越大山的培头村钟姓族裔，成为该村承前启后的钟姓村落名人（参见表 16）。这些人出生在新中国成立前，成长在百废待兴的新中国。他们是新中国第一批走出大山的钟姓族裔，努力在行动和实践中，将先辈崇文重教精神发扬光大，不仅成为培头村社会经济文化发展的中坚力量，更是新一代钟姓族裔的楷模。以下按年龄顺序，选取部分予以简要介绍。

表 16　　培头村新中国成立后第一批读书升学的钟姓畲族（1949 年前出生）

姓名	性别	出生	学历	毕业院校	职业类别	曾任职务	派下	世系
钟秉宽	男	1930—2012	中专	杭州商校	党政机关	乡/公社党委书记	振禄公派下	钟春芳六世孙
钟学廷	男	1933—2012	本科	杭州大学	文教部门	享受县处级待遇	振禄公派下	钟万芳五世孙

续表

姓名	性别	出生	学历	毕业院校	职业类别	曾任职务	派下	世系
钟法藏	男	1937—	中专	浙江水利水电学校	电力工程	助理工程师	振宝公派下	钟国祥七世孙
钟维发	男	1938—	本科	杭州大学	文教部门	县政协委员	振宝公派下	钟国祥八世孙
钟祝明	男	1938—	中专	浙江少数民族师范	供销系统	退伍军人/供销社干部	振禄公派下	钟春芳六世孙
钟旭光	男	1941—	中专	浙江少数民族师范	党政机关	县民宗局局长	振宝公派下	钟国祥七世孙
钟维升	男	1944—	大专	温州师范学校	教育机构	培头小学校长	振宝公派下	钟国祥八世孙
钟金莲	女	1946—	中专	浙江少数民族师范	党政机关	县人大副主任	振禄公派下	钟万芳七世孙女
钟维枢	男	1948—	本科	丽水林业学校/浙江农业大学	党政机关	市政协常委/省政协委员	振禄公派下	钟春芳八世孙
钟祝荣	男	1948—	中专	温州卫校	卫生系统	镇卫生院院长/书记	振禄公派下	钟万芳六世孙

资料来源：1947年《培头村重修钟氏宗谱》和2002年《培头村新修钟氏宗谱》。

（一）钟秉宽（1930—2012）

据1947年《培头村重修钟氏宗谱》记载：钟秉宽，名秉宽、字仲康，弟兄两个，排行第二，其父名志银，谱名义储，属培头村开基祖世英公次子振禄公派下，系振禄公第二子春芳公（国凯）之七世孙。据2002年《培头村新修钟氏宗谱》记载："钟秉宽，男，一九三零年二月生，培头村人。一九三八年至一九四零年在培头崇道小学读书。一九四零年至一九四二年在大峃镇群益小学读书。一九四八年加入中国共产党，一九五二年参加富岙乡土改工作队，后当选为乡长，一九五六年在杭州商校学习，一九五七年任县供销社副主任，一九五八年任富岙乡党总支书记，一九五九年担任黄坦公社副书记，一九六一年任黄坦区副区长，一九六二年任大峃农技站站长，一九七二年任樟臺公社书记，一九七四年任金珠林场书记，一九七七年任西坑区委委员、西坑公社书记，一九八零年任黄坦区委委员黄坦供销社书记。一九九一年一月离休。"①

从以上族谱记载可知，秉宽是新中国成立后从培头村走出去的最早的地方基层干部。他在新中国成立初期还担任过富峣乡乡长，后又担任富峣乡党总书记、黄坦区区长等职务。退休后，颐养天年，寿高82岁。这标志着培头村钟姓畲族先贤不仅在新中国成立初期就走出大山，而且走向地方政治舞台的中央。这无疑是培头村钟姓畲族在新中国初期的新发展。

（二）钟学廷（1933—2012）

据1947年《培头村重修钟氏宗谱》记载：钟学廷，名学廷，弟兄六个，排行第六。其父名忠卿，谱名大市。其祖父钟熙贤（建瑶），曾祖父钟逢扬，属培头村开基祖世英公次子振禄公派下，系振禄公第三子钟万芳（国懋）之五世孙。据2002年《培头村新修钟氏宗谱》记载："钟学廷，男，一九三三年六月生②，培头村人，中共党员，杭州大学经济系专业本科毕业。先后在温州师范、乐清中学、乐清县文卫办、杭州无线电技术学校、杭州市教委人事处、杭州市前进中学等单位任职。在工作期间，先后六次被评为先进工作者，五次被评为优秀党员。一九九三年九月在杭州退休，享受县处级待遇。"③

学廷出身于书香门第，为新中国成立后培头村较早通过读书走出大山且最终扎根落户省城的钟姓文化名人。他先后在温州、乐清、杭州等地从事教育管理及教学等工作。在杭城退休后，安享晚年，2012年辞世，享年80岁。其妻为汉族，曾在杭州某医院工作，现已退休。其长子毕业于中国政法大学，现在杭州某律师事务所工作，这也算是对高祖熙贤公精通律例的发扬光大。其次子毕业于浙江大学工商管理专业，现在杭城从事经贸工作④。在省城发展的学廷一家，是新中国成立初期培头村钟姓畲族超越大山和畲汉文化互动的优秀典范。

（三）钟法藏（1937—）

据1947年《培头村重修钟氏宗谱》记载：钟法藏，谱名秉瑜，弟

---

① 《培头村新修钟氏宗谱》，"知名人士"，2002年，第5页。
② 查1947年版《培头村重修钟氏宗谱》，钟学廷生于1931年，疑新中国参加工作后年龄登记有变化。
③ 《培头村新修钟氏宗谱》，"知名人士"，2002年，第1页。
④ 参见第三章第三节培头村钟有岳老人对其祖父家族生命史的回忆。

兄四个（其中老三秉瑾被驮岙村雷姓收养为嗣），排行第四。其父名义迁，谱名义鲜。法藏属呈山底自然村开基祖世雄公第四子振宝公派下，系振宝公第六子国祥公七世孙。他是新中国成立初期呈山底自然村较早通过求学走出大山的专业技术人才。据2002年《培头村新修钟氏宗谱》记载："钟法藏（秉瑜），一九三七年五月生，郑（呈）山底村人。一九六一年毕业于浙江省水利水电学校，分配瑞安市电业局工作，助理工程师。一九八四年评为温州市电业系统先进工作者，一九九七年退休。"① 钟法藏先生扎根于经济活跃的瑞安市，一生工作兢兢业业，现今已是儿孙满堂，退休后享受幸福恬静的天伦之乐。2013年清明节，笔者在呈山底村调研，恰逢他一家老少从瑞安市回培头村扫墓。老人对自己现有的生活感觉满足而惬意，也衷心希望自己的家乡在不久的将来变得更加富裕和美丽。

（四）钟维发（1938—）

据1947年《培头村重修钟氏宗谱》记载：钟维发，谱名维法，弟兄三个，排行第二，哥哥维表，在家务农，弟弟维升，小学教师退休。其父名玉煦，号照甫、谱名秉杰，属呈山底自然村开基祖世雄公第四子振宝公派下，系振宝公第六子国祥公八世孙。维发于"文化大革命"前毕业于杭州大学，长期任教于文成中学，历任文成县地理学会理事长，文成中学史地教研组长，因有着较好的专业基础和兢兢业业的工作态度而教学科研能力突出，教学成绩优异。他撰写的教研论文和高中地理教案以及制作的地理教具等为同行业翘楚，多次荣获各种奖励。他还担任文成县第一、二届政协常委，第一届县科协常委，温州市地理研究会理事，省、市地理学会会员，市、县民间文学研究会会员，县书法学会会员等职。多次被评为校、县政协、科协、总工会等先进工作者。钟维发一家1999年还获得文成县首届"十佳藏书家庭"称号。他因深受钟姓先辈们书画传统的浸润，亦酷爱书法，其书法作品多次获奖。其业绩被载入《中国少数民族专家学者辞典》《浙江古今人物大辞典》等多部辞书②。

---

① 《培头村新修钟氏宗谱》，"知名人士"，2002年，第5页。
② 参见《培头村新修钟氏宗谱》，"知名人士"，2002年，第3页。

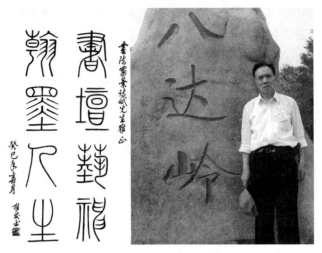

图 16　钟维发先生和他的书法作品

　　钟维发先生作为呈山底自然村走出大山，又在本土工作的钟姓文化人士，长期心系桑梓，用自己的文化知识帮助和关心家乡的发展。他不仅积极参与 2002 年《培头村新修钟氏宗谱》编写过程中的宗族联谊和收集资料等工作，也参加了《浙江畲族民间文献资料总目提要》中的部分条目撰写工作，用文字的方式详尽记录和保存了培头村钟姓显祖的灵位牌情况。他还为 2015 年培头村文化长廊的文字撰写倾注了大量的心血。他五个儿子大都考取中专或大学，在文成县城谋求较好的职业发展。他的家庭属于呈山底村通过读书升学跨越大山并在本土发展较好的类型之一。

　　（五）钟旭光（1941—）

　　据 1947 年《培头村重修钟氏宗谱》记载：钟旭光，谱名秉箫，名仲华，字旭光（后以此为名），弟兄二人，排行老大。其父名绍亭，谱名义瑕。他属呈山底自然村开基祖世雄公第四子振宝公派下，系振宝公第六子国祥公七世孙。据 2002 年《培头村新修钟氏宗谱》记载："钟旭光（秉箫），男，一九四一年十月生。培头郑（呈）山底村人。一九五六年小学毕业后，考取浙江民族师范就读，于一九六二年普师毕业。后分配黄坦等地任教。曾任黄坦区小总务主任，区教办副主任等职。一九八四年调县政协，曾任民族科科长、县民宗局局长。曾是县政协第二至第五届委员，温州市政协第六届委员。届时（同时）从事民族宗教工作。参与畲族民间文学三集成工作，'文成县志'资料提供及摄影工作。二零零二年一月在大岙退休，颐养天年。爱好养花、书法。仍（还）是温州市民间文艺家协会、兰花协会会员。"[1]

从上述记载可知，钟旭光先生是呈山底村新中国成立后较早受益于国家民族平等政策的青少年，年仅 15 岁就进入浙江少数民族师范就读。他毕业后从事教学及教育管理工作 20 余年，后调往县政协、县民族宗教局等县政府部门工作，可谓该村新中国成立后第一位先从事教育工作，后转入县级政府部门工作并担任重要职务的钟姓畲族知识分子干部。他不仅用自己的文化知识服务于当地畲汉民族的教育文化事业，也直接参与了本民族的经济文化建设和管理工作。

对于家乡的经济文化建设，他亦投入了较大的热情。他积极参与2002 年《培头村新修钟氏宗谱》编写过程中的寻根访祖和宗族联谊以及拍摄收集资料等工作，曾与钟维禄、钟维宗等远赴福建宁德等地探寻祖地迁徙路径和现居状况。他亦深受钟姓先辈们文化艺术传统的浸润而多才多艺，在摄影、书法、民间文学、兰花欣赏等方面颇有造诣。他的大家庭亦是通过升学途径而超越大山，并在本土发展较好的类型之一。其长子大学毕业后在温州市残联工作，儿媳妇是汉族，小学老师。他招赘在家的妹妹、妹夫虽然在家务农，但妹妹四个儿女均通过读书升学，分别在县城政府、文教、医疗等部门工作，具有较好的职业发展。

（六）钟维升（1943—）

据 1947 年《培头村重修钟氏宗谱》记载：钟维升，本名维昇、谱名维兴。弟兄三人，排行第三，为钟维发的胞弟（世系同上）。维升 1967年 8 月毕业于温州师范学校，同年被分配至家乡培头小学任教。1972 年，调往富岙乡中心学校任教，1977 年担任教导主任职务，获得小学高级教师称号。1988 年又调回培头小学担任 10 年校长职务。1998 年再度调回富岙乡中心学校担任教导主任，直至 2003 年退休。在他任职期间，还被选为文成县第三、四、五届政协委员和富岙乡第十三届人大代表。

维升与其胞兄维发一样，通过读书升学而超越大山、改变命运。他毕业后一直在家乡从事农村基层教学工作及管理工作，默默耕耘，数十年如一日。他参与和见证了培头小学的曲折发展历程。期间，他还积极参政议政。退休后，他用自己独特的方式关注着家乡的经济文化建设，希望适时

---

[1] 《培头村新修钟氏宗谱》，"知名人士"，2002 年，第 5 页。

回村办一个像样的图书室，让更多的钟姓族裔分享到现代文化知识。他的三个女儿，均有较好的发展，长女远嫁经济活跃的福建晋江，二女儿在黄坦中学任教，三女儿在温州当幼儿教师。

（七）钟金莲（1946—）

钟金莲，姊妹两个，排行老大。其父名有岳（有鹤），字鸣皋，谱名义聚，母亲姓蓝，名子花，瑞安徐山村人。其双亲现年94岁有余，均健在。金莲为培头村开基祖世英公次子振禄公派下，系振禄公三子万芳公七世孙女。她是20世纪60年代初期，培头村钟姓族裔中通过读书求学走出大山的唯一优秀女性，其工作业绩可谓巾帼不让须眉。据悉，少时家境贫寒，第一次走出大山是14岁，走山路数天才到达丽水浙江少数民族师范学校。她学习刻苦认真，少师毕业后从事小学教学工作，后因工作踏实肯干，作为少数民族女干部被重点培养。她先后被选调至文成县计生委、宣传部、统战部、民宗局、县人大等政府部门工作，曾担任县统战部民族宗教科科长。1984年任县政协一、二届副主席。自1990年始，任县十、十一、十二、十三届人大副主任，温州市七届人大民侨工委副主任。曾当选温州市第四、六、七届及省第八届人大代表。2005年被定为正县级干部。

钟金莲还于1979年4月随全国少数民族参观团赴北京和大西南考察学习两个月，是年五一劳动节在北京人民大会堂受到胡耀邦等党和国家领导人的接见。1988年被评为"浙江省民族团结进步先进个人"，1988年4月被评为"全国民族团结进步先进个人"，代表浙江省先进集体和个人赴北京参加表彰大会，代表全国畲族接受大会献花，在人民大会堂受到了赵紫阳等党和国家领导人的接见，民族画报刊登了合影照片。1983年，她会同县文化馆潜黎清同志创作畲族舞《喜迎亲》，并代表温州队赴北京参加国庆节演出并获奖。自1983年始，她还担任浙江省畲族文化研究会理事、副会长。曾发表多篇论文，主审《浙江省民间文学三集成·文成畲族卷》，主编《畲族民歌》《文成畲族文化》《畲族历史研究》等①。由于她具有强烈的民族情怀和丰富的民族工作经验以及见多识广的工作视野，其工作业绩突出，深受本地畲汉人民的由衷钦佩。

退休后的钟金莲女士与丈夫钟维宗先生积极参与家乡培头村的经济文化建设，为培头村的传统文化复兴和青钱柳产业开发倾注了大量的心血

---

① 参见《培头村新修钟氏宗谱》，"知名人士"，2002年，第2页。

(详见第五章)。无疑,她是一位出类拔萃的畲家女,更是培头村钟姓畲族的骄傲。她的家庭发展也具有拓展性。其女儿钟艾莉(1968—),1986年高中毕业后远赴法国巴黎勤工俭学,学成后留居巴黎经商,平时热心侨团服务工作,积极为当地侨胞排忧解难并争取权益。其大儿子钟海峰(1970—),曾在文成县交警队工作,后调入温州市公安部门工作,工作业务能力强,夫妻俩积极支持父母参与培头村的发展。小儿子钟少武(1972—),1990年高中毕业,次年赴法国巴黎勤工俭学。学成后,长期在巴黎从事商业贸易工作,近期计划回国投资发展。在巴黎期间,他曾积极为华人同胞争取合法权益,深受旅法侨胞的高度赞誉。艾莉和少武姐弟俩虽远在海外,但对本民族感情深厚,无论是培头村新修《钟氏宗谱》,还是修复钟氏宗祠,都积极捐助以表达心意。

(八) 钟维枢 (1948—)

据1947年《培头村重修钟氏宗谱》记载:钟维枢,独子,其父名秉宽、字仲康,属培头村开基祖世英公次子振禄公派下,系振禄公次子春芳公之八世孙。维枢生于新中国成立前夕的培头村,其父亲为地方基层干部,家庭环境相对较好,他成为20世纪70年代中期培头村少有的大学毕业生。因其在大学攻读茶叶专业,毕业后长期从事相关专业的技术工作及管理工作,并同时参政议政,为地方农业经济和政治发展做出了自己的贡献。

据2002年《培头村新修钟氏宗谱》记载:"钟维枢,男,一九四八年五月七日出生于培头村,大学文化。一九六五年七月毕业于黄坦中学,同年九月考入浙江丽水林业学校。一九七三年九月考入浙江农业大学茶叶系读书。一九七六年十月分配至西坑区农技站工作,任技术员、助理农艺师。一九九零年十月任农业局副局长。一九九八年三月当选文成县第五届政协副主席,兼经济工作委员会主任。二零零一年一月任县科协主席,三月当选温州市科协七届常委。一九九六年被评为县机关十佳干部。一九九八年以来,曾任温州市政协五届委员、县政协三届常委,县十一届人大代表,省政协七、八届委员。大学毕业后,精心研制茶叶专业技术工作,于一九九八年研制成文成县首个国家级名茶'半天香',并多次在国际、国家、省、部级名茶评比中获奖。论文《名茶'半天香'研制初报》,一九九零年在浙江茶叶杂志上发表获得温州市一九八八年至一九九零年度自然科学优秀学术论文二等奖。'半天香'项目获县首届科技进步一等奖。名茶'半天香'入编《中国名茶图谱》一书。二零零一年编写了《文成'半天香'茶叶地方标准》。"[1] 退休后，他钻研过宗族历史文化，也关心培头村青钱柳基地发展。

（九）钟祝荣（1948—）

从田野调查并结合 1947 年《培头村重修钟氏宗谱》资料可知：钟祝荣，弟兄三人，排行老大。属培头村开基祖世英公次子振禄公派下，系振禄公三子万芳公六世孙。其父钟志光，又名学楷，谱名学资，曾读过私塾，在原属瑞安的外南村小学做过教师。其祖父名碎格、号佐臣、印绍卿，谱名大儒，"由贡生加布政司都事衔，民国丙辰充任青邑八都自治县"。其曾祖名熙贤，谱名建瑶、号笃之"由贡生升加布政司经历衔候选江西省分府"，其高祖父名逢扬、字锡解、印际时，谱名永谐，"贡生加五品提举衔署福建省福宁府分府"[2]。他可谓出身于培头村的书香门第和官宦之家，其祖父和曾祖父、高祖父均属培头村的文化名人。

祝荣年幼时家道已衰，家中兄弟姐妹较多，生活十分拮据。但其父仍咬紧牙关让他这个长子上学，他后来考入温州卫校，在贫困中坚持完成学业。他毕业后回家乡黄坦镇卫生院从医，并多年担任该卫生院的院长和党委书记，直至退休。他在山区地方卫生院中，兢兢业业地工作数十年，在技术和管理方面取得了骄人的成绩。尤其是在子女教育方面，更是培头村钟姓畲族的典范。他的两儿一女，全部培养成才，分别在卫生部门和政府部门工作，均为单位的骨干力量（参见本节第二部分）。他现已退休回村居住数年，虽然身体欠佳，但对培头村的发展十分关注。

二　改革开放后以读书为主的家庭发展案例

自 20 世纪 80 年代初期改革开放以来，培头村钟姓畲族跨越大山的路径逐渐增多。除了读书以外，还有诸如打工、经商、参军等其他选择机会。不过，对于地处山区僻壤的钟姓畲民而言，读书升学仍不失为一种较好的向上流动方式。许多钟姓家庭秉承先辈的崇文重教传统，千方百计送子女读书，以谋求较好的个人和家庭发展（参见表 17，个别因离家久远未统计在内）。事实上，培头村已有很多家庭通过一名或多名子女的读书

---

[1]　《培头村新修钟氏宗谱》，"知名人士"，2002 年，第 1 页。
[2]　详情参见本章第二节钟姓畲族历史文化名人录。

升学而改变了自身和家庭命运。而随着走出去的大中专学生数量的日益增多,培头村村落社区发展的社会资本也日益增多。透过以下几种不同的家庭发展类型,能够大致地反映出读书升学对培头村钟姓畲族超越大山的重要意义。

表 17　　　　培头村新一代读书升学的钟姓畲族（1949 年后出生）

姓名	性别	出生年月	毕业学校	职业/单位
钟家其	男	1951	杭州大学历史系	教师/意大利经商
钟炳文	男	1956	浙江少数民族师范学校/中南民族学院	干部/泰顺民宗局
钟邑锋	男	1964	浙江少数民族师范学校/中南民族学院	干部/县民宗局
钟体其	男	1967	浙江少数民族师范学校/中南民族学院	干部/市委组织部
钟朝晖	男	1967	浙江大学物理系	商业/南都期货公司
钟逸樵	男	1968	浙江少数民族师范学校/中南民族学院	教师/培头小学
钟邑标	男	1968	温州教育学院	干部/县人大科教文卫
钟聪勇	男	1968	杭州商学院/中央党校	干部/县民宗局
钟俊龙	男	1968	浙江少数民族师范学校/浙江师范大学	教师/培头小学
钟永亮	男	1969	浙江少数民族师范学校/中南民族学院	干部/县质监局
钟思祥	男	1969	西安交通学院	经理/温州路桥质量监督总公司
钟智勇	男	1969	温州师范学院/浙江师范大学	干部/温州市残联
钟沛森	男	1969	温州卫生学校	干部/县人事劳动保障局
钟林山	男	1970	浙江电视大学	个体经商
钟永武	男	1971	文成中学高中	职工/文成二中
钟建锋	男	1971	江西理工大学	干部/瑞安电业局
钟晓忠	男	1971	温州卫生学校/浙江大学医学院	医生院长/岀口镇中心医院

姓名	性别	出生年月	毕业学校	职业/单位
钟聪芳	女	1971	温州卫生学校	护士/文成卫生学校
钟怡群	男	1972	中央广播电视大学	文成大峃镇镇政府
钟坚敏	男	1973	中国政法大学	律师/杭州律师事务所
钟永兵	男	1973	舟山石油化工学校	干部/文成县残联
钟建忠	男	1974	浙江少数民族师范学校/中南民族学院	干部/县政法委
钟沛康	男	1974	浙江广播电视学校	干部/温州市某机关
钟旭春	男	1975	温州农业学校	干部/乡镇法庭
钟锋娟	女	1976	浙江少数民族师范学校	教师/乡镇小学
蓝双一	男	1976	温州农业学校	干部/黄坦镇团委
蓝双二	男	1976	中南民族学院	干部/文成县少体校
钟建芬	女	1977	温州师范学院	干部/文成县委宣传部
钟淑夏	女	1977	温州卫生学校	医务/县卫生防疫站
钟汉忠	男	1978	温州农业学校	干部/乡镇
钟维科	男.	1978	温州市民族职业学校	管理/温州某加油站
钟汉荣	男	1979	瑞安师范学校	干部/县信访局
钟鸿飞	男	1979	浙江少数民族师范学校/福建师范大学	教师/培头民族小学
钟维勇	男	1980	北方民族大学	县广播电视局
钟汉友	男	1983	浙江丽水学院	教师/西坑镇小学
钟海敏	男	1985	浙江丽水学院	教师/玉壶镇小学
钟永利	男	1985	安徽蚌埠坦克学院	现役军官/某装甲连
钟燕茶	女	1987	丽水学院	文成玉壶镇公务员

续表

姓名	性别	出生年月	毕业学校	职业/单位
钟海燕	女	1988	浙江长征职业技术学院	温州某皮包厂会计
钟丹婷	女	1988	浙江医学高等专科学校	护士/文成玉壶镇卫生院
钟黎飞	女	1989	温州医学院	南京某陆军部队特种兵
钟声浩	男	1992	杭州职业技术学院	在读
钟青青	女	1992	衢州职业技术学院	温州某企业
钟芸芸	女	1993	浙江医学高等专科学校	温州某医院
钟李忠	男	1993	浙江医学高等专科学校	在读
钟远明	男	1993	浙江水利水电学院	在读
钟东勇	男	1993	温州职业技术学院	在读
钟宁宁	女	1994	浙江师范大学	在读
钟思慧	女	1994	杭州师范大学	在读
钟鑫浩	男	1994	金华职业技术学院	在读
钟颖颖	女	1995	杭州师范大学	在读
钟浩南	男	1995	丽水职业技术学院	在读
钟亮亮	男	1995	浙江树人大学	在读
钟胜杰	男	1997	温州大学	在读
钟然兮	女	1997	杭州外国语学院	在读

资料来源:2002年《培头村新修钟氏宗谱》及田野调查。

（一）读书超越型

案例1,钟祝荣（1948—）,如前所述,是新中国成立后培头村最早一批通过读书升学走出大山的钟姓畲族之一。他本人温州卫校毕业,被分配至离家不远的黄坦镇卫生院工作,业务能力突出,先后担任该卫生院的领导。他的妻子雷德花（1951—）,小学文化,娘家在隔壁的坞田村。作为家庭主妇的她，勤劳能干且心灵手巧，可谓里里外外一把手。她还擅长唱山歌和编织彩带，是畲族非物质文化遗产"彩带编织"传承人。祝荣自幼就以自己的显祖为荣，其父也常用祖训告诫他"黄金没有乌金贵"，意即读书比万贯家财要珍贵得多。他自己平时最喜欢说的两句话是："知识就是金钱，文化就是生产力。"在祖辈浓郁的耕读传家思想浸润下，他十分注重下一代的读书升学问题。他们夫妻育有两儿一女，全部培养成才，毕业后回文成县本地发展，现均成为各自单位的骨干力量。他们还鼓励一名外甥学医从医，现也成为业务骨干。此外，他们还将自己的小侄子一直带在身边照料培养，2013年考上浙江高等医科学校。他的家庭可谓培头村以读书超越大山的典范。他的三个子女的学习工作情况如下：

大儿，晓忠（1971—），温州卫校毕业，现担任玉壶镇卫生院院长，业务能力强，大儿媳汉族，也在玉壶镇卫生院工作，娘家文成侨乡玉壶镇。孙子现高中在读。

二儿，建忠（1974—），浙江少数民族师范毕业，后进入中南民族大学本科深造，毕业后一开始做教师，后考入县政法委工作，业务骨干，二儿媳，汉族，现在县城一家幼儿园当教师，娘家文成南田镇。孙女小学在读。

女儿，建芬（1977—），丽水学院专科毕业后，后又入温州师范大学本科深造。她爱好写作，擅长文字，屡有稿件见诸报端。现担任县委宣传部新闻中心信息科长。女婿汉族，在检察院工作，外孙小学在读。

以下是祝荣对自己家庭的介绍、体会：

　　我的祖上都是有名的读书人，在江西、福建这些地方做官，而且都很会打官司，经常教育后辈打官司只赢七分。我的父亲钟学楷，要是活着今年96岁了，他小时候读过私塾，后来到外南村去教过小学。但到新中国成立前夕，我家里衰落了。兄弟姊妹多，很穷。我有六兄妹，三男三女，我排行老三，在男的中，我是老大。我上面有两个姐姐，她们早早要承担家庭重担，没条件念书。大姐在家里招女婿。大姐生了两个儿子和两个女儿。她的大女儿嫁到青田，那边是侨商，后来她把弟弟妹妹都带到国外去发展了。他们没有读书，出国算是一条比较好的路吧。现在大姐的小女儿在西班牙开百货商店，大儿子在意大利开超市。我二姐嫁在西坑，姐夫种田。二姐的儿子跟我一样，也是温州卫校毕业，现在西坑镇卫生院当院长。我妹妹嫁在隔壁富岙村，务农，现在已经病逝了，生了两个女儿和两个儿子。一家读书不多，主要靠打工，现在小的外甥和我妹夫在温州种菜。

我是家中的长子，小时候家里穷得叮当响，但我父亲砸锅卖铁也要送我念书，说是祖辈念书的"香火"不能断送。我记得当时去温州卫校念书时，父亲卖了家里唯一的一只羊，才凑了点盘缠和生活费。那时候，我们读书是很苦的，有的吃不消跑回来了，我是再苦也要把书念完的。因为不读书就没有出路，只有读书才能有见识，才能走出大山。我自己的三个孩子，我教育他们，从小要努力读书，要勤奋学习，给自己找出路。我当时在医院工作工资不高，我老婆就一边在医院做临时工，一边给孩子们烧饭洗衣服，让孩子们专心读书。临时工一开始每月才28元钱，后来才涨到每月600元。但她很会持家，下班时还种点菜、种点粮，这样孩子们的生活和读书，就有了保障。三个孩子，还包括我的侄子都是这样在黄坦医院宿舍，她一手照料带大的。好在孩子们都很争气，老大学医，老二、老三都在县政府部门工作，现在都算是单位骨干。尤其是老三，我的女儿，现在也很关心本民族的发展，经常带人来培头村参观，也写关于培头村的文章，让更多的人了解培头村。她这样做，我蛮高兴的。年轻人，有文化的人就是要多关心社会发展嘛。

我两个弟弟家的情况是这样的：大弟家荣，1961年生，初中文化，是个木匠，弟媳蓝月珠，1962年生，初中文化，是丽水云和山哈。因弟弟出外做木匠活，娶回弟媳妇。现在弟弟在温州帮外甥女婿的建筑公司做管理，年收入有六七万元。弟媳做零工有两万元左右的收入。他们两个女儿，大女儿29岁，嫁到南田镇百丈漈，夫妻打工。小女儿职高毕业后，在温州一家美容店打工。最近几年，村里开始发展了，大弟两口子也回家了。2000年他们花了十几万元，盖了一栋建筑面积100平方米的三层楼房还带地下室，现在准备重新装修搞农家乐。

小弟国荣，1967年生，初中文化，弟媳彭小英，1969年生，小学文化，是湖南土家族。弟媳妇一开始到这里看看，又回去了。回去后，觉得这里的人很善良，又写信让接回来，最后引来了十几个湖南媳妇。小弟弟比我们小近二十岁，我母亲 45 岁才生下他。等我弟媳妇生下侄子时，我母亲早去世了，侄子是我老婆带大的，长嫂如母嘛。他们两口子都在温州卖菜，十来万一年的收入。我们合起来盖了这栋新房子。现在侄子也考到杭州读医科大学了，我们也感到很高兴。现在虽然赚钱的方法多起来了，读书不一定是最赚钱的。但一个家庭和一个村庄要发展，一个国家要搞建设，要是没知识，没文化是很可怕的。

（12/7/2012，am，于培头村钟祝荣家）

祝荣对下一代教育和文化的重视，是颇有见识和眼光的。他家虽然不是村里最为富裕的，但儿女们个个通过自己的勤奋努力，获得较好的人生前途，在村里，甚至十里八乡也是颇让人羡慕的。夫妻俩将子女陆续培养成才以后，家庭物质生活也逐渐改善。2000 年在黄坦镇盖起了一栋四层的楼房，耗资二十几万元。2004 年又与小弟合伙在老家培头村盖了一栋占地 300 多平方米的三层楼房，耗资 30 多万元，现已装修一新，三楼还专门装修了四个标准房间，作为农家乐的住宿接待。退休后的祝荣在村里过着恬静安逸的富裕生活，尤其是子女的成才让他十分宽慰。他目前最希望的是培头村能多出人才，有更多的钟姓文化人来关心村落的发展。

案例 2，钟珠兰（1949—），初中肄业，呈山底自然村人，招赘女婿钟保希（1948—），小学文化，原为文成南山坑蒋姓汉族，招赘后改姓钟。夫妻育有三男二女共五个孩子。珠兰的父亲年轻时因烧瓦片劳累过度，导致双目失明 30 多年，其家庭当时为呈山底村最困难农户之一。在其大哥[①]的引领下，崇尚读书升学。夫妻俩昼夜劳作、节衣缩食地将数个子女培养成才。目前，除一个女儿在海外经商以外，其余四个子女均通过升学参加工作，在本地具有较好的职业发展。她的大家庭是一个夫妻恩爱、子女孝顺的和睦之家。从访谈中，得知其子女的学习、工作、生活情况大致如下：

老大，儿子，聪勇（1968—），杭州商学院专科毕业，后进入中央党

---

① 珠兰的大哥即从呈山底村通过读书走出去的钟旭光。

校函授学院本科深造。1993 年 3 月任双溪乡团委书记、党委委员。2001
年 7 月任黄坦镇稽垟办事处主任。后调至县政府文明办，现任县民族宗教
局管理科科长。能以少数民族的身份从事民族工作，幸莫大焉。儿媳林海
珍（1970—），汉族，初中文化，文成大峃镇人。现在意大利姐姐姐夫的
服装厂里打工，已将独生女儿带往意大利读中学。夫妻俩在县城有自己的
商品房。

老二，女儿，聪芳（1971—），温州卫校毕业，现在文成人民医院
做护士。女婿文成大峃镇林姓汉族，高中文化，部队转业后，在文成青
山电站做管理工作。家庭生活比较富裕，不仅在大峃镇上有老房子，还
在县城建造了一栋落地楼房。育有一女，在文成中学读高三，学习成绩
颇优。

老三，女儿，聪音（1974—），初中文化。嫁文成侨乡玉壶镇金星
村，女婿雷姓畲族，初中文化。十几年前由丈夫的叔叔婶婶带往意大利，
夫妻俩现在意大利开皮具厂，雇有少量工人，收入可观。育有两儿，大的
13 岁，小的 5 岁，都带在身边。聪音十分能干，既要烧饭洗衣，又要自
己带孩子，空时则缝制皮包。目前已在文成县城购买了一套商品房，现娘
家父母在住。

老四，儿子，维科（1978—），文成民族职业学校物流管理专业毕
业，现在温州龙湾新世纪加油站工作已十余年，现升为副总经理，年薪十
几万元。儿媳，叶秀群（1980—），汉族，初中文化，也在同一个单位做
收银员。育有一个女儿，11 岁，现在温州读小学。

老五，维勇（1980—），北方民族大学本科毕业，现在文成县广播电
视局工作，酷爱阅读和写作。

珠兰向我讲述了她的家庭情况：

> 我们家过去是呈山底村最困难的，但是家里人很团结，我们夫
> 妻从来没有吵过架，下一辈对老人连一句重话也没有说过。我父亲
> 因为烧瓦片，眼睛看不清有 30 多年，洗脸水都要端到床头。我家
> 里一个姐姐、一个哥哥，姐姐比我大 16 岁，我小时候，姐姐嫁出
> 去了。哥哥大我 9 岁，我上小学时，哥哥就到外面读书了，所以，
> 我很小年纪就要帮母亲干农活，照顾生病的父亲，还有爷爷奶奶，
> 那时候要供哥哥读书，家里很困难。等我长大了，就招一个女婿过

来帮着过日子。

我们是 1967 年，18 岁那年结婚的，生了五个孩子，三个男孩，两个女孩。孩子小的时候，我家里很苦很苦的，当时五个孩子，四个老人，加上我们夫妻俩，一共 11 个人，挤在呈山底大屋的两间屋子里。保希招过来以后，也跟松夏的叔公维凑学着打石头，他还锯木板、做粉干。我养了 17 年的母猪和小猪，我们夫妻俩就这样拼命地劳动，一边照顾老人，一边供五个孩子读书。孩子们读书也争气，现在都有工作，日子也不错了。老大在民宗局，老二在人民医院，老三在意大利办皮包厂，老四在温州加油站做副总经理，老五在文成广播电视局。老五这个最小的儿子读书读得最多，虽然现在工资不是太高，还没有成家，但很懂事，不乱花钱，业余时间喜欢写文章，也有些外快。工作没多久，现在也有存款十几万了。要是成家，父母哥哥姐姐会支援他点，但是他喜欢靠自己的努力。儿女们争气了，我们做父母的也就宽心了。

想想过去，当时再苦再累也过来了，供孩子们读书是值得的。记得分田到户后，保希在外面挣钱，我就拼命养猪，母猪小猪加起来一年要养 20 多头，基本是我一个人，他干完外面的活，也帮帮忙，要是母猪下息，怕小猪被踩死，我们一个晚上都不能睡觉，只能在猪栏旁放把躺椅，困了就躺一会。就是这样拼命做，到了 1992 年才盖上新房，从下面老屋搬到现在的楼房。我们夫妻俩，还先后送四个老人上山，抬埋、做坟墓的花销，也是这样做出来的。

现在我们身体还好，还能做一点，不要儿女负担。我们夫妻俩都在女儿工作的人民医院做临时工，我在医院体检室打扫卫生，每个月有 1200 元，他做门卫，每个月 1650 元，我们自己烧吃的，花销不多，我们现在日子过得很满意了。

接着珠兰还向我讲起了他大姐一家的情况：

大姐钟嫦娥，1934 年出生，嫁西坑畲族镇上村，姐夫，雷元禄，1934 年出生。夫妻两个都务农，生了三个儿子，两个女儿。他们一家读书的也有，但打工、做生意的多一些，日子过得也还可以。大姐的大儿子务农，但大孙子一家在温州做蛋糕生意，已在西坑镇盖了楼房，二孙子一家在澳大利亚开餐馆，三孙子一家在意大利发展，现已在温州买了商品房。大孙女在温州做蛋糕生意，已经买了商品房。而小孙女以前在温州做蛋糕生意，后嫁给瑞安汉族，就到瑞安发展，现已在瑞安盖有楼房。大姐的二儿子，是个石匠，在西坑给人做手艺活，200多块一天。生了两个女儿，一个儿子。大孙女一家在意大利打工，小孙女嫁南田的汉族，在温州开理发店，孙子在丽水开服装店。大姐的三儿子是考上大学的，现在文成大峃镇小学做教导主任，儿媳妇在家做点生意，生一个孙女，现在上大学。大姐的大女儿一家都在意大利开服装店，外孙、外孙女一家都在意大利发展。大姐的小女儿，嫁到瑞安江溪镇，在菜场卖菜，女婿开车，一家子生活比较富裕。

我们家里人觉得，只要小孩子喜欢读书，就尽量让他读。实在不愿意读，读不好，那就没办法了。但不管怎样，有文化总不会吃亏，就是打工、做生意脑筋都要好一点。我的四个孩子都是通过读书找到出路的。像我这种家庭，不一定是很富裕的，但是村里人，还有亲戚朋友都说挺羡慕的。

(4/4/2013，am，于呈山底自然村钟珠兰家)

以上是一对勤劳的夫妻通过艰辛的劳作，培养四个子女读书升学，走出大山的经历。他们对子女读书升学的重视和付出，是基于"知识改变命运"的朴素认知基础之上的。

案例3，赵钦满(1932—)，仅念过7天书，1944年从山脚的周岙底村搬入，其妻已故。如前所述，这是培头村唯一一户汉族。因为与钟姓畲族相处融洽，成为讲畲语、唱畲歌、习畲俗的畲化汉族。其子孙改姓钟，并归认钟氏宗祠，班辈借用邻居的秉字辈。这户畲化汉族也深受钟姓畲族耕读传家精神的影响，节衣缩食地供儿子们读书，如今三个儿子均有较好的发展，其学习工作及生活情况大致如下:

老大，沛森(1969—)，温州卫校毕业，曾在温州做医生，现为文成县劳动局干部。大儿媳，汉族，在文成县峃口镇医院做出纳。孙子在县城读高中。

老二，沛高(1971—)，初中文化，在兰田镇自来水厂当出纳，二儿媳，向彩云（1980—），小学文化，湖南张家界土家族。有两个孙女，大的 14 岁在南田读书，小的 4 岁，夫妻俩在南田镇购有住房。

老三，沛康（1974—），1994 年毕业于浙江广播电视学校，获大专文凭。同年被分配至县委新闻科工作。自 1997 年始，先后任县委调研室副主任、主任。自 2000 年始，先后任西坑镇党委副书记、西坑畲族镇人民政府镇长。后调至温州市政府工作，担任过温州瓯海区纪委主任。三儿媳文成陈姓汉族，现在温州某派出所工作。孙子在温州读高中。沛康热爱写作和书法，曾在各级报纸杂志上发表文章 500 余篇，还经常有书法作品刊载，他对书法的爱好，与培头村钟姓畲族文化传统的浸染不无关联。

钦满家在培头村建有一栋三层楼房，客厅里挂满了三儿子的书法作品。如今老人与二儿子生活在一起，享受天伦之乐，他对目前的生活感觉满意，也十分关心村里的发展，主动将自己融入钟姓畲族大家庭之中。

（二）读书暨经商型

案例 1，钟龙聪（1939—），小学文化，本姓张，幼时家境贫困，少年时常外出打工，25 岁成为培头村的招赘女婿，改姓钟。人民公社集体化时代，随着六个子女的陆续降生，其养家糊口的担子也愈来愈重。家庭生计的压力逼迫他冒着被批判为"投机倒把分子"的危险，从生产队挣工分以外的渠道，做些贩卖牛羊的"黑市交易"以补充农业收入的不足，从而维持家庭生计。人民公社"政社合一"体制结束后，他可以在农闲之余，光明正大地从事一些小买卖。夫妻俩正是凭着勤劳和智慧，将儿女们逐个抚养成人。有的通过考学走出大山，有的通过经商发家致富。其子女们因从小深受父亲市场意识的耳濡目染，也颇具商业头脑。加之有文化，见多识广，目前子女们的经济状况，在培头村居领先地位。2013 年他家竣工的"金钟山农庄"，达到现代农家乐水平。他的几位子女的学习、工作及生活情况大致如下：

老大，儿子，邑锋（1964—），1988 年丽水师范学院毕业，后进入中南民族学院本科深造。曾担任过文成县鳌里乡乡长，现任职于文成县民宗局，任科长职务，他是一个开拓事业，发展经济的能人。大儿媳王素珍（1964—），汉族，高中文化，文成县城人。孙子声浩（1992—），就读杭州职业技术学院美术专业。大儿媳在文成从事小买卖起家，后转做禽蛋批发生意,由文成转战温州,生意日益红火。近几年回村里经营农家乐,遂将温州的生意转交给小姑子一家打理。她十年前还在文成县城合伙买下了一栋 400 余平方米的两层商业楼,后大部分合伙人股份转让后,其个人股份占九成,年租金收益十分可观。

老二,儿子,邑标(1968—),1990 年毕业于温州教育学院,分配至黄坦镇中学任教。1993 年调至朱雅乡工作,先后任朱雅乡乡长助理、党委委员、副乡长、乡长、书记等职务。2001 年,任县人大常委会教科文卫民侨工作委员会副主任,现为县人大办公室主任。二儿媳,文成汉族,在某幼儿园工作。孙子胜杰(1997—),温州大学在读。

老三,邑夫(1970—),初中文化,妻子泰顺畲族,曾在村里办过生态养鸡场,现在主要从事禽蛋生意。孙女然兮(1997—),杭州外国语学院在读。

老四,女儿,美燕(1973—),女,中专文化,在温州从事税务工作,女婿汉族,在温州工作,夫妻俩工作收入较好。

老五,儿子,邑鑫(1976—),初中文化,在瑞安从事禽蛋批发与零售,收入较佳,媳妇汉族,家庭经济状况较好。

老六,女儿,美鑫(1979—),女,初中文化,嫁本村钟姓畲族。早先与大嫂在温州从事禽蛋批发生意,现夫妻俩独自经营,生意稳定,收入可观。

以下是龙聪老人对自己的人生回忆:

> 我是黄坦镇人,小时候家里很苦。5 岁时父亲就去世了,母亲带着我改嫁到王宅,继父家里也很苦,我 16 岁就到福建建阳的大山里背木头,一次背 200 斤木头,才有 2 块钱一天的工钱。没有 200 斤力气的只有 1 元一天。我背木头背到 22 岁。1960 年又到建阳炼钢铁,干了三年,有 50 块 1 个月。1963 年,我 24 岁回到家里。25 岁就到培头村来招女婿。
>
> 成家以后,我家里人口慢慢多起来,6 个孩子,还有父母,一共 10 个人吃饭。我没有办法,只好跟一些朋友学着做牛生意和猪生意。我把牛买来,养几个月,再卖出去。有时候是做中介,赚点介绍费。我最远到景宁、平阳去贩牛,走路都要 3 天。生产队时,我是偷偷地去做的,抓到了要到公社参加学习班两三天,有的还要

游街、戴高帽。我没有游过街，因为村里人很好，他们去把我保回来，说我家里太困难，公社也就把我放了。我夫妻俩也是拼命做，我再做点小买卖，就是这样把 6 个孩子养大。我们自己文化水平低，希望孩子们读书有出息。我老大、老二都上了大学，老四女儿，也读了中专，他们都有比较好的工作。其他 3 个孩子，都在老大媳妇的带领下做生意，日子过得不错。我老大念过书，有头脑，现在家里搞农家乐，也是他带头做起来的。我家里现在发展成这个样子，也是共产党的政策好，关心少数民族的发展，以前我们不敢想的。

邑锋的妻子素珍，在 2013 年培头村"三月三"晚宴上，动情地回忆了夫妻俩的打拼之路：

1991 年我结婚时，婆婆这边一大家子，兄弟姐妹很多，生活挺困难的。当时婆婆家贷款了 3000 块钱办酒席，新房放在培头村，因为没有马路，我的嫁妆运不过来，临时在房子前面，挖了一条机耕路，车子才运过来。当时只有邑锋一个人工作，那时他的工资只有175 元，还要在县城租房子，都周转不过来，还是我爸爸帮忙才解决租金。我爸爸有工作，3 岁时我妈妈就过世了，为了我们兄妹，父亲没有再结婚。我这么大了还要爸爸来补贴，很不忍心。就是因为家里太苦，我们夫妻俩决定自己做生意。1992 年小孩子出生一个月后，我就开始卖拉面，后来又卖过青菜，卖过百货，最后是卖鸡蛋。卖菜是很苦的，每天早晨 4 点钟起床，摘菜捡菜，一天能赚 15 元钱。记得刚开始那阵，儿子还很小，人又很累，我摘一片青菜，掉一滴眼泪。

卖鸡蛋时，我也是早上 4 点就起床，邑锋他都起来帮忙，再去上班。下班后，一进屋就帮忙。卖鸡蛋要一个个照过去，看新鲜不。因为很讲信誉，慢慢地生意才打开局面。那时我公公婆婆也来帮忙，他们到山东养鸡场老板那里住了一年，专门帮我拿货。那边的老板现在很熟，一提我的名字都知道。1999 年，我们看到机会就扩大生意，因为温州有个禽蛋市场，我们就租了两间店面，5 年 15 万元租金，文成的店就给我姐姐了。

在温州禽蛋市场主要搞批发，生意不错，最好1天可卖2000箱，一箱360个鸡蛋。2002年温州禽蛋市场的两间店面，我用五十几万元买下来，现在已经价值几百万了。这两年我回来建房子，给妹妹他们经营，他们一年的收入也有好几十万元。我在温州做了11年，这期间老爸（公公）还跟别人合伙到山东做大蒜和青菜生意，我当时投资40万元，后来亏了，账都是邑锋还的。因为卖鸡蛋赚的钱，我们日子也越来越好了，在县城有一套100多平方米的商品房，还有1栋400多平方米的两层楼的店铺，一楼是药店和理发店、酒店，二楼有1000多平方米做超市，当时花了几百万元与别人合伙买的，后来大部分人退出去了，股份就剩我与另一个人，按9∶1的比例分成，我每年的租金收入有八九十万元。

我们兄弟姐妹很团结。邑锋尽量让弟妹们多读点书，美燕初中毕业打工1年，他哥哥叫她回来补习，每个月省50块钱给她读书，后来考上了中专，到温州工作。当时弟弟结婚没有钱，我就把自己没有戴过的金项链，拿给弟弟，让他送给弟媳妇，他们生活好点了，3年后还给我了。这边的弟妹们对我很好，我去年过生日，他们都给我买金项链。春节回来，弟媳妇、小姑子她们都抢着做饭，让我休息。当时我家里盖这么大的房子，没想到要搞农家乐，就是想着兄弟姐妹多，回家有地方住。现在搞起来这么大的房子，搞农家乐，以前也没有想过的。

(5/4/2013，pm，于金钟山农庄)

案例2，钟学悦（1929—2012），读私塾数年，传统文化底蕴深，新中国成立前曾任外南村小学教师，妻子为本地赵姓汉族。他出身于书香门第之家，其伯父钟碎格（佐臣），祖父钟熙贤（笃之），曾祖父钟逢扬（际时）。因受家学渊源影响，十分重视子女的教育。其子女的学习工作情况大致如下：

老大，女儿，菊兰（1948—），初中文化，嫁黄坦镇邢姓汉族，小学民办教师后转正。外孙女长虹（1974—），浙江少数民族师范毕业，现为黄坦镇中学音乐教师，嫁邢姓汉族，在县某银行工作。

老二，儿子，家其（1951—），1968年浙江少数民族师范学校毕业，1977年，入杭州大学历史系深造，获历史学本科学位。毕业后，先后在玉壶中学、文成中学任教。儿媳严刘梅（1958—），娘家侨乡玉壶镇。20世纪80年代初期，他辞职到意大利发展，1992年，妻儿全部接到意大利，现全家在意大利开办一家皮鞋来料加工厂。随着年岁增长，其叶落归根的念头愈发强烈。他告诉笔者，自己目前正在研究如何将意大利的油橄榄引种到家乡。

老三，儿子，国其（1956—），初中文化，儿媳赵秀英（1956—），夫妻俩均会做衣服，年轻时都在温州一制衣厂打工，十余年后回村里务农，现在村内开了一家小杂货店。孙女两个，大的已出嫁，小的芬芬（1982—），招呈山底村女婿入赘，现在小两口均在意大利姑姑家超市打工，收入颇佳。

老四，儿子，体其（1967—），1987年毕业于浙江少数民族师范学校，分配至富岙乡任教。1990年，考入中南民族学院深造，获大专文凭。1992年分配至县委统战部工作，1994年调县委组织部，先后任秘书、办公室副主任、干部二科科长、组织科科长、部务成员等职务。1997—1999年，参加中央党校函授本科学习。2000年，调入温州市委组织部工作，副处级干部。其妻亦在温州工作，育有一女儿，高中在读。他20余年来，工作勤奋踏实，业余时间笔耕不辍，在全国、省市级报纸杂志发表文章五十多篇。多次获得县、市级先进工作者、优秀干部等荣誉称号。他本人积极上进，近几年又攻读了省委党校的硕士研究生课程。2010年，完成了具有较高质量的题为《古村落的文化保护及其开发利用》的硕士论文，获得硕士学位，成为迄今培头村具有最高文凭的钟姓族裔。目前，他也积极关注培头村的文化教育和经济发展。对于读书的意义，他是这样说的："当年在培头村这个山沟沟里，唯一的出路就是读书。只有读书才能走出这个大山，才能感受山外面的精彩世界。只有更多的农村年轻人读书，城乡差别才会缩小，社会才有发展。"[1]

老五，女儿，碎兰（1969—），高中文化，嫁侨乡玉壶镇章姓汉族。2000年至意大利，现夫妻俩在意大利经营多家超市，育有一儿一女，分别在意大利工作和读书。（详情见本章第四节）。

以上家庭发展类型的共同点是读书升学与经商的结合。读书是迈出大山的第一步，既开阔了视野，又积累了社会资源，为经商打下基础。而经

---

[1]　2014年3月31日中午，于培头村钟国其家。

商为下一代的读书发展又做了更好的铺垫,二者相互促进,从而获得较好的家庭发展。

(三) 外迁读书超越型

所谓外迁读书超越型,是指那些祖籍地在培头村,在父辈或祖辈时外迁他乡,但恪守培头村耕读传家精神的钟姓族裔。试举几例予以简要说明:

案例1,雷光辉 (1951—),文成县龙川乡坞田村人,祖籍培头村。父亲钟秉堂 (1932—),新中国成立初期由培头村至邻近的坞田村雷姓畲族家招赘,改姓雷。其父虽然上学不多,但因深受培头村钟姓先祖耕读传家精神的浸染,故十分注重子女的读书教育问题。尽管家中生活艰难,仍然节衣缩食送儿子读书。他于1975年毕业于浙江少数民族师范学校,1984—1986年又入中南民院深造,获得政治学本科学位。毕业后在黄坦镇中学教书,后担任学校的书记,一直到2011年退休。因酷爱读书藏书,曾获得"文成县第二届十佳藏书家庭"荣誉称号。在其影响下,三个儿女均通过勤奋学习,获得较好的职业发展。雷老师子女的学习工作及生活情况大致如下:

老大,儿子,来武 (1974—),中专毕业后,在温州经商,现已转移到安徽宣城投资兴办哈雷机械有限公司,资产总值达8000万元,大儿媳温州汉族。

老二,儿子,海武 (1979—),浙江少数民族师范学校毕业,函授本科,曾担任文成电视台节目主持人,后调入县劳动人事局社会保障局工作,二儿媳汉族,在县农业局工作。

老三,女儿,淑娟 (1977—),浙江少数民族师范学校毕业,后浙师大文化艺术大专函授毕业。现为文成实验中学高级教师,女婿在文成县小教学。

案例2,钟炳文 (1956—),男,泰顺县罗阳镇沙底村 (现北外村)人,祖籍培头村呈山底自然村,现为泰顺县民宗局干部。其母雷银爱 (1927—2002),3岁时因家里贫穷,被家人卖给培头村钟学岱家做童养媳 (后改为收养),后来嫁给呈山底村的钟义明。1950年,其父母搬迁回泰顺老家照顾其外公外婆。

炳文1978年考入浙江少数民族师范学校。1980年毕业后,先后在百外村小学和罗阳镇小学任教。1983年,考入中南民族学院干修班。1985

年，调入泰顺县统战部从事民族工作。1996 年，任泰顺县民族科副科长。1999 年，任泰顺县民宗局副局长。在近 30 年的民族工作岗位上，他经常深入基层调研，热心服务畲族同胞。他率先提出少数民族下山脱贫的发展思路，并协助建设扶贫实施点。他撰写的《下高山、出深山，搬迁脱贫——散杂居民族地区扶贫新思路》的论文，发表于《中南民族学院学报》1994 年第 1 期。尔后，该论文被《浙江民族与宗教》《温州日报》《泰顺县委内参》等转载。其搬迁扶贫思路，推动着浙南山区万户畲汉群众搬离自然环境恶劣的深山，过上了美好新生活。

他在工作之余，还积极搜集整理并研究地方民族文化资料。曾协助省民宗委编写《浙江少数民族志》《浙江民族乡镇志》，主导撰写《泰顺畲族专辑》，独立编写《司前村志》《章前垟村志》，独立编著并出版《畲族文化：泰顺探秘》《浙江畲族调查》等。他因工作踏实勤奋、成绩优异，曾获得县级"优秀共产党员"、市级"民族团结进步模范"等多种荣誉称号。2013 年他还与畲族文化人蓝道明等成立了非营利的畲族文化研究社团，旨在推进畲族文化的传承与保护。他常说自己取得的成绩与培头村的文化底蕴不无关系，尤其是其母亲言传身教的结果。他这样回忆了自己的母亲：

> 我母亲是在培头村长大的，回到泰顺已 23 岁了，被村里人称作"培头娘"。她虽然读书很少，但耳濡目染培头村的钟姓家族文化。她一生勤劳正直，做事认真负责，还很有主见。她从 1952 年起担任北外村妇女主任长达 25 年，是村里的第一位女共产党员。1964 年当选浙江省贫下中农协会代表。人民公社时期，她组织村里妇女办草席厂、植树造林、掘山开茶园等义务劳动，为村里做了许多有益的事。
>
> 在我很小的时候，我母亲就教导我人穷不能志短，要依靠勤劳、吃苦、读书改变命运。刚从文成迁来时，我父母全部家当只是一口小铁锅、一只箩筐、一只母羊。他们俩风里来，雨里去，上山、下地，做豆腐、摆小摊，终于慢慢改变了家庭的穷困。改革开放后，我家也盖起了带有店面的宽敞明亮的高楼，楼下出租，楼上自住，这些离不开我母亲的持家有方。她经常教导我要认真读书，要不怕吃亏、不怕吃苦，千万别好吃懒做。她的这些话，使我受益终身。可以说，没有

母亲的言传身教，就没有我今天的工作成绩和美好生活。

（3/4/2014，pm，于泰顺县民宗局办公室）

炳文也十分关心祖籍地培头村的经济和文化发展，多次抽空参加培头村"三月三"节日活动。2013年，恰逢培头村文化礼堂开办之际，他自己出资制作了一对精美的凤凰灯笼作为礼品，以表达自己的美好祝愿。

案例3，钟春标（1977—），男，文成县黄坦镇南山坑村人，祖籍培头村。他15岁时考取浙江省少数民族师范学校，21岁时又进入中央民族大学深造，获大学本科文凭。现为文成出口镇中心学校校长。他因工作业绩突出，曾获"温州市第19届园丁奖""文成县民族团结先进个人""文成县先进教育工作者"等荣誉称号。他还有数十篇文章在市、县级刊物上发表或获奖。

从1947年《培头村重修钟氏宗谱》可知：春标属培头村开基祖世英公长子振福公派下，系振福公长子国馨（兆芳）九世孙。据悉，自第六世祖大字辈以来，其所在的房支（第三房）连续数代不添男丁，遂采取收养或招婿的方式继嗣。为转换风水和寻找开阔的生计环境，从曾祖父（名长鳌，谱名义遽，系赘婿）辈开始迁往邻近的南山坑村发展。其曾祖父迁入南山坑村后生三子，人丁日渐兴旺，现已繁衍到第五代希字辈，人口逾百。该房支虽已搬离培头村近百年，但一直恪守着钟姓先祖耕读传家的精神，现大多数族裔通过读书升学获得较好的职业发展，正如他自己所述：

> 我父亲这一辈有10个堂兄弟和10个堂姐妹，其中6个通过读书升学成为医疗卫生、邮政、教育等国家公职人员。我这一辈有22个堂兄弟姐妹，现有8位兄弟姐妹分别在教育、建筑设计、公安、政府等部门工作。我有4个兄弟姐妹，都已大学毕业，我和老二在教书，老三在温州龙湾区公安局工作，老四在企业工作。我的祖辈们在不断的迁徙中艰难地寻求生存和发展的机会，但是始终秉承着"黄金不如乌金贵"的祖训，通过努力求学、考学，改变个人命运和民族命运。

（31/3/2014，pm，于培头村钟氏宗祠）

　　春标作为培头村外迁钟姓族裔中的文化精英，十分关心祖居地培头村当下的文化经济发展，积极参与培头村的相关活动。

　　以上读书升学案例虽然类型各异，但通过知识改变命运的本质是一样的。读书总体而言是一条前途相对光明，社会声望较高的社会流动路径。当今的培头村钟姓畲族，愈加重视下一代的教育问题。他们始终相信，读书求学是能够放眼山外世界的重要通道。

第二节　打石技艺改变昔日旧面貌

一　打石技艺的历史渊源

　　"打石头"是呈山底自然村具有悠久历史的传统手工艺，它大致包含"开山采石""整理切割石块"和造桥修路建房等"砌石头"三个环节。但在钟姓畲民看来，以上三个环节无论是合起来，还是单独分开，都统统称之为"打石头"，其具体内涵要视语境而定。"打石头"这一民俗语言可谓一整套完整的传统生计模式，亦可称之为"打石经济"。因为打石头不仅需要技艺，更需要力气，故该村形成多个版本的"大力士"传说。相传，村里能挑动近千斤石头的人有两个，能挑数百斤的人比比皆是，因而被誉为大力士村。这些钟姓畲族大力士们饭量也大。据悉，一餐番薯丝饭能吃下好几斤。

　　呈山底自然村打石技艺源于文化传播的产物。最早传播者可溯源至清末民初时期，一位名为雷昌仁的泰顺籍招赘女婿。泰顺为石匠之乡，这位雷姓女婿（招赘后改姓钟）也带来了一身打石砌石的好手艺，并在钟姓家族内收徒授艺。他带的第一个徒弟，名叫钟义庄。义庄也是其众多徒弟中最能吃苦耐劳，手艺最好的一个。义庄又先后亲自带出十几个优秀的徒弟，徒弟出师后再带徒弟，长此以往，泰顺打石技艺在呈山底自然村被发扬光大。据悉，义庄刻苦好学，常与周边石匠高手切磋手艺，新中国成立初期曾因其精湛的打石技艺，被省里征调参加杭州钱塘江防洪大堤的建设。

　　时至今日，该村钟姓石匠往往自称打石手艺是从义庄那儿学来的，可见其手艺不凡。对大多数人而言，当年那位雷姓石匠始祖的名字早已模糊不清，而对于义庄的名字则记忆深刻。因为义庄不仅技艺精湛，而且收徒授艺人数最多，他传承的石匠技艺使本村钟姓族裔较大地改变了生活的窘困局面。尤其是 20 世纪 80 年代初改革开放后,呈山底村代代相传的打石技艺不仅未过时,而且成为许多钟姓畲民们发家致富的法宝。正是依托打石技艺的传承与弘扬,呈山底村钟姓畲民逐步走出大山,闯出一条富足丰饶的生活之路。

二　打石技艺发家致富案例

呈山底自然村因打石技艺而发家致富的,可分为迁居发展型和在地发展型两大类别。

(一) 打石迁居发展型

所谓打石迁居发展型,是指主要依靠打石手艺和承包工程而累积了一定的经济实力,从而在城镇建房买房,且主要生活在城镇的钟姓畲民家庭。

案例 1,钟其宽 (1952—),男,初中文化,其妻雷敏秀 (1951—),未上过学,娘家坞田村人,擅唱山歌和编织彩带,家有一儿两女,儿子和小女儿均在温州工作,二女儿在青岛经营服装生意。

其宽 14 周岁开始学打石头,是义庄的第 6 个徒弟。在集体化时代,他除了农忙季节回乡参加插秧种稻的农活以外,长年在外打石砌石。因能吃苦,爱琢磨,其石匠技艺日益精湛,远近闻名。2002 年他被评为文成县优秀爆破员。早在 20 世纪 80 年代中后期,他就开始承包工程。直至近几年因年纪和身体的缘故才停止承包。其工程队一开始拥有十几人,最多时有 80 多人。他不仅活跃在文成周边县市,也辗转湖南、广西等地。其年纯收入也由万来元到数万元,再到十几万元,逐年上升。1995 年,他在黄坦镇买了一块 240 多平方米的地皮,建造了一栋四层半的楼房,耗资二十几万元。目前老两口主要生活在黄坦镇,有时也回培头村老房子里照看自己种植的瓜果和青钱柳。其生活来源主要靠当年从事建筑工程承包攒下的积蓄,另外还有地方政府给 60 岁以上的农村老人每月 60 元的生活补助费。平日里老两口除了侍弄楼顶上的菜园和花草之外,其宽还喜欢根雕,其作品拙朴可爱。他家门前作为观赏用的十几盆郁郁葱葱的盆景,被修剪得十分整齐和美观。美秀每天晚饭后,都到镇上文化广场,跳一个半小时的健身舞,还经常参加当地政府组织的各种畲歌演唱活动。老两口的日子过得滋润而充实。其生活质量已超过一般的城镇居民。

图 17 呈山底自然村石匠师傅钟其宽与
他的根雕作品

其宽的石匠技艺不仅让他一家从畲村迁至交通更为方便的镇上居住，还带出了他的弟弟、堂弟、表弟们走出山村，尤其是让其儿子寻找到了一条理想的人生之路。其子钟思祥（1969—）稳重踏实、勤奋努力，从父辈打石经济中蜕变升华为高级工程师。他先后获得西安冶金建筑学院建筑施工与预算专业结业证书、浙江交通职业技术学院高等级公路管理专业专科文凭、山东大学网络教育学院土木工程专业本科文凭，现在温州市交通工程质量监督局担任管理干部。他在多次公路施工建设中，获得各种荣誉称号，还考取了公路监理工程师、公路检测工程师、公路（甲级）造价工程师等技术资质，获得高级工程师技术资格。以下是其宽对自己的石匠生涯的回忆：

我小时候读书成绩还是可以的，只是因为我的父亲在"文化大革命"时受批斗，才没有升学的机会。所以在1966年，我14岁那年就去做学徒打石头。我是义庄的第6个徒弟，因为师傅名气大，我一直有活干。1966年下半年，我就跟着师傅、师兄们到百丈漈发电站修水坝。在那里干了半年，又到瑞安、文成、景宁、泰顺这些地方砌石头，修公路。文成石洋林场那条石板路也是我们造的。

打石头苦是苦了点，但对改善生活还是很有帮助的。在生产队时，我们村里有石匠手艺的，除了农忙几天回来帮帮忙，其余都在外面做工，那个时候说是搞副业。20世纪70年代，每人有两块钱一天，如果是徒弟和师傅一起做，一般师傅得三块，徒弟得一块。我们每天将八毛钱交给生产队买一个劳力的工分，剩下的归自己。买完工分后，师傅单独做有一块二，师傅带徒弟做每天净赚两块二，就是徒弟每天也有两毛钱。那个时候两毛钱都很管用，另外主人还管四顿饭。所以，外出打石头比在生产队里挣死工分要好得多。分田到户以后，我们呈山底村到外面打石头的就有40多人。还有的搞承包，我们生活条件好起来，能住上楼房，全靠老祖宗传下来的打石头手艺。

90 年代初，我家能在黄坦镇买地皮造楼房，要是没有打石头手艺来赚钱，是不可能的。我的几个孩子读书，也是靠这个手艺。分田到户后，我带很多徒弟跑到外地去承包工程，我妻子美秀就帮着烧饭。就是凭着这个手艺，家庭经济才慢慢好起来的。其实，我的儿子今天能在温州立足，也跟打石头有关系。我儿子高中快毕业时，就不想念书了，我就让他跟着我修公路、造桥，叫他打石头、砌石头、做泥水活，他做得蛮认真的。后来我让他到西安冶金建筑学院在温州的培训学校去学习了两年，当时西安派教授来亲自讲课，教学质量不错。我儿子有一定的实践基础，学习又认真，所以学得比较好。毕业后，我又托人让他到文成二建公司做工人，跟着一个汉族的叶姓师傅做建筑活。儿子一边干活，一边继续理论学习，后来考了三个工程师证书。他现在温州交通工程质量监督局做技术管理工作，年薪有 15 万元，在温州市区买了商品房，媳妇和两个孩子都在一起，生活还是可以的①。

我的堂弟跃新（1954—）也是我带出来的。他也比较早包工程，一般带二三十人，多的时候也有 40 多人。他挣来一大笔钱后，就在县城买了房子，还将儿子、女儿培养为大学生，现在儿子、儿媳、女儿都在文成教书，女婿在环保局工作。还有我的弟弟跃宽（1953—）也是靠打石头养大几个孩子，还培养了一个大学生。他的儿子儿媳都在培头小学教书。

我舅舅的三个儿子，也是呈山底人，他们成家立业，都是跟打石头有关的。老大大康因为到丽水碧湖打石头盖房子，人家看到他老实能吃苦，就给人当女婿了，生活也可以。老二赛康，一直跟我学打石头，后来娶了个安徽老婆，在温州买了一栋楼房，现在温州新桥种菜卖。老三健康，也是很小的时候就跟我打石头，后来到丽水给别人建房子时就娶了当地的山哈姑娘秀珠，1996 年夫妻俩回黄坦镇建房，就建在我家隔壁。当时我担保他贷的款，现在贷款早还清了，他女儿大学毕业工作了，他儿子也出国做厨师了，家庭生活越来越好了。现在健康还在外面盖房子砌石头墙，天天有活干，包吃住，有 200 多块

---

① "可以"一词是培头村钟姓畲民对"好""不错""满意"等心理感受的平和表达。

一天，秀珠在家踩鞋包，也有几十块一天，好的时候上百块，他们家日子也算过得可以的。

（5/10/2012，pm，于黄坦镇钟其宽家）

案例2，钟维禄（1948—），初中肆业，长期担任培头村的党支部书记，热心村内公共事务，爱好畲歌演唱和民族文化的传承与发展，也属于经济头脑较为活跃的钟姓村民。妻子本村钟姓畲族，早几年病故。家有一儿一女。老大，女儿聪珠，高中文化程度，出嫁后一直在本县及省外经商。老二，儿子永亮，浙江少数民族师范学校毕业，做过中小学教师，后入中南民族学院深造。毕业后，曾在西坑镇工作，曾担任过周山畲族乡乡长，现任文成县安监局副局长，儿媳妇为西坑镇蓝姓畲族，卫校毕业后，在县城某医院从事医务工作。孙子明远在杭州上大学。维禄也主要是通过打石技艺获得较好的家庭经济发展，不仅培养了一双儿女读书升学，更在县城购买了一栋耗资120万元的五层商品楼房。他平时与儿子一家住在县城，但时常骑着摩托车回培头村"上班办事"，参与村内的文化建设与经济管理等公共事务。他办完事后哪怕天再黑也要赶回县城的家居住。他20世纪70年代末在村里建造的那栋二层楼房已空置了十几年，只是偶尔会去打扫整理一下。这种生活工作模式，类似于县城与村落之间的"钟摆人"。他向我讲述了他的家庭生活：

> 我有4兄弟，小时候家里很穷。爷爷奶奶一起一共有8个人吃饭。我爷爷身体又不太好。我哥哥读到初中，当时进中学连被子也没有。我因为家里太困难，初中没有毕业。我18岁结婚，老婆也是呈山底人。我在她家当上门女婿三年，然后才让我们回我父母家过。我19岁就跟师傅钟义桃学打石头，义桃是义庄的徒弟，是第二个学打石头的呈山底人。我跟师傅学了两年，主要是做石板路。头半年没有工资，只给零花钱，第二个半年就给将近一半的工钱。到第二年就给我三分之二的工钱。当时工钱两块钱一天，我半年后就拿八毛钱一天，第二年能拿到一块五一天。
>
> 1970年，女儿三岁时，我就分家了。我当时在生产队当记工员，就没有出去打石头了。农闲时做点零工，一块三一天。我夫妻两个还在家里养猪，也种些生姜，别人来收购。1975年，我儿子6岁，读

小学了。我和村里人一起到外面去砌石头墙、铺石板路。这样赚了点钱,我家1978年就盖了三间两层的新楼房,只欠了600块钱的账,楼房在那个时候算是村里最好的房子了。大概做了七八年,也就是1983年,我就开始包工程,收入就慢慢多起来了。农忙时回家帮忙,平时老婆照料农活和家务。一直做到1996年,我回村里当书记,工程还包在那,有时别人帮着照看一下。因为两头跑,钱赚得比别人稍微少点。

我在村里当书记时,我老婆也做点小生意。她主要收农药化肥的包装纸板,还卖过袜子衣服,收过毛主席纪念章等,她也赚了一些钱。老婆学着做生意,是因为她经常到大峃镇女儿那边去,见的世面多了就学起来了。2000年之后,她去县城给儿子带孩子,就不做生意了。

到2000年,因为儿子媳妇都在县城工作。我就在文成城北车站附近买了一套120平方米的商品房,花了21.8万元。这些钱主要是我包石头工程赚来的,还有老婆做小生意挣点,儿子参加工作时间不长,钱很少。2009年,房价行情很好,我把套房卖掉,卖了80万元,又和儿子一起凑了些钱,买了一栋五层的落地楼房。建筑面积有253平方米,花了120万元。这栋楼房买的很划算,很宽敞,现在值好几百万了。只是我老婆没有享受多少就生病走了。老婆生病一共花了48万元,国家报销3万元,亲戚朋友送来好几万元,女儿、儿子出了一部分,其余大部分是我出的。虽然没治好,但我也尽心尽力了。我在女儿那里水电站投资还有20万元股份,股份卖掉至少涨三倍。我要是不学会打石头,不去包石头工程,就没有这个能力给老婆治病,就没有能力去投资什么的。我觉得现在一家人的生活是可以的,前几年我每年都出去旅游一次。只是村里最近两年大搞建设,叫我管经济,我太忙了,也就不出去旅游了。

(7/10/2012,pm,于文成县钟维禄家)

(二)打石在地发展型

所谓打石在地发展型,是指那些通过打石头这一生计方式,获得较好的家庭经济收入,但男女主人公仍居住在本村生活和发展的家庭类型,其家庭的"根"还是在村子里,儿孙们逢年过节都会回到村子里父母家团聚。

案例1，钟宜宽（1955—），小学文化，妻子钟春梅（1955—），略识字。宜宽为招赘女婿，依靠打石头致富，养育了四个儿女，其中培养了两个高中生和一个大学生，同时将大儿子和儿媳妇送至意大利打工。他依靠承包工程发展为殷实之家。他不仅在发家致富方面具有独到的眼光，还是村内公共事务的热心支持者，长期担任村委会委员。近几年，为支持村落建设，他甚至主动放弃大部分基建工程承包任务，热心参与村里相关公共事务①。他还是培头村青钱柳产业开发的积极支持者，多次参与赴石洋林场寻找青钱柳的"探险"之行，他家也是青钱柳栽种数量最多的农户，现已培育出青钱柳苗木基地，经济效益较佳。他还是民族文化传承与发展的主要参与者。自从2008年培头村复兴"三月三"畲乡风情节以来，他一直担任婚嫁表演中"赤郎"（男方迎亲总管，一般挑彩礼走在最前面并负责对歌）角色。以下是笔者2013年4月4日在他家中，对他的一次深度访谈。

问：请谈谈您打石头的经历好吗？

答：我小时候家里很穷，母亲在我三岁时就病故了，我只读了小学三年级。我18岁开始打零工，那时候叫搞副业，到景宁搬木头，背了三年，每天挣1元钱，七毛钱交给生产队，买10个工分，年底分红10个工分有五毛钱，虽然便宜点，但比起在生产队里干要强多了。我22岁到呈山底村来招女婿，就开始跟村里人学打石头，当了两年徒弟，就出师了，自己带徒弟。当时跟村里人一起干了10年。刚开始是给人家盖房子砌石头墙，还有到栅溪水库那边修公路。后来又到景宁、泰顺、龙泉、青田这些地方干活。当时收入不高的，只有两到三块一天的样子，后来是一点点多起来的。

1983年分田到户以后我就开始承包工程，一直到现在每年都有工程承包。我打石头的收入是慢慢多起来的，刚开始每年只有四五千块，1997年有四五万块，我就把家里的旧房子拆了，盖了一栋三层楼房，一共花了5万多块钱。最近几年每年至少有十几万收入吧，好

① 我每次赴培头村调研，盛情的其宽大哥和美秀大姐都要在老家呈山底村摆上一桌丰盛的家宴，而邻居宜宽与维满两位大哥则热情协助煮饭、烧菜、制作麻糍等，铭感。

点的有几十万。2009 年到 2010 年，松夏当村长，我回来帮忙，没有包工程。去年我出了车祸，身体还没有恢复，包工程也只有 10 多万元一年，今年还要出去好好干的。我这一生主要是靠打石头、承包工程将几个孩子养大成人的。他们几个生活也还可以。我们夫妻还会做，不用他们管，还能帮帮他们。

问：请您再谈谈子女们的生活情况吧？

答：我有 4 个孩子。老大，儿子瑞文（1979—），初中毕业，不愿意再读书，我就让他到文成学做衣服，后来又到西安一家服装厂做了一年，收入太低。我把他带回来，让他到温州一家服装厂打工，他22 岁那年，每个月就有五六千块收入。钱都他自己管理，我没有要他的。他 25 岁结婚，花了十多万块，都是我出的。儿媳妇梅叶萍（1981—），是栅溪水库那边的汉族。2009 年，我又通过我堂伯的关系把儿子送到意大利打工。我堂伯是百丈漈那边的人，他通过一个汉族的朋友介绍到意大利做服装。我儿子出国，我出了 17 万块中介费。儿媳妇前年也去了意大利，我也花了 17 万块，这些钱都是我包工程赚来的。现在儿子在意大利的一个服装厂里做裁剪，大概有 2000 欧元一个月，媳妇在一个黑人开的服装厂里上班，一开始只有 1000 欧元一个月，现在可能要多一点。他们俩已经将 34 万元的本钱还给我了，我也不会用的，给他们存起来了，以后他们回来买房子用。我大儿子生了两个男孩子，一个 11 岁、一个 4 岁，都是放在家里带，每年两个小孩加起来要花销 5 万元，这些都是我出的，不用他们管。

老二，女儿玲玲（1981—），高中毕业后，到黑龙江一个亲戚那里帮忙做糕点，干了一年后回到温州打工，在酒店当服务员。后来嫁在温州，我女婿帮人管理酒店。女婿是温州本地人，他爸爸很会赚钱，家里开锁厂的。女儿结婚以后，在温州一个很大的服装店帮人卖服装，一个月有 8000 来块，现在温州买了 180 平方的商品房，花了200 多万，他们有个儿子 11 岁。女儿每年村里"三月三"都回来帮忙，以前由她扮演新娘。

老三，女儿爱玲（1984—），高中毕业后，在温州学理发，帮别人干了四五年，后来嫁到黄坦镇，女婿是汉族，从部队转业回来。现在女儿在瑞安开理发店，女婿在瑞安打工，他们有个 6 岁的女儿，在瑞安买了一套商品房，130 平方米。在黄坦镇还有一栋四层楼房，主要是女婿的爸爸在瑞安种菜赚来的，女婿的姐姐也嫁到温州去了，黄坦镇的房子空在那里。我两个女儿生活都还不错，他们出嫁，我也出了好几万块钱。

老四，小儿子小文（1986—），大专毕业，在杭州读了三年的建筑设计。花了十几万学费。他 22 岁参加工作，现在上海一家设计公司，每个月有 8000 多块收入，一年十来万吧，他说我会赚钱，就不给我拿回来了，他自己管理。我已经给他在温州准备了结婚的房子。是我大女儿移民的房子，很便宜，100 平方米，34 万元。在温州结婚，花销很大的。儿子赚钱不算很少，但花销大，一个同学结婚就要花三四千元的喜酒钱，办酒席也没有什么钱赚，都给酒店赚去了。到时，我儿子结婚，完全靠他自己不行，还要我帮他。赚钱还是我会赚一些，我们夫妻俩花销不多。

问：请问您接下来打算怎样继续发展家庭经济？

答：我只要身体好还是要去承包工程。去年不太走运，开摩托车被一辆面包车撞了，头上撞伤了，到温州、杭州去治疗了一个多月，现在基本好了，还没有结案。那一家赔了 18 万块，还有 130 元一天的误工费。等全部好了，我还要去包工程。另外，我对发展青钱柳是有信心的。我现在家里好多年不种粮食了，全部种上了青钱柳，有 200 多亩吧，这个村是我种的最多，8 月份就可以开采了，5—6 年以上树龄的青钱柳的味道就好一些，到时全村可能有几千斤干叶。我现在成立了呈山底青钱柳合作社。这几年，栽种的青钱柳还没有长大时，我每年都要采很多野生青钱柳，晒干有 200 多斤，也能卖个两三万块的收入。另外，我的青钱柳苗木基地也发展起来了，收入今年有五六千块，明年会多起来的。现在我家的日子在村里也算是可以的。过去我家是很苦的，还是分田到户后，我出去承包打石头才慢慢好起来的。

问：请问村里面您家亲戚，或者兄弟们的生活状况怎么样？

答：我老婆也是呈山底人，她家里过去也很苦的，她有一个姐姐，姐妹俩都没有上过学，他还有一个弟弟，读过书，现在温州打工，生活也还可以。条件最不好的算我叔叔的两个儿子，我的堂弟。我爸爸两兄弟，我叔叔去世好多年了。他有两个女儿、两个儿子。两个女儿嫁出去了，大的嫁到百丈漈那边，很困难，小的嫁到瑞安，女婿修车，条件要好一点。两个儿子情况不太好。老大今年56岁、老小42岁，都没有什么手艺。老大讨了一个江西老婆，带3个女儿，现在一家在外面打工，条件稍微好一点。小的找了个黑龙江的女人，生了个小男孩，生活条件太苦，孩子2岁，她就跑了，小孩是他瑞安的姐姐帮忙带大的，现在14岁了。他们兄弟俩当时都不肯跟我学打石头，所以赚不来钱，小的老婆就跑掉了。我带了十多个徒弟，每一个徒弟，家里日子都好起来了。

(4/4/2013，pm，于呈山底自然村钟宜宽家)

宜宽既能吃苦耐劳，又颇有经济头脑和村落发展意识。2014年10月，为了培头村旅游景点施工，还协同其他村民到东阳东白山景区考察取经。2015年4月中旬，我来培头村参加"三月三"畲乡风情节时，他特意告诉我，他的小儿子发展不错，找了个温州的女孩，快要结婚了，他准备了80万元的礼金，女方家陪嫁130万元（包括购买小轿车、电器、家具等），言谈中充满着欣慰。

案例2，"思字辈石匠兄弟"的家庭发展概况。所谓"思字辈石匠兄弟"是指哥俩均为石匠，其名字均带有一个班辈排行的"思字"。这对石匠兄弟并不是只有弟兄两个，实际上有五兄弟。但只有老二和老五两个兄弟是以做石匠活来活跃家庭经济的。先来看看哥哥一家吧。哥哥老二钟思正（1947—），小学文化，是呈山底村的招赘女婿。其妻钟花柳（1949—），小学文化。夫妻俩育有两女一儿。老大，女儿爱娟（1968—），初中文化，嫁给文成侨乡玉壶镇一胡姓汉族，现夫妻俩都在意大利打工。两个外孙，大的十几岁，留在老家爷爷奶奶抚育，小的7岁，跟着父母在意大利。老二，女儿碎娟（1975—），初中文化，嫁黄坦镇一夏姓汉族，夫妻俩也被姐姐姐夫带到意大利，现在意大利一家服装店打工。两个外孙，一个16岁在杭州读书，由姑妈照看，一个10岁在黄坦镇读小学，由爷爷奶奶照看。老三，儿子汉忠（1978—），温州农业学校毕业，现为文成某机关干部，曾在西坑畲族镇担任镇长助理，儿媳妇也在县城某机关工作。思正家在80年代初盖了楼房，抚养三个儿女成人，尤其是送儿子读书等，主要是靠打石头的收入。

至于弟弟一家的情况也大致相似。弟弟老五钟思定（1956—），小学文化，妻子雷菊香（1961—），初中文化，畲族，娘家黄坦镇支阳社区氏庄村。据思定说，自己16岁就跟着哥哥思政学打石头，一开始帮别人做，后来自己承包工程，通过石匠手艺，培养了两个儿子读书，1997年新建了一栋建筑面积105平方米的四层小楼，耗资十几万元。近年已装修作为儿子成家的新房。夫妻育有二子，大儿子汉闹（1981—），初中文化，在温州某公司送货，月薪4000元左右，儿媳妇汉族，在国外打工。小儿子汉友（1983—），浙江少数民族师范学校毕业，毕业后在文成树人学校教了两年书，后又做了3年大学生村官，近年考上了西坑小学的正式编制教师。

呈山底村的钟姓畲族石匠们正是靠着钢钎、锤子、錾子等简单的打石工具和吃苦耐劳的精神，撑起了家庭经济重担，将子女抚养成人，送他们读书升学，逐步走出大山。不过，该村的打石生计模式，也具有一定的时代性。通过打石头和承包工程而发家致富的钟姓畲民们大都为20世纪40—50年代出生的中老年男子，而60年代出生的男性从事该行业的数量大大减少，70年代出生的则寥寥无几，至于80年代之后出生的年轻人则更无人问津。究其原因，一来是因为"打石""砌石"的确十分辛苦，二来60年代之后出生的年轻人面临的机会和选择日益增多，诸如可以选择升学、打工、经商等多元化生计模式。现今村里老一辈石匠们除了少数还在继续从事这一传统职业以外，其余大都在家做点其他农活。只是近年村里进行大规模基础设施建设时，他们仍义不容辞地重操旧业，风采不减当年。

第三节　打工经商共圆家庭致富梦

自20世纪80年代初我国广大农村实行家庭联产承包责任制以来，培头村钟姓畲民也如大多数中国农民一样，将打工经商作为最主要的发家致富方式。该时段除了上述呈山底自然村的石匠们采取打石生计模式以外，其余未能通过读书升学走出大山的各个年龄段的钟姓成年村民则大都采取"离乡不离土"[①] 的打工经商[②]生计模式。打工经商是"打工"与"经商"的合称，内涵极为丰富、类型多种多样，两者的界限并非泾渭分明。就打

[①]　此处的"离乡不离土"是指离开村落外出打工，但保留宅基地和承包地以及本村户籍的形式。承包地一般留给家中老人耕种，农忙季节回来帮忙，或者转给其他承包户耕种。

[②]　本节所指的打工经商的范围仅限于国内，而有关国外打工经商则在下一节另作分析。

工而言，不仅包括进厂做流水线上的工人，也包括打零工，为厂矿企业、家庭作坊等干活以及来料加工等"老板发工资"的形式。而经商则包括开店铺、办企业、摊位经销、货物贩运等"自己发工资"的形式，还包括处于打工与经商之间的承包菜地、承包小工程、出售专业技术、上门服务等其他形式。钟姓畲民在打工与经商两个方面，有时候会相互转化。一般而言，打工一段时间后，不少人会选择经商，诸如承包工程、开店办厂、发展小企业，以及发展经济作物等，从而获取相对较多的商业利润。也有少数在承包工程一段时间后，采取进工厂等形式，以求经济收入的稳定。村民打工的企业主要有皮鞋厂、制衣厂、五金厂、机械电子工程，以及酒店、宾馆、美容店等，还有的替企业从事货运。而经商的范围主要包括开超市、食品加工、眼镜材料加工、饭店旅店、禽蛋猪肉销售、养殖业以及服饰专卖等。具体到各个家庭而言，其打工经商方式大不一样，有的混合了多种形式，有的生计方式发生阶段性变化。以下个案，主要按家庭来分类分析。

（一）多元化发展的"维字五兄弟"

维字五兄弟，是指培头自然村钟姓畲族五兄弟的名字中间一个字均带有一个"维"字。其祖父和父亲是该村有名的草医药医生。但兄弟五位均没有传承家学，还有两个姐姐早已出嫁，更没有传承父辈医学[①]。据悉，其父亲考虑到做草药医责任重大，家里当时很困难，怕子女们投入精力不够，学艺不精反误人，故不主张子女们以此谋生，因此未将自己的医药技艺传给儿女们。但由于长期耳濡目染，维氏兄弟们也具有一般的家庭治疗草医药知识。20世纪80年代初期，五兄弟各自寻找自己的打工经商之路，呈多元化发展状态。其中有三兄弟长期在温州、瑞安一带租地种菜（现已回村发展），有一位在家里开商店兼运输，还有一位在温州企业打工，现今已做到管理阶层。具体情形如下：

老大，维久（1962—），高中文化，妻子月美（1962—），初中文化，娘家同村。维久属于文化基础较好且勤劳朴实、敢于闯荡的类型。他经历丰富，干过多种工作。高中毕业后在县文化馆舞蹈队干过两年，接着又到邮电局担任过6年的通讯员，还在富垟乡小学做过代课教师，后又到福建霞浦加工茶叶，福建回来后又到温州加油站。温州回来后，在村里做过两

---

① 按畲族医药传承的规矩，一般"传媳不传女"，只有极少数十分开明的家庭，才会突破这一常规。

届村委主任（1996—2002），带领村民发展村落经济。月美勤劳贤惠，有头脑、善操持，热心村落事务。1999年，他家盖了一栋三层的楼房，耗资十几万元。因为还欠点账，两口子又到温州租地种菜卖给蔬菜批发商。种菜虽然很辛苦，要起早贪黑，但比较效益要远远高于在家种田，除掉开销，每年种菜盈余尚有五六万元。种菜一年，他家建房欠款就已还清，尔后经济收入稳中有升。但由于近年来村里要进行特色村寨建设，需要他们回来管理种植园基地和参与农家乐建设，于是夫妻俩在2013年毅然放弃温州的种菜生意回村。在维久等人的积极引领和组织下，培头村20多户村民，集资了135万元，按照股份制和自觉自愿的方式，成立了"畲家乐农业专业合作社"，进行特色农业种植，集观赏、采摘于一体，现已种植向日葵、桑葚、石榴、樱桃110多亩，计划发展到200多亩（参见第五章第三节）。另外，他也将自家的楼房装修一新，集农家乐住宿与餐饮为一体。他的两个女儿欢欢和乐乐均高中毕业，现都在温州打工。其中，大女儿在温州一美容学校教美容化妆课程，小女儿在温州百城烟具有限公司做会计。

老二，维员（1963—），初中文化，在部队当过6年志愿兵，妻子碎珠（1967—），初中文化，娘家同村。因本家一位名为伯宣的远房堂伯父没有子女，故过继给其当儿子。夫妻俩也与大哥一样，多年在温州租地种菜，收入较为稳定。家中盖有一栋三层的楼房。育有两个女儿。大女儿巧巧在南宁经营一家服装店，已结婚，男方是文成栅溪汉族，其父在南宁经商。小女儿盈盈现在温州读高中，爱好足球，获得国家二级运动员证书。2013年因养父生病，夫妻已回家，一边照顾生病的养父（现已过世），一边在村里从事基建工作。当问及是否放弃温州种菜生意，回答说看看培头村的发展情况再说。

老三，维多（1965—），小学文化，妻子晓娟（1970—），初中文化，娘家同村。夫妻俩在瑞安租地种菜。与他一块种菜的，本村钟姓畲民还有五六户。他们之所以选择瑞安而不是温州，不外乎想开辟新的市场。另外，也源于该村一位钟姓女子嫁至该地。该地经济发达，但村庄土地抛荒严重，于是他们选择来此处租地种菜，这对双方而言是一种互惠性的行为。他们每年有10万元的种菜收入，家里已盖了一栋四层的楼房。夫妻俩有个独生子思武，现在嘉兴某汽车美容店打工，兼夜市卖服装。他们夫妻计划近两年回村发展。

老四,维好(1968—),高中文化,妻子彭久英(1972—),小学文化,湖南常德人,土家族。维好一开始学习木工技术,在温州某家具厂做木工活。1994年,女儿出生后回到村里,学会开货车,有时候搞点运输,还开办一村内小商店,年收入约3万元,开车约3万元,再加上还有点其他农业收入,收入中等偏上。1998年盖有一栋三层半的楼房。女儿丹丹(1994—),职业高中毕业后,在温州从事美容师工作,月收入3000多元。儿子富鑫(2004—),培头小学读书。维好性格温和,热心村内公共事务,农家乐和采摘园是其今后经营的主要方向。

老五,维根(1970—),初中文化,学过木匠手艺,后到温州百城烟具有限公司打工,现已升为中层管理人员。其妻温州人,在温州经营一家五金店,经济收入状况较佳。夫妻俩在温州市区购有一套100多平方米的商品房。他们育有一个儿子文瓯,目前在温州市读初中。

此外,2015年初,维多、维好、维根三兄弟合伙在村里建造了一个儿童游乐场,是年"三月三"畲族风情节时正式投入运营,前景看好。

(二)从码头搬运起家的"钦字三兄弟"

钦字三兄弟,是指培头自然村钟姓畲族三兄弟名字最后一个字为"钦"字。兄弟三人虽然文化程度不高,但从小走南闯北、见多识广。早年通过到温州码头承包搬运沙石而积累了一定的资金,均在村里修建了楼房。几年前还成功转型。老大和老三均购买了自己的运输车,经济效益大为提高。老二则转型开办眼镜模具店(镜片配件加工制作),经济效益十分可观。三兄弟均是通过搬运起家,然后寻找到各自的商机,获得较好的家庭经济发展模式。2014年春节前夕,笔者看到三兄弟都是开着自己的小轿车带着家人和大包小包回来的。据悉,老大、老二是村里最早一批去温州码头闯荡的。这份工作是本村一位雷姓畲族嫂子在温州市政府工作的哥哥所引荐的,后来同村钟姓畲民陆续加入,搬运队由数人发展到数十人。因为他们能吃苦、守信用,相互团结合作,后来就大家一起承包了灰桥、东风码头的砂石,获得较为稳定的发展。钦字三兄弟的情况大致如下:

老大,凤钦(1963—),初中文化,妻子彭云翠(1972—),湖南嫁过来的土家族。他17岁到外面打零工,造公路、砍木头。20世纪80年代初,21岁时跟着一个在培头村开小店的黄坦镇汉族到外省放蜂两年。23岁就跟村里人到温州码头搞搬运。据悉,一开始用肩挑和手推车,每天要搬几十吨的沙子。十几年后购买了自己的拖拉机，除了拉沙石，还运输其他的货物，经济效益大幅度提高。1994 年与弟弟一起回村子合伙建造了一栋连体楼房，各自花了十来万元。现在每年约十几万元的收入。夫妻俩育有一儿一女，女儿 22 岁，在温州市帮老板卖化妆品，儿子 14 岁，在文成县城读初中。

老二，碎钦（1966—），小学文化，其妻钟碧芬（1971—），小学文化，娘家同村。碎钦属较早外出闯荡型，也是善于把握商机的中年一代钟姓畲民。在温州打工十几年后，转型开眼镜模具店。他讲述了自己的打工及经商情况：

> 我 13 岁时就在生产队挣工分，15 岁左右到石洋林场砍木头背柴，还到景宁做砖块，到龙泉挑瓷土。16 岁跟村里人到温州码头搬运沙石。搞搬运苦是苦了点，但还是赚了些钱。除了一家人的开支，1994 年回家盖了楼房，因为砖块是我自己做的，便宜点，当时花了 10 万块不到一点，楼房的式样算是不错的。到 1996 年我就转行做眼镜配件模具。我由搞搬运转行到开眼镜模具店，也是一个机会。我那时在温州搞搬运时，我老家的堂弟，在温州学电脑模具雕刻，当时他就在我家搭伙吃饭。他信息灵敏一些，觉得搞眼镜模具有前途，叫我投资改行，愿意教我技术。就这样，我当时投资十几万元，买了四台机器，请了一个工人。第一年本钱就回来了，我现在每年有十七八万的纯收入。开店不仅收入高些，关键是没有搬砂石那么辛苦。搬运年纪大了就做不动了。而开店掌握了技术和方法，是比较轻松的，干到老是没有问题的。为了做生意方便，我早几年前还花了 50 万元，在温州瓯海区楼桥镇东根村买了块地皮，准备自己盖房子。这次培头村搞建设，我也投资 5 万元。现在我的家庭情况还算可以。大女儿 23 岁，初中毕业后，就在文成县城打工。儿子还在上学。
>
> （25/1/2014，am，于培头村钟维好家门口）

老三，爱钦（1972—），初中文化，妻子彭晓红（1978—），湖南张家界人、小学文化，土家族。早先他也是在温州码头搞搬运，运输沙石。据他说，沙和石是两样东西，沙子主要是从海里抽上来再用吊车吊上来，石子是从青田山上运过来的。因搬运致富，娶了湘西土家族姑娘，夫妻俩育一儿一女。女儿 16 岁初中在读,儿子尚年幼。他如今也购买了自己的货车,给建筑工地运沙石,年收入有十几万元,妻子在厂里打工,并兼做家务带小孩,也有七八万元年收入,在村里盖有一栋四层楼房。

(三)逼上梁山加入搬运行列的村干部

钟炳仁(1961—),培头自然村人,高中文化,妻子钟月珍(1965—),初中文化,娘家同村。20 世纪 80 年代末至 90 年代初期,他担任村干部,带领村民修筑通村公路,因所欠贷款无法还清,银行将其作为责任人追讨债务,于是加入温州码头搬运大军行列,后来不仅还清了债款,而且获得较好的经济发展,建了楼房,培育了子女,在年纪较大时又通过搬运工作积攒下的人脉,找到了一份相对轻松的工作。以下是炳仁对自己搬运生涯的介绍:

> 我以前在村里当干部,1993 年才到温州打工,是在码头做搬运。我在村里当干部时,那时还是富峃乡,为了争黄坦富峃这条公路通过培头村,我一直带领村民争,争了三年,争到了。修培头村这条公路时,我带领村民自己干,当时贷款买炸药花了 2500 元钱,但是贷款的钱,乡政府困难,拿不到,我只好自己还,这样我欠了账,没办法,只好出去打工。码头搬运是力气活,我肯吃苦,一天有五六十元,当时家里干一天零工才 10 元。我头一年就还清了修马路的贷款。后来村里一些人也被我带过去,一起干,我之前也有几个人早过去干了。我老婆是 1994 年来温州的,也跟我在码头干搬运,她很能吃苦,一包水泥 100 斤,搬到 9 楼不用歇气。
>
> 到 1997 年下半年,我们夫妻两个除去花销,还存了 11 万元,就回来盖了楼房,盖楼花了 9 万元。盖房子的那半年,温州码头的货物由湖南人承包去了,但他们不负责任,货物经常被偷。后来那里的老板又叫我去,1998 年我又组织村里的十几个人到温州承包搬运。他们跟我出去打工的,也都赚了钱回来,都盖了楼房。在温州码头主要是搬运洞头那边运过来的鱼粉,做饲料用的,还有温州这边运过去的大米。码头上没有货物可搬时,我们就到搞装修的居民小区,搬水泥和地砖,一般拉一车,就能赚 100 多块。
>
> 搬运是力气活,现在我年纪大了,不那么拼命了。2008 年,码头一个老板的女婿办了一个"爱之乐学校",专门治疗自闭症儿童

的。因为时间久了，老板对我很放心，就叫我去搞卫生，我老婆买菜烧饭，包吃包住，两人加起来，年底有 4 万元带回来，还有双休日，感觉现在比较轻松，准备再干几年，存点钱，再回来。现在双休日，我们就去采野菜，可以自己吃，还可以卖钱，说不定以后还可以搞个野菜餐馆。

我有两个孩子，老大是个儿子，迟迟（1986—），高中毕业，在温州学过厨师，最终选择了补轮胎，我给他投资了 8 万元，开了个小店，生意还可以，每年也有五六万块收入。老二，是个女儿，海燕（1988—），在杭州一所大专学校读会计专业，去年下半年毕业，现在温州一家皮鞋厂做会计，工资只有 2000 多元。现在工资虽然不高，但顾她自己用是没有问题。

我有四个哥哥，大哥已经不在了，他们都在家种田，经济条件数我好一些。毕竟人还是要走出去，机会才会多起来的。我的爷爷过去很会草药，家里生活条件还可以。只是他们觉得责任重大，就没有传给下一代。

(6/4/2014，am，于培头村钟一兵家)

（四）多元化发展的"晓字四姐妹"

钟炳珍（1944—），培头自然村人，小学文化，妻子雷莲香（1951—），娘家在文成云湖乡塘垄村。夫妻俩育有四个女儿，中间均有一个"晓"字，故谓之。这四姐妹中，两个大的留在家里招女婿，以便父母亲年老了有个照应。实际上老两口与两个招赘女婿和女儿分开过，两个小的则出嫁。四姐妹的核心家庭情况大致如下：

大女儿，晓娟（1970—），初中文化，大女婿维多（1963—），小学文化，同村人。如前所述，夫妻俩长期在瑞安租地种菜，年收入约十来万元。夫妻俩养育一个儿子思武（1993—），职业高中毕业以后，现在杭州修车，修车之余在夜市摆摊，收入不错。

二女儿，晓南（1972—），职业高中毕业，二女婿姓张，名发高（1969—），初中文化，黄坦镇汉族。夫妻俩在温州一个餐馆里帮亲戚打工，包吃住，大约七八万块的年收入。育有两个女儿，大的 16 岁，小的 9 岁，均在上学。

2008 年两姐妹共同建造了一栋两间占地面积 84 平方米的三层楼房，

耗资 13 万元,姐妹各出 5 万元,父母用养猪的钱支援 3 万元。最近又将房子装修一新,父母还有一栋旧平房。

三女儿,晓丽(1975—),小学文化,嫁本村钟姓畲族春龙(1973—),初中文化。据其父亲说,当时因家庭经济处于最困难时,没钱读书,所以两个小的女儿文化程度最低。夫妻俩养一女儿名明慧,现已 9 岁。因男方的姐姐嫁在温岭,所以将弟弟夫妻俩也一并带去温岭发展。丈夫春龙在温岭近海捕鱼,妻子晓丽在附近的餐具厂打工,经济收入较高,日子较殷实。夫妻俩不仅在培头村建造了一栋两间四层的新楼房,还在温岭某镇购买了一栋落地楼房。捕鱼经济效益虽然不错,但非常辛苦也充满着风险。春龙年轻的弟弟就是因为捕鱼,而被巨浪掀到海底。春龙的爷爷益藏,83 岁,奶奶 86 岁,仍健在。父亲炳山(1949—),初中文化,母亲雷兰妹(1949—),牛塘人,未上过学,父母二人靠务农生活,生活条件一般。

四女儿,晓芳(1980—),小学文化,嫁黄坛镇张德松(1974—),汉族,小学文化。夫妻俩育一 14 岁的女儿莹莹。现在夫妻俩在桐乡一汽车美容店技术打工,因勤劳能吃苦,持家有方,已在桐乡购买了一套 70 多万元的商品房,在黄坦镇上还有一栋老房子,她算是钟氏四姐妹中经济发展最好的。

至于老两口,日子虽不算富裕,但衣食住行没有什么问题。现在除了每月 80 元的政府养老金以外,两个招赘女儿还分别给父母每月各 1000 元的生活费。两个小女儿,逢年过节也给点。加之老人还能动,生活还过得去,只是恐有重大疾病。老两口原本还有点积蓄,但去年老汉生病,股骨头坏死,花销了 5 万多元,医保报销 2 万元,自己花了 3 万多元,除了两个女儿支援一些以外,其余是自己养猪种庄稼的钱,目前所剩无几。老人对没有积蓄的日子深感焦虑。2014 年培头村美丽乡村建设过程中,要求拆除猪栏,老两口抓了两只小猪放在后院悄悄地养着,对老人而言,除了养猪没有别的经济来源。可见,美丽乡村建设,应考虑到农村经济环境和老年群体的需求。在美丽乡村建设和发展旅游经济过程中,不能完全脱离农村的经济基础。如何协调传统种养方式与现代村落建设中出现的矛盾,如何处理中老年农民的生存问题,是值得深思的。

(五)多样化打工的"先字四兄妹"

钟炳村(1949—),呈山底自然村人,男,小学文化,妻子钟彩娥

（1950—），未上过学，娘家西坑畲族镇，夫妻俩养育三儿一女，其儿女们文化程度均不高。主要采取多样化打工的发展模式。其子女的名字中间有个"先"字，故谓之。四兄妹各自核心家庭的大致情况如下：

老大，儿子先平（1969—），小学毕业，以前在外打工，后因骨质增生，回村里务农，大儿媳田香莲（1969—），湖南人，现在文成县城给人做保姆，已有五六年时间。据说因为人勤快利索，深得主人家喜欢。夫妻俩育有一个女儿，18岁，在黄坦中学读高中。

老二，女儿，小春（1972—），初中文化，嫁邻近的驼峇村一雷姓畲族，初中文化。夫妻俩曾经开办了一个小养猪场，经济效益较好。近两年黄坦镇猪场整改关闭以后，补偿一笔不小的钱款。现在丈夫开小货车替一建筑工地拉水泥，有几百元一天的收入。妻子在家做点家务，家中已盖了一栋楼房，相比娘家兄弟经济条件要好一些。

老三，儿子，先宽（1974—），初中文化，儿媳小芳（1982—），初中文化，娘家同村。夫妻育有一儿一女，男孩11岁，女孩4岁。儿子在黄坦镇一家制衣厂做衣服，早出晚归，属于钟摆型打工，每月四千多元工资。媳妇生小孩之前，也在服装厂里打工，一月有四五千元收入，现暂时在家带小孩。计划小孩大点送幼儿园时，再返回制衣厂打工。为了多挣点收入，老三还购买了两台机器放在家里，下班后再带些服装辅料回来加工，如果妻子帮忙一起做，一个晚上也能挣个百来元。

老四，儿子，先锋（1977—），初中文化。常年在瑞安一家制衣厂做缝纫工，已经干了十几年，收入每月约5000元。除掉开支，有一定积蓄，但目前尚未成家。

（六）子女多样化发展的"思字三兄弟"

如前所述，呈山底自然村有思字五兄弟，其中老二和老五是两个石匠，其核心家庭情况，前面已有叙述。而老大、老三、老四均在家务农。下面分别介绍这务农三兄弟的家庭及其各自子女们核心家庭的多样化发展情况。

老大钟思梯（1941—），妻子雷花女（1935—），老两口均是70多岁高龄的人，夫妻共养育两儿一女。其儿女们文化程度均不高，其中大儿子一家属于种菜加打工型家庭。二儿子一家属于运输转向摊位销售型家庭。女儿属于食堂承包经营型家庭。其儿女们的大致情况是：

大儿，善松（1961—），小学文化，大儿媳雷美娟（1966—），畲族，小学文化。夫妻俩在温州租地种菜十几年,年收入大约十几万元。养育一儿一女。女儿曾在外打工,现已出嫁。儿子在温州某厂里替老板开车,月收入约五千元。

二儿,善旺(1968—),小学文化,二儿媳晓南(1970—),初中文化,娘家同村,本为山脚周岙底村抱养过来的包姓汉族,改姓钟,后其包姓亲妹妹也嫁入该村。二儿子以前开农用四轮车,给老板运石头黄沙等。近几年被本村的妻妹夫松夏带至温州菜市场经营猪肉生意,一年有十几万元收入。二儿媳,原本在医院做了十几年的护工,能吃苦耐劳,年收入5万元左右。后来,因丈夫在温州经营猪肉摊生意忙不过来,就辞掉了护工工作,专心帮丈夫打理生意,如今生意较为稳定,前景较好。夫妻育有一儿一女。女儿青青(1992—),衢州职业技术学院光伏专业毕业,现在温州一教育培训机构教数学,在工作过程中,还考取浙江大学函授本科。儿子祖富在黄坦镇读初中,因父母照顾不上,就寄住在老师家里,这算是忙于生意的父母,对子女最好的教育投资。

女儿,晓晓(1974—),初中文化,嫁温州永嘉林姓汉族。永嘉一带商业氛围浓厚,夫妻俩承包某房地产公司的食堂,生意不错,请了十几个雇员。生育两个儿子,均在上学。

老三,钟思员(1950—),小学文化,长垄村畲族,呈山底村的招赘女婿。妻子钟蓝香(1954—),小学文化。夫妻育有两儿两女。两个儿子均在温州租地种菜,每个家庭的年收入约十几万元。两个女儿发展较好,其中大女儿嫁到黄坦镇,夫妻俩均到意大利服装厂打工。小女儿也嫁到黄坦镇,夫妻俩在外省经商。

老四,钟思亮(1953—),小学文化,妻钟美花(1957—),小学文化,娘家培头村人。夫妻生育一儿两女。其儿女们通过姻缘和亲缘的关系,均迁往景宁发展。其大致情况是:儿子汉旺(1979—),小学文化,儿媳景宁畲族。汉旺曾在景宁打工二十几年,然后夫妻俩在景宁农贸市场摆摊卖鱼,虽然起早贪黑,十分辛苦,但收入稳定可观,年收入近20万元,早几年已在景宁城郊建造了一栋四层的楼房。夫妻生有一个儿子,尚在读书。大女儿,旺娟(1981—),初中文化,因哥嫂的牵线,嫁给景宁汉族,夫妻俩也在景宁菜市场卖鱼,收入较好。小女儿晓丽(1983—),初中文化,也嫁到景宁,夫妻俩也在农贸市场做生意。可见,老四钟思亮家的三个子女,实际上是通过至邻县景宁打工经商的方式,然后在景宁成家立业。景宁区域经济虽然比不上文成，但那边房价及其他生活成本相对较低，生活质量甚至优于文成。

（七）打工转经商的"圣字四兄妹"

圣字四兄妹，培头自然村人，因名字中间有个"圣"字，故谓之。其母雷花女（1953—），文盲，娘家在邻近的坞田村，畲族。父钟炳松（1941—1995），初中文化，为培头小学创始人钟德彰先生的继子，1995年在山上干活时不幸被蜂蜇而亡。四兄妹经济发展模式类似，均是从打工转向商业经营的类型，家庭经济发展相对较好。四兄妹的核心家庭情况大致如下：

老大，儿子圣标（1972—），高中文化，妻子刘美荣（1976—），初中文化，娘家文成县南田镇汉族。夫妻俩育有一儿一女。女儿18岁，高中在读，儿子9岁。早年夫妻俩在温州某皮鞋厂打工，在厂里学了一手过硬的皮鞋制作技术，后在温州投资开一家皮鞋店，现在转行开一家超市，收益较皮鞋厂要高，年收入至少20万元以上，现已在温州市区购有一套不错的商品房。

老二，女儿圣娟（1974—），女，小学文化，嫁文成县龙川乡一朱姓汉族，名巧跑（1971—），初中文化。夫妻俩育有一儿，高中在读。夫妻俩一开始也在皮鞋厂打工，在获得丰富的鞋包制作技术以后，在瑞安开办一家自己的鞋包厂，雇有50多个工人，夫妻共同经营管理，至少20万元以上的年收入。现已在瑞安市购买了一栋五层的楼房。

老三，儿子圣忠（1978—），小学文化，妻子朱薇薇（1980—），小学文化，娘家文成际下村汉族。夫妻俩育有一儿一女，女儿12岁，儿子7岁。早年夫妻俩在温州服装厂打工，现在温州市开一家面食店，有十来万元的年收入。

老四，儿子圣旺（1981—），小学文化，妻子徐清秀（1986—），初中文化，江西汉族。夫妻俩育有一儿一女，儿子10岁，女儿5岁。升旺十三四岁时就在瑞安蛋糕店打工，后来又到制衣厂学做衣服。自己曾开过一家服装厂，有十几个工人。经过多番比较后，2012年选择从事糕点制作，在温州开了一家"大唐饼业"连锁店，雇用三人，现做现卖，生意较好，有十五六万元的年收入。大唐饼业是一个糕点品牌，是其妻子的家乡人创制的。在其妻子的娘家村庄，现家家户户都从事糕饼行业。他选择该品牌行业创业可谓基于地缘和亲缘关系。

老三和老四兄弟俩还共同出资在村里盖了一栋建筑面积100平方米的三层半楼房。2012年，哥哥装修花了十几万元，弟弟家还未装修。2013年5月，过完"三月三"节日后，圣旺感受到家乡发展的潜力，抓住了发展契机，又购买了制作烘焙糕点的全套机器设备，制作了蛋糕、月饼等糕点，免费给村民试吃，让村民评价口感和味道，在受到普遍赞誉以后，准备在当年8月份制作月饼，卖给周边村落。同时还联系了温州5家上千人的鞋厂，预订了好几万元的月饼。还计划每年"三月三"做出具有培头村品牌青钱柳糕饼，决心立足本地，发展本地经济。但近年月饼行业市场不景气，2013年底圣旺只身前往意大利发展，但愿他心想事成，适时回来后带来新的发展机遇。

（八）从来料加工中谋生计的畲家媳

所谓来料加工用文成当地人的话表述是"踩鞋包"，实际上是用电动缝纫机为厂家老板加工鞋子、服装、箱包之类的配件，赚取的是加工利润。合作形式一般是鞋包厂的老板到瑞安、温州等地相关大型厂家承揽生意，然后自己开店雇人加工（一般雇用女性为主）。鞋包老板将加工好的半成品送到瑞安、温州，他们实际上是来料加工的中间商，赚取相对较多的承包利润，而工人按计件赚取手工费。也有的村民将配料领回家干。踩鞋包这一活计虽说辛苦而又单调，但加工形式灵活自由，还能利用零碎时间和夜晚休息时间，因而特别受农村家庭妇女欢迎。用当地人的话说，只要手脚方便，眼睛看得见的都能做。

黄坦镇有数家鞋包厂，吸引了周边畲汉村落的妇女们，尤其是那些在镇上陪读的母亲，或祖母、外祖母等。所谓陪读现象是指农村山区小学合并为乡镇中心小学以后，家长们（以母亲为主）为孩子们上学方便一般租住在镇上，接送孩子们上学，照顾其起居生活等，剩下的时间则找些零活干或去鞋包厂打工。据悉，在鞋包厂打工平均月收入有2000元。不用照顾小孩的、动作麻利点的还可达到每月三四千元。这对于一些农村家庭妇女而言，算是自己劳有所值。

培头村因为有自己的培头小学，因而家长无须到镇上陪读。但也有不少妇女选择到镇上鞋包厂打工，可以就近照顾家庭。其中呈山底自然村的一位名为钟香琴的钟姓畲族妇女格外引人注目。钟香琴（1963—），呈山底自然村人，小学文化。曾被评为"文成县2007年度来料加工优秀女经纪人"称号，因20年不离不弃、无怨无悔地照顾瘫痪在床的丈夫，含辛茹苦地独自挑起抚养儿女的重担，而获得"2007 年·感动文成县十大人物"称号。当记者问她什么是幸福时，她说："自己每天踩鞋包时，只要回头能看到他在旁边，这就是幸福"，该回答折射出这个普通畲族妇女的坚强和爱情观。香琴的人生之路是坎坷而又美丽的。以下是 2013 年国庆节期间，她对自己人生的简单回忆：

　　我娘家是培头村人，家里有 8 兄妹，我排行第 6。小时候家里很穷，我读到小学毕业就没有再读书了。哥哥结婚后分家，姐姐在家招女婿。姐姐有一次与姐夫吵架，就喝农药自杀，这是我第一次感到痛苦。以后家里就更困难了。我 17 岁就去石洋林场做小工，挑石头、煮饭，在工地上与呈山底村的老公熟悉后，自由恋爱。老公比我大 8岁，十几岁就学习打石头，他手艺好，能吃苦，但他家里条件很差，父母都有病，一开始我家里不同意，后来看到他人好，我态度很坚决，我父母也只好同意了。我是 1981 年结的婚。我老公 1987 年就得了类风湿关节炎。医生说跟打石头不注意有关系。因为打石头很热，他是打钢钎的，打的时候要蹿火，很热的，感觉热他就跳到水里去，一冷一热就得了这个病，当时年轻，也不懂。他得病那年，我大女儿才 6 岁，小女儿只有 5 个月。结婚后，婆婆病了三年就去世了，公公也一直有病，1997 年去世的。老公生病以后，家里就全靠我一个人。一开始没有好好治，稍微好点又去干重活，所以越来越严重。我得想办法去赚医药费和生活费，还学会给老公打针。我当时除了种田，还收鸡蛋、卖废品，还到瑞安批发一些袜子和短裤，背到附近的村子里去卖，每天赚十来块钱。每次回来晚，大女儿和小女儿饿得哭、老公躺在床上急得哭。有一次卖鸡蛋，天下雨路滑，鸡蛋全打掉了，我摔在地上，半天爬不起来。

　　1991 年，我老公的病稍微好一点，他就自己打针。我到温州服装厂做了两年，后来发现他的病越来越严重，眼睛越来越模糊，后来全看不见了，我带他到温州做了手术，花了 7000 多元。我当时没有告诉娘家的父母，怕他们担心。医药费借了一些。他的病需要照顾，我又要挣钱。从温州回来后，我就带着他到黄坦镇踩鞋包，租了一间房，白天我背着他到鞋包厂，晚上背他回到出租屋。一年以后，老板照顾我，在厂里给我们安排了一间房子，我就这样在黄坛镇鞋包厂做了 10 年。每天从早上 6 点干到晚上 12 点,最多三十几块钱一天。晚上我负责给厂里关门,四层楼九个门每天都是我关的。我关好门睡觉,每天都是一两点。

2001 年,老公的病又严重起来。我就回到呈山底,老板人很好,就把货放到我家里加工。村里的妇女也到我家里来踩。她们给自己做,我没有收房租费,只是一起干活,有伴一点。我在家里干了 9 年。今年老公去世以后,我就到黄坦镇带孙女读书。孙女是我大女儿的,我大女儿很懂事,不愿嫁到外地,要留在家里招女婿,照顾老爸,女婿是附近村子里的,也姓钟,挺孝顺的,经常背岳父。我小女儿 25 岁,嫁到黄坦镇,女婿是个汉族,他们在云南做点玉石生意。老公临终时放心不下我,叫我好好生活。他走了,我想起来就哭。好在有两个孝顺的女儿女婿和懂事的孙女。

（7/10/2012,pm,于文成县城钟维禄家）

钟香琴家的来料加工店关闭以后,村里结伴干活的其他妇女回到各自家继续接活干。2013 年 8 月,长期在外打工的村民钟春芬回村创办了一家"培头畲艺来料加工厂",有 30 多台机器,用于加工橡皮筋,能有效利用本村妇女劳力,经济前景看好。

（九）从木匠手艺中寻求商机的畲家女

钟聪莲(1966—),高中文化,娘家呈山底自然村人,婆家在相邻的驮岙村,丈夫为雷姓畲族,是个木匠。她是本民族音乐、舞蹈爱好者,不仅是培头村每年"三月三"演出活动的主力军,还常与村里其他文艺爱好者,到文成西坑畲族镇、平阳、泰顺、景宁等地代表培头村参加演出。2013 年,她还被评为"畲族谚语"温州市畲族非物质文化遗产传承人。文艺和谚语只是她的兴趣和爱好。在生活中,她还是一个善于捕捉商机的畲家女。10 年前,她从丈夫的木匠手艺中发现了经营板材的市场机遇后,遂在黄坦镇开办一家板材经营店,店内主要由她经营管理,丈夫除了进货帮忙以外,平时还承揽货运生意。她经营的板材生意虽然不是十分火爆,但经济效益要远远胜于纯农业收入。通过夫妻俩的努力经营,不仅培养了一个儿子大学毕业,也给另一个儿子在县城开了一家小店,还要照顾年迈多病的父母,已在村子里建有一栋楼房。以下是聪莲对自己家庭生活的简单介绍:

　　我当年读书成绩还是可以的。只是因为高考前，我爸爸出了事故。我爸爸是位老党员，当了村里32年的书记，1983年，我高考那年春天，有次刮台风，他去抢救村里的财产，结果触电受重伤，丧失了劳动能力。家里只有母亲一个人干农活，我要是出去读书了，母亲一个人管不过来，所以我就决定不参加高考，回家帮母亲干活。我在娘家干了6年，1989年结婚，嫁到下面的驼岙村，老公比我小3岁，他家里条件不好，兄弟姐妹多，公公婆婆身体有病。我们两边家庭都要照顾。1990年我大儿子出生以后，老公就到外面做木工挣点钱。我一边带小孩，一边帮着煮饭，当时工钱不高。小孩大点以后，他就到龙泉帮人锯木板，经济收入好点。后来，我就想别的老板能做木板生意，我们自己为什么不可以做呢？经过一段时间的准备，我们就买了机器自己锯木板，在镇上开一家板材商店，卖给那些盖房子的人。

　　板材店开了十来年了吧。现在主要是我联系货源、找客户、谈价格，老公开拖拉机帮别人搞运输。两个人做，虽然不能发大财，但日子还算过得去。生意比上不足、比下有余。每年除掉成本，纯收入也有七八万元。但花销大，先是供两个孩子读书。现在每年给生病的公公婆婆万把块钱，给两位老人做坟墓，每一个坟墓就花了好几万，平时人情花费也很大，朋友家的喜事，红包要上千元，村子里一般也要500元。所以房子还没有完全建好，只在老家驼岙村造了两层。好在大儿子已经大学毕业了，现在文成派出所工作。小儿子高中还没有毕业，调皮不读了。我帮他在文成开了一家"老东北现磨豆浆店"。生意还好，就是还不太懂事，不认真守店。希望长大能够懂事点。我相信只要勤劳，日子总是越来越好的。我心态很平和的，每天晚饭后，我都会到镇里的文化广场跳健身操，蛮开心的。

　　　　　　　　　　　　　（5/10/2012，pm，于文成县黄坦镇钟其宽家）

（十）一位颇受欢迎的道士从业者

钟怀超（1944—），男，呈山底自然村招赘女婿，初中文化，是一位祖传九代的道士。人民公社集体化时代，在取缔一切"封建迷信"的政治环境下，道士职业不能公开活动，也没有太多的民间需求，他的道士知识和相关法器也只能被束之高阁。
而他本人主要以务农为业，农活
之余，还学会了打石头，尤其是
自己琢磨着雕刻石头。村里一些
坟墓上的狮子、老虎之类的石雕
像大都是其作品。20 世纪 80 年
代初期，自农村实行家庭联产承
包责任制以来，各类民间信仰仪
式如雨后春笋复兴，和尚、道士
及其他传统仪式主持者也从隐匿
的后台转向前台，有的甚至成为

图 18　道士先生钟怀超与他的
道教法器及经书

专职从业者。因民间的需求较大，其自身的市场价值也日益提升。他因具
有道士"家学"底蕴，加之本人又参拜过汉族师傅，肯积极钻研，故具
有较高的执业能力和社区声望。

　　自改革开放以来，他带着他的徒弟几乎承揽了培头村方圆数十里畲汉
村落的各类法事仪式。诸如丧葬的"做道场"、祈福消灾的"保平安"
等。平日里他除了干少量的农活以外，大多数时间骑着他的摩托车奔赴各
类仪式现场，不仅满足当地村民的信仰需求，也获得了较为可观的经济效
益。至于本村，小型仪式和公益性活动则免收报酬，其余象征性地收取一
点，因而获得较好的口碑。除了主持传统仪式以外，他也积极参与村里的
民间音乐班子，专门负责拉胡琴。鉴于他对畲族传统仪式的精通，2010
年温州市文化广电新闻出版局还给他颁发了"温州市非物质文化遗产
'畲族祭祖'代表性传承人"荣誉称号，与村里其他几位传承人一样，地
方政府每年给予 3000 多元作为传承补助。有意思的是，尽管他的业务具
有较大的民间市场需求，但本村没有他的徒弟，包括他的三个儿子也没有
兴趣传承其道士职业，毕竟年轻一代面临着更多的选择和机会。不过他的
儿子钟松夏还是带着钦佩的心情来讲述他父亲的道士从业情况的：

　　　　我家是九代道士，都会点医药，会点法术。我爸爸小时候脑子很
　　聪明，喜欢看书，对做道场很有兴趣，从小就跟他爷爷学了些基本知
　　识，13 岁就跟着先生念"三界"、还愿许愿，还学会了吹唢呐、吹龙
　　角、拉二胡、打板子，打鼓等。16 岁以前，他就会单独做渡关仪式。

家里很多做道士的书、法器，他瞒着做大队书记的父亲，也就是我爷爷，藏了起来。我们家很多东西，都有好几百年的历史了。

生产队时，他是跟着师傅偷偷地出去做。不过那个时候没有什么钱，但有点米、鸡腿、肉带回来。有点拿回来，日子要好一点。1980年，政策宽松了，他还正式拜大峃镇一个很有名气的姓赵的汉族道士为老师，记得拜师时，他给师傅送去猪脚和红包，学了一年多，就出师了，当时办了30多桌出师酒，师傅给他正式授牌，相当于毕业文凭。1982年，他38岁开始正式当师傅、带徒弟做道场。

这几年他一年将近做200场道场，他率领一个班子，一般有5—6个人，规模大的时候有几十人来帮忙。活动范围除了文成以外，还到苍南、平阳、瑞安这些地方去。一场法事要3—4个晚上，为首的道士一个晚上有600块。平时一些小法事，比如保平安、斩铁蛇、渡关等有280块的红包。我爸爸前几年有5万至6万块一年的收入，现在有十几万一年的收入。以前，我爸爸还会打石头，他也是义庄的徒弟。他还自学了雕刻石头，会雕一些狮子、老虎之类的动物。他的手很灵巧的，做道场时，会用米粉做"斋糕""寿桃"和"十二生肖"等米斋。分田到户以后，他做道士越来越忙，石匠活就不做了。米斋除了自己家里办事，他也不太做了，因为来不及，都是到黄坦镇里去买的。

（6/10/2012，pm，于文成县黄坦镇钟其宽家）

（十一）温州市菜篮子工程的受益者

所谓温州市菜篮子工程的受益者，是指培头村有数位钟姓畲族在温州市的菜市场经营猪肉或蔬菜等生意。该生意因受温州市政府菜篮子工程的统一管理而经营规范、效益稳定。最早去温州经营此生意的是呈山底自然村的钟松夏，其余的钟姓畲族都是他带去的。钟松夏（1966—），初中文化，其妻包美莲（1973—），初中文化，娘家周岙底村汉族。夫妻有一儿一女，女儿宁宁现已考入浙江师范大学，儿子祖财在温州市上初中。松夏较早走南闯北，尝试过多种生意，最后还是通过经营猪肉摊位生意，获得可观的经济效益。不仅培养了女儿上大学，还在温州购买了价值不菲的两套商品房。尤为难能可贵的是，他在自己富裕以后，没有忘记村里的村民。自2008年起担任了两届村委主任，带领村民发展村落经济。现在仍担任村里的党支部书记。虽然担任村干部，影响了不少的生意，加之村里的工作千头万绪，需要执着的信念才能完成，两头奔波十分辛苦，但他毫无怨言。他对自己的人生之路做了简要的叙述：

我初中毕业以后，就帮黄坦镇一个汉族朋友养蜂。黄坦镇人以养蜂出名。学了半年以后，就准备自己养。我到过很多地方，比如四川泸州、安徽阜阳、湖北孝感。我养了两车，养亏了。主要是技术太复杂。要是下雨或者时间耽误没有赶上花期，就白跑一趟。错过了花期，还要给蜜蜂喝白糖水，要不然蜜蜂就会饿死。半车蜂蜜一次要吃50—60斤白糖，要不然就流不出蜜。一般要一天流一次或两次蜜，才有钱赚。否则就亏定了。养蜂既辛苦，又不赚钱。我做了一年，就不做了。然后又跟着村里人去砌石头，技术不是太熟练，觉得钱不太好赚。

我1991年借钱到温州开饭店，投资1.3万元，夫妻两个人做，也没有赚到钱，后来老婆生小孩，我自己脚疼，就不干了。半年后赶上温州菜篮子工程，投标摊位，我通过汉族朋友介绍到温州卖肉，开屠宰场，生意还不错，每天能卖15—16头猪，大部分是直接送单位食堂的。那时光猪血卖给别人，每天也有200块一天。三年后，我让老婆管理肉摊，自己跟朋友到湖南洞口开饭店，是当地一个派出所所长转让的，结果没有生意，两个多月亏了7万多块。从此以后，我就回温州安心搞菜篮子工程，到现在有十几年了。我主要搞批发，除了老婆帮我以外，也雇人送货。如果好好做，每年有四五十万块的净利润。现在我做村长，经常两头跑，好多生意都丢了，老婆一个人做就只有十几万块一年。女儿在温州市读高中，儿子在培头小学，弟媳妇帮忙照看。我在温州有商品房，值好几百万。

我大弟弟松孟（1968—），初中文化，会打石头、砌石头、雕刻石头，承包过一年，收入还可以，但有类风湿关节炎，没有办法承包工程了，现在主要在家务农，一边养病。我弟媳妇也是汉族，在温州菜市场卖豆芽十几年了，现在因为弟弟生病，就回来了，在家干点农活和做家务。家庭经济以前还好，现在生病就困难了。我大弟看病的钱主要是我给一部分，我爸给一些。

小弟弟荣华（1970—），初中文化，当年考丽水师范差一分半，没有去复读。做过培头小学多年的民办教师。后来还是文凭太低，没有办法转正。我给他在温州菜市场弄了个卖肉的摊位，花了好几万块。弟媳是贵州人，弟弟弟媳在一起做生意，一年下来也有十几万块的收入。我还把我的两个妹妹妹夫带到温州菜市场做生意。她们一个卖肉、一个卖豆芽。一年也有十来万块，供一家老小在温州开销没问题。虽然现在买房有点困难，但要比在村里好很多。小孩子在温州读书教育也好一些。

我觉得我们培头人的经商头脑，还是有点问题，还是比不上下面的红星村。十几年前，我们村里有好多人在温州搬木头，我叫他们投资卖肉，他们觉得不保险，不敢卖。有几个愿意跟我来的，刚开始亏了一点就跑回来了。现在眼界要开阔点，但是与汉族还是有差距的。红星村有450多人，有郭、苏、赵、张等姓，他们的收入比培头村要好点。有的在家里办猪场，还有的在外面开超市，开煤矿，有几个大老板资产有7000万至8000万元。现在对少数民族政策倾斜，我们还是应该抓住机遇，新56省道通了以后，村里的旅游经济要是能够发展起来，就比较有前景。

（10/7/2012/，于呈山底自然村钟松夏家）

（十二）敢于在商海闯荡的畲家女

钟聪珠（1969—），女，高中文化，呈山底村人，娘家同村，丈夫钟维斋（1965—），小学文化，家有一儿一女。女儿中专毕业后在文成玉壶镇卫生院工作，儿子在温州从事美容美发工作。夫妻俩属于经商闯荡型。具体而言是利用温州地区良好的经商氛围，和文成县侨乡经济的有利条件，家庭生计模式由开货车做运输生意转型与朋友合股投资水电站和矿山、园林生意，家庭资产较可观。聪珠向我讲述了她家的经商之路：

我是1969年出生的，高中毕业后，大学跟我没有缘分，我就去文化馆工作了，20世纪80年代初只有15块一个月的工资，我还是很满足。因为我有文艺这方面的爱好，经常到文成、泰顺参加一些畲族文化方面的演出，当时很想考文化员，参加正式工作，我们村里在县里工作的干部钟金莲他们都想培养我。但是，我后来跟我老公谈恋爱了，只好回来结婚了，小孩子生起来，复习考试什么的，还有其他什么想法都丢到一边去了。

　　结婚后我就从文化馆出来了，跟我老公一起做生意。他文化程度很低的，但很早就学会了开大货车，那个时候，二十七八年前嘛，文成的大货车很少，他赚的钱还是可以的。大女儿出生后，老公在外面开车，我就在家带小孩，隔一年左右，又生了第二个，我就变成家庭主妇啦。其实呢，老公在开大货车，我也帮他拉生意，帮他结算账。那些运费之类的都是我去要回来的。老公开了几年大货车，然后又开大客车。就这么过了十来年吧，好像是小孩子读小学了，1996 年，我们就在县城造了个小楼房。后来我们把整个车都卖掉了，就到文成一个乡镇投资水电站生意。

　　做水电站生意是跟文成几个汉族朋友合伙的，我们这里人要做大生意都是合伙的，一个人吃不消的。这几个朋友他们从意大利打工赚了些钱，当时一起投资有 100 多万吧，我们一起做了 5 年。那时生意还可以，赚了点钱。后来我老公决定自己做，就转让掉了自己的股份，我们还卖掉了自己的楼房，换成套房，到玉壶那边承包了一个乡水电站，当时承包了 30 年，感觉利润比较低，我们做了两年以后就转包给别人了，等于是把股份都卖掉了。然后我老公就到云南发展，也是做水电站生意，因为那边水很多嘛。去云南之前，我女儿已经上卫校了，儿子也上初中住校了，基本不用我管，不用烧饭给他吃。老公去云南，我就到温州洞头做园林绿化这一块。

　　我老公去云南投资水电站生意，大概是 2002 年吧，也是和温州的朋友一起去的，我们只是小股东，大股东只有一个，小股东有好几个。我们准备投资三个水电站，也就是一共有三级水电站，第一级水电站投资有一亿多，已经建好了，第二级水电站也造好了，都可以发电了，现在已经开始造第三级水电站了。第一级水电站是我们合股集资的，第二级和第三级水电站的资金，是第一级水电站抵押贷款来的，现在贷款还没有还清。估计那两个水电站产值有两亿多。我们家去年分红大概有二十几万吧。等我们第三级水电站全部建好，中国大唐公司准备收购我们全部的水电站，大唐公司是上市公司，很有实力的，要是收购成功，水电站的价值还要涨点。

　　我老公其实现在不在水电站上班，因为水电站自己有股份，人在云南那边要好一点，可以知道水电站的情况。他同时也做点别的生意，去年开始帮那边水电站的老板开矿。老板每年给他工资十几万块的样子，他做了很多事，我们现在想讨一点股份过来，老板给不给，现在不知道。

我家的钱都押在那边的水电站了。我们家当时投了100来万的样子，这100万股份不全是我的，也包括我弟弟和我爸爸的小部分。我跟我弟弟、爸爸的股份加起来，总价值大概有1500万的样子。我跟他们说过了，这个东西在外地管理不是很方便，再说那边地震很多。合适的时候，就卖掉算了，卖掉的钱随便回来投资，我觉得年纪大了，还是要回来发展的。

现在我在温州搞园林绿化也是和朋友合伙的，成立了一家公司。合伙其实是相互帮忙，我朋友负责工程投标，我负责绿化工程，我们合作得很好，我这个朋友是汉族，是金华益民农业开发有限公司的董事长。他投标技术很好的，中了好几个标，现在工程还做不完。我们公司今年在洞头的一个工程就有5000万元，所以我一直在洞头那边管理工程。我不懂投标，但我懂绿化工程，我也协助他一点。我们在温州的总公司也就七八个管理人员，平时工地里工人有很多。每投标一个项目就要招一批工人，我工地里的工人，有的是当地村里的，也有从福建那边过来的山哈。看到讲山哈话的福建农民，总归要亲切点，我也照顾他们一点。

说到经商，我其实出去得太迟了。因为要把孩子带大，等女儿考上中专，儿子读完高中，我才走出去的。要是早点出去闯荡，应该比现在还好一点。当时投资水电站也不能说是最好的办法。目前看起来资产还可以，但是都在投资中，周期很长，钱一时半会儿拿不出来。我现在等钱给女儿买婚房，我女儿找了个对象在温州，是上班族，没有多少钱，上班族你看有多少钱呢，是吧？所以给女儿在温州买房子是我现在最大的心愿，我等于是嫁一个女儿，多一个儿子这样。我要等那个水电站股份什么时候卖掉才行。我在绿化这边的投资，也还没有结账，有两三年周转时间，投资进去，还没收入，再说我们这边还没做好，等工程做完了，才能拿到钱。我和我老公这几年，整天跑来跑去，我们年龄也越来越大了，等这个项目做好了，那边的水电站股份卖掉，我们就准备回文成做点事。再怎么样待在外面时间长了待不牢的。

（4/4/2013，am，于文成县城至呈山底村驼寨垟之清明节扫墓路上）

（十三）牛塘自然村生计模式概览

牛塘自然村以雷姓畲族为主，地理位置较之培头自然村和呈山底自然村更加偏僻，属于高山深处的革命老区。入村公路长期未通，2014 年夏才开始修造。该村在新中国成立初期才划归培头行政村管理。牛塘自然村过去没有像培头和呈山底两个自然村那样宗族文化发达，耕读传家意识相对薄弱，进而至今求学升学人数比例较低，商业市场意识也相对淡薄。但他们与钟姓村畲族长期保持着密切的行政和通婚关系，而且畲族文化保存得较完整。概览该村的生计模式，有利于与培头村钟姓畲族加以比较。该村木材、竹子等山林资源丰富，但因交通不便而难以运输，故本村畲民大都以打工为主，年轻一代主要在温州、瑞安、文成县城等地打工，中老年人则属于"种田加打工"发展模式，即一面在家种田，一面早出晚归在附近乡镇钟摆型打工。村落经商意识总体滞后于下面的两个钟姓畲族村。以下试举几例予以参照。

案例 1，雷宽丐（1956—），高中肄业，妻子雷爱妹（1961—）未上过学。夫妻俩长期以农耕为主，养育二女一儿。大女儿秀兰（1979—），初中文化。停学后，学习缝纫技术，一直在温州一制衣厂打工，后嫁至景宁，育有一儿一女。二女儿秀娟（1981—）初中文化，嫁培头自然村钟一兵，去欧洲打工三年。夫妻俩育有两个儿子，尚在念小学。现已回国打理青钱柳企业。老三，儿子秀武（1986—），高中文化，曾与堂哥在温州学裁缝，后来又帮别人卖菜。现在黄坦镇帮别人做铝合金，一个月 2000 元左右，有个重庆籍的女朋友，打工时相识。

案例 2，雷苟累（1953—），小学文化，篾匠，妻子雷水兰（1954—），未上过学，景宁畲族。苟累兄弟姐妹较多，年轻时家境很困难，但有篾匠手艺，在景宁做手艺活时，娶景宁妻子。现在手工活不赚钱，转而学习砌石头手艺。长年在温州永嘉一些建筑工地从事小区铺路、造林等体力加技术活。夫妻俩育有两个儿子，大儿子，小令（1979—），初中文化，大儿媳戴春玉（1979—），初中文化，云南汉族，现在温州某服装厂打工，两人月收入万来元。小夫妻育有一儿一女，均在黄坦镇上小学，平时由奶奶负责照看。小儿子，小荣（1981—），初中文化，小儿媳妇刘德彤（1979—），初中文化，湖北仙桃汉族。两人在温州某缝纫厂打工相识，现已回湖北仙桃女方家发展，也在当地一服装厂做技术工，有一个 8 岁的女儿。目前已在当地购有一套商品房。该户在村内有一栋二层楼房，计划到黄坦镇买房，暂时还无力实现。

案例 3，雷元洪（1939—），未上过学，妻子雷英妹（1950—），未上过学，景宁畲族，从小爱唱山歌，经常参加景宁畲族自治县的畲歌比赛，她还擅长编织彩带。据悉，英妹一开始嫁至文成县某乡镇一汉族家庭，刚嫁过去时，因为畲汉语言隔膜，与当地人交流极少，她在山上干活时，总是以唱畲族山歌来表达自己的喜怒哀乐之情。而其汉族夫家及村里人基于对畲族的文化隔膜和偏见，认为她老是一个人在山里唱歌是"神经病"的表现，故常嘲笑之，不久双方解除婚姻关系。此后嫁给牛塘自然村雷姓畲族，从此过上了安静、平和的日子。夫妻俩养育两儿两女，子女们靠打工和开店为生计，家庭经济状况在村里算中上水平。具体情况大致如下：

老大，儿子，青文（1970—），小学文化，因打工认识缙云的汉族姑娘，获得较好的发展，现在缙云从事蔬菜批发生意，夫妻俩已在缙云县城购置商品房一套。

老二，女儿，青兰（1972—），初中文化，嫁黄坦镇汉族，现在镇里卖服装，丈夫打工。

老三，女儿，小兰（1976—），初中文化，会缝纫手艺，嫁泰顺汉族，与丈夫一道在广东东莞开时装店，主要是制作成衣礼服等。

老四，儿子，青标（1979—），小学文化，妻子杜小丽（1981—），缙云汉族，夫妻俩曾卖过香菇，现在丽水批发蔬菜。

（十四）身残志坚的致富能手钟旭莲

钟旭莲（1966—），小学文化，娘家培头自然村，丈夫是邻近的赵姓汉族。因小时候患小儿麻痹症，落下腿脚不方便的疾病。但旭莲从小就经历过商业意识的历练，因而胆大心细。从一个当年的小裁缝逐渐蜕变为当地较有名气的女老板。她能抓住机遇，并利用国家对残疾人经商的优惠政策，带着娘家的弟弟一起开了一个规模较大的养猪场，还办有一个饲料厂和一个兽药店。她有一儿一女，儿子已婚现经商，女儿还在上大学。兄妹俩在镇上建有两栋四层的楼房，在县城和温州市有多套商品房。近年因为养猪场拆迁，获得一笔不菲的补偿款，又承包了一个水库养鱼。以下是她对自己的创业之路的简单回忆：

　　　我小时候因为腿不方便，吃了很多苦头。上学走路一步一步地慢慢挪，我父母背着我去温州治病，花了好多钱。稍微好点，我就想给家里帮忙挣钱。我8岁时就给开商店的邻居刮淮山皮，搓棉花①，14岁在村里跟我爸学做缝纫②，15岁到瑞安服装厂打工，17岁领着一帮徒弟，在瑞安租了个门面，干起了服装成衣批发，很快我就把店面买下来，19岁我卖掉店面，回黄坦镇开了家服装店，两年后关掉店面，回家准备结婚。23岁，我带着做服装生意的所有积蓄出嫁，我老公家是离培头村不远的占里村的，他姓赵，是个汉族，人挺朴实勤劳的，就是家里很穷。这样也好，可以逼着我们自己创业。

结婚以后，在当地残联、妇联等政府部门的帮助下，我回娘家培头村办起了一家养兔场。很辛苦，但发现养兔利润不高。于是我关闭养兔场，准备再到黄坦镇来发展。小孩出生以后，我一边带小孩，一边继续做服装生意。心里一直琢磨着怎么发财致富。我看到黄坦镇大规模发展养猪企业，于是决定卖猪饲料。2003年，我贷款40多万元，总共投资80多万元，开办了一个每天产量20吨的饲料厂。2004年有30万至40万元的毛利润。2005—2006年，小猪掉价，饲料不赚钱。2007年以后，猪价又开始好转，饲料每年有好几百万元的利润。我在2007年又投资了200万元建了个养猪场，2009年投资了500万元，建了另一个养猪场。生意扩大以后，弟弟弟媳与我一起干，后来我又开了个兽药店，这样饲料、养猪、兽药一条龙，利润要高一点。现在兽药店是弟媳妇在管理。我们姐弟没有分家，经济合在一起。我现在养猪场和饲料厂的净利润每年有1000万元。

我做生意的秘诀，一是能吃苦，二是很讲诚信，我有固定的客户，一般温州、台州、福建那边都过来找我批发。我平时每天还做中介，帮别人卖猪，一头猪能赚20元的中介费。有时候一天能卖几百头，我就能挣好几千元。

我现在发展还是可以的，两个猪场和一个饲料厂，一共雇了8个工人，还有自己和弟弟一家都在干，我的父母亲也在给我帮忙。另外，在黄坦镇有两栋楼房，在文成和温州给儿子、女儿和两个侄女都

---

① 人民公社时期，黄坦镇有对章姓汉族夫妇在培头村开办了一家零售商店，同时兼卖淮山，并纺棉纱。

② 旭莲父亲钟祝林（1933—）是当地有名气的裁缝，据悉他十几岁时从邻近的上半垟村一个姓蔡的汉族朋友那儿学来一手好手艺。

买了商品房。我这个人喜欢动脑筋，看到我加工饲料赚钱，现在黄坦镇的养猪户都自己加工饲料，我就卖原料。如果以后不让养猪，我再想其他办法发展，反正我是闲不住的。

（5/10/2012，pm，于黄坦镇钟旭莲饲料厂房外）

据悉，2014 年旭莲的养猪场被拆掉以后，她已经开始承包附近的一个水库养鱼，同时在想别的办法投资绿色产业，希望她能梦想成真。现在其弟新宽回培头村担任村委主任，主要精力放在特色村寨建设上。旭莲一家也回到培头村，协助经营农家乐及土产经营等。

第四节　走出国门闯出一片新天地

畲族历史上是一个"以山为基、以农为本"的民族，也是我国东南山区辛勤的拓荒者，自唐初至清末历经了千余年的历史迁徙。纵观畲族千年民族迁徙史，始终遵循着"只望青山而去"的基本定律。直至 20 世纪80 年代以后，随着我国改革开放和畲汉文化互动的深入，浙南地区部分畲族农民才开始超越传统、走出大山，向海外寻求发展。文成县既是浙江省畲族人口主要分布地之一，更是浙江省著名的侨乡，因而走向海外的畲族农民亦居全省之最。目前，在国外打工及经商的畲族农民大约有三四千人，主要集中在意大利、法国、西班牙、荷兰等欧洲国家，少数至南美的苏里南。他们主要在箱包、皮鞋、服装、餐饮、百货超市等行业谋生。这些出国的畲族农民虽然劳动强度大，工作十分辛苦，且个体发展有强有弱，但总体而言，近二十年来，在国外经济收入要远多于国内打工，而国外经商者就更不用说[①]。改革开放 30 余年来，文成县及周边畲族农民出国谋生成为一种风尚。

近年来随着欧洲经济危机的到来和国内经济环境的日趋好转，也有少数国外打工畲民，转而回国发展。这样一方面可以寻找到新的经济机遇，另一方面可以照顾年迈的父母。培头村钟姓畲族在欧洲寻求发展的畲族农户目前有十几户，二三十余人。他们主要是通过亲缘、地缘的关系而走出

[①]　出国务工者一般由亲戚朋友带出去，现在要交 17 万至 18 万元的中介费（早些年会少点）。在市场经济作用下，赚取中介费已作为海外新华侨的一种产业，即便亲戚大都也不例外。

国门的。虽然出国要一笔不菲的中介费,但他们在国外早出晚归、辛勤劳作,大都一年内能挣回中介费。经过多年的打拼,绝大多数有了一定的积蓄,较大地改善了家庭经济状况。也有的由打工转为经商,还有的拿到了绿卡,将孩子带到身边,接受国外教育。他们大部分人表示最终还是要回国的,由衷地希望家乡培头村能够加快发展的步伐,认为如果能在国内有好的发展,就不必漂洋过海了。有关培头村钟姓畲族出国打工经商情况,不妨试举几例。

(一) 在意大利开超市的钟姓畲家女

钟碎兰(1969—),女,高中文化,是培头村出国经商的佼佼者。碎兰有兄妹五个,她是家中最小的一个。她的大家庭在钟姓家族中较为兴旺。其高祖父和曾祖父均是钟姓宗族的历史文化名人。其父兄弟六个,其中三个教书、三个经商。他父亲饱读诗书,新中国成立前后曾做过岭后小学的教师,于2013年过世。其五兄妹各自家庭发展水平在培头村属上乘(参见本章第一节)。

碎兰出国至意大利发展源于姻缘关系。据悉,她高中时曾在其大哥所任教的玉壶镇中学读书,因而有缘结识玉壶镇这一文成华侨之乡的汉族朋友。1987年嫁入该镇的一个章姓汉族家庭。其丈夫章兆永共四兄弟,排行第三,有一兄、一姊、一妹。其中,丈夫的大哥章兆镇(1955—)、嫂子胡荷梅(1954—),早在1992年就到意大利从事箱包、服装等加工活,在积累了一定资金后,就转行开超市,因吃苦耐劳、经营有方而发展很好。目前兄嫂一家七个女儿已全部成家立业,每个女儿分别在意大利开有5家以上的超市,全家年总收入至少在3000万欧元以上。同时,他们还陆续把自己的兄妹先后全部带到意大利发展。

碎兰夫妻俩就是在哥嫂的帮助下前往意大利"淘金"的。1999年,她的丈夫先去,在一家中餐馆打工。2000年,碎兰随后也来到了意大利,一开始她做过垃圾分类员,后来夫妻俩亦如其兄嫂一样,从事箱包、服装等来料加工。经过五六年的打拼后,有了一定的积蓄,再通过兄嫂的帮助,也开起了利润较高的超市。目前他们在意大利的米兰市周边已开办了四家超市,年收入达300万欧元。其一儿一女,均在意大利上学。其中,女儿在读大学,儿子在读小学。前几年碎兰又将培头村娘家的侄女夫妻俩带往意大利。碎兰夫妻到意大利经商既是畲汉互动的产物,也是亲缘地缘的结晶。

图 19　2012 年秋，作者在文成县城
访谈旅意华侨钟碎兰

2012 年，国庆节期间，恰逢碎兰与她婆家的兄嫂从意大利回文成探亲，我们在文成县城的一家名为龙麒源的农家乐餐馆不期而遇。碎兰十分健谈的嫂子胡荷梅说起了她自己一家在意大利打工经商的情况，颇能反映出文成新一代华侨出国的亲缘和地缘关系及其艰辛创业历程：

我娘家也是玉壶人，刚嫁到婆婆家，条件很艰苦的。生产队干活收入很少的。除了种田吃饭，还要靠做点手工活才能周转一大家子的开支。我公公是个木匠，技术很好。我老公也从他爸爸那里学来了木工手艺。为了养家，分田到户后，我们到景宁、瑞安做过木匠活，为了躲计划生育，我们还到福建光泽帮人砍木头，赚点辛苦钱。后来我们在瑞安做木工的一个房东，看到我们木工活赚钱少，就劝我们做点煤炭生意。

图 20　2012 年秋，钟碎兰与婆婆及
婆家兄嫂相聚在文成

煤炭生意我们做不来，但我们对木头的行情比较了解，就开始做木料生意。我们那时主要到景宁贩木头，生意还好。但因为孩子多，就考虑到去国外发展好一点。我们到意大利是通过我娘家的哥哥嫂子带出去的。我哥哥嫂子又是通过嫂子娘家的亲戚带出去的。我嫂子娘家的大伯是个老华侨，民国时候就到意大利开餐馆了。

我家是我老公先出去的，一开始到我哥哥嫂子超市里打工。他头脑不错，又能吃苦，条件好点，我也过去了。我去意大利那年已经40 岁了，打工都没有人要，我就学着做皮包，后来又学着裁衣服。一共做了三年，没日没夜的太辛苦，就不做了，把攒下的钱拿来开超市，一家一家地开，到现在我们家已开了 30 多家超市了，生意还不错。但当时出来创业是很艰苦的。我们没有房子，就和亲戚们挤住在阁楼。每天工作十五六个小时，下面是机器，吵得很。还有的睡在床底下，甚至大桥下面都有。后来我们弟妹们过来条件就要好很多。现在兄弟姐妹们都买了小洋楼。平时上班忙，还可以请保姆打扫卫生、烧饭、带孩子。有时我们也会到意大利餐馆去换换口味，也过他们的圣诞节。

（1/10/2012，pm，于文成县城龙麒源餐馆）

碎兰在嫂子的谈话中，也偶尔插几句她在意大利的经营情况，表示在夫家大哥大嫂的关照下，自己目前发展得较好。2014 年，培头民族村"三月三"节日活动期间，正值清明节，恰逢碎兰夫妻和她娘家的兄嫂一家回来给父亲扫墓。作为走向海外发展较好的碎兰，被村里如火如荼的建设所感动，决定适时捐资成立"培头村教育基金会"，旨在资助和奖励村内贫困子弟的读书升学。2015 年她为村里捐赠 23.8 万元，建造"凤凰到此"大门一座。

（二）在苏里南开超市的钟姓畲家儿

钟陈安（1984—），男，高中文化，呈山底自然村人，妻子吴红华（1982—），高中文化，娘家黄坦镇汉族。他出生于一个家境普通的农民家庭，有个小他 5 岁的弟弟钟陈光（1989—），也是高中文化。其父钟维局（1956—），初中文化，是村里的石匠，其母蓝凤月（1965—），小学文化，畲族。他的父亲通过石匠手艺培养他和弟弟高中毕业，且盖了楼房让其成家，实属不易。为了寻求更好的发展，大约 10 年前，其父筹集了一笔不菲的中介费，陈安投奔了远在南美洲的苏里南开超市的舅舅舅妈一家。起先他在舅舅家的超市打工，在积累了一定的经济基础以后，他的妻子也来到苏里南与他一起打拼，夫妻俩开有自己的一家超市，年收入约40 万元人民币。现夫妻俩不仅早早挣回了出国的手续费，还与父亲一起出资在黄坦镇建有一栋 200 平方米左右的四层楼房。夫妻俩还积攒了一笔较为可观的积蓄，计划近一两年在文成县城购买一套商品楼房。其弟弟则在温州一家鞋厂从事销售工作，月收入 4000 多元。他的父亲维局对现在的生活状况感觉十分满意。他讲述了儿子的出国经历和自己的经济状况：

我儿子到苏里南已经 10 年了。他是舅舅一家带出去的。最早到苏里南去的是他舅妈的兄弟。他舅妈姓朱，是黄坦镇人，当时黄坦镇有个姓蒋的开推土机的师傅，到苏里兰去承包工程，就把他舅妈的兄弟带出去了。然后他舅妈的兄弟又把他舅妈带出去，舅妈去了两年就把他两个舅舅也带出去了。最后是把我大儿子一家带出去的。头几年，我儿子帮他舅舅开超市，每年有5万至6万块收入，积攒了一些本钱以后，他们就自己干，开了一家200多平方米的超市，现在每年有30万至40万收入，还过得去。我大儿子出去以后，又把我大哥的大女儿也带到苏里南去开超市了。我大哥钟维满（1943—），初中毕业，也是靠打石头发展的。大哥在老家也盖有楼房，现在租住在县城。他大儿子一家在宁波开理发店，小儿子在文成打工。他大女儿在苏里南的超市规模比我儿子小点，每年十几万有的，她女婿还打一份工，收入也还可以。

我19岁就开始打石头、砌墙，生产队里也出去干活。这十几年，我主要承包工程，老婆烧饭。每年至少5万至6万块收入，如果不包工程，出去做石匠活也有250块一天。我送两个儿子读到高中，在老家造了一栋三层楼，还有大儿子出国6万块，都是我打石头赚的钱。

（10/7/2012，pm，于钟陈安舅父文成县城公寓内）

（三）在意大利从事服装行业的钟家兄弟

钟德珍（1948—），培头自然村人，原本瑞安籍畲族，曾在舟山群岛当过6年的海军，转业后招赘至培头村，其妻钟彩莲（1951—），小学文化。夫妻俩非常吃苦耐劳，勤俭持家，共生育五个儿子。五个儿子长大成人以后，为改善家庭经济状况，大都选择去国外谋生的生计方式。目前除了老二一直在本地发展，老三于近年回国以外，其余三个儿子至今仍在意大利从事服装加工行业。钟家五兄弟的大致情况如下：

老大，一康（1968—），初中文化。20世纪80年代中期，培头村正如中国绝大多数农村一样，大量富余劳动力开始向外流动。18岁的一康，初中毕业后，回乡做了短暂的停留，便在文成朋友的引荐下，转至意大利发展。一开始，他在文成老乡的服装加工店打工，主要任务是替意大利品牌服饰公司，将裁剪好的布料加工成服装。数年后，他不仅具有娴熟的技术，也累积了一定的商业经验，尤其是在打工过程中找到了与自己志同道合的同乡妻子。其妻为文成县侨乡玉壶镇胡姓汉族，具有丰富的家族海外打工经商经验和人脉资源。夫妻俩遂决定开一家自己的服装加工店。起先，只是夫妻两人经营，后雇佣五六个同乡，生意一直较为稳定。

经过十几年的打拼，他们夫妻不仅拿到了绿卡，还养育了盈盈和晶晶两个女儿，现均在意大利上学成长。他们还在意大利米兰市郊购买了价值人民币数百万元的生态农庄，面积宽敞、环境优美。在自己稳定以后，他陆续将自己的三个弟弟带到意大利发展。一康在培头村属于出国较早的，能充分地利用早年意大利较好的经济环境，其家庭经济发展势头优于其他兄弟。加之他有自己的小工厂，按照意大利的商业法规，每年允许从自己国内招三个工人入意，从中能获得一定的中介费。2014年暑假回国探亲时，他计划出资将培头村的老房子翻造装修一下。

老二，一健（1970—），初中毕业后，在部队当兵三年，学了过硬的驾驶技术。转业后，在青田一家著名的大型皮鞋企业的车队工作，经过多年勤奋的努力，现已升为车队队长，管理着一百多辆车的出入调度。其妻是四川的汉族，在厂里打工。夫妻育有一女儿，现小学在读，家庭经济状况较殷实。一健因在家乡附近谋得较好的发展，故未选择出国营生。

老三，一兵（1972—），高中文化，妻子雷秀娟（1981—），初中文化，娘家牛塘自然村，夫妻俩育有朝晖和亚欧两个儿子，现培头小学在读。一兵高中毕业后，回家务农，曾担任过村委主任和两届县政协委员，现为村里的支部委员。他也曾发展过养殖事业，但经济效益不明显，于是夫妻俩在2007年将大的儿子托付给父母照看，转而去意大利发展。他们到达意大利后，与先去的两个弟弟，老四和老五一样，开了一家服装修理店。主要是修改服装的长短、大小等，生意一直不温不火。2009年，小儿子亚欧在意大利出生，一周岁后被送回国由父母带，夫妻俩继续在意大利经营服装修理店。直至2012年，受欧洲金融危机的影响，生意日益难做，加之国内经济发展机会较多，尤其是两个孩子在国内，父母也日益年迈，夫妻俩遂双双回国，并建立了亚欧农产品合作社，目前主要从事青钱柳的种植、加工及销售，具有较好的发展前景。现家中建造了一栋新的三层楼房，装修一新。一楼是青钱柳加工的标准厂房，二楼三楼是接待游客的标准房间。他们计划在村里旅游经济发展起来以后，再发展农家乐餐饮住宿。

老四，一钦（1974—），初中毕业后在家务过农、打过工，均因发展不够理想，遂在大哥的引荐下，于2001年去意大利发展。一开始，他是在意大利人的缝纫修理店打工，等技术娴熟以后，就自己开了一家服装修理店。目前大约有近 20 万元人民币的年收入。但因为受欧债危机的影响，生意前景不容乐观。2014 年暑期，他乘意大利生意淡季回国休息了一个多月。他告诉笔者，意大利政府决定继续提高税收，以缓解经济危机，接下来自己的生意肯定是更加难做，因而打算干一段时间后，再寻找回国发展的机会。他这次回来，也花了较多时间走亲访友，主要是为了初步考察今后回国发展的目标与方向。

老五，一勤（1976—），高中文化，也曾经在家乡务过农、打过工。为了寻求更好的发展，2005 年投奔在意大利的两个哥哥。其营生方式，也与老四差不多，起先是跟哥哥学服装修理，尔后自己开了一家服装修理店，后在意大利找了一个汉族老乡做妻子。夫妻俩昼夜劳作，希望像大哥一样，能在当地买上自己的住房。

自 20 世纪 80 年代中期始，培头村钟姓畲民陆续到海外寻求发展，在当时国内农村经济普遍发展滞后，打工收入低廉的情况下，出国谋生不失为一种较好的选择。但由于近几年受欧债危机的影响，国外打工或开店的收入大为减少，加之国内经济发展迅速，尤其是家乡变化巨大，发展的机会较以往大为增多，在国外打工并不比国内打工收入高多少，甚至不如在国内经商，因而有部分人选择回国发展。总体而言，出去越早，发展得越好。他们大都在当地购买了住房、拿了绿卡，基本倾向于长期在国外居留。而那些晚近出去的打工者，或经营小作坊、小修理店的村民，则倾向于回国发展。与此相应的是，近几年培头村钟姓村民基本没有选择出国发展的，未来也鲜有出国谋生的打算。培头村从向海外拓展到回归国内发展的现象，一是源于海外劳动力市场的饱和与经济的不景气，二是因为受国内经济的发展和巨大的市场潜力所吸引。

小　结

自新中国成立后，培头村钟姓畲族终秉承着先祖自强不息的拓荒精神，以多元化的路径实现跨越大山的理想。一代又一代的莘莘学子通过奋发图强，读书升学的方式，走向山外的世界，他们毕业后大都成为各行各业的骨干力量，同时又以浓郁的民族情怀和桑梓情感，关注和支持培头村家乡的发展。而自 20 世纪 80 年代初改革开放以来，钟姓畲族村民纷纷从计划经济体制的束缚中解放出来，他们有的通过精湛的打石技艺，走南闯北地修桥造路，有的则离开村落到省内外城市打工经商，还有的走出国门到意大利、法国、苏里南等国经营超市以及服装皮革加工等生意。他们用智慧和汗水寻求家庭致富道路，为子女成长成才提供经济保障。正是他们不畏艰辛、锲而不舍的努力，推动着当代培头村社会经济文化生活的快速变迁和质的飞跃。

第五章 回归大山：培头钟姓宗族村落之社区营造

所谓回归大山是指培头村钟姓畲族将发展的目光从山外的世界转向培头村自身的建设。此种回归不是简单意义上的恋乡恋土，而是更高层次上对大山的超越。其超越的具体路径则类似于中国台湾的社区营造，即在各级地方政府大力支持下和村落精英引领下的全体村民共同参与的民族特色旅游村寨社区营造。具体而言，培头村社区营造萌发于20世纪末，大规模启动始于2008年春新的村两委班子的建立。在新的基层组织带动下，培头村钟姓畲民焕发出高昂的民族特色村寨保护与发展热情。该举措也得到了从该村走出去的畲族干部和知识精英们的实质性支持。培头村社区营造主要内容包括："畲族传统文化的复兴""青钱柳特色产业开发""畲家乐美丽乡村建设"三个方面，它实际是一个迄今为止并未完结的官方与民间持续互动的动态过程，经过十余年的努力，尤其是近几年的快速行进，取得了有目共睹的成绩，尽管距离理想的目标尚任重而道远。本章着重关注其过程和细节，阐发其成就与不足，进而获得某种启迪与借鉴意义。

第一节 中国台湾社区营造概览

一 社区营造概念溯源及发展线索

"社区"一词源于拉丁语，其本意是共同的东西和亲密的伙伴关系，英文名称为"Community"。社区概念最初由德国著名社会学家斐迪南·滕尼斯（Ferdinand Tonnies，1855—1936）纳入社会学研究范畴。1877年滕尼斯出版了其具有重要影响力的著作——《共同体与社会——纯粹社会学的基本概念》(*Community and Society*)①。该著将"社区"与"社会"予以学理性比较思考。何为社区?在滕尼斯看来,所谓社区是通过血缘、邻里和朋友关系建立起来的人群组合,而凝聚该人群组合的纽带则是基于意向、习惯、回忆等自然意愿。很显然,滕尼斯本意上的"社区"是指基于共同地域和共同文化且彼此联系密切的人群共同体。此后,社会学界在滕尼斯的基础上,陆续对"社区"概念做了各自的理解与阐发。而滕尼斯的《共同体与社会——纯粹社会学的基本概念》在 20 世纪 30 年代也由我国社会学、人类学先辈费孝通先生翻译引入中国,书名译为"社区与社会"(后来也有人翻译为"共同体与社会"),随后"社区"概念在中国知识界也被许多学者引用并阐发。正是由于广大中外学者们均从各自不同的角度和知识背景来理解和阐发"社区"概念,加之"社区"内涵本身具有时代变迁性,因而对于"社区"未有"统一""权威"的定义,迄今有关"社区"的定义多达 140 余种。但获得普遍认可且简明扼要的"社区"定义是指"聚居在一定地域范围内的人们所组成的社会生活共同体"②。无疑,社区具有两个最基本的特征:一是共同的地域,另一个是共同的文化,二者缺一不可,当然有时候会偏重其中的某一个方面。总之,社区的地理范畴涵盖城乡各地,既可以指农村社区,也可以指城镇社区。但无论如何,"社区"在属性上,具有社群性、基层性、草根性、生活性等基本特征。

而"社区营造"顾名思义是有关社区的建造和建设。该概念孕育、成熟、实践、风行于中国台湾。其具体内涵是指:"居住在同一地理范围内的居民,持续以集体的行动来处理其共同面对社区的生活议题,解决问题同时也创造共同的生活福祉,逐渐地,居民彼此之间以及居民与社区环境之间建立起紧密的社会联系,此一过程即称为'社区营造'。在世界各地都有此类经验,但不必然明白地加以指认,在日本称为'まちづくり',在英语世界称为'community building','community development'等。"③ 简而言之,社区营造是指社区成员们持续共同努力将社区环境和生活建设得更美好。事实上,中国台湾的社区营造经历了半个多世纪的孕

---

① 参见[德]费迪南·滕尼斯《共同体与社会——纯粹社会学的基本概念》,林荣远译,北京大学出版社 2010 年版。

② "社区",百度百科 http://baike.baidu.com/subview [引用日期 2014-8-15]

③ "社区营造",维基百科 http://zh.wikipedia.org/wiki/ [引用日期 2014-8-15]

育、发展才取得今天相对较为满意的成效并累积了较为丰富的经验。其发展历程以 1994 年为分界点，可划分为前后两个阶段。

第一阶段为社区发展时期，时间大致从 1955 年至 1993 年。该阶段是中国台湾社区营造的发轫期和摸索期。早在 1955 年，受联合国倡导的社区发展理念的影响，台湾地方政府开始关注社区发展工作，发起"基层民生建设运动"，以发展生产，改善民生为宗旨。1965 年，台湾"行政院"颁布《民生主义现阶段社会政策》，将社区发展列为社会发展的七大主要工作之一。1968 年，"行政院"又颁布《社区发展纲要》，倡导以村、里组织为单位，推动社区发展。此后，社区发展成为台湾各级政府最重要的社会福利工作。其具体实施方案是通过自上而下的方式，有计划地动员区域内的人力、物力、财力，配合政府各部门的施政计划与财力支援，以此改善区域内人民生活条件、提高生活质量①。时至 1983 年，台湾"政府"将《社区发展纲要》更名为《社区发展工作纲领》，首次将民众精神伦理建设纳入社区发展工作纲领，使社区发展内容更为丰满。1991 年，台湾"政府"进一步修订《社区发展工作纲领》，纲领明文规定各级行政单位必须成立社区发展委员会以负责策划本社区的发展工作。纲领还将公共设施、生产福利及居民精神伦理三方面作为社区建设发展的基本内涵，希望全面改善居民生活环境，提高生产效能和居民生活质量②。

第一阶段的努力取得了一定的成效。诸如：较大程度上改善了城乡社区的基础设施和生活环境、缩小了城乡发展差距、提高了乡村组织能力、保护了历史古迹等③。但自上而下的推进方式，忽略了对居民社区主体意识的培育，因而社区居民的社区认同感和社区参与意识较为薄弱，相应地社区发展的效能较低，收获与巨大的投入不成正比。尤其是科层化的管理方式，致使社区建设缺乏内在活力，甚至有将社区沦为基层行政单位的可能性④。也正是由于第一阶段存在着诸多不足，台湾知识精英们开始深入反思并寻求解决方案，因此社区发展进入第二阶段。

第二阶段为社区总体营造时期，时间始于 1994 年，至今仍在持续过

① 徐震：《社区与社区发展》，正中出版社 1995 年版，第 121—124 页。
② 赵环、叶士华：《社区参与：我国台湾地区社区建设经验分析》，《华东理工大学学报》（社会科学版）2013 年第 2 期，第 29—30 页。
③ 庄济华、吴郁萍：《社区总体营造之阐释》，《社区发展》2000 年第 9 期，第 170—181 页。
④ 谈志林：《第三只眼看台湾的"社区再造运动"》，《社区论坛》2006 年第 1 期，第 30 页。

程中。20 世纪 90 年代以后，台湾市民社会逐渐形成，一些非政府组织（NGO）和非营利组织（NPO）等民间社团纷纷成立，人们的目光越来越专注于草根社会的生活环境问题，这一方面客观上给政府带来了较大的压力，另一方面人们关注的议题与社区发展一脉相承，能够引起政府人士的共鸣[①]。在此背景下，台湾"文建会"[②] 开始调整工作思路。1993 年 12 月，文建会主委申学庸女士向"立法院"提出施政报告时，首次运用了"社区总体营造"概念，称其宗旨为"建立社区文化、凝聚社区共识、建构社区生命共同体"。次年，人类学出身的文建会负责人陈其南先生大力呼吁推进"社区总体营造计划"，与此同时还提出"社区文化活动发展计划"，试图以推进社区文化为契机，增强社区凝聚力、改善社区环境，进而推动地方产业与文化的转型，以促进社区生命共同体目标的实现[③]。此后，还先后制定和实施了"新故乡社区营造计划"和"健康社区六星计划"等作为"社区总体营造"计划的深化方案。自 1994 年之后，"社区营造"一词在台湾被广泛使用并被付诸城乡社区实践。

第二阶段的台湾社区总体营造又分为以下三个时段[④]：

其一，启动期（1994—2002），实施社区总体营造计划。该计划坚持"社区自主、居民参与及资源共享"这三大原则，逐步实现三大目标，即认识社区，建立社区意识；凝聚社区共识，动员和组织社区力量，规划社区发展蓝图；全面主动参与社区建设，促成社区营造的永续发展[⑤]。

其二，扩展期（2002—2005），实施新故乡社区营造计划。该计划宗旨是整合行政资源，优化职能配置，营造美丽和谐生态家园。即将原来分散于各行政部门（如"内政部""经济部""教育部""卫生署""环保署""农委会""文建会""客委会""原民会"等）与社区营造相关的业

---

① 魏成：《社区营造与古迹保护——20 世纪 90 年代以来台湾地区古迹保护的经验与启示》，《规划师》2010 年第 2 期，第 224—228 页。

② 台湾"文建会"是"文化建设委员会"的简称，是隶属台湾"行政院"下的一个委员会，成立于 1981 年，"掌管统筹规划及协调、推动、考评有关文化建设事项、兼及发扬优良传统及提高生活品质"，参见"文建会"，百度百科，http://baike.baidu.com/view/.

③ 林澄枝：《推动小区总体营造的意义与发展》，载《全国社区总体营造博览会活动手册》，宜兰县立文化中心 1997 年版，第 13—18 页。

④ 赵环、叶士华：《社区参与：我国台湾地区社区建设经验分析》，《华东理工大学学报》（社会科学版）2013 年第 2 期，第 31 页。

⑤ 台湾"文建会"：《文化白皮书》，"文建会"1998 年版，第 1—5 页。

务整合到"行政院"总体规划，具体由"文建会"承办。"文建会"为配合"行政院"新故乡社区营造计划工作的实施，着手"辅导直辖市及县（市）政府推动社区总体营造工作，整合地方政府行政体系、社区资源及第三部门，通过各项学习及参与机制，建立公民意识，振兴地域活力，创造多元化文化特色、高质化产业发展及人性化生活空间，实现'人文新台湾、现代桃花源'之新愿景"。为此文建会还制订了四项渐进式的作业计划，即开发利用地方文化资产与文化环境计划、地方文化产业振兴计划、社区深度文化之旅计划、社区营造培力计划等①。与此同时，各级政府部门还成立了"社区总体营造推动委员会"，旨在建设"一个符合人性、关怀健康与福祉，拥有丰富的人文、特色的产业，景观宜人且尊重事态的永续社区"。②

其三，整合期（2005—），健康社区六星计划。所谓"六星计划"，即"产业发展、社福医疗、社区治安、人文教育、环境景观和环保生态"这六个方面达到星级标准。该计划具有三大显著特征：一是以社区作为政府最基础的施政单位，强调社区的主体性与自主性；二是培养社区自我诠释的意识及解决问题的能力；三是培养社区营造人才，强调"社区培力"或"社区充权"（community empowerment）的重要性③。该计划一方面放权，将"社区主义"（Communitarianism）正式纳入政策话语体系，社区子项目较先前扩展了约一倍，强化了原来重视不够的社区治安、社区医疗和社区产业三方面的建设。另一方面加强行政统筹与整合，成立"行政院台湾健康社区六星计划推动委员会"，以修正以往因民间单位各自为政而导致的协调机制不足的问题④。

由以上可见，1994 年是台湾社区营造的转折点。尔后，其社区营造计划的内容目标、组织模式、行动方案均日臻完善，其营造范围由乡村推广到城市，进而发酵、扩散至台湾的大部分地区。社区营造实际上是一场

---

① 台湾"文建会"：《行政院文化建设委员会九十四年度新故乡社区营造计划作业要点》，文号：文贰字第 0932111749 号，2004 年 5 月 7 日。

② 台湾"文建会"：《文化白皮书》，"文建会"2004 年版，第 1—35 页。

③ 江大树、张力亚：《社区营造、政策类型与治理网络之建构：六星计划的比较分析》，载暨南大学公共行政与政策学系主办：《"府际关系"与"地方治理"学术研讨会论文集》2008 年版，第 1—4 页。

④ 黄源协、萧文高、刘素珍：《从"社区发展"到"永续社区"——台湾社区工作的检视与省思》，《台大社会工作学刊》2009 年版，第 45 页。

以广大台湾民众社区主体意识和文化认同为思想基础的，以自下而上和官民互动为组织形式的美好家园再造行动。第二阶段社区营造参与主体的角色发生了本质性的变化。诸如："政府"角色由"主导者"演变为"引导者"，居民角色由"被动接受者"演变为"积极参与者"，NGO 等第三方力量的纽带作用日益增强。此外，社区居民的参与意愿日益增强和参与能力亦日益提高，参与机制则日益完善①。

二　中国台湾社区营造与日本造町运动的渊源关系

日本造町运动是日本社区营造的早期本土称谓，而中国台湾社区营造的理念在很大程度上是对日本造町运动的借鉴。也可以说，中国台湾社区营造是效法日本"造町运动"所实施的本土化社区发展模式。日本造町运动始于 20 世纪 60 年代。其时，日本工业飞速发展，大机器生产对乡村传统手工业形成巨大冲击，乡村居民大量涌入城市，乡村传统文化衰败和经济发展滞后等问题日益突出。部分日本学者意识到乡村经济文化发展的严峻性，便开始努力探索乡村经济自主发展道路。他们深入乡村考察，思考如何挖掘乡村特色人文资源和自然资源，营造出一个环境优美、人情味浓郁的美丽故乡。该过程被称为"造町运动"（也有的称之为"造乡运动"），从本质上而言这也是一种社区营造。而日本造町运动的开路先锋首推日本千叶大学乡村文化专家宫崎清教授。他通过长期走村串户的调研和试点发展，提炼出一整套行之有效的"造町运动"发展理念与发展方案。他认为造町运动可以从"人、文、地、景、产"这五大议题入手，只要整合式完成这五大议题，即能营造出美丽的家园社区。在这里"'人'指的是社区居民的需求的满足、人际关系的经营和生活福祉之创造；'文'指的是社区共同历史文化之延续，艺文活动之经营以及终身学习等；'地'指的是地理环境的保育与特色发扬，在地性的延续；'产'指的是在地产业与经济活动的集体经营，地产的创发与行销等；'景'指的是'社区公共空间'之营造、生活环境的永续经营、独特景观的创造、居民自力营造等"②。

---

① 赵环、叶士华：《社区参与：我国台湾地区社区建设经验分析》，《华东理工大学学报》（社会科学版）2013 年第 2 期，第 32—34 页。

② "社区营造"，维基百科，http://zh.wikipedia.org/wiki/［引用日期 2014 - 8 - 18］。

　　宫崎清教授造町运动的具体做法是：强调内源性发展，引导社区居民自己动手，打造"一村一品"的发展模式。在他的推动下，日本乡村营造出许多美丽的社区，将其发展成富有人情味的旅游观光社区。例如，日本新潟县高柳町过去是一个人口仅有 2000 多人，经济全国排名最末的雪乡小町。冬季大雪封门，女子无人愿嫁于此。1963 年在宫崎清教授等人的指导下，居民组建"开发故乡协议会"，经过不下两百次的研讨论证，最后将高柳町的民居全部设计为茅草屋。独特的茅草屋风光和围炉而坐的农家温馨宁静吸引了国内外游客。高柳町的居民也因此过上了富裕康宁的生活。再如，福岛县大沼郡的三岛町过去地处穷乡僻壤，乡民生活困苦，1974 年在宫崎清教授的指导下，该町深入挖掘传统手工艺资源，举办各种讲习会，成立生活工艺馆，内设木工、陶艺、编织、涂装等工坊设备。游客缴纳一定的费用后，可以体验传统器物的制作，获得身心的愉悦，三岛町因而发展为著名的体验式旅游观光之乡。此外，石川县发展文化创意产业，以地域环境标识设计推广闻名，许多社区还开设工艺工房，开发特色工艺品，将"培育""参观""参与"融为一体，游客可以体验传统手工艺制作，市民和学生可以接受传统技艺的培训，该县城乡社区居民的生活环境和生活品质也因此获得大幅度的提高。再如，20 世纪 60 年代，日本爱知县加茂郡足助町居民争相进入丰田汽车厂工作，到 70 年代，居民则拒绝汽车公司在本地设厂，转而同心协力地进行社区营造。他们开办特色民艺工坊，集工艺制作、表演、陈列、研究、培训、销售为一体。游客既可参观，也可以体验箍桶、竹编、织布、打草鞋、造纸等传统技艺，民间艺人在一旁耐心传授技艺，游客完成的作品可自购带回。足助町从自然风光和特色民俗工艺资源整合中，吸引了络绎不绝的观光客①。正是在宫崎清教授等知识精英的推动下，日本造町运动经过十几年的发展，至 20 世纪 70 年代，逐渐从乡村社区扩散至城镇社区，不仅营造出许多生态环境优美、文化风貌各异的美丽故乡②，而且唤醒了国民对传统文化和环境治理与保护的珍视。

---

　　① 有关日本造町运动的案例，参见张燕《经济的追求和文化的维护同样重要——日本"造乡运动"和台湾"社区营造"的启迪》一文，载《装饰》1996 年第 1 期，第 50 页。

　　② 日本东京大学教授西村幸夫在《再造魅力故乡：日本传统街区重生故事》一书中，详尽介绍了日本 17 个城镇社区改造及历史保护的事例。参见［日］西村幸夫《再造魅力故乡：日本传统街区重生故事》，王惠君译，清华大学出版社 2007 年版。

20世纪80至90年代，日本社区营造进入新的发展时期。愈发注重对传统文化的保护性开发和社区营造的公众参与度。1981年，日本中小学社会科目开设了传统工艺课程，让传统技艺的魅力扎根于孩子们的心灵。20世纪90年代，日本还"通过了《特定非营利活动法人促进法》。这项法律进一步促进了以民间特定非营利活动法人（non - profit organization，简称NPO）为组织形式的社区建设的公众参与，使得社区营造更显得制度化、合法化和常态化。截至2005年6月，全日本已累计22424个NPO团体，各个NPO组织在自身社区建设中，通过组织居民建设，协商取得共识，信息披露、政策沟通等显示出了重要的作用"①。如今，坚持了近半个世纪的日本社区营造一直处于不断完善中。

正是因为日本社区营造起步早、经验丰富，尔后成为中国台湾社区营造仿效的对象。而在日本社区营造方面享有极高威望的宫崎清教授则成为中国台湾社区营造的指导老师。1984年3月，台湾省手工业研究所（简称"手研所"）②为了提升社区手工艺的产业化程度，加强与日本的交流合作，制订了"技术合作——地域活性化与设计"计划，邀请宫崎清教授的研究室协助执行。20世纪90年代初，台湾省手艺所又多次邀请宫崎清教授来指导中国台湾地方社区的产业振兴。受宫崎清教授"向内发掘""舒适、温润、感性"等日本造町运动经验的影响，手研所率先着手对台湾社区的生活文化资产进行实地调查。1994年6月，台湾省手研所所长徐得一行三人，在宫崎清教授等协助下组成调查组对著名的文化古镇鹿港进行深入的田野调查。调查组通过问卷法、访谈法、观察法等摸清了该地的历史文化资源和传统工艺发展状况，完成《鹿港城镇发展与传统手工艺的振兴》这一扎实的田野调查报告。随后，手艺所又邀请宫崎清教授亲自到鹿港镇指导当地的社区营造。这极大地调动了社区居民参与包括手工艺振兴在内的地域振兴活动的积极性，因而成效明显。

---

① 张智强：《"社区营造"模式下的农村社区更新研究》，硕士论文，厦门大学，2013年，第10—11页。

② 其前身是1954年成立于南投县的"南投县工艺研究班"，1959年改为"南投县工艺研习所"。1973年改制为"台湾省手工业研究所"，旨在改进手工艺，提升其产业化。1999年更名为"国立台湾工艺研究所"。自2010年起，又改制为"国立台湾工艺研究发展中心"，参见维基百科，http://zh.wikipedia.org/wiki/。

中国台湾省手艺所不仅将日本的专家请进来，还深入日本考察研究。1994 年 10 月 2 日至 11 月 9 日，手艺所一行 4 人，为振兴台湾社区产业，借鉴日本"地域活性化与产品设计"经验，来到宫崎清教授所在的日本千叶大学研习相关理论。期间在宫崎清教授的亲自安排下，详尽考察了日本山区农村社区营造情况，共拜访了七个町，还访问了四个设计研究中心与工业试验厂、六所大学与技术研习中心、数十家工厂及传统工艺从业者。次年，考察组完成《研习地域活性化与产品设计》报告书，以及《社区总体营造日本案例 100 选》。1995 年 5 月 19 日至 21 日，中国台湾手艺所主持召开规模盛大的"文化产业研讨会"，全台湾文史工作者和相关行政官员五六百人参加，宫崎清教授率领 40 人的代表团参会，并在研讨会上介绍了日本造町运动的经验，展示了成功的案例。会后，印发了《文化产业研讨会暨社区总体营造中日交流展论文集》①。通过中日研讨交流，中国台湾社区营造又迈向了新的时代征程，有识之士深刻领会到日本社区营造最宝贵的经验是"造人"，即造就有责任、有能力的社区新人。由以上可见，日本造町运动对中国台湾社区营造具有较大的启迪和借鉴意义。

借鉴日本经验基础上的中国台湾社区营造也处于不断改进和完善之中。其具体内涵是：通过各级政府部门的大力支持和引导，通过非政府组织（NGO）等第三方量的直接推动，激发广大社区成员普遍的文化自觉意识②和社区认同感，提高其社区参与能力和终身学习能力，充分挖掘和整合社区的特色文化资源和自然生态资源，将社区营造为整洁、美观、健康、和谐且具有持续活力的魅力家园。台湾社区营造经过半个多世纪的探索和发展，成绩斐然，尤其在乡村涌现出许多成功案例，这对当今大陆乡村发展具有重要启迪意义。台湾不少的乡村社区过去环境

---

① 张燕：《经济的追求和文化的维护同样重要——日本"造乡运动"和台湾"社区营造"的启迪》，《装饰》1996 年第 1 期，第 51—52 页。

② 按照费孝通先生的阐释，所谓"文化自觉"是指"生活在一定文化历史圈子的人对其文化有自知之明，并对其发展历程和未来有充分的认识。换言之，是文化的自我觉醒，自我反省，自我创建。"参见费孝通《论人类学与文化自觉》，华夏出版社 2004 年版，第 190—197 页。此外，文化自觉类似于美国当代反思人类学大师萨林斯提出的"现代性本土化"，意即在经济全球化浪潮中，处于发展中的不同民族均竭力在保护本民族传统的基础上寻求发展，进而在世界文化秩序中拓展自己的生存空间（参见［美］马歇尔·萨林斯《甜蜜的悲哀》，王铭铭、胡宗泽等译，三联书店 2000 年版，第 109—141 页）。

恶劣、经济发展滞后，后大都被营造为集民俗风情和休闲观光于一体的"乡村文化生态旅游社区"，社区居民不仅能从住宿餐饮和个性化旅游产品的销售中获取可观的经济收入，更从村落社区传统文化资源的保护与开发中，改善自己的精神文化风貌和提升自己的社区文化认同感，从而有效地促进了乡村社区文化经济的可持续发展。以下不妨选择两个案例予以分析。

三　中国台湾乡村社区营造案例

（一）桃米社区营造案例

桃米社区原名"桃米里村"。桃米里是一个充满着浓郁乡土气息的村落名称，据悉过去村民大都以种稻挑米为生，故音变为"桃米里"。该村隶属台湾南投县埔里镇，位处镇境内中潭公路旁，距离镇中心约5公里，村域面积18平方公里，村落人口1200余人。村落属山区地形地貌，海拔高度介于420米至800米之间，境内森林郁郁葱葱、河川纵横、野生动植物资源十分丰富。事实上，桃米里村地理位置并不偏僻，是通往台湾风景名胜日月潭的必经之地，距日月潭仅20分钟的车程距离。距离桃米里村1公里处是著名的暨南国际大学。然而，早在10年前的桃米里村是埔里镇最贫穷的村落之一，日月潭观光经济从未辐射至此，暨南国际大学的文化春风也从未吹拂至此，相反埔里镇的垃圾填埋场设于此地，当地居民自嘲"桃米里"为"垃圾里"。20世纪90年代初期，该村居民赖以为生的主要产业是种植麻竹笋。但麻竹笋种植不仅劳动强度大、比较效益低[①]，而且价格持续低迷。于是村里的青壮年纷纷到台北等大城市打工。桃米里村留下的大都是老人、孩子、妇女等被戏称为"613899"部队。但是，这样一个经济严重滞后、环境脏乱不堪的小山村，现今却发展为著名的桃米社区，一个生活品质优良的现代桃花源。

贫穷落后的桃米里村蜕变为富裕优美的桃米社区的契机源于台湾1999年"9·21"地震后的社区重建。其时，桃米里村距离震中央仅20多公里，故成为那场地震的重灾区。据悉，全村369户家庭，有168户的房子全部倒塌，有60户的房子倒塌一半。也正因其重灾区身份，引起了

---

① 春夏麻竹笋丰收期，种植户每天凌晨3点就要起床挖竹笋，再挑至山下，一家平均每天要挑挖4吨的竹笋。但竹笋的价格20年未变，每公斤三块半，约合人民币八角。

外界和政府部门的关注。正当桃米里村人为如何重建家园而苦恼不已时，台湾非政府组织"新故乡文教基金会"（以下简称"新故乡"）带来了福音。"新故乡"基金会这一NGO组织成立于当年的2月4日，是由廖嘉展和颜新珠夫妇创立的。夫妻二人分别是台湾《天下》《人间》杂志的记者，他们甘愿放弃安稳惬意的生活而投身于社区建设。"新故乡"建立的宗旨是"实践在地行动的公共价值"，吸引、凝聚一批有责任心、有名望的文化精英从事社区营造工作。廖嘉展担任"新故乡"的董事长，颜新珠协助其相关管理工作。他们还邀请了台湾前中研院院长，著名的诺贝尔化学奖获得者李远哲先生担任荣誉董事长。这些知识精英们不仅有责任和毅力，还有胆识和魄力。"9·21"地震后，"新故乡"迅速在南投县埔里镇建立"埔里家园重建工作站"，并"牵手"桃米里村，着手推动其社区重建工作。

"新故乡"的第一个公共行动是树立村民的公共环境意识。该组织成员首先带领村民清理村内所有的溪流河道。当时，村民对此行为不以为然，质疑观望者较多。董事长廖嘉展等人并不意外，认为这一行动是为了挑战村民的既有观念，唤醒村民的社区自我意识。随后，廖嘉展等人带领"新故乡"成员开始了改造社区居民观念的一系列"造人"运动。他们一方面积极奔走，集结外界的人力、物力、财力来支援社区重建。另一方面，遵循着"教育学习—观念改变—行动实践"这一循序渐进的策略方案来推动社区重建工作。具体做法是：首先将政府拨款和社会捐助的资金统一由"新故乡"管理，居民按月领取15840元新台币的基本生活费。但要求居民（除老幼以外）白天必须为社区公共事务出力，晚上则强制性来社区学校听课，接受培训，周末全天听课，听课时间为连续11个月。授课老师则是"新故乡"邀请来的台湾各个专业领域的热心精英人士。第一支邀请来桃米村授课的团队是台湾世新大学观光系主任陈墀吉教授带来的旅游观光、休闲产业方面的专家。专家们给桃米村人开设了有关休闲产业、绿色民宿、生态旅游等长达600多个小时的相关课程。专家团不仅授课，还带领学员调查村内的山山水水，并考察台湾其他乡村成功社区，尤其经常与桃米村居民学员及"新故乡"成员互动讨论。在集思广益的反复讨论中，最后大家将桃米村社区重建定位在"生态桃米社区"的目标上，即将桃米里村从传统的农业村落转型为融有机农业、生态保育和休闲体验的教育基地。

　　观光专家团和"新故乡"成员将发展"绿色民宿"产业作为构建"生态桃米社区"的切入点。当专家团给社区居民详尽阐释"绿色民宿"的概念内涵后，"新故乡"并不急于帮助居民大兴土木，而是鼓励有条件的居民将旧民居整理改造并试营运，在试营运过程中，"新故乡"成员对其予以点评，居民们对如何办出自家特色的绿色民宿的理解日益深刻。

　　"新故乡"策划的与绿色民宿相关的项目是建立"青蛙生态博物馆"。为此，他们邀请了第二支专家团队——"农委会"特有生物研究保育中心（以下简称"特生中心"）协助桃米里村做生态调查及规划。通过调查发现，桃米里村蕴藏着丰富的蛙类资源和蜻蜓资源。全台湾省29种蛙类，该村就有23种；台湾省143种蜻蜓，该村就有49种。特生中心副主任彭国栋带领中心成员，给社区居民开设了系列生态课程，还亲自带领居民夜晚到溪涧湿地做蛙类调查，让居民认识当地生态资源，并培训社区青年农民担任"生态解说员"。经过一段时间的训练，桃米社区居民们日益认识到保护生态环境资源的重要价值。他们自我策划，家家户户建立起"生态池"。生态池内是经过三道工序过滤的生活污水，种上水草、花卉，成为蜻蜓和青蛙的乐园。经过两年的发展，桃米社区旧貌换新颜。尔后每年都在改进和完善。如今桃米生态社区远近闻名，一年四季游客如织。这里三月可看青蛙，四月可看萤火虫，五月可看油桐花，六月可欣赏一种名为独角仙的甲虫，七八月暑期则可开设中小学生们的生态课堂，秋冬季节可承接各种学术会议。

　　也正是由于生态环境的保育和社区居民生态知识的增长，桃米社区通过口碑相传而迎来四面八方的客人。绿色民宿也因此生意兴隆，各种教育团、亲子团、学术研讨团、社区访问参观团，成为稳定的四大客户群。民宿经营户认识到绿色民宿是以地方特色生态为自然基础，以温馨、舒适、自然、传统、独特为文化纽带。他们还将民宿经营和美食经营所得收入的10％，生态解说员收入的20％，上交社区，作为公共支出和用于照顾弱势群体。桃米社区居民正是在自我经营基础上形成利益共同体，相互协助、相互分享，社区凝聚力和社区参与意识日益增强。此外，"新故乡"还在桃米社区建立了一家名为"见习园区"的社会企业，园区内修建了一座独特新颖的纸教堂，用于参观和婚礼场所，每个周末还要举办两场音乐会，平时还开办各类培训班，纸教堂旁边还有展览室和购物厅，可供营销各类地方特产、手工艺品、社区营造类图书等。见习园区的收入用于偿还"新故乡"的贷款及基金会成员的日常开支。"新故乡"以开办社会企业的方式，导入外界的人力、物力、财力等资源，吸引游客及各类考察团前来参观交流，从而帮助社区人成长，支持社区长远发展。①

从以上桃米社区营造案例来看，"新故乡"等第三方社会力量的推动作用功不可没。他们既充当社区与外界联系的桥梁，也立足于社区的自然资源和人文资源，全方位引领居民将桃米村营造为一个独具魅力的生态文化产业社区。

（二）北埔社区营造案例②

所谓北埔社区是指围绕北埔镇老街而形成的居民社区。北埔镇隶属台湾西北部的新竹市（过去被称为新竹县北埔乡），位处新竹市西南方向20多公里处，面积50.667平方公里。该镇是一个客家文化氛围浓郁的多姓客家移民乡镇，客家姓氏至少不低于48姓，其中，彭、陈、姜三大姓占总户数的四分之一。北埔镇社区移民主要来自大陆的粤东和闽西等客家聚居区。客家移民历史并不很长，从1835年，一支名为"金广福"垦号的粤、闽籍客家移民组合的武装拓垦队伍落地于此算起，至今仅180年历史。粤、闽客家移民来北埔拓垦时地广人稀，仅有少量的名为赛夏族和平埔族原住民居住于此，他们遂沿北埔老街聚族而居。经过半个多世纪的拓垦，大约至1886年，北埔老街成为新竹市大隘地区（包括新竹市所辖的宝山、峨眉、北埔三乡）的政治、经济、文化、宗教中心，北埔乡则成为仅次于新竹市的商业重镇。北埔虽为多姓混居的客家社区，但由于相同的历史命运和深厚的地缘、族缘关系，各个客家移民群体在长期彼此的协同合作中，始终能较好地保持着语言、风俗习惯等传统客家文化认同，呈现出淳厚浓郁的客家地域文化风貌。

北埔地形以山地、丘陵为主，地势南高北低、气候温暖湿润、空气清新宜人，山间盆地因土质肥沃、水源丰沛而被勤劳的客家先民开辟为梯田种植水稻。丘陵高山则被开辟成茶园、果园等。然而，时至20世纪中叶，

_____

① 有关桃米社区营造案例，主要参考陈同奎的《台湾桃米社区的重建启示》和《再看桃米：台湾社区营造的草根实践》，分别载《南风窗》2010年第1期，第57—60页；2011年第17期，第58—61页。

② 有关北埔社区营造案例，主要参考秦红增的《消除歧视与社区营造——孟加拉国、台湾地区乡村建设的实证研究》，载《中南民族大学学报》2008年第6期，第57—59页。

台湾经济快速发展时，北埔并未列入开发行列，以至于当地青壮年人口纷纷外流，社会经济日益凋敝。北埔经过30多年的"被人遗忘"经历，直至20世纪90年代初，台湾实行"社区总体营造"规划时，才迎来了发展的契机。经过十几年的社区营造，北埔蜕变为一个"集乡土风情、客家文化于一体的知名旅游观光休闲乡村小镇"①。

北埔社区营造与桃米社区营造一样，也少不了第三方社会力量的介入和推动。说到第三方力量，舒诗伟是个了不起的人物。舒是台湾人，获美国芝加哥大学的社会学和心理学博士学位，毕业后因有志于研究台湾农业聚落的现状和发展而接触北埔。据悉，他1993年才听说北埔这个地名，1994年才进入北埔。经过三年的调研、考察，1997年成立"大隘文化生活圈协进社（简称'大隘社'）"这一非政府组织，他自己担任"大隘社"的总干事。尔后，舒诗伟带领他的"大隘社"一头扎进北埔乡，在北埔社区营造中担任着举足轻重的角色。"大隘社""现拥有9名常设成员和多个义工，其宗旨是'生活品质与精神生活的提升、客家文化的传承与更新、地方生态与地方产业的维护与发展、青少年与成人教育的开展'。自成立以来，该社所做的工作主要有：一是重现北埔的人文生态，如北埔下街美化活动；二是保护北埔的自然生态，如成立了由50多名北埔和峨眉地区居民组成的'大隘社大坪溪护溪队'，不定期溯溪、清溪、巡溪；三是创办《青芽儿》地方性刊物，每月定期出版，内容以反映北埔风土人情和乡村事务为主；四是举办各式各样的文化讲习班，如以生态环境为主题的儿童课辅班、大人及小孩的书法班、山歌班、文史班等；五是举办乡村研讨会，如2005年'农村打嘴鼓'座谈系列就开展了4场，主题分别为'在地店家开新局'、'台湾农地的前景'、'外地嫁来的媳妇'、'台湾永续农村年度趋势'等②。由此可见，"大隘社"的功绩不仅是深入挖掘和提炼了北埔社区的自然生态资源和历史人文资源，更以实际行动改变了当地人的思维观念，提升了其精神风貌，完成了社区营造的关键环节——"造人"运动。推动北埔社区营造的，除了"大隘社"以外，还有1988年由谢森展成立的"国际美育自然生态基金会"，在北埔

---

① 秦红增：《情系乡土 文化为本——台湾北埔乡村重建的启示》，《中国民族报》，2006年4月14日，第6版。

② 同上。

大力推展无污染的自然农法及自然饮食等运动①，该基金会对推动北埔的旅游观光业发展亦功不可没。

正是在台湾地方政府的宏观引导和支持下，在"大隘社"等第三方力量的直接推动下，北埔社区居民焕发出空前的社区凝聚力和社区参与意识，通过多种力量的整合和十多年的共同努力，将一个经济滞后、民生凋敝的山区小镇营造为一个环境优美、客家文化浓郁的生态旅游小镇。北埔社区营造立足于社区现有历史文化资源和自然生态环境，主要围绕以下这三个方面进行：

其一，开发历史古迹游。北埔镇老街保留了清代年间诸多客家移民的历史古迹。例如，创建于道光十五年（1835）的"慈天宫"② 位处老街的中心地带，属于台湾三级历史文物，宫中的主祀神祇为观音菩萨，其余还有三山国王等守护神，相传慈天宫神灵为大隘地区客家拓垦先祖姜秀銮从广东潮州迎奉至此，1874 年姜氏子孙姜荣华扩建前殿与左右两廊，形成今天格局。慈天宫虽无瑰丽堂皇的外观，但与北埔居民生活息息相关，是大隘三乡客家移民宗教信仰的神圣空间，它承载着客家移民的民俗心意，也体现了台湾与大陆血脉一体的关系。而同建于道光十五年（1835）的"金广福公馆"③，则属于台湾一级文物。是年，在清朝官方支持下，粤籍客家人姜秀銮和闽籍客家人林德修、周邦正等共同设立闽粤合股的武装拓垦组织（俗称金广福大隘或金广福垦号），金广福公馆现址即为当时拓垦组织的行政指挥中心。"金广福"之"金"寓意为"发财多金"之意，也有的认为代表国家庇佑，"广"指广东，"福"指福建，三字合起来有"粤闽共同发财"之意，体现了粤闽两籍客家人在清代道光年间拓垦过程中的联盟与合作关系，这与台湾早期闽、粤两籍移民在资源争夺中的残酷械斗现象形成鲜明对照。而与公馆毗邻的则是粤籍拓垦先祖姜秀銮的故居"天水堂"，堂内由姜氏族裔自行维护修缮，目前仍有姜秀銮后裔居住其中。"天水堂"无疑是北埔姜氏家族与众多客家移民互动的生命史符号。此外，还有"姜阿新住宅""秀峦山""忠恕堂""姜氏家庙"等都是北埔镇重要的古迹旅游点。无论是慈天宫庙宇还是

---

① 秦红增：《情系乡土 文化为本——台湾北埔乡村重建的启示》，《中国民族报》，2006 年4 月 14 日，第 6 版。

② 参见"北埔慈天宫"，维基百科，http：//zh. wikipedia. org/wiki/（2014 年 8 月 24 日引用）

③ 参见"金广福公馆"，维基百科，http：//zh. wikipedia. org/wiki（2018 年 8 月 24 日引用）

金广福公馆，抑或是"天水堂"民居以及其他历史古迹，都是北埔地区的历史缩影，它们承载着北埔乡乃至新竹市大隘地区客家先祖开疆辟土的历史记忆。

以上这些北埔历史古迹及其他传统民居因为地理位置偏僻和开发较晚而保存相对完整，适逢社区营造契机，稍加整理和收拾，即可作为旅游文化资源展现给游客。然而，"大隘社"成员和北埔社区居民并非简单地推出文物古迹游即可，而是做足了功课。他们自编乡土历史文化教材，让社区居民熟悉自己的历史文化。每一个北埔人，从店铺经营者到出租车司机等都能娴熟自如地向游客讲述北埔的发展历史和风土人情故事，这显然增加了北埔古迹游的历史厚重感，使游客能深刻感知客家传统历史文化风貌，体味到那些聚族而居的特色民居，折射出客家移民聚落严密的社群组织性。事实上，开发北埔社区古迹旅游，不仅给北埔居民赢得了经济上的可观回馈，也增加了地域文化知名度，社区成员也因此更深刻地认识到自身客家传统文化的魅力，从内心升腾出社区和族群自豪感与凝聚力，从而愈益自觉地维护和宣传客家文化，进而促进了文化与旅游的良性互动。

其二，销售客家土特产。北埔社区营造时，除了生态环境与人文环境的建设以外，还将主要的着力点放在地方产业的振兴和改善居民生计方式上。"大隘社"成员大力倡导设计和销售具有现实可行性和文化创意性的旅游产品。经过反复论证和讨论，他们将北埔社区的旅游产品主要定位为客家传统小吃、名点、饮料等。诸如：柿饼、芋头饼、番薯饼、客家米粉、客家面条、客家菜、客家擂茶等。其中，擂茶的产业化颇有创意和特色。我国传统擂茶是将生茶叶、花生、芝麻、核桃、食盐、生姜等置入内壁有凹槽的陶钵内，用硬质木棒加以研磨，再将磨碎的食物辅以炒熟的米花等用温开水冲泡而成的待客饮品。擂茶饮食民俗分布于我国南方的两广、湖南等地山区，虽然各地擂茶带有其地域特征，但制作方法大同小异，可以随自己的喜好添加各种谷物、坚果、花草等，无论如何擂茶是一种健康绿色饮品。广东、福建的客家人也非常擅于制作擂茶，以擂茶待客和自食成为其传统饮食习俗。北埔客家人也将擂茶习俗带到了台湾新的移民家园。直至20世纪90年代，北埔社区营造时，才将小小的擂茶发展为新兴的产业。社区年轻居民向老一辈学习制作擂茶，然后在北埔老街开店推广，经营户反复探究擂茶技艺的改进，不断研发新品种，熟悉擂茶的相关传说和故事，经过十几年的摸索和运营，现今北埔涌现出许多品牌擂茶店。产品销售方式，既有现场制作，也有成品包装。游客不仅可以在店主的指导下，亲自体验擂茶制作，品尝自己的劳动果实，还可以挑选口感各异、种类多样、包装精美、物美价廉的擂茶，近年来到北埔品尝擂茶已成为台湾的饮茶新时尚。

在北埔社区营造理念中，十分注重旅游环境中人文形象的塑造，所有旅游景点免门票，导游义务解说，他们将卖点放在旅游产品的开发上，将文化元素附着于旅游产品上，提高其经济附加值。因而，具有浓郁客家风情的北埔土特产深受游客青睐。北埔社区居民在讲述客家故事、宣传客家文化的同时，让游客身心愉悦地品尝到各式各样原汁原味的客家美食。游客离开时，大量选购那些品种多样、风味独特、货真价实的客家土特产。每逢周末，北埔还组织"认识古迹日"的免费吃、住、行考察活动，只要提前预约即可。这样大大地提高了北埔的旅游知名度。北埔的擂茶、糕饼等客家特产被络绎不绝的游客带往台湾各地。客家特产的旺销，活跃了北埔老街及周边村子客家居民的经济生活。

其三，建立休闲农庄。北埔镇气候宜人、空气清新。自20世纪90年代中后期始，在"大隘社"成员带动下，社区居民环保意识日益增长，加之政府对北埔镇基础设施和公共景观进行了较好的规划和逐步加大投入，因而北埔具有良好的生态环境和公共环境，这些为休闲农庄的建立提供了条件。此时，北埔外出打工的中青年也陆续返乡，参与家乡社区营造建设。不少农户将自家的屋舍整修得自然、温馨，庭院内种上各种花草，将其打理得十分整洁、美观，赢得观光客由衷的喜爱。他们还将田地整修为适合观光体验的茶园、果园、荷园等，让游客们体验种茶、采茶，或种植、培育、采摘水果等乐趣。一处处生机盎然的农家休闲旅游点，散布于北埔老街周边村落，成为北埔社区营造的另一道产业风景线。游客们既可以迈步北埔老街，领略北埔的历史人文风光，也可以放眼令人心旷神怡的田园风光，在参与体验和宾客互动中，忘情领略客家人的农家生活情趣，暂时远离都市生活的喧嚣。北埔的休闲农庄颇受城市游客欢迎，它不同于以往奔波于各大风景名胜处，于地标建筑前留影为念的走马观花式旅游，而是以"享受"和"休闲"为主，"慢拍"的生活吸引着现代都市人群。

台湾北埔社区营造，正是通过对传统历史文化资源的挖掘，对人文资源与自然资源的整合，发挥社区成员主体意识等方式，营造出一个生机勃勃的客家民俗风情生态旅游社区。在经营理念和经营模式上，社区成员与游客的深度互动，不是单纯的金钱交易，更多的是情感的交流，从而为北埔社区的客家文化生态旅游注入了长久的生命力。

四　中国台湾乡村社区营造的启迪意义

台湾社区营造虽然经历了较长的摸索实践，目前也存在着需要完善的地方，但它不乏成功的经验，尤其是其乡村社区营造更是成就卓然。这对当今中国大陆的乡村发展具有很大的启迪意义。综合而言，主要有以下几个方面：

其一，重视社会力量的助推作用。台湾乡村社区营造最重要的启迪意义是多种社会力量对乡村社区建设与发展的执着热情和全身心的投入。这些社会力量包括年轻博士、大学教授、文人记者、商界领袖、社会活动家等，他们大都是各行各业的博学多才者，或某一领域的专家学者，诸如社会学者、人类学者、文史专家、经济学人、旅游策划师、建筑规划师、农艺师、生态学家、动植物专家，甚至诺贝尔化学奖获得者，等等。这些知识精英、社会贤达们组成各种非政府组织（NGO）或非营利机构（NPO）等第三方社团，成为政府与社区居民联系的纽带。他们一方面熟悉政府社区营造的宏观政策和指导原则，能够广泛利用自己的社会资源和新闻媒体，为乡村社区营造寻求人力、物力、财力的支持，另一方面他们运用自己的知识才能，将一盘散沙式的乡村居民组织起来，通过社区培训、社区教育、社区实践等方式将其改造为具有现代知识的新型农民。例如，桃米社区的成功案例，在很大程度上归功于资深媒体人廖嘉展等组织的"新故乡"NGO的助推作用。"新故乡"一面为桃米社区的重建广泛进行社会动员，争取到一笔不菲的政府拨款和社会捐款，一面请来世新大学的旅游观光专家培训团，花费近一年的时间给社区居民培训有关"绿色民宿"的系统课程，还请来"农委会"特有生物研究保育中心的专家给社区居民开设长达半年以上的生态课程，培养农民自己的生态解说员，引导建立生态池。尤为值得借鉴的是，"新故乡"没有将政府拨款和社会资助直接发放给社区居民支配，而是采取统一管理模式，居民完成社区公共劳动才能支付报酬，因而保证了有限资金的有效使用。在社区产业发展之后，"新故乡"要求经营户提供一定的收入比例，作为社区公共发展基金。此外，"新故乡"创办的社会企业也为桃米社区发展注入了源头活水。可见，"新故乡"的运筹，为桃米社区营造的成功提供了良性循环的运行机制。

至于北埔的社区营造，舒诗伟等组织的"大隘社" NGO 的助推作用也是不言而喻的。舒诗伟放弃台北大都市舒适的生活，在北埔社区一住长达 15 年，为了北埔社区营造事业，他带领"大隘社"成员和社区居民定期清溪、溯溪、护溪，开办社区图书室、编写乡土历史文化教材，为社区居民，尤其是社区妇女开展各种各样的培训班，北埔社区居民自我治理、自我发展的能力也因此不断提高。而舒诗伟自己也由一个风华正茂的青年博士，变为早生华发的中年学者实干家。正是有了像"新故乡""大隘社"等 NGO 组织的桥梁纽带整合作用，台湾乡村社区营造才真正"接地气"，才真正深入民间。只有深入民间，才能充分调动社区的一切力量，才能沿着既定的理想目标一步一个脚印地前进。倘若没有社会力量的助推作用，台湾乡村社区营造也只能停留在由政府引领的自上而下的事倍功半的发展模式上。

其二，关注社区居民主体意识的培育。

自 20 世纪 90 年代，中国台湾社区营造第二阶段始，无论是政府还是 NGO 成员，均借鉴日本社区营造的经验，十分关注城乡社区居民主体意识的培养。所谓社区居民的主体意识，简言之即社区成员对社区的主人翁意识。社区居民主体意识是社区凝聚力和社区责任感以及自我组织、自我管理、自我发展、自我协调等社区自治能力的思想根基。只有提高社区居民的主体意识，他们才能完全将自己当作社区的主人，才能从"小我"的家庭格局中跳出，以全局意识和长远目标来共同治理社区、维护社区。也只有加强社区居民的主体意识，才能提高其社区参与意识和社区合作意识以及社区参与能力。也只有建立在社区主体意识和合作意识基础上的社区营造，才能调动一切积极性和焕发一切民间的热情。进而，社区居民在合作中感受到人情、温馨、共赢，体味到社区共同体的荣辱与共和生死相依的情感，社区营造才能达到和谐、健康、幸福、永续的理想目标。

然而，社区居民主体意识并非天然生成，或一蹴而就的，它需要一个逐渐培育和逐渐提高的过程。尤其是在乡村社区营造过程中，这一任务更加任重而道远。长期以家户为单位分散经营的乡村社区，居民的社区主体意识较为淡薄，相互之间基本上属于"不凝结"的独立个体。因此，在台湾乡村社区营造过程中，一些有识之士日益感觉社区营造不仅仅是造景（观）、造产（业）更重要的是"造人"，即转变社区人的理念，开阔社区人的视野，提高社区人的合作意识，激发其潜能，使他们由被动的接受者转变到主动的挑战者。而承担"造人"重任的无疑是由知识精英或社会热心人士组织的各类 NGO 等民间社团。例如，桃米社区居民就是在"新故乡" NGO 成员、世新大学观光专家、"新农会"特有生物保育中心等社会力量耐心细致的培训中，由社区的旁观者变为社区的主导者。北埔社区居民亦是如此，他们在"大隘社" NGO 成员的引领、带动下，由不善言谈的客家人，变为人人都会讲客家历史、讲风土人情故事的健谈者。北埔居民在主体意识提升并逐渐熟稔当地传统文化的基础上，为游客讲解当地历史文化故事，创意销售客家特产，建立休闲农庄等，这不仅增强了其社区认同感和自豪感，也提高了社区成员参与社区营造的积极性。每一位社区居民在强烈的社区认同感和发自内心的族群自豪感基础上，将浓郁的自我情感倾注于每一份旅游资源和旅游项目中，使北埔社区旅游富有可供游客深度感知的人情味儿，从而使北埔社区的发展具有永恒的内在活力。这种基于主体意识觉醒基础上的文化自觉意识、爱护乡土、传播客家文化，成为北埔社区营造成功案例的精神动力。总之，正是随着社区居民主体意识的培养和提高，同质、分散、不凝结的乡村个体居民逐渐凝聚成社区生命共同体，乡村社区营造因此焕发出勃勃生机。

其三，注重地域特色文化产业发展。总体而言，台湾的历史文化资源和自然资源远远不如大陆。然而，台湾乡村社区营造却做得有声有色。这其中的关键因素是台湾社区营造非常注重地域特色和文化创意产业设计。所谓地域特色就是追求社区发展的地方个性特征、避免同质化现象。社区因与众不同而具有独特魅力，进而吸引观光客。所谓文化创意产业即文化创意与产业经济的有机结合，通过提升产业的文化内涵，力求产品别致、美观、多样化而提高产业利润；通过文化与旅游的结合，诸如举办民俗文化节、创立民俗博物馆、修建民俗文化体验区、提炼游客参与项目等营造出具有个性化特征的文化旅游社区。事实上，台湾乡村社区营造地域独特性和文化产业化又是相辅相成、二者缺一不可的。这一切又都建立在对当地自然资源和人文资源的有效整合上。例如，前述桃米社区的发展就定位在生态旅游目标上，创建个性化的"绿色民宿"，建立独一无二的"青蛙生态博物馆"等；而北埔社区则立足自己的自然资源和文化资源，发展

"历史古迹游""擂茶产业化""休闲观光游"等。再如,台湾中部的云林县古坑乡,十几年前是一个以农业为主的泥石流重灾区,在 20 世纪 90 年代末期社区营造中,结合该地 70 多年的咖啡种植历史,将该乡营造为台湾著名的咖啡旅游文化区。在该旅游区,游客可观咖啡林,听咖啡历史,品咖啡茶,吃咖啡菜,住咖啡民宿,观咖啡山灯景①。现今古坑乡生产的古坑咖啡已发展为台湾的经典品牌,不仅名扬台湾本岛,也扬名于大陆,甚至欧美。

综上所述,台湾乡村社区营造之成功案例是由多种因素综合而成的。其外源性因素是良好的社会制度性支持,即各级政府的政策引导和社会力量的助推;其内源性因素是社区居民主体意识的提升和社区参与能力的强化;而其营造路径和可操作法宝则是生态化、特色化、文化产业化、产业文化化。以上几大因素相互联系、相互作用,形成乡村社区营造的合力,推动其向前发展。至于其营造模式是建立于具有强烈社区凝聚力和社区认同感基础之上的,是深深根植于民间的自下而上式的草根式发展。而其营造目标则是围绕社区居民日常生活中的环境、健康、医疗、经济等关乎民生的重要问题而设计的,因而具有永续的动力和强大的生命力。

台湾乡村社区营造的本质特征是基于社会制度的良性运作机制,立足于社区资源禀赋,充分挖掘和整合社区独特的自然资源和文化资源,依靠社区居民高度的主体意识和文化自觉而维系的自主建设和自我经营与自我发展。它是一条从官方与民间互动、文化与经济共生、传统与现代整合的角度,寻求社区经济发展的新路径。台湾乡村社区营造的理念和方法,无疑对大陆乡村发展具有重要的启迪价值。它对我国东南山区畲族村落发展,也不失为一条值得借鉴的新方法。培头村当下初有成效的民族特色村寨建设,虽然没有被冠以"社区营造"的名目,但它与台湾乡村社区营造具有一定的相似之处,也是在国家政策支持大背景下,基于村落精英引领和广大村民文化自觉基础之上的自主建设和自我发展。

反观台湾的经验,培头村当下的民族特色村寨社区营造还有很多困难和不足,但"它山之石,可以攻玉"。本章以下三节对其主要内容及进程

① 王韩民:《台湾文化旅游产业发展的特点及几点建议》,载《北京社科规划》,学者论坛,2005 年 2 月 4 日,http://www.bjpopss.gov.cn/bjpssweb/n8809c52.aspx.

予以梳理和分析,旨在取彼所长、补己之短。

第二节　畲族传统文化的复兴

培头村的畲族传统文化亦如我国其他地区的少数民族传统文化一样,经历过几次较大的历史变迁而日渐式微。最早的一次是 19 世纪 40 年代第一次鸦片战争后,随着五口通商,该村的棉麻纺织、夹缬印染等传统手工业和棉花、苎麻、蓝靛等种植业也逐渐受西方大机器工业的冲击而日益衰微,直至一个世纪后几近消弭。第二次是 20 世纪 20 年代后,北洋政府后期至南京国民党政府时期,采取大汉族主义民族同化政策,强制要求少数民族一律讲汉语、着汉族服饰。例如,"在景宁县,警察甚至把进城的畲族妇女的头饰扯下来,丢在地上,把它踩碎。"① 正是这种强迫同化政策,导致培头村畲族妇女漂亮的凤凰装基本退出日常生活舞台,仅仅作为结婚的嫁妆,在婚礼上穿过一次,旋即压入箱底,待年老过世后带入棺木随葬。第三次是 20 世纪 50 年代以后,随着新中国的成立,以及"大跃进"运动中的"破除迷信、解放思想"和"文化大革命"中的"破四旧"等的冲击,培头村的畲族传统节日、婚丧礼俗、民间信仰、畲族民歌等日渐凋零,钟氏宗祠、钟氏民居等日益残破。第四次是 20 世纪 80 年代改革开放以后,随着年轻人进城务工和现代传媒的冲击,培头村畲族传统文化濒临消失,甚至连根深蒂固的畲族语言,也在新一代儿童中出现被冷落的苗头。该现象引起培头村钟姓畲族中有识之士深深的忧虑。直至 21 世纪初,他们开始着手对本村的畲族传统文化进行发掘、整理、保护。

一　钟姓畲族宗族文化的抢救

(一)钟氏宗祠的修复

具有近 250 年历史的钟氏宗祠既是钟姓畲族宗族文化的象征,也是钟姓先祖给子孙后代留下的珍贵历史文化遗产。然而,自新中国成立后,随着宗族制度的瓦解,钟氏宗祠日益疏于管理。据悉,新中国成立前夕,宗祠内两边厢房陆续被几户贫困的钟姓族裔(大都为被火烧掉了房子而无

① ［德］史图博、李化民:《浙江景宁敕木山畲民调查记》,周永钊、张世廉译,中南民族学院重印本,1984 年,第 23 页。

力修建新房者）借住而烟熏火燎。人民公社集体化时代，钟氏宗祠内的正厅一直被当作生产队的碾米房。三年困难时期，还有个别人偷卖宗祠内的文物变换粮食。至于宗祠正厅两旁则长期摆放着村民们为自家老人准备的棺木。时至 20 世纪 90 年代末，钟氏宗祠因年久失修、缺乏整体维护而日趋衰败。其时，宗祠廊檐下堆满了犁耙等农具和柴草等杂物，天井内长满了野草，宗祠内阴暗潮湿，房梁椽子朽旧，加之长期住家，鸡鸭遍地，脏乱不堪，钟氏宗祠从昔日的家族神圣空间颓败为疏于维护的公用生活空间。此时，部分钟姓畲族村落精英萌发出文化自觉意识，开始认识到保护钟氏宗祠的重要价值。于是，他们一方面着手搬迁安置祠堂内的贫困户，发动村民们打扫整理祠堂；另一方面，他们奔走于县民宗局、文化局、旅游局等相关政府部门，邀请相关专家来村里鉴定钟氏宗祠的文物价值。经过多方努力，钟氏宗祠终于在 2002 年被确定为文成县二级文物保护单位。此后，他们还在县文物局人员的陪同下，多次至省城相关部门递交资料，申请省级文保单位名录，虽然后来因钟氏宗祠年代不够久远而未能如愿，但是在复杂曲折的申请过程中，更坚定了钟姓族裔对钟氏宗祠保护的决心，也明确了下一步保护的目标和方向。

2008 年以后，钟氏宗祠的保护迎来了新的契机。是年，培头民族村新的村两委班子成立。其时，长期在温州经商的呈山底自然村村民钟松夏（1966— ）因具有带动村民致富的强烈愿望而被村民一致推举为新的村委会主任。新主任虽然仅有初中文化程度，但因长期在外打工经商而视野开阔，当他看到自己家乡与温州、瑞安等其他农村存在着很大的差距时[1]，便萌发出为改变家乡面貌做点实事的决心，他深感自己小家庭殷实富裕不足为荣，家乡共同富裕才值得骄傲，因而在村民们的殷切期盼中和家人的大力支持下，不惜舍弃自己的大部分生意（只留妻子独自在温州经营），毅然回到村里，勇挑村主任的重担。

次年，由于村委主任钟松夏等人的多方奔走和在外工作的钟姓畲族干部们的出谋划策，以及当地汉族朋友的牵线搭桥，获得在温州从事农业开发的商人金松庭的帮助，他为钟氏宗祠的修复而慷慨解囊 5 万元人

---

[1]　当时培头村绝大部分中青年钟姓畲民都在城镇打工或经商，剩下的大都为老人、儿童和部分中年妇女，相当于"半空心化"村落。村内基础设施落后，交通滞后，农业结构单一，村民年人均收入低于本县农民平均水平，属于县级贫困村。

民币。村委会随即组织施工队伍对宗祠的砖瓦、廊柱、大厅地面等进行了维修，原本雕工精致但已开始破损的钟氏显祖灵位牌被仔细修缮后整齐摆放于大厅祭台，"钟氏宗祠"几个大字的名家书匾高悬于钟氏宗祠正大门的门额。维修后的钟氏宗祠焕然一新，再现了当年宗祠古朴而又庄严的气势。此后，钟氏宗祠成为培头村每年"三月三"畲乡风情节展演的主要场所。培头村也因为拥有这一独特的钟姓畲族历史文化空间而吸引了四面八方的客人。随着钟氏宗祠价值的日益凸显，村两委又陆续组织过几次大的修缮。其中，2010年，通过申请拨款和钟姓族裔自己捐资等方式，共筹集资金18万元，对宗祠大厅、戏台、厢房、屋顶以及排水管道等进行了较大规模的整修，宗祠内粗壮的立柱上贴满了精心制作的红底黑字楹联。修缮后的钟氏宗祠成为日后培头村民俗展演活动中重要的祭祀场所和畲族文化展览场地。2013年，村两委又筹集了12万元资金，对宗祠进行了内部细节的维修和外部环境的美化。宗祠大厅立柱纸质楹联大都被更换成了木匾楹联，而楹联字迹全部由钟姓族裔中的书法爱好者书写。经过多次修缮后的钟氏宗祠，恢复了昔日的神韵和庄严。

钟氏宗祠的顺利修复是基于培头村众多钟姓畲族高度的文化自觉基础之上，经不断呼吁、反复诉求的结果，也是各级政府部门、社会力量与村落社区良性互动的产物。正如时任村委主任的钟松夏所回忆：

> 我当村主任时，村里一些有头脑的人都认为钟氏宗祠是最能代表村里的畲族文化的。所以一致决定一定要修好祠堂。于是，我们几个村干部，大家分头想办法，去找政府，找本村在外工作的干部想办法。我当时到民宗局、文物局，跑了好几趟，希望引起领导的重视和支持。但一开始县里没有什么钱。于是，我找到下面山林自然村的汉族朋友张真聪帮忙，他是县政协的副主席。2009年，他带我到温州，找到当时的农业开发公司的董事长金松庭老板，捐助了5万元，这样祠堂修复才启动了。2009年搞了第一次"三月三"活动以后，祠堂的作用越来越明显，看到村里有点起色了，我们继续向政府部门申请，得到了文物局、民宗局领导的认可，才有了以后两次的拨款，这些都是不断呼吁的结果。

> 修复祠堂，村民们还是很支持的。记得2009年第一次搞"三月

三"活动时，祠堂内还有 13 副棺木，我们村委会给大家做工作，让大家把棺木搬回去，记得是前天晚上通知的，到第二天中午 12 点之前，那些放在宗祠里的棺木全部搬空了。到 2010 年那次大修祠堂，有好几万元资金是钟姓后代自己捐助的，根据经济情况老培头村基本每家每户都出钱了，有工作的出得多一些。

（29/2/2014，pm，于温州市钟松夏店铺内）

（二）钟氏老屋的整修

钟氏老屋位于呈山底自然村，是一座具有 150 多年历史的六兄弟聚族而居的"冂"字形开放式院落民居，保存相对较为完整（参见彩图五）。"老屋"是现在的说法，过去村民习惯称之为"大屋"。老屋地处呈山底自然村内一片地势稍低的山间盆地，房前屋后被水稻梯田和毛竹松树环绕，建筑物坐西北朝东南，属清代中后期建筑风格，由正屋和两边厢房组成三合院落。正屋为两层穿斗式木结构，台基为条形石块垒筑而成。青瓦屋顶为平脊悬山式样。一楼走廊上方为青瓦铺就的腰檐（俗称"下檐"）与二楼走廊相连。腰檐下方为宽敞的走廊，内由六根圆形石础木柱承托。正屋一楼面阔五间，左右两边各带两耳房，正面共九间。正中间为敞开式议事大厅，宽 4.7 米，进深 16 米，分前厅和后厅两部分。大厅两旁的房屋均宽 3 米，进深 16 米，被隔成前后 3 间。大厅前方廊檐下的水口梁上的两端各雕刻着精美的凤凰牡丹图案，中间则是八仙过海浮雕，与石础木柱垂直相连的六根横梁两端则雕刻着精致的祥云纹饰，承接立柱与横梁上方的斗拱制作亦十分精巧。一楼走廊两端有木梯与二楼走廊相连。二楼走廊外正面有七扇美观的雕花木窗。正中间处为宽敞的祭祀大厅，大厅左右两旁为十几套大小均等背靠背的储藏室套间。其中，里间为储藏粮食所用，面对走廊的外间则有小门窗，可兼做小卧室，以备家庭人口增多所需。此外，钟氏老屋的东西厢房建造时间相隔较远。东厢房是在老屋正屋建成后不久建造的。据悉，其廊檐下方斗拱和窗户上的木雕较之正屋更为精美，可惜 20 世纪 80 年代以后，随着钟姓族裔的搬迁而被拆除。而西厢房基址过去是一片岩石山，需要打掉岩石才能建房，任务艰巨，故西厢房较之东厢房建造晚了几十年，所幸依然保留至今，只不过留下了晚近修缮的痕迹。

饱经沧桑的钟氏老屋见证了一个钟姓大家族当年的辉煌，那里的一椽一木都承载着钟姓族裔们温馨的家族记忆,那里的一砖一瓦都烙刻着钟姓族裔们顽强前行的生命足迹。据悉,该老屋是呈山底自然村一位名为钟大赏的太公,给自己的八个孙子准备的"豪华礼物"。大赏公自己这一代人丁不旺,仅生一子二女,但他的儿子钟学敏却生了八子二女。这让大赏公十分欣慰,因而带着自己的儿子钟学敏励精图治,买山林、购田地、积攒货币,一时成为文成县少有的"有人、有田、有山"的名户。在积累了一定的财力和物力之后,他就亲自选址为八个孙子修建了一座在当时十分气派的兄弟聚居的大屋。大屋建好后,老大钟义霸(名步迁)并没有搬迁到大屋,而是与父亲和祖父一起居住在上面的祖屋里,并在祖屋成家立业,而其余七个兄弟则全部搬迁到大屋居住,后来老五钟义震(名益迁)20多岁时招赘牛塘自然村,便从大屋搬迁了出去。实际上钟氏大屋为老二钟义霁(名步韬)等六兄弟的繁衍生息之地。

祖父大赏公在世时,钟氏八兄弟虽说陆续成家,但并未彻底分家,而是兄弟间协同合作、同舟共济。相传,八兄弟各有特点。诸如:老大性情豪爽,擅长结交,常资助乡人,排解纠纷,声名远播;老二颇有经济头脑,擅长做牛羊贩卖生意;老三有严重的支气管炎,基本不做农事,以养病为主,幸得兄弟照顾;老四,擅长管理,是大家庭的当家人,将家里管理得井井有条;老五、老六擅长农事方面的精耕细作;老七、老八除农耕外,还会唱戏,常去附近村落演出挣点工钱以补贴家用。在大赏公统率下四世同堂的大家庭,因其儿孙辈们兄弟团结、妯娌和睦而在当地享负盛名。直至大赏公去世以后,八兄弟才分家,分家后的兄弟也秉承了过去相互协作的良好传统。即便在分家方面,也体现了很好的责、权、利分明和兼顾公平的原则。例如,老大因赡养父母而继承相对较为宽敞的祖屋。钟氏大屋则由六兄弟平均分配。其余山林、田地均平均分配,即便入赘牛塘自然村的老五,虽退出了房屋的分配,但也分得等值的山林和田产以及部分流动资金。

钟氏六兄弟一代代在钟氏老屋繁衍生息,人口日益增多,枝繁叶茂的大家庭逐渐分化为众多小家庭。老屋亦日渐呈老态龙钟状,难以满足众多钟姓族裔们的居住需求,故择基他建成为必然趋势。时至20世纪80年代,随着农村改革开放政策的实施,老屋内的众多家庭,经济状况开始日益好转,于是他们陆续在老屋周边一带另择新址,重建了独立的新楼房,做工精致的东厢房就在此时被遗憾地拆除,部分材料被各家主人作为建新楼木料的补充。而留居老屋的村民也日益减少，现今仅剩数户，平日里中青年大都外出打工谋生，学龄儿童少年则在外读书，留守于老屋内的村民主要以老人为主，与老人相伴的老屋日显沧桑。

钟氏老屋虽难掩倦容，但它是呈山底自然村钟姓畲族家族生命史的象征，也是村落历史文化变迁的符号，其历史人文价值是不言而喻的，尤其在培头村其他民居因清代民国年间数次火灾而消失殆尽的现实中，其文化价值愈加凸显。

自21世纪初年始，当培头村钟姓畲族精英们在为钟氏宗祠的保护而努力奔走时，也逐渐意识到保护钟氏老屋的重要意义。搬出去的钟姓族裔们开始自觉地陆续对老屋予以整修。尤其是2008年冬天，在以钟松夏为代表的村两委班子领导下，钟姓畲族村民们对老屋进行了一次较大规模的整修。相关村民自觉拆除了厢房两边的鸡棚牛圈，对老屋内的家具物品等予以搬迁整理，对院子地面予以清洗和修补，而老屋大厅则按当年聚会议事公共空间格局予以重新布置，墙壁上贴满了新制作的畲族风情画卷。次年，整修一新的钟氏老屋成为培头村首届"三月三"畲乡风情节民俗表演的主要场所，以其古朴宁静的畲族民居形象给远近宾客们留下了深刻的印象。此后，钟氏老屋成为培头村钟姓畲族对外展示的又一重要窗口。2014年夏，呈山底自然村村民又自发地对钟氏老屋进行大幅度的修缮。目前二楼走廊上的木制窗户已全部修复，厨房、后院的排水管道已疏通清理。

（三）文献文物的搜集保护

培头村是一个畲族文化底蕴深厚的村落。很多珍贵的畲族文献文物均散落于村民家中，大部分处于自生自灭状态。21世纪初年，培头村部分畲族精英意识到其重要的历史文化价值，更为其处于日益濒危境地而深感忧虑，开始有意识收集保存。2008年，经集体商议决定：收集村民家中的文献文物资料统一集中管理。具体工作由退居二线的村委书记钟维禄（1948—）负责，部分村民协助他挨家挨户收集整理登记。据悉，当年他们为寻找文物，带着手电筒，钻进村民家中的阁楼、床底，不放过任何一个角落。收集到的文献文物资料包括：具有重要史料研究价值的匾额、楹联、位牌、谱牒、契约、文书、药书、民歌手抄本等总计数百件，还有各种生产工具、生活器皿、印染服饰制品、手工艺品、文化娱乐器具等总计达500多件，内容涉及农耕、狩猎、饮食、医药、木雕、绘画等多个方面，时间自清代中晚期至民国年间。这些收集而来的文献文物资料，因目前还没有修建专用的畲族博物馆，就暂时存放于钟氏宗祠内。2010 年春，钟姓畲族村民齐心合力将宗祠两边厢房的上下楼整修为干净整洁的畲族文物展览室。村两委还聘请县文物局专业人士，将所有的文献文物资料予以编目和分类，并进行电脑数据化管理。2012 年，为防文物失窃，文物室内还安装了电子监控系统。

图21　钟氏宗祠内陈列的清代
钟姓先祖文物

　　此外，呈山底自然村还有一位名为钟亚丁的优秀民间文献资料自觉保护者。亚丁（1942—），本为黄坦镇支垟底庄村雷姓畲族，家中有一兄一姐和两个弟弟。1958 年，曾考入浙江少数民族师范学校就读，一年后因家境困苦而辍学返乡劳动。1967 年，25 岁的他招赘至呈山底自然村只有一个独生女儿的钟龙仁家，遂改姓钟，以延续钟家的香火。此后，亚丁一直居住在钟氏老屋，即便现在两个儿子早已成家搬出老屋。亚丁年轻时算是呈山底村的文化人，十分爱好收集和保存钟姓畲族先辈留下的传统民间文献资料。目前经他收集和保存的山场、田地买卖契约、政府告示、家庭收支账目、完粮纳税凭证、畲族民歌等民间文书、手抄本资料至少达 500 册以上。其中，清代咸丰年间和清同治年间青田县令给培头村的两份告示，史料价值尤高。其收藏的民间文献《手抄本，村规民约等》入选参加了 2009 年"东瓯遗韵温州市非物质文化遗产普查成果大型展览"，获得温州市文化广电新闻出版局颁发的荣誉证书。

　　以上这些丰富多彩的畲族文献文物资料的搜集和保存，对培头村畲族传统文化的保护功不可没，增添了村落传统的历史感。不过，目前村民家里的文献文物资料还有不少，有的随意丢弃，有的日渐破损。例如，呈山底自然村村民钟维香家保存在纸箱内的数百份民间文献资料已开始残破，这些尚需要下大力气挖掘和科学保护。村两委班子对村落文献文物资料如何进行有效保护，目前正积极与有关政府部门进行多次沟通，呼吁相关部门帮助修复和长久保存。值得欣慰的是，培头村部分畲族民间文献资料，现已进入县图书馆予以电子扫描处理。

（四）　新续修《钟氏宗谱》

宗谱，又有"族谱""家谱""家乘""祖谱""谱牒"等多种称谓。它是汉民族记载以父系血缘关系为主体的家族世系繁衍和发展状况的特殊文本。内容包括谱序、本族源流、世系分支、先贤礼赞、界址墓图、族产登录、族人诗文选集以及家规家训之类①。宗谱是我国汉族民间宗族文化的重要部分，是宗族共同体存在的文字记录，反映了宗族生命史的发展轨迹，也是研究宗族文化和社会生活史的珍贵文献资料。在我国传统民间社会，撰修宗谱是本宗族集体的一件大事，既体现了该宗族具有一定的人力、物力和财力，也象征着该宗族的荣耀和声誉。根据世系人口繁衍规律，大约20年新增一代，因而有的宗族选择每隔20年修谱一次，但民间一般有"三十年一小修，六十年一大修"之说，究竟修谱间隔多久要视宗族的具体情况而定。

培头村钟氏宗族作为耕读传家的典范，深受主流汉文化影响，也对撰修宗谱十分重视。如第二章所述，培头村保存至今的《钟氏宗谱》共有三部，分别是1923年创修版、1947年重修版和2002年新修版这三个版本。其中2002年新修的《钟氏宗谱》，与民国时期两个版本相比较，既有内容和形式的部分承袭，也有风格和表述的创新。它是培头村钟姓畲族精英集合广大族众力量历时一年而完成的。纵观新版《钟氏宗谱》，体现了钟姓畲族的文化自觉意识和创新式保护钟氏宗族传统文化之目标。具有以下两大主要特征：

其一，强化宗族联谊之情。培头村钟姓畲族历经三百年的繁衍生息，如今已枝繁叶茂，散落浙南、浙北乃至安徽、福建等地。为了强化宗族联谊之情，以扩大宗族社会资本，知识精英钟维宗、钟旭光、钟维禄等不辞辛劳探寻祖地溯源求根，访问本宗贤能之辈，方完成卷帙浩繁、脉络清晰、人员详尽的《钟氏宗谱》和《钟氏房谱》。正如重修宗谱理事会所言："各首事跋山涉水，远赴福建等地，寻宗访祖，踏遍桐庐、青田、景宁、泰顺，族人支脉繁衍地，访族胞、登族丁，历经一载寒暑。综观新谱全卷，各房支脉经纬分明，贤人辈出。全族约有3000多人，国家公职人员126人，县（处）干部6人，科（局）级干部42人，中高级知识分子38人，此乃合族上下努力成果也，长江后浪推前浪，一代新人胜前人。

---

① 参见高丙中《中国民俗概论》，北京大学出版社2009年版，第144页。

祈愿合族团结和睦……推进钟氏宗族兴旺发达、子孙荣昌、代代兴隆。"①
通过新修《钟氏宗谱》，培头村钟姓畲族凝聚力更强，而散处各地的钟姓
族裔对培头村的发展亦更加关注，这无疑增强了培头村村落建设的主体意
识和社会资本。

其二，弘扬贤能进取精神。在 2002 年新修的《钟氏宗谱》中，一方
面追忆缅怀先贤的功德。例如，在"人物传略"中记载的有：办学先驱
钟德彰、革命烈士钟时贵、革命功臣钟周堂等；在"贡生武生名录"中
记载的有：钟正芳、钟建瑶、钟永谐等 14 人。对先贤事迹的记载，无疑
增加了培头村钟姓族裔的自豪感和凝聚力。另一方面集中展现当代钟姓族
裔事迹。例如，在"知名人士"中记载有：钟学廷、钟维枢、钟金莲、
钟维发、钟信友、钟琳花等地方知名畲族干部；在"人物简录"中记载
有：钟体其、钟秉宽、钟旭光、钟维宗等 17 位优秀的畲族知识精英；在
"人物简介"中记载了钟维松、钟春芽等近 200 位各行各业的业务骨干。
对先贤的缅怀和追忆，可达到"弘扬祖德、教育后裔"的作用，而对当
代贤能的展示，则起到了示范效应，也增强了钟姓族裔们对培头村的向
心力。

二　畲族"三月三"节日的复兴

时至 2008 年，"三月三"这一畲族对歌会亲的传统节日，在培头村
已消失了半个多世纪。传统的"三月三"节日情形究竟怎样，不仅中青
年村民全然不知，就是一些年老的村民也记忆模糊，他们只依稀记得
"二月二"和"三月三"除了男女对歌、走亲访友以外，还要吃芥菜饭，
相传吃了芥菜饭上山不怕蚂蚁咬。村落精英们遂决定采取分工合作、全体
参与的方式着手复兴，计划当年筹备预演、次年举办培头村首届"三月
三"畲乡风情节。是年，村委会主任钟松夏负责统筹全局，对全体畲汉
村民予以总动员。随后，村两委班子对村内的畲族文化艺术人才等予以分
类统计并明确分工。例如，擅长乐器的道士钟怀超先生负责乐队指挥；牛
塘自然村 90 岁的雷杨岳老人带头演习畲家拳；雷美秀、雷德花、钟亚丁
等畲族民歌手组成男女对歌小组；爱好文艺的老村委书记钟维禄则负责畲
歌对唱、婚嫁表演、畲族舞蹈等方面的编导等。此外，具有悠久打制石头

---

① 参见《培头村新修钟氏宗谱·序》，2002 年。

历史的呈山底自然村村民钟松孟等负责制作"捣麻糍"的石臼，等等。

尤为值得一提的是，从培头村走出去的文成县原人大副主任钟金莲女士（1946—），偕同其丈夫，文成县公安局退休干部钟维宗先生（1943—），为此付出了许多鲜为人知的努力。为了把握"三月三"民俗活动的本真性，老两口不辞辛劳地查阅了大量的文献资料，深入访谈畲族老人，并多次去福建、浙江的部分畲族乡镇访谈"三月三"仪式流程。2008年初春时节，他们协同村委主任钟松夏和退休教师钟增福等专程参观了福建宁德的"中华畲族宫"，并详细访问和感受了福鼎双华村的"二月二会亲节"。2008年夏，为制作畲族表演服饰，他们不顾自己已逾花甲之龄，亲自赴景宁采购服装样品，至义乌小商品市场采购衣饰花边，并再次远赴福建宁德聘请优秀银匠打制畲族银饰。甚至为制作畲族妇女头饰上的凤冠骨架，他们还多次进入深山寻找小竹枝。在前期准备就绪以后，他们又带领本村懂裁剪、善缝纫的村民，共同设计并缝制了数十套畲族成人表演服饰和两百多套培头民族小学的学生表演畲族服饰。最令人感动的是，钟维宗先生为节约活动成本，还亲自至县文化馆讨来几个废置的玻璃储柜以作培头村"三月三"银饰的展柜之用，然而，当他亲自至楼上搬移柜子时，却因楼板朽旧而摔伤了两根肋骨，直至两年后才基本痊愈，至今还留下了一定的后遗症。

钟维宗先生自2002年新修培头村《钟氏宗谱》以来，始终持续关注和参与培头村的社区文化经济建设。他为复兴"三月三"和发展青钱柳产业、编写培头村畲族历史文化著作、建立畲族文化长廊等付出了大量的心血。但他本人并非培头村人，只是培头村的女婿，他出生在培头村对面山上的长垄村，他对培头村社区营造的关注基于一种民族情怀。正如他自己所说："我这十几年来总是往培头村跑，而不怎么往我自己的长垄村跑，是因为我被培头村的文化底蕴所吸引，这里有了不起的畲族祖先，是值得我们民族骄傲的。我也是培头小学毕业的，对这里有感情的。我支持金莲发展培头村，不是因为她是我的老婆，我是共产党员，我不能谋私利，我是站在民族的角度，心甘情愿为民族做点事情，我从小吃地瓜丝，现在能过这么好的生活，我感觉累一点也值得。"① 而钟金莲女士这十几年来在县城的家较少停留，老两口既要常去温州儿子的家照顾孙女，又要

---

① 报道人钟维宗，2013年7月22日下午，于培头民族村村委会办公楼前。

赶赴培头村参与村落经济文化建设，总是任劳任怨地两头奔波，免费接待络绎不绝的外地访客，热情真挚地为他们了解研究培头村的畲族文化提供全方位的支持和帮助。

正是基于村两委和钟金莲夫妇等村落精英们的热切引领和全体村民的文化自觉，经过近一年的筹备预演，培头村首届"三月三"畲乡风情节于 2009 年春天隆重举行。据亲历者回忆和影像资料信息，此次活动可谓人山人海，盛况空前。村口竖起了用凤凰竹编织的门楼，门楼横额饰以"凤凰到此"四个喜庆大字。畲族妇女们穿上了绚丽多姿的凤凰装，唱着婉转如黄鹂般的畲族迎宾曲，欢迎四面八方的畲汉客人。钟姓族裔们给来客表演了具有浓郁畲族风情的对歌、婚嫁、捣麻糍等习俗，还准备了具有浓郁畲家地方风味的农家宴。据悉，这次来客不下 3000 人。其中，不仅有邻近村落的畲汉百姓，更有景宁、泰顺、平阳、苍南等县，甚至福建的福鼎、霞浦等地的畲族百姓慕名而来。此外，还迎来了县、市等相关部门的领导干部以及部分畲族文化研究的专家学者和众多的媒体记者。中央电视七台《乡土》栏目组和凤凰卫视《海峡两岸》栏目组则全程跟踪拍摄。村里的老人们说，培头村从来没有见过这么多人。一位钟姓畲族村干部回忆说："因为我们第一次办这么大的活动没有经验，来客太多，超出了预计，所以招待客人的饭菜准备不够，一些大老远来的客人只好饿着肚子回去了。到第二年举办时，我们就有了经验，不仅准备的饭菜较充足，还购买了很多的面包以防万一。到第三年举办时，我们就开始办流水宴席，目的是招待好客人，打出培头村的名气。"[①] 一向淳朴好客的钟姓畲民们至今想起第一次举办"三月三"活动时，有客人饿肚子这件事，总是深感抱歉。

培头村首届"三月三"畲乡风情节的举办，不亚于新的时代里程碑。这个偏僻封闭的畲族小山村，通过十里八乡客人的耳闻目睹和口耳相传，以及各级媒体的宣传报道，首次为外界所知。更为重要的是，这次活动极大地调动了广大畲族村民的积极性，提升了其文化自觉意识和社区自豪感与社区凝聚力。此后，该村的优秀歌手钟维禄、钟维好、雷美秀、钟聪莲等还组建了培头村畲族文艺演出队。该演出队每年都要至邻近的西坑畲族镇，或至苍南、泰顺、平阳等县参加畲族"三月三"节日演出，他们还

---

① 报道人钟维好，2013 年 7 月 21 日上午，于培头村金钟山农庄外。

多次到温州市区参加畲歌表演或竞赛。这标志着培头村的畲族文化能够通过畲族村民自己的对外传播而获得更深入的外界认知。

自2009年培头村首届"三月三"畲乡风情节成功举办后，往后每年举办，从未间断，迄今为止已圆满地举办了七届。其活动内容日趋丰富和精致，组织分工亦日益完善，媒体传播的途径则日益多样化。2011年，"三月三"活动结束后，在文成县文化馆等单位的协助下，老村委书记钟维禄还组织村民自编自演，制作了一套名为《畲族文化》的DVD光碟。该光碟被相关单位和畲族文化爱好者所珍藏，还在中央四台面向国内外观众播映。不久，温州大学音乐学院教学实践基地、浙江师范大学畲族研究基地、文成县职业高级中学实习基地等在钟氏老屋正式挂牌。2012年12月，在村两委办公大楼前面，还竖起了一块耗资八万多元的畲族风情广告牌，在金钟山脚下则修造了50多米长图文并茂的畲族文化长廊，长廊数万文字完全由钟金莲、钟维宗夫妇呕心沥血地独自完成。畲族文化空间的营造既烘托着培头村畲族"三月三"的节日氛围，更为培头村畲族特色旅游村寨的营造奠定了基础。

随着"三月三"畲乡风情节的连续举办，培头村畲族文化已跨越大山，为越来越多的国内外人士所知晓，也吸引着越来越多的游客和研究者慕名而来。尤其是近三年来，随着培头村畲族村民的文化自觉意识和村落主体意识的日益增强，该村"三月三"活动的参与面和组织化程度亦越来越高。不妨以笔者近三年（2013—2015）参与的"三月三"活动为例来加以说明。

2013年，培头村"三月三"节日活动在当年清明节后的第三天（4月8日）举办，这次活动具有如下三个特点：

其一，畲族村民积极性高。

如果说培头村前几次的"三月三"活动主要由村两委和退休畲族知识分子等引领，畲族村民仅仅只是配合的话，这一次完全是由畲族村民自己推动起来的。正如村委主任钟松夏所说："考虑到培头村正在进行大规模的基础设施建设，今年培头村的'三月三'活动，县民宗局不准备牵头搞，县里的重点是放在西坑畲族镇。我们村两委班子也觉得事情太多，过了春节就告诉村民，今年停一年，等建设好了以后，明年再搞。但村民积极性很高，不答应停办，说县里不支持，我们就自己搞，出钱出力都愿意。还说不仅要自己搞，还要办得比以前热闹些。这样我们村干部不好打击村民的积极性，决定今年村里自己办好这次'三月三'活动。畲族村民的积极性也感染着汉族干部和群众，他们也积极配合。"① 事实上，2013年这次村落"三月三"活动，无论是在节日前还是节日当天，全体畲族村民们均以高昂的热情，共同参与了这次村民们自己的节日活动。就在节日前两天，村民还在加班加点地铺设培头中心村的下水管道和村中央路面。此外，村民们为迎接客人们的到来，早几天就自发组织彻底清扫村内道路，并将房前屋后收拾一新。节日当天，村里92岁的钟有岳老人天蒙蒙亮就起来打扫主干道，他一直从自家院子扫到村路口，不放过一点纸屑。很多家庭为迎接亲朋好友的到来，早早地准备好了节日的食品和干净的床铺被褥。也正是因为畲族村民积极性高，因而这次"三月三"节日准备工作充分有序且盛况空前。

其二，准备工作充分有序。

自培头村畲族村民积极要求村里举办"三月三"节日活动始，村两委班子成员就进行了分工部署。要求培头村的民族特色旅游村寨建设与"三月三"节日活动两项工作齐头并进。具体内容是各司其职、协同合作。例如，村委主任钟松夏和村委书记张聪富负责统筹全局和对外联络宣传等工作；老村委书记钟维禄负责文化演出等事务，诸如节目排练、婚嫁表演、仪式典礼等；村里的环境设施建设则由副村委主任郭瑞峰和钟维好负责，包括确保"三月三"节日活动的场地安排和村容村貌建设。村民们也是责任到人、各负其责。村主任钟松夏告知："为了这次'三月三'，全村已召开了六次村民代表会议，讨论具体怎么办，会场上每个人都要发言。我们村干部记下来，然后落实到人。"②

这次笔者带硕士生林倩于4月3日清晨从金华乘火车至温州，下午乘坐副村委主任郭瑞峰的小轿车于傍晚时分到达文成县城，当晚住在县城，次日清晨与回培头村清明扫墓的钟维禄一家同行。这次清明节与"三月三"相隔较近，笔者得以全程目睹村民的两大节日活动。尤其近距离地观察了这次"三月三"活动的准备工作。其中，对4月7日晚上的"三月三"节前分工大会记忆犹新。这次会议地点，仍然在村两委办公楼二楼会议室，会议时间从晚上七点持续到十点半。参加成员除了村民代表和

---

① 报道人钟松夏，2013年4月3日下午，于温州至文成的小轿车内。

② 报道人钟松夏，2013年4月3日晚，于文成县城的文成酒店大厅。

责任组长以外，还有村两委班子成员和历任村干部、全村党员等，大约30多人齐集一堂。会议的主题是落实次日的任务。其时，劳作了一天的村民们在灯火通明的会议室里不知疲倦地逐个落实自己的任务。其中，负责烧饭的一共六个组，每组配组长一名，统领全组的烧饭事宜。次日将分别在这六个组长家里同时开火烧菜煮饭，每个组配备切菜、洗菜、洗碗、烧饭、烧菜等村民15人。副村委主任钟维好将组长及组员名单逐一写在稿纸上，分别排列着：维久组、丙洪组、邑锋组、国其组、耀南组、元林组等六个组，每个组由组长领头，后面紧随着15名组员名单。除了烧饭的6个组以外，还有接待组、环境组、采购组、主持组、表演组、服务组、安保组、杂务组等名单，各小组安排得井然有序。会议结束后，现任村干部和历任村干部等还留在会议室里对次日的工作再斟酌一遍才离开。值得一提的是，这次会议不仅有畲族干部群众积极参与，还有山脚的汉族干部和群众参加。在第二天的节日活动中，我看到很多本村汉族村民参与烧菜、煮饭、搬桌椅等工作，这充分体现了畲汉民众的团结合作精神。

其三，节日氛围浓厚热烈。

2013年，培头村畲族"三月三"节日氛围之浓厚不仅超过了任何其他节日，更超过了以往历届"三月三"规模。节日的前一两天，村里凡在外打工、经商、上学的都陆续回到村里帮忙招待客人或参与表演，有的还顺便带回了自己的同事或朋友。除了村两委班子成员早已分头向有关单位、专家学者、媒体等发出邀请以外，村民们早在一个月前就向自家的亲朋好友发出了邀请。从四面八方汇聚培头村的客人们，有的是本乡本县的城乡百姓，有的是来自景宁、泰顺、平阳、金华、宁波、杭州等地的亲朋好友，还有的是来自福建福鼎、霞浦等地的畲族同胞。还因节日恰逢清明节后不久，村里几位从欧洲回国扫墓的华侨，为了参加节日而推迟出国的航班。

村里的景观也披上了节日的盛装。先一天，村民们在新56省道入村路口安装了"三月三"节日门廊，右边靠山墙竖起了"浙江师范大学畲族研究基地和温州师大音乐学院教学实践基地"的标牌，村口停车场则搭建了开阔的演出舞台，并悬挂了五彩缤纷的欢迎广告横幅，村内主干道上则插满了彩旗。节日除了景观的装扮以外，还少不了音乐、舞蹈的盛宴。文成木偶戏团于4月6日下午就抵达培头村，晚饭后在钟氏宗祠内的戏台演出传统剧目，后台的乐器班子也有培头村钟姓村民参与，演出共三天三夜。此外，文成瓯剧团、温州大学音乐学院艺术表演团也于 4 月 7 日进村。节日前夜的培头村已是丝竹和鸣、歌声绕梁、人声鼎沸。

节日当天，可谓人山人海，热闹非凡。早饭后，络绎不绝的来客们首先参观了钟氏宗祠、文化礼堂、文化长廊等钟姓畲族文化场景，随后观看了带有浓郁畲族风情的婚嫁表演和捣麻糍等饮食民俗，接着集中观看了精彩的文艺演出。舞台上，既有文成县文化馆专业演员的放声高歌，也有温州大学音乐学院师生们的载歌载舞，更有培头村畲族村民的自编自唱，还有培头小学小学生们的集体展演。多姿多彩的歌舞表演，让来客们沉浸在"含商咀徵歌露晞，珠履飒沓纨袖飞"般的美景之中，更体现了畲汉民众其乐融融的互动情境。除了停车场大舞台以外，一些村民家中还有三五成群的畲歌爱好者在饶有兴致地自由对唱，畲族村民们以传统的对歌来欢度自己的节日。

中午 12 点，演出结束后宴席开始，来客们纷纷入席就座。宴席往往是节日的盛典，也体现着培头村畲族村民的盛情。4 月 7 日中午，村里宰杀了村民自家养的 6 头肥猪，共 1500 斤猪肉，还准备了数百斤笋干、豆角干之类的山货。先天下午，村内负责宴席的六个小组紧锣密鼓地开始了宴席的准备工作。4 月 8 日，凌晨三点钟，村干部钟一兵就带着四个村民，开着面包车进县城采购宴席食材。天蒙蒙亮时，六个家庭的厨房已是灯火辉煌、炊烟袅袅，呈现出一派"八珍烹喜气，五味调鲜香"的温馨场面。

这次"三月三"宴席，原计划 250 桌，每桌 10 人，实际上来了 3000 多人，又增开至 300 桌。中午的宴席一部分摆放在钟金山农庄，一部分摆放在培头中心村的主街道，以流水席的形式完成了盛大的"百家宴"。餐桌上摆满了"八菜三汤"，分别是：红烧肉、红烧豆腐、酸菜肉、炒木耳、油炸花生米、炒莲花白、炒蕨菜、炖海带、紫菜虾米汤、猪肝汤、猪杂碎汤等，还规定"啤酒随便喝、米饭随便吃"，宾客们尽兴而归。事实上，当天因客人太多，很多村民自己家里还自发地摆了数十桌。看到"三月三"如此热闹的场景，村里几位 90 多岁的畲族老人高兴得喃喃自语："我从出生到现在，从来没有见村子里这么热闹过。"

2014 年，培头村"三月三"节日内容又较往年有所提升。在县民族宗教事务局的倡议下和村落精英的推动下，此次活动的目标追求"精细化"，即不盲目追求规模和热闹，更讲求质量和意义。活动正式举办于3月29日，最大的亮点是将畲乡风情节与畲族学术研讨会融为一体。当天，新56省道进入培头村的路口竖起了喜庆的红底黄字标语门廊，门廊横额书："热烈祝贺文成县培头村第七届'三月三'畲乡风情节活动暨畲族历史文化学术研讨会隆重开幕"①两行大字，右联书："醉美风情村"，左联书："浓情古畲乡"等数个大字。门廊右侧照例是"浙江师范大学畲族研究基地和温州大学音乐学院教学实践基地"的标牌。村口广场上搭建了敞亮气派的表演舞台，广场上空飘扬着许多欢迎条幅和五彩缤纷的气球，村内道路整洁美观，两旁照例插满了彩色的小旗，整个村庄洋溢在一派节日的欢乐祥和中。活动内容安排十分紧凑。上午观看村内文化景观和歌舞表演，下午召开畲族历史文化学术研讨会。而中午的午宴规模较之去年大为压缩。例如，去年屠宰了6头猪，流水席近300桌，而今年只宰杀了两头猪，宴席原计划10桌，实际为60多桌。菜肴品种与去年大致相同，但增添了畲族传统美食——麻糍，意在让客人们感受畲族特色饮食文化。

　　此届"三月三"活动，笔者作为特邀嘉宾和研讨会主要专家参加，还带着自己两名民俗学专业硕士研究生（张亚如和陈晓芳）和两名汉语国际教育专业的留学生硕士研究生同行。两名留学生中，一名是来自喀麦隆的杜威，另一名是来自土耳其的土汉。留学生的到来，本意是感受中国农村地方文化魅力。但令人意想不到的是，当地村民与来客对其充满着好奇，普遍具有了解能说中国话的外国人的强烈愿望。他们争相与留学生合影，尤其以能与高大的黑人留学生杜威合影交谈而倍感兴奋。村民们还与入户走访的两位留学生进行了很好的互动。他们教会了留学生几句简单的畲语，也询问了对方国家的情况。当两位留学生在舞台上用畲语和汉语普通话两种语言向来宾们介绍自己，尤其是杜威熟练演唱中国歌曲《月亮代表我的心》时，台下的观众沸腾了。对于一个较为偏远的畲族小山村的村民而言，能亲眼见到可以交谈的外国朋友来参与他们的节日，无疑是一件新奇的事，在某种程度上可谓打开了培头村的域外视野。

　　最特别的还是这次"三月三"学术研讨会。虽然研讨会被冠以"文

---

　　① 培头村人习惯将首届"三月三"活动从2008年筹办预演算起，故称2014年为"第七届"，严格来说应是"第六届"。

成畲族历史文化学术研讨会"之名,但实际上会议是围绕"如何弘扬培头村畲族历史文化资源,营造培头村民族特色旅游村寨"这一主题而深入展开的。这次会议是由文成县人大、文成县民宗局牵头举办,由培头村两委具体承办的。与会代表除了地方政府相关部门的领导干部和部分畲族研究专家以外,绝大部分是从培头村走出去的钟姓畲族干部和知识分子,以及村民代表等村落精英群体,还邀请了景宁、泰顺、瑞安、平阳等地的畲族干部参加。会场还安装了高音喇叭,村民们在家中可以清晰地听到会议发言。笔者因为长期在培头村调研,作为熟悉培头村的

图22 2014年,培头村"三月三"学术研讨会部分代表

历史文化和经济发展的专家而被特邀做主题发言。会议地点放在庄严肃穆的钟氏宗祠大厅内,大厅圆形会议桌正前方的石础木柱上贴着"孝祖留贻世泽长,光宗振起家声远"的对联,正上方悬挂着"厚德载物"的匾牌,面墙处的神台上摆放着钟姓畲族显祖的灵位牌,外用红底黄字的会议横幅遮隔,其他柱联和空间布置也都彰显着慎终追远、弘扬祖德、承前启后的文化意蕴,会场布置于此,意味深长。

研讨会由县人大副主任,钟姓畲族宗亲钟信友先生主持。会议主要内容即"专家主题发言"。笔者围绕着"培头村的历史文化资源与民族特色旅游村寨营造"的主题做了一个半小时的发言。在主题发言中,笔者首先简要地叙述了培头村钟姓畲族先祖的历史迁徙和村落社会变迁的重大历史事件,然后稍加详细地讲述了钟姓畲族从古至今是如何一代又一代百折不挠地超越大山的故事,最后着重分析了培头村应如何整合历史文化资源和自然生态资源,弘扬钟姓先辈开拓进取精神,通过"社区营造"的路径来加快民族特色村寨建设。随后是与会代表们对本人发言的回应,大家畅所欲言,各抒己见,既有外来者的积极倡议,更有村落精英们的反思和感慨,他们普遍认为本人的发言,让他们更了解自己的村落和历史文化,更有建设培头村的信心和决心。济济一堂的会场,发言十分踊跃。尤其是在外工作的钟姓畲族干部和知识分子们纷纷对家乡的发展献计献策,并承诺

尽心尽力。这既体现了钟姓畲族后裔们的桑梓情怀，也大大激发了培头村社区营造的主体意识。会议从中午12点半开始一直持续到傍晚6点左右，在一片意犹未尽中圆满结束。这场扎根于畲族村落的学术文化研讨会的召开，可谓别开生面。其间既有专家学者的引领，也有村落社区成员的参与；既有畲族精英的主位认识，也有汉族研究者的客位看法，这本身就是培头村社区营造的一部分，成为该年培头村"三月三"节日活动中一道亮丽的风景线。会议对村落下一步的发展和建设具有较好的启迪借鉴作用。

图23　2015年，培头村"三月三"
青钱柳产品推介

2015年，培头村的"三月三"节日除了承袭以往的准备有序和盛大热闹等特点以外，又有了新的变化。具体而言，一是经营模式的改变，二是展演空间的变化。从经营模式而言，以往活动完全由村两委组织策划，这次县旅游公司参与策划宣传。以往完全免费的宴席，这次由旅游公司报名订餐（680元/桌，共订300桌），除少量邀请者餐饮住宿由村集体承担以外，其余费用均由客人自理或村民认购。免费午餐被团队订餐取代后，餐饮质量有所提升，增加了五谷丰登、药膳兔肉、番薯粉丝、红豆饭等畲乡特色美食，每张餐桌上都摆放着制作精美的菜单。村集体节日成本也因此大为降低。从展演空间而言，场地更宽广，节日氛围更浓烈。例如，村广场门口两边各修建了一座"凤凰到此"的假山。广场左边路口建造了一座典雅气派的木结构舞台，两旁走廊相连。广场右边靠山墙则修建了一条做工考究、图文并茂的文化长廊。村中心街道内的村民房屋则布局成活态的"民俗文化一条街"，内容包括打草鞋、弹棉花、织彩带等。金钟山脚广场还修建了一个儿童游乐场，内置各种动物模型、沙堆、蹦跳床等游乐设施。钟氏宗祠旁还摆上了一家烧烤摊。圣山食品公司雷秀娟与浙师大留学生一起推介了物美价廉的青钱柳产品。除此文化经济新亮点以外，节目演出时还增加了村民钟怀超等的民乐演奏和雷元敖老人的武术表演以及雷美秀等人的米筛舞等节目。这次笔者带去的埃及、喀麦隆两国六位留学生也应邀参加了歌舞表演，热情奔放的异国情调将演出推向高潮。晚上由留学生们载歌载舞引领的篝火晚会更是让培头村沉浸在一片欢乐的海洋中。

由以上可见，培头村复兴后的"三月三"畲乡风情节，较之过去场面更为盛大，内容也更为丰富。除了保留唱畲歌、走亲访友、捣麻糍待客等传统习俗以外，还增添了汉族专业团队歌舞演出、地方剧团进村助兴、婚嫁表演、青钱柳产品销售、畲家风味餐饮等现代元素，类似英国史学家霍布斯鲍姆等所说的"传统的发明"①，也符合"文化搭台、经济唱戏"的社会发展趋势。然而，培头村"三月三"节日活动总体还停留在"宣传"和"热闹"层面，文化与经济互动还有待深入，旅游产品较单一。每年数千人的到来，基本只是"看完表演，吃餐饭"而已。如何通过传统节日的复兴深入发展村落经济还值得进一步思考。另外，日益程式化和趋同化的表演，留给畲族村民原汁原味的舞台演出空间似乎越来越小，甚至出现了"社区边缘人"情形。以下是笔者在 2013 年培头村"三月三"活动当晚写的一篇田野日记。

社区营造边缘人阿丁

阿丁，本名钟亚丁（1942—），男，60 出头，村里人大都称之为阿丁。因他长期独居并以养牛为生，也是村里生活最困难的人，又被村里少数人背地戏称为牛郎。但村里辈分较低的钟姓族裔当面往往称之为阿丁叔、阿丁公之类的。阿丁本姓雷，老家距培头村不远，年少时天资聪颖，高小毕业后，考上浙江少数民族师范学校，因家境困难，读了一年就退学回家劳动，他自认为文化程度为初中肄业。20 多岁来呈山底村做钟姓人家的招赘女婿后，遂改姓钟。他因为喜好搜集保存钟姓畲族民间文献，获得过荣誉收藏证书和少量的经济补贴。

在我眼里，这位穿着破旧的阿丁叔是一位村落社区的热心人，也是一位优秀的田野调查报道人。第一次见他是 2011 年夏天，在呈山底村内一条必经的大道上，只见他背着一个竹背篓，背篓里趴睡着一个周岁左右的小孩。这种背孩子的方式，显然不是本地习俗。果不其然，村民告诉我：他背的是他的小孙女，是他二儿子的女儿，二儿媳是湖南湘西嫁过来的。我很快明白这是该村通婚圈扩大后，异地文化习俗的移植。这位背着孩子的大叔对村落中我这位"陌生人"的到

---

① （英）霍布斯鲍姆、兰格：《传统的发明》，顾杭 、庞冠群译，译林出版社 2004 年版。

来异常敏感，也表现了极其浓厚的兴趣。当他很快明白了我来培头村的意图后，争着回答我的问题，在众多的访谈对象中立即脱颖而出。以后我每一次来呈山底村，他都远远地跟我打招呼，总是说着"王教授，你又来了"这句同样的话。有好几次，他都将收藏民间文献的木箱子小心翼翼地从自己昏暗的房间内搬到钟氏老屋的大厅里，耐心地给我讲解、任我翻拍。当我翻阅手抄畲族歌本时，他会引吭高歌，一发不可收。当我要求给他拍张照片留念时，他总会高兴地解下放牛的围裙，放下裤腿，甚至换上一件相对干净整洁的上衣。每次我来呈山底村时，他总会放下手中的活，主动走过来跟我交谈，脸上有一种随时准备解答我疑问的真诚姿态。有时候，得知我来培头中心村住了好几天了，还未来得及去呈山底村时，他会抽空跑过来，聊上几句。

　　然而，在村民眼里他却是一位村内少有的"社区不合作者"。他的邻居钟某是这样讲述他的："阿丁有两个女儿、两个儿子，老婆死掉20多年了。大儿子，小学文化，会做木工，大儿媳，是西坑那边姓雷的山哈，小学文化，养了个女儿，有10岁了，一家三口都在江苏，他们主要是做家具卖，生活还可以。小儿子，也是小学文化，做泥水工，讨了个湖南老婆，生了个女儿，现在三岁，在黄坦镇上幼儿园，他老婆在那里踩鞋包。阿丁现在每个月有80块的生活费，他山里有很多树，卖掉了可以当生活费。因为他不听话、不顾全大局，我们村里人都对他有点看法。前几年，我们在老屋搞'三月三'活动，要搞好卫生，他偏要在那里养牛，这是捣乱，所以儿子不愿意和他一起吃饭。要是听话的话，大儿子随便给他吃点就行了，不至于要养牛。他现在一个人过，算是村里生活较差的，没有盖房，也没有造坟墓，要是山上的树卖不掉就很困难。"

　　这样一位村民眼里的"社区不合作者"，我试图理解他。他其实是一个非常孤独的社区边缘人，因掌握了一定的传统知识，不被重视而愤愤不平，故时而对社区活动产生某种对抗。他也是个矛盾的人物，对一切村落外来者，尤其是对来自己村落考察畲族历史文化的专家学者，总是不遗余力地介绍，同时用劲地一首又一首地演唱畲族民歌。似乎只有在此时，他才能稍稍体会到某种被重视的尊严和自豪。

　　据阿丁自己介绍，五年前他主要靠种田兼养牛生活，现在年纪大了，就不种田了，主要靠养母牛，生小牛赚钱。一头小牛养10个月可以卖

3000多元,这对于少有其他经济来源的阿丁来说,养牛是他目前主要的生存方式。而且,老人对养牛有着极其深厚的感情。据悉,他年轻时,喜欢一边放牛、一边砍柴,同时尽情地一展歌喉,牛吃饱了,满满的一担柴也在愉快的歌声中捆好了,可谓养牛、砍柴、唱歌三不误,从物质到精神满载而归。此外,他年轻时还经常跟村里人去景宁做贩牛生意,从景宁买一头牛回来,要走四五天的山路。长期的耳濡目染,使他练就了对牛的年龄、质量、重量等打量一番就估算得八九不离十的本领。正是阿丁对牛具有割舍不断的天然情感和现实的生存需要,所以迟迟不愿放弃养牛这一传统的营生方式,也因此被视为"三月三"节日活动和民族特色旅游村寨营造的"不合作者"。我在想,倘若村委会能在钟氏老屋稍远处的后山上给他盖一处牛棚,是否可以解决这一冲突呢? 像这样对养牛具有深厚情感的畲族老人,培头村还有几位。①

我对阿丁"社区边缘人"形象感受最深的还是这次培头村"三月三"活动。活动先天傍晚,阿丁来到我在培头村的住处,先是跟我聊天,接着与后来的村落女歌手雷美秀进行男女对唱,美秀因为次日的演出,提前离开。阿丁便主动地为在座的十几人表演歌曲大联唱,他一口气演唱了30多首歌,从畲族民歌到文成小调,从平阳和剧到文成的瓯剧,再到绍兴越剧,最后到革命战争歌曲等,首首声情并茂、真切动人,让在座的人如痴如醉。因第二天有活动,阿丁个人的"演唱会"在近零点时分不得不结束,他恋恋不舍地返回。临走时,主人公钟维宗先生送给他两只刚煮好的青钱柳粽子,他推辞了几下,提着走了。他刚迈出大门,又回头告诉我:"歌在我的肚子里,他们那些人拿不去的,我不会给他们的。"他喃喃自语地说了好几遍。看到他消逝在夜色中寂寞沧桑的身影,他的喃喃自语似乎是一个文化边缘化人对自己的边缘化地位的特殊抗议。他对外来人的才艺展示,又表示出他对村落社区传统文化的执着和热情。

事实上,培头村前几次"三月三"活动,地点放在呈山底自然村的老屋,阿丁作为男声对唱主角之一,甚为活跃。但近两年自村广场竣工以后,演出场地越来越开阔,但演出内容也越来越程式化和专业化,留给村民的演出空间却一再被压缩,这也是老人深深落寞的原

---

① 第二年,阿丁的牛棚还是被村里迁到老屋远处后山。

因吧。也许老人的真情流露代表了村内大多数不能展演的民间艺人的内心世界。此情此景，令我思绪万千。民俗展演的舞台，究竟给当地民间艺人留有多大的空间合适呢？游客是希望看到主流的专业演出，还是村落的原生态演出？抑或是二者的结合？能否通过更好的方式让村落艺人成为节日的主角？

（2013 年 4 月 8 日凌晨，记于培头村）

以上日记中的思考，引发我对少数民族传统节日展演的基本观点：少数民族传统节日的舞台，固然应体现各民族的文化融合和舞台的多姿多彩，但应尽量多保留一些少数民族自己的文化艺术特质，给村落民间艺术人才多一些展演的空间。事后，我也曾与相关村落精英交换了自己的看法，他们也表示赞同和认可。2015 年村民演出的节目也有所增加。但节日思路仍总体追寻时下流行的"走高大上的专业化道路"，畲民传统的男女对歌已基本消逝，取而代之的是一首首流行歌曲。我曾希望在培头村建有教学实践基地的温州大学音乐学院的师生们，能从专业角度，帮助培头村畲族村民们编排一整套具有浓郁畲族文化特质的文艺节目，尽力做到既具本真性，又具有较好的艺术展演性，让培头村畲族村民成为"三月三"节日舞台的主角，其他专业类演出节目充其量只能是助兴的配角。唯其如此，方能显现民族特色旅游村寨之"特色"，进而达到畲族传统文化艺术的创新式传承，以及文化与经济的深度互动，传统与现代的完美协调，也许这一愿望还需要假以时日，也许理想与现实犹如难以相交的平行线。

三　畲语畲歌的传承与保护

自 20 世纪 80 年代初，我国实行改革开放政策以来，城市化建设吸收了大量的农村剩余劳动力，这一方面加速了城乡发展的步伐，但另一方面传统文化的生存空间也日益受到现代化追求的挤压。在此大背景下，畲语畲歌亦如其他众多的少数民族语言文化一样，受到日益严重的冲击。培头村这一状况主要表现在：畲族少年儿童因受汉语普通话的社会环境和学校环境的双重影响而呈现出"去畲语化"的趋势，而村内的畲歌演唱人才大都年纪偏大，畲歌传承濒临青黄不接态势。该情形让培头村的部分畲族有识之士深感忧虑。自 21 世纪初，一部分具有文化自觉意识的村落精英用实际行动对畲语畲歌的传承和保护问题付出了艰辛的努力。

　　首先值得书写的是钟金莲女士。如前所述,她是一个具有强烈民族情怀和桑梓情感的畲族干部。1966 年,她于浙江少数民族师范学校毕业后,从事了十年的教学工作。1976 年调到县委宣传部工作,不久又调到县委统战部,担任民族科科长。她自从事行政工作后直至退休,始终为文成县山区畲族的文化教育和脱贫致富呼吁奔波。她常年在高山畲村跋山涉水、走村串户地调研,解决了贫困畲民一桩又一桩的实际问题。她除了为山区畲族农民呼吁解决水电、公路、农业税减免等现实问题以外,最关心的还是畲族的文化教育问题,意在通过少数民族文化教育的提升来促进其经济的发展,从而缩小畲汉发展差距,进而达到民族的和谐发展。通过她的反复诉求和执着努力,不仅首次开办了县民族高中班,让诸多穷困的畲族子弟能够进入县城的高级中学就读。她还十分注重少数民族干部的培养,通过不辞辛劳的反复洽谈,陆续将数十位仅有中专学历的畲族教师和基层干部,送往中南民族学院深造,这些深造者毕业后均成为各自单位的骨干力量。也正因为其卓越的工作成绩,1978 年,她作为浙江少数民族代表赴北京,参加人民大会堂"五一"观礼仪式,1979 年,受到国务院表彰,获"全国民族团结先进个人"荣誉称号。

　　而对于自己家乡培头村的经济文化建设,她同样付出了大量的心血。在她任职期间,始终关注培头小学的师资力量和教学设施的改善问题。同时,也身体力行地关心本民族文化的传承问题。早在 1988 年,她响应国家民委的号召,在繁忙的工作之余,负责了《中国民间文学集成·浙江省文成县畲族卷》[①] 的主审工作,该书实际上是文成县的《畲族民间文学集成》,采集收录的是该县畲族的民间神话、民间传说和民间歌谣等畲族民间口头文学作品,其中有许多内容来自培头村。该作品是《中国民间文学三套集成》[②] 的有机组成部分,其面世不仅具有重要的文学价值和艺

---

　　① 文成县畲族民间文学集成编委会:《中国民间文学集成·浙江省文成县畲族卷》,1988 年 10 月,浙出书临 (88) 第 113 号。

　　② 中国民间文学三套集成包括《中国民间故事集成》《中国歌谣集成》《中国谚语集成》,其搜集整理工作始于 1984 年。中国民协是搜集整理、编辑出版工作中的主力军,为此投入了巨大的劳动,付出了无数的心血。2009 年三套集成的省卷本全部出齐,省卷本 90 卷 (计 1.2 亿字),地县卷本 (内部出版) 4000 多卷,总字数逾 40 亿。它是在全国范围内进行普查、广泛搜集的基础上,按照"科学性、全面性、代表性"原则编选出来的,是具有高度文学价值和科学价值的中国各地区、各民族民间故事、歌谣、谚语优秀作品的总集。从开始搜集整理到省卷本出版完成历时 25 年,这 25 年的艰难跋涉,砥砺前行,造就了中国民间文学的辉煌巨作,其学术价值和历史地位,值得所有民间文学爱好者、研究者永久铭记。参见刘洋《纪念"中国民间文学三套集成"启动 30 周年》,载《中国艺术报》,2014 年 5 月 30 日。

术价值，更具有深厚的历史文化价值和民族文化价值。这无疑对文成县畬族传统文化（包括培头村的畬族传统文化）的传承保护具有开拓性意义。

　　时至 21 世纪初年，钟金莲女士更加意识到了畬语畬歌的传承困境。于是她利用一切节假日时间对流传在培头村及周边的畬族民歌予以搜集和整理。她走村串户地请老人清唱，然后一句一句地将畬语翻写为汉语，有的还记录曲调，这项工作对于一个非音乐专业人士而言，其艰辛不言而喻。经过多年的辛勤劳动，她主编的《畬族民歌选》①书稿于 2005 年完成，其内容分为历史传说歌、劳动歌、生活歌、情歌、仪式歌、故事歌、谜歌、杂歌、新中国新歌等多类，可谓内容丰富、分类清晰。该书稿得到文成籍畬族中央军委办公厅雷炳成将军的高度肯定并欣然作序，书稿于 2007 年付梓面世，保留了珍贵的畬族文化艺术资料，具有"存史、资政、教化"等功能。此后，她不仅始终关注培头村畬族文化的挖掘整理和弘扬宣传工作，也非常重视畬语畬歌的传承与保护工作。她倡议村内日常生活中多教小孩说畬语，鼓励中老年歌手以"传、帮、带"的方式传授畬歌精华，建议村民开展男女盘歌、斗歌②活动，也为优秀歌手走出村落、展示歌技而牵线搭桥。以上措施既丰富了培头村畬族村落社区的文化生活，又扩大了畬语畬歌的传承面。

　　2008 年，为复兴培头村"三月三"节日活动，她不仅为制作演出服饰亲力亲为，还亲自参加"米筛舞"的编排工作，并带领村民登台表演。当她这位昔日的县级领导干部，在培头村首届"三月三"节日舞台上与

---

　　①　钟金莲：《畬族民歌选》，国际炎黄文化出版社 2007 年版。

　　②　畬族是我国东南山区一个古老的无文字的山地农耕民族，为了有效地传承本民族文化，该民族创设了"以歌代言、以歌叙事"的族群文化记忆模式。在日常生活及节假日，尤其是婚嫁仪式中，畬族男女歌手为比试歌才，形成竞赛气氛十分浓烈的"斗歌"（亦名"盘歌"）习俗。多样态的畬族"斗歌"习俗是畬族民歌艺术的主要表演形态，而参与"斗歌"的畬族歌手则担负着传承本民族文化的社会角色。畬族斗歌仪式展演背后隐含着畬民族对社会的认知与理解，传达着畬族社区对社会角色的规范与期望，并始终贯穿着良性运作的社会角色竞争意识和社会激励机制。"斗歌"表演者接受集体的检阅，赢得赞誉、声望、爱情或接受尴尬、戏弄、揶揄，其歌才关系到荣誉、地位、面子甚至尊严。"斗歌"现场内音乐的感染力、才艺的角逐与群体的观摩和评判的激情共同营造出"集体欢腾"与"社会压力"并存的双重氛围。歌者与观众在共鸣和互动中获得深刻的角色体验与角色意识，彼此在兴奋和期盼中自我鞭策、相互追赶。这种赏罚分明、琢玉成器的奖惩机制和男女性别间分工合作的良性竞争，为催生畬族人才起着有效的激发和导向作用，致使畬歌浩瀚如海、人才辈出。畬民族集体记忆进而在立体多维、欢快愉悦的角色扮演和社会互动中被不断强化而绵延不绝。参见王道《通过仪式展演与集体记忆强化——以畬族"做表姐"斗歌习俗为例》，载《广西民族大学学报》2010 年第 6 期。

畲族村民一起载歌载舞时，其示范效应和鼓舞作用是不言而喻的。正是在村落畲族干部和知识分子的推动下，培头村一些优秀的中年畲族歌手，如钟姓媳妇雷美秀（1951—）、雷德花（1952—），钟姓儿女钟维禄（1948—）、钟维好（1968—）、钟聪莲（1966—）等，他们不仅给村内年轻人传授畲歌技艺，还多次走出村子，展示和交流畲族民歌艺术。

说到培头村畲语畲歌的传承与保护，老村委书记钟维禄也是一个尤为值得一提的重要人物。初识钟维禄先生是在 2011 年盛夏的一个黄昏，地点是在培头村钟金莲女士的娘家。其时，他风尘仆仆地从县城赶来，以老村干部和传统文化精英的双重身份，热情洋溢地向我介绍了培头村的经济文化概况，当得知我有意详尽了解他近年来具体开展了哪些保护民族传统文化的相关举措和实践时，第二天他又与我作了详谈，并带来一大沓荣誉证书和数十册培头民族小学畲语畲歌自编教材。通过田野访谈和田野观察，我对眼前这位集村落政治精英与文化精英于一身的，淳朴勤勉的老支书又有了深入的了解和认识。

钟维禄生于 1948 年，早年因家贫辍学，初中未能毕业，他虽然文化程度较为有限，但自幼深受母亲爱唱畲歌的耳濡目染，于青少年时代就热衷参与各种文娱活动。加之他勤奋好学，善于思考，至青壮年时代不仅熟稔本民族各种人生礼仪程序，而且对畲歌表演、编排、文献文物搜集等情有独钟。他也因此获得"首批浙江省优秀民间文艺人才""抢救畲族非物质文化遗产先进工作者""文物保护管理优秀业余文保员""文成县富岙乡第一届民间艺术演出一等奖"等系列荣誉称号。

最可贵的是他对培头村畲语畲歌传承与发展所付出的艰辛努力。早在 2005 年，在县民宗局的大力支持下和前任村两委班子的推动下，培头小学作为畲语畲歌活态传承的试点，具有民族文化使命感的钟维禄被聘为培头小学的"双语"教师，每周教唱一节畲语畲歌（自 2008 年始增加为每周两节）。为教好畲语畲歌，他着手自编教材，这对实际仅有小学文化程度的他而言，任务极其繁重。但他以顽强的毅力笔耕不辍，日积月累编写了厚厚的一沓畲语畲歌教材。近十年来，他每周都要骑着摩托车，从县城的家中翻山越岭赶往培头小学授课，风雨无阻、从未间断。这折射出培头村钟姓畲族"传承民族文化，守护精神家园"的执着精神。也正是此执着理念，使培头村的畲语畲歌通过校园教育而有效地保证了活态传承。尤其因汉族学生的积极学唱而扩大了畲歌的传承面，深化了畲汉文化的互动交流。

2011 年，他编导的培头村畲族对歌、婚嫁、饮食习俗等《畲族文化》精彩片段，被制作成专业光碟发行传播，还在中央电视台播放，既留下了珍贵的培头村畲族文化传承资料，也让畲族民俗风情进入中国千家万户，乃至海外华人的视野。2013 年，他主编的 18 万字的《畲语山歌（三条变）选编》① 面世。该书是积其多年心血之结晶。为尽可能搜集到丰富多样的文成畲族民歌，在无数个春夏秋冬的日子里，他踏遍了培头村及其周边畲村的山山水水，走村串户地探寻畲歌演唱能手，废寝忘食地切磋技艺，每每搜寻到一首畲歌，就如获至宝地一笔一画予以抄录整理，尔后又将搜集整理好的初稿交付打字店打印，并分发当地歌手，反复征求意见予以修改，最后才完成这本内容详尽丰富、门类齐全多样的《畲语山歌（三条变）选编》。无疑，该《畲语山歌选编》的问世，是培头村钟姓畲族村落精英"守护民族精神家园"的又一积极贡献。

无论是钟金莲女士的《畲族民歌选》，还是钟维禄先生的《畲语山歌选编》，其付梓面世无疑都具有重要的历史文化价值。畲族民歌及其表演艺术折射出畲族文化记忆模式中独特的诗性智慧，也蕴含着畲民族内在的文化基因和历史心性，更体现了畲族文化的地域流变及其多样性，还呈现出畲汉族群互动的历史轨迹。畲族歌谣中三段歌词首句句式类同的"三条变"艺术风格，与古老的诗经语言艺术具有极强的相似性和渊源性。可见，搜集整理传承畲族民歌有利于更好地解读畲族文化结构和深入理解畲汉族群历史关系，进而寻求畲族社会经济文化转型的动力机制。

事实上，培头村钟姓畲族还有许多文化自觉的楷模。例如，蓝双一（1976—）也是一位值得书写的年轻一代钟姓畲族族裔。其父为退休教师钟维发先生，系呈山底自然村人，他随母亲姓蓝。他自温州农业学校毕业以后，曾担任黄坦镇团委书记，因带头冲进失火森林抢救国家财产而被重度烧伤毁容。此后，他并没有意志消沉，在其父亲的影响下，与双胞胎弟弟双二等为培头村经济文化建设和钟姓畲族文化传承与发展而无私地努力付出。他利用自己的互联网知识，充当村落与外界联络的桥梁。有关钟氏宗祠的保护、"三月三"节日的复兴、文化长廊和文化礼堂等诸多文字材料均由他亲手打字校勘并与广告公司联系接洽，他始终在幕后默默无闻地支持着培头村的民族特色村寨营造，对培头村畲族传统文化的挖掘整理颇有贡献。

---

① 钟维禄主编：《畲语山歌（三条变）选编》，中国戏剧出版社 2013 年版。

　　此外，曾担任过培头村大学生村官，现为玉壶镇小学教师的钟海敏（1985—），也始终坚持不懈地为家乡的发展贡献着自己的力量。他不仅在担任村官期间，脚踏实地为村落发展献计献策，还连续八年与培头小学教师毛筱静搭档，义务担任培头村"三月三"畲乡风情节的节目主持人。他俩配合默契、主持风格大气娴熟，深得观众好评。尤其令人感动的是，2015年培头村"三月三"畲乡风情节时，他是从照顾生病父亲的医院，抽空匆匆赶回节目主持现场的。现任村委书记钟松夏则多年来基本放弃温州的生意为培头村的发展尽心尽责、四处奔波，其"温州市优秀共产党员""文成县最美村居干部""市人大代表"等荣誉是当之无愧的。

　　正是培头村一大批钟姓畲族族裔们高度的文化自觉意识，共同推动着培头村社区营造向文化与经济互动的良性轨道上发展。

第三节　青钱柳特色产业开发

　　青钱柳（拉丁文名：Cyclocarya paliurus），属胡桃科木本珍稀植物，生长于我国的闽、浙、赣、湘、鄂、黔等南方省份温暖湿润的茂密森林中。因其果形状如铜钱，民间称青钱柳树为"铜钱树"或"摇钱树"。产地居民长期以其叶片当茶饮，认为有清热解毒、止痛消炎、祛病强身之效，这一说法得到了《中国中药资源志要》[1] 的肯定。因其茶饮味道甘甜，民间又称青钱柳为"甜茶"。据相关专家研究，青钱柳不仅富含人体所必需的钾、钙、镁、磷等常量元素和锰、铜、锌、硒、铬、矾、锗等微量元素，还富含对人体十分有益的多糖类化合物、黄酮类化合物、齐墩果酸、乳香、萜类化合物以及有机酸、生物碱、甾醇等多种营养成分。近年来对青钱柳药用价值研究证明其具有降血糖、降血压、降血脂、增强肌体免疫力、抗氧化、抗衰老、抗肿瘤以及抑菌、消肿、止痛等功效，是大自然赐予人类的瑰宝，具有较好的产业开发潜力[2]。但对青钱柳药用营养价值及开发应用的研究起步较晚，直至20世纪80年代中后期才进入学术探

---

　　① 参见中国药材公司《中国中药资源志要》，科学出版社1994年版。
　　② 参见王进《青钱柳药用价值及其产业发展的调研报告》，载《文成青钱柳产业研讨会报告与论文集》，文成县科学技术局与浙江大学文成技术转移中心合编，2014年7月内部出版，第1页。

讨和应用开发层面①，虽学术界明确肯定其医药和营养价值，但还有诸多技术问题和应用问题有待深化。我国长期以来对青钱柳的认识局限于民间层面，连"青钱柳"这一名称也是植物学家于20世纪80年代初期才命名的。因而青钱柳这一瑰宝并未收录在国家药典委员会编撰的《中国药典》②一书内，目前消费者对其认知度总体偏低。不过，近年来经过部分专家和企业的共同努力，青钱柳已开始受到部分消费者的青睐，尤其是2013年10月30日，国家"卫计委"明确批准了青钱柳为新食品原料。以上这些意味着青钱柳产业的应用与开发处于机遇与挑战并存，成功与困难同在的境况。

而一向秉承超越大山精神的培头村钟姓畲族精英们也较早地意识到了青钱柳的市场前景和产业化价值。经过四五年的艰苦努力，2012年培头村成立"文成县亚欧农产品专业合作社"，尔后在这基础上又成立了"文成县圣山食品开发有限公司"。合作社和食品公司的主打产品是青钱柳的种植和产品开发。2013年，圣山食品公司修建了占地300余平方米的标准厂房，青钱柳饮品制作获得QS论证。是年，该公司生产的青钱柳茶，还获得中国产品安全流通协会和中国技术监督管理中心推荐的"中国绿色环保名优产品"荣誉称号。目前，该公司已基本实行青钱柳的产、供、销一体化经营。各种规格、类型的青钱柳茶销往温州、杭州、北京等地。该公司原料除一部分采自野生青钱柳以外，还在培头和呈山底两个自然村培育了300多亩的青钱柳标准化基地，计划未来三年之内在全村发展基地1000亩左右。现今培头村加入青钱柳产业合作社的部分畲族农户已获得了较为明显的经济效益。培头村"公司＋合作社＋农户"的青钱柳特色产业开发模式具有可持续发展的广阔前景。事实上，青钱柳产业开发既是培头村钟姓畲族社区营造的重要内容，也是培头村民族特色旅游村寨营造的重要经济目标。当然，培头村初有成效的青钱柳产业化，也必然经历许多曲折，其产业化进程尚任重而道远。以下通过对圣山旅游食品开发有限

① 有关青钱柳药用价值及其功能功能研究，始于20世纪80年代中后期，江西中医学院、江西农业大学、四川省中医药研究所、南昌大学、南京林业大学、浙江大学、广西师范大学、湖南省林业科学院等相关单位分别对其食用安全性、化学成分、生物活性进行过研究。也有的申请了有关医药保健应用类和浸种、组培、扦插繁殖类及活性成分提取类等专利。参见王进《青钱柳药用价值及其产业发展的调研报告》，载《文成青钱柳产业研讨会报告与论文集》，第5—10页。

② 第一部《中国药典》于1953年出版，由卫生部编印发行。以后又有1957年的增补版，1963年版，1977年版，1985年版，1987年增补版，1990年第一、第二增补版，1995年版，2000年版，2005年版，2010年版及增补本等多个不断补充的版本。

公司法人代表钟金莲女士的访谈,可以看出钟姓畲族村落精英社区营造的执着精神和不断超越大山的努力。还可以从探寻过程、追问细节中,阐释青钱柳产业化的发展瓶颈和启迪意义。有关培头村青钱柳产业化历程,大致可以分为如下几个阶段。

(一) 探寻青钱柳资源

早在 2006 年,从县人大副主任领导岗位退休不久的畲族干部钟金莲女士,一直怀揣着为山区畲族农民脱贫致富的强烈愿望。当她回到自己的家乡培头村,看到村民还基本处于经济效益很低的传统农业劳作状态时,就萌发出帮助农民发展市场经济、实现农业产业化的念头。她计划先从培头村做起,待有经验后再逐渐推广到其他贫困畲汉山区。为此,她开始到处考察项目,借鉴经验。2008 年秋,她从朋友处偶然发现了文成有人从事青钱柳的种植,为药厂提供原料。到实地察看后,她采回几株青钱柳枝叶让母亲辨认,被告知是"甜茶",过去村里人进深山砍柴时,常采其当茶饮。她朦胧地感觉到青钱柳具有开发价值,不顾自己已逾花甲之年,毅然决定探寻青钱柳的资源状况和医药价值,计划适时在培头村实行青钱柳产业开发。

不言而喻,探寻和发展青钱柳产业化之路是极其曲折艰辛的。她首先与村两委达成共识,并获得广大村民的支持,尤其得到其丈夫钟维宗先生的支持和鼓励。然后夫妻俩踏上了探寻青钱柳资源的艰辛之路。他们反复查阅文献资料,深入请教相关科技人员。2009 年春,他们终于在文成与景宁交界处的一片茫茫原始森林中发现了数十株几十米高的青钱柳树木。随后,他们与村两委又组织农民带上梯子、绳子、弯刀等工具,多次进山采摘叶片。为防误采,每一株青钱柳树叶他们老两口都要亲自咀嚼过才放心让村民采摘。正是秉着勇士探险和神农尝百草的精神,这一年他们采回了大量的野生青钱柳叶,经过相关部门化验后,遂炒制加工成青钱柳茶。加工好的青钱柳茶在村民和亲朋好友中免费推广,反馈良好。经过两年多孜孜不倦的探寻、试验,终于迎来了青钱柳产业化的曙光。以下是笔者对钟金莲女士有关"探寻青钱柳资源"的深度访谈。

问:钟主任,请问您是怎样发现青钱柳的?

答:发现青钱柳其实是很偶然的。我的一个朋友,她也是少数民族,在文成大峃镇的高山上种植了一片青钱柳,是专门给济南一家生产降血糖药的厂家提供原料的。有一次,大概是 2008 年秋天吧,我到她那里去玩，喝过一杯青钱柳茶，感觉不错，我还发现青钱柳的叶子和口味好像有点熟悉。我就拿了点枝叶回培头村给我妈妈看。妈妈泡了一杯尝了尝，告诉我这是"甜茶"，生长这种甜茶叶的树，名叫"铜钱树"。还说她年轻时，经常到栅溪水库的源头，岩门大峡谷那边的深山里砍柴，每次都会采铜钱树叶回来晒干当茶喝，喝了以后身体很舒服。培头村年纪大一点的，年轻时都采过铜钱树，喝过甜茶。那时铜钱树有很多，叶子摘了很快又长出来，采也采不完，村子里家家户户都喝甜茶，身体都很健康。只是后来生产队集体化时，很多铜钱树都砍光烧柴了，只有很深的山里才有，后来村里人也不到很远的深山老林里去砍柴了，才喝不到了。她还说我小时候也喝过甜茶，怪不得味道有点熟悉。

我当时不敢肯定铜钱树是不是我朋友种的青钱柳，就去查阅《文成县志》，县志里有关于青钱柳的明确记载，我又找到西垟林场的老科技人员去求证，在得到了肯定的答案以后，又查阅了很多关于青钱柳的资料，对它的功效价值有了详细的了解。后来还通过对妈妈和村里老年人的多次访问，我觉得文成的大山里应该有天然的青钱柳，就下决心去寻找青钱柳。

问：请您再详细谈谈，你们多次进山寻找青钱柳的情况？

答：寻找青钱柳还真不是三言两语说得完的。自从2008年冬天我偶然发现文成有青钱柳这个好东西以后，我就像走火入魔一样，决心到深山里去寻找野生的青钱柳。我当时的想法很简单，要让更多的人喝上这个健康茶，祛病强身。第一株青钱柳是在文成西垟林场老科技专家胡立微的帮助下找到的。我记得比较清楚，那是2009年的3月1日，我和村主任钟松夏租了一辆车子，差不多走了近两个小时的盘山公路才到西垟林场，胡专家和我们两个一起进山寻找。找了大半天，胡专家在一个陡峭的山坡上发现了一株高大的青钱柳树。我们当时没带什么工具，就将小枝上的叶片摘回来，大概有两三斤。回来后我就泡水喝。一开始，谁也不敢喝，林场的人也劝我不要乱喝。后来大家看我喝了没事，村里人才开始慢慢拿点去喝。我感觉这个味道很好，才想继续寻找更多的青钱柳。

第二次进山是2009年5月了，我让松夏叫了几位村民，有钟宜宽、钟维局几个，带上刀子和绳子，这次我家老头维宗也去了，有六七个人一起去的，除了松夏开了小车以外，我们还租了一辆小卡车放工具。我们到达山脚以后，就把车子停在盘山公路旁边，然后就爬山。在深山老林转了大半天发现了好几株，都是三四十米高的树，树干又高又直，还很滑溜，山又很陡，很不好爬，原来带的绳子和刀子也派不上什么用场。第二次采的青钱柳叶子不太多。

图24　2009年春，钟姓畲族村民用梯子采摘野生青钱柳

　　第三次是过了个把星期后，这次比较有经验，事先我们做了几架毛竹梯子。还给村民做了几套防毒服和高筒雨靴，用来防毒蛇和虫子等东西。由于这次准备工作很充分，这次采了很多叶子。采回来以后，我和村里的妇女们，又把叶子洗干净，按照炒茶的办法，炒成青钱柳茶干。然后让村民们喝，我认为只有村民接受了这个东西才会种植。后来我又陆续组织村民进山好几次，每次都采回不少，回来就赶快炒茶。这样培头村的村民又开始像当年一样，家家户户喝起了青钱柳茶，有些村民还用它来炖猪脚、炖兔子、包粽子，感觉味道很特别。

　　问：请问您后来怎么又到湖南和江西去考察青钱柳呢？

　　答：这是因为采野生青钱柳还是不能从根本上解决农民的增收致富问题。一是因为太难采了，二是因为只有小部分年纪轻，身强力壮的村民才能采到。难采不仅仅是因为树难爬、山太陡，还因为山里有不少与青钱柳很相似的树，很容易误采。搞不好就会吃出人命的。所以每一株树在采摘之前，我和我老头都要尝过。有一次，我老头尝了一株很相似的叶子，舌头都发麻了。还有一次，我们带的干粮放在公路边的车子里，结果比预先设想的下山时间晚了三个多小时，大家都快饿晕了。进山采青钱柳饿肚子是常有的事，要带工具，还要摘叶子，为了减轻负担，一般就把干粮放在山脚的车子里，等采完再吃。考虑到自己年纪也大了，不能每次都进山，还是要发展青钱柳基地才能让贫困村民多一条增加收入的道路。因此，我当年下半年就决定要去湖南和江西考察青钱柳的栽种和加工技术。

（4/7/2011，pm，于培头村钟金莲娘家）

（二）考察青钱柳产业

在探寻到青钱柳资源以后，钟金莲等人又开始对青钱柳的产业化状况进行了不畏艰辛的考察。她通过网络得知青钱柳在湖南、江西等地已经开辟了市场，遂决定到那里去取经观摩。尤其希望学习对方的青钱柳深加工和苗木栽培技术。2009 年 8 月和 2010 年 4 月，钟金莲女士与村委主任钟松夏两次远赴湖南绥宁县黄桑坪苗族乡考察。后由松夏个人垫付 10 余万元资金，陆续从湖南绥宁苗乡购买大量的青钱柳苗木，免费发放给村民栽种。现该村已发展有 300 余亩的青钱柳基地。2010 年 6 月与 7 月，钟金莲夫妇与钟松夏还冒着酷暑，多次至江西修水青钱柳基地考察。从江西返回后，他们又开始组织村民成立青钱柳合作社，一边要求村民对基地予以标准化管理，一边发动村民继续进山大量采摘野生青钱柳叶，同时将检验合格的产品包装试销，获得初步的经济效益。经过多方的奔走，2011 年，她已成功注册"畲山神柳"的商标，2012 年又着手青钱柳标准化厂房的建设和 QS 质量论证。总之，青钱柳开发耗费了钟金莲夫妇大量的心血和金钱，甚至贴上了老两口的退休金。尽管青钱柳深度开发的道路还较漫长，也尽管因产业培育时间较长，基地效益总体有限而招致个别村民的误解，但他俩始终没有放弃，他们坚信开发绿色饮品青钱柳产业是利国利民的好事，不仅可以带动培头村畲汉村民增收致富和有效保护温州水源地的水质，还可以给省内外的山区农民提供一条发展新思路。这就是他们无论创业多么艰辛，却始终怀揣着青钱柳产业化之梦的内在动力。

以下是笔者对钟金莲女士有关"考察青钱柳产业化"的深度访谈：

问：请您详细谈谈到湖南考察取经的情况？

答：我从网上得知湖南绥宁县黄桑坪苗族乡开发青钱柳做得不错，就决定去湖南考察取经。我到湖南考察一共去了两次，第一次是 2009 年 8 月 23 日，一共去了三个人，我、松夏，还聘请了浙江省亚热带作物研究所的专家阎田力同志做指导。我们三个人当天傍晚从温州乘火车，第二天上午到株洲，然后从株洲坐汽车到邵阳，再从邵阳坐汽车到绥宁，到绥宁已经很晚了，我们带上了方便面和矿泉水，一路上很辛苦,我好久没有坐这么久的车了,当晚就住在县城。

第二天早饭后,我们就开始找车去苗族乡里。当时那些司机听说我们要去苗乡,就说那个大山很偏僻,你们要注意安全呢。我们租了车子到了乡政府,当时没有带介绍信。只带了我主编的两本书,我把书送给那个夏副乡长,说明了来意,还告诉他,我们畲族与他们苗族在古代时候是同源的民族。那个乡长很热情地接待了我们。亲自把我们带到产青钱柳的苗族村子——蓝家村。我们在苗族同胞的家里吃过午饭,又到附近山里转了转,我们在村子附近发现了一些青钱柳树,拍了些照片,发现这个地方的青钱柳味道跟我们文成的差不多,开的花也一样。我们考察了差不多一整天,傍晚又回到了县城。

第三天,按照约定去参观苗乡的青钱柳公司。我们预先电话联系,公司就派车来县城接我们。到公司后,我们仔细询问了产品的情况,了解了一些制作方法。还买了6000多块钱的青钱柳包装产品,算是借鉴点经验,觉得很贵,不敢多买。这次公司对我们很热情,希望我们做产品的代理商。这不是我们的意图,但不好明说。我看到青钱柳产区的苗族农民,生活还很艰苦,实际上他们只能获得一点采摘费。而公司属于私人企业,对苗族村民致富的作用还不是很明显。从第一次到湖南考察后,我更加坚定了在培头村发展青钱柳产业的愿望。

问:请您接着谈谈第二次去湖南考察的情况?

答:第二次去湖南绥宁,是2010年4月的时候,是我和松夏两人去的,这次去的主要目的是考察青钱柳的栽培管理方法,并买一些苗木回来试验。去的时候还是带着干粮和矿泉水,坐二十几个小时火车到株洲,然后转了几次汽车到绥宁。这次因为比上次熟悉点,我们没有去找乡政府干部,而是到绥宁县城后,直接租车到黄桑坪苗族乡苗族村民家里。我们与苗族村民建立了很好的关系,就买回来几大捆苗木,准备让培头村村民栽种。因为松夏要急着连夜赶回来做温州的生意,这次去的时间短,一路很赶,很辛苦。回来坐的是绥宁到温州的大巴车,到温州后,松夏回他店里去了。我这个老太婆又带着几捆很重的青钱柳苗木从温州赶回大峃镇,然后再租车赶到培头村,让村民赶快栽下我带回的青钱柳苗。

问:请您再谈谈到江西考察青钱柳的情况?

**图 25　2009 年夏，钟金莲和钟松
夏于湖南考察青钱柳**

答：到江西考察是在第二次去湖南回来以后不久，一共去了两次。第一次是 2010 年 6 月，我和松夏一起去的。我们先从文成坐火车到九江，然后坐汽车到修水。因为松夏很忙，第二天到修水后，我们没有住旅馆，也是连夜赶回来的，很辛苦。

这时刚好在场的村主任松夏插话道：我们那次去修水还碰到了一个骗子，当时一个女的拿来一些苗木，叫我们买，我感觉气味不对，就告诉她，我们见过真正的青钱柳，叫她老板过来跟我们谈，她后来吓跑了。

钟金莲女士继续说道：我第二次去江西是七月最热的时候，当时觉得上次是走马观花式的，这一次要详细了解江西青钱柳产业发展情况，据说当地办了个合作社，要深入到农民家里去了解具体情况。

这时钟金莲女士的丈夫钟维宗先生补充道：

那天她走得很急，说要去江西，站起来就往文成汽车站走。她走了一会，我感觉不对，天气这么热，她又有高血压，万一昏倒在路上怎么办。于是我拿一块毛巾就追出去，给她打电话，叫她多买一张票。我们先从文成坐汽车到温州，然后从温州坐火车到九江，路上带点干粮，我们在九江住了一个晚上。第二天坐汽车到修水，中午在修水吃过饭，就找到那个办青钱柳合作社的黄坳村。发现那里的农民采摘野生青钱柳叶给公司，获得一些收入。下午我们就爬山，去看深山里的青钱柳，那真是莽莽群山，很容易迷路，听说因为迷路，死了不少人。我听着听着有点毛骨悚然，心想幸好我没有让她一个人来。后来听当地农民说，凡是有生长青钱柳的村子，村民的寿命都很长，我听了很高兴。后来又打听到这个地方有个丁家村，姓雷的，我觉得有可能是我们少数民族，我们又到了丁家村。雷姓村民告诉我，过去他们祖宗也是少数民族，只是迁来很久了，就填成汉族了。

钟金莲女士接着说：

我们在修水发现，黄坳村成立了青钱柳合作社，农民比较有积极性，企业发展得很好，所以这也就坚定了我回培头村来成立合作社、办青钱柳企业的决心。我第二次来江西收获很大，了解到了青钱柳的具体制作方法，还买了 50 斤青钱柳茶干，批发价给我的，我回来推销了出去，来回路费解决了。

问：听说前不久，您还去景宁泰顺一带做了一次青钱柳探险考察？

答：那是今年（2012）8 月 31 日，我和我的侄子钟一兵、村民钟宜宽、钟思良，还有宜宽的两个景宁的畲族朋友蓝建平、雷东阳，一共六个人到景宁与泰顺交界处的龙井隧道考察。这次考察的原因是常年在大山里抓石蛙的雷东阳告诉我，他们那边原始森林里有很大一片青钱柳。我也想知道，培头村周边青钱柳的资源到底有多少，面积到底有多大，这次考察是很艰难的，山路很难走，差一点迷路和摔伤，大家只好拄着拐棍，慢慢前进，一边走、一边在草丛中划拨，深怕踩着毒蛇。这次也发现了很多野生的青钱柳，但是很难采下来。我们从早晨进山的，终于在天黑时出山，没出什么事故就很好了。通过这次艰难的考察，也更加坚定了我要搞青钱柳基地的决心。

（5/10/2012 ，am－pm，于培头村钟金莲娘家）

（三）发展青钱柳产业

钟金莲女士从湖南考察回来后，就着手在培头村进行青钱柳产业发展的前期工作。诸如：栽种青钱柳、制作青钱柳茶、试销青钱柳茶等。而她从江西考察回来后，就着手组建青钱柳合作社，完善产品的加工技术和外包装。随后是解决青钱柳标准厂房的修建、购买机器设备、获取生产许可证，以及青钱柳的组培繁殖和产品深加工等问题。经过四五年的艰辛付出，培头村青钱柳的产业化发展现已初有成效。钟姓畲族精英们对其未来的发展亦充满着信心。当然，青钱柳产业化发展阶段的困难程度已远远超过了前两个阶段。以下是对钟金莲女士有关发展青钱柳产业的数次访谈。

问：请您谈谈青钱柳产业发展的具体情况？

答：第一次从湖南回来以后，我就开始做开发青钱柳的准备工作。

首先是把文成的青钱柳和湖南的青钱柳都送去上海食品研究所进行检测化验，比较它们的产品成分。检验报告出来以后，发现我们文成的青钱柳跟湖南绥宁的相差不大，我们这边有几种营养成分还要含量高点。然后，我和村民们把采回来的青钱柳进行加工实验，经过反复摸索，做成手工青钱柳茶，进行简单包装后，我就在亲朋好友中免费推广。

我也让呈山底自然村在外面做工打石头的村民钟维局、钟宜宽把青钱柳带到平阳、瑞安一带给那些有糖尿病、高血压的人喝。那些吃过病情大为好转的糖尿病人家属，还给他们两个送来了锦旗。其中，瑞安有个老太太得糖尿病十几年，他的四个儿子带母亲到温州、杭州、上海去治过好多次，没有什么效果，后来连续吃了维局送给的四五斤青钱柳茶，血糖降下来好多，身体基本正常了，他的几个儿子很高兴，要给维局一笔钱，维局不要，他们就给他送来一面锦旗表示感谢。通过免费推广以后，我感受到了青钱柳的价值，才决定再去湖南绥宁考察一次，希望购买青钱柳苗木，准备在培头村的高山上发展青钱柳基地。

第二次到湖南绥宁买了一大捆苗木，是我和松夏两个人自己带回来的，太重带不了很多，只有500多株。但培头村村民及时种下去了，这实际上是真正朝着产业化方向发展的开始。后来，我们又买了几次绥宁的苗木，数量就不少了。关系熟了以后，就没有亲自去湖南，而是绥宁的苗族朋友开车送过来。有两次，运苗木的车半夜到温州，松夏很忙，是我这个老太婆连夜从文成赶到温州去接车的，然后又把苗木押送到培头村，让农民赶快栽种，要是耽误了时间，苗木成活率就不高，太可惜了。记得头一次送苗木到培头村看到山路不好走，开车的司机都不愿意开进村里。我给他们讲好话，他们看到我这么大年纪了，还这么有决心，也只好连夜帮我赶路。就这样，买过好几次湖南的苗木，我们在培头村才陆续栽种了三百多亩青钱柳。在栽种期间，我又进一步思考青钱柳的产业化问题。不久，又到江西修水考察，看看到底怎么搞产业化。

（5/10/2012，pm，于培头村钟金莲娘家）

问：请您再谈谈从江西回来以后，青钱柳的发展情况？

答：我在江西考察时，发现那边既搞合作社，也搞与合作社配

套的制药公司,农民为公司提供原料,制药公司规模做得比较大,
我也仔细考察了他们的加工方法。于是,我从江西回来以后,就开
始一边组织成立青钱柳合作社,一边改进加工方法,制作包装袋和
说明书等,并开始试着推销青钱柳茶。一开始,我们做了一千只青
钱柳铁皮罐和包装盒,花了四五万块。这些钱大都是松夏垫付的,
后来我又去申请了点政府补助给村里。这些试销产品,后来都卖
掉了。

(5/10/2012,pm,于培头村钟金莲娘家)

问:请问您目前在发展青钱柳产业化过程中,都碰到过哪些
困难?

答:困难还很多。首先是让大家认可青钱柳,我就跑了很多
路,送出去品尝多少都不知道,都只是感觉很好,但要做起来有效
益就很难。其次,因为青钱柳是新资源,手续很烦琐。我跑认证也
不知道跑了多少路,请了很多人帮忙呼吁,才同意我的标准厂房建
设和 QS 认证。光跑建设厂房手续,我就来回跑了三个多月。现在
培头村的 300 亩青钱柳,已经可以采摘了。但目前最大的问题是,
要让青钱柳深入产业化,让农民尽快获得收入。青钱柳苗木的钱还
是村主任松夏私人垫付的。现在村里青钱柳产量越来越多,我压力
很大,担心销路。有个别的农民对我办公司不太理解,觉得我搞企
业是为了个人。其实,我是想起个带头作用,用标准化的公司管理
方式,带动农户家的青钱柳发展。当然,做任何事情都会有困难,
我是一个困难打不倒的人,既然这么多的困难都克服了,就一定走
下去,把产业做好做大。

(26/1/2014,am,于培头村圣山食品有限公司办公室)

问:请问青钱柳产业发展,现已取得了哪些成绩?还有哪些重要
举措?

答:其实,这一路走来,每走一步都是有成绩的。从刚开始一
无所知到了解、考察、再到栽种,是发展青钱柳产业的基础。然后
是免费推广、试营销等,宣传青钱柳。再接着是建立合作社、与浙
江大学科研对接、建造青钱柳标准厂房、购买机器设备、获得 QS

认证等，这些都是最关键的，具有转折意义的，也是产业化的开始和标志。

应该说 2012 年和 2013 年是青钱柳发展最重要的两年。经过三年多的艰难奋斗，2012 年成立了"文成县圣山食品开发有限公司"，建造了标准厂房，里面有加工车间、化验车间、评茶室、更衣室等，购买了杀青机一台，烘烤机一台，粉碎机一台，袋泡茶包装机一台，分装机、封口机各一台，共六台机器，厂房总共投资了 100 多万元。计划还要添加一些机器设备。厂房经验收合格后，2013 年 5 月，获得浙江省文成县工商行政管理局颁发的"企业法人营业执照"。同年 9 月，获得浙江省质量技术监督局颁发的"全国工业产品生产许可证"。同年 10 月，办理了浙江省国家税务局、浙江省地方税务局颁发的"税务登记证"，许可经营范围：茶制品和代用茶生产。2013 年底，圣山食品公司出品的青钱柳茶，获得中国产品安全流通协会和中国技术监督管理中心推荐的"中国绿色环保名优产品"荣誉称号。

此外，我们一直在寻求对外合作。因为青钱柳种子出苗率低、扦插出根难，买苗木成本太高。2011 年，我就跑到杭州找到浙江大学生物学教授王维义老先生，请求他们帮助青钱柳种子胚胎培育，从而扩大青钱柳基地种植面积。2012 年，浙江大学与文成县开展科技对接活动，共建"浙江大学—文成县技术转移中心"。2012 年 11 月 2 日，在浙江大学紫金港校区召开"浙江大学—文成县科技对接会暨共建技术转移中心签约仪式"。文成县带去与浙大首次合作的项目为最有发展前景的青钱柳、红茶、绿茶等三项。这一天文成县副县长雷宇、文成县科技局局长吴昌银、文成县科协主席陈上都三人带队，其余参会人员为项目主要负责人。雷宇代表文成县与浙江大学科研技术研究院签约。圣山食品公司总经理钟一兵与浙江大学科研技术研究院就青钱柳的苗木组培、药物开发及产品深加工等签订了合作协议。青钱柳产业发展获得新的发展机遇。

除了与浙大合作以外，我们也积极寻求海外合作，主要是拓展青钱柳的深加工问题。2013 年 11 月，通过朋友介绍，我与从台湾来温州考察的中华亚太中小经济合作促进会、国际商展主任委员张志明博士取得了联系，双方初步达成有关青钱柳饮品开发的协议。张博士将培头村的青钱柳茶叶带回台北的实验中心制作青钱柳饮品，他们动作很快，很快就出来了样品，样品获得美国 FDA 食品级标准认证。到 12 月，他就将样品寄回公司供品尝，品尝过的人普遍感觉口感不错，味道有点像红牛，但我们的饮品是水和从青钱柳叶片中提取的天然营养素，是不含任何添加成分的。我们计划今年 4 月，到上海进一步商讨青钱柳饮品的开发。

目前，圣山公司青钱柳已经开发了五个品种，但还没有完全打开局面，工作还千头万绪。最大的问题还是如何进一步研发新产品和开拓销售市场的问题。我们希望除了开发青钱柳饮品以外，还能够开发出青钱柳系列食品，比如青钱柳面条、青钱柳粽子、青钱柳糕点等。但是消费者对于青钱柳的认识还处在初步阶段，青钱柳产业发展还有好长的路要走。

（26/1/2004，pm，于培头村圣山食品有限公司）

从以上访谈来看，青钱柳产业化道路充满着曲折和艰辛，在研发新产品、开拓市场等方面还任重而道远。尤其在如何通过公司加农户产业化组织模式的完善，进一步加快村落共同富裕进程，为培头村民族特色旅游村寨的发展奠定经济基础，这方面还需要加大探索的力度。不过，随着人们日益追求绿色、环保和健康的生活，青钱柳产业化的未来前景无疑是可观的。毕竟特色农业产业化是我国农村经济发展的重要路径之一。而且文成县政府也对此加大了支持的力度。

图 26　2014 年春，浙江师大师生考察
培头村圣山食品公司青钱柳产业

2014 年 5 月，县科技孵化楼给青钱柳产品的宣传和销售提供了租金优惠的办公场地。圣山公司经理钟一兵夫妻俩也正尝试着通过网络平台销售，已初显成效。2015 年初，浙江大学生命科学院研究人员还研发了青钱柳颗粒冲剂和青钱柳含片等产品，这无疑有利于加快青钱柳产业化进程。

尤为难能可贵的是，为了扩大青钱柳的市场销售问题，年近70的圣山食品公司法人代表钟金莲女士，自2014年8月始，已多次自费参加温州、杭州等地的企业管理、市场销售等类的企业培训课程。培训的目的除了完善公司的管理与经营以外，更多的是通过培训课程获取更多的市场信息，接触更多的企业老板，从而广交朋友、扩大社会资源。尽管目前她刚刚大病初愈，身体还需要休养，但她始终关注着青钱柳的产业化问题。相信只要企业负责人具有远大目标和开拓精神，培头村的青钱柳产业势必具有良好的发展空间。而钟姓畲族超越大山的精神将构成青钱柳产业化深入发展的永恒动力。

第四节　畲家乐美丽乡村建设

如前所述，培头民族村直至2008年之前，仍然是一个交通不便，基础设施薄弱、农业结构单一的欠发达村落。村内房屋布局参差不齐，卫生状况和居住环境不佳。自2008年始，在新的村两委班子积极引领下和在外工作的钟姓畲族知识分子干部的大力助推下，以钟姓畲族村民为主体的民族特色村寨社区营造运动在培头村逐步展开。他们先是全面发掘和复兴畲族传统文化，随后是青钱柳特色产业的开发，紧接着是畲家乐美丽乡村建设。其中，畲家乐美丽乡村建设是社区营造的重点目标。该建设项目酝酿于2011年，正式启动于2012年。

2011年，温州市委下发《关于加快城乡统筹综合改革的若干意见》的1号文件，随后文成县委、县政府也开展了全县城镇转型发展"破难攻坚大行动"的总体部署，计划在全县范围内开展村庄改造和农房集聚改造的"村房两改"专项行动。培头民族村村两委利用这一发展契机，决心将本村打造为"畲族风情＋休闲农业＋乡村旅游"的畲家乐美丽乡村。于是，村两委在2011年12月12日，根据《2012年度文成县群众增收致富奔小康项目》的相关要求，制订了《黄坦镇培头村农家乐基地建设实施计划申报书》。2012年2月2日，根据相关部门的反馈意见，他们对原申报书予以修改，然后向相关部门正式提交了《培头畲族民族文化特色村建设实施计划申报书》。申报书具体内容主要包括基础设施建设、村房改造、文化景观及畲家乐建设等。后该项目获得300万元的"三年特扶项目"资助，也成为县农办（扶贫办）、县民宗局、县旅游局等单位重点扶持的项目。

2012 年 5 月, 培头村两委在项目获批后, 委托文成县黄坦镇人民政府与温州市经济建设规划院联合编制了《文成县黄坦镇培头民族村经济社会发展实施方案》, 该方案较为清晰地分析了培头村畲家乐美丽乡村建设的现实基础、总体思路、实施重点、对策与建议以及具体建设项目名称等。同年 8 月, 培头村两委又委托瑞安市城乡规划设计院编制了《文成县黄坦镇培头民族特色村规划设计》, 该规划设计从专业的视角, 在分析项目背景、项目定位、项目优势与不足的基础上, 对村庄予以总体规划, 尤其对培头中心村予以了详尽布局, 并就村落产业发展、基础设施工程、环境保护、防灾、近期建设、投资估算、实施策略及建议等方面予以了较为详尽的规划。正是随着项目的获批和具体实施方案的制订, 通过政府资助和村民自筹资金的运转方式, 培头村畲家乐美丽乡村建设项目在紧锣密鼓中已进行了四个年头, 既取得了有目共睹的成绩, 也面临着某些现实和潜在的问题。以下予以简要分析。

一　强化基础设施建设

基础设施建设是培头村畲家乐美丽乡村建设的关键。具体内容主要包括道路交通、公用建筑、活动场地、水电设施、排污环保、通信照明等方面的投入和建设。基础设施建设既是培头村人改善生活品质的基本前提, 也是达成畲家乐美丽乡村目标的重要保障。基于此, 2011 年底至 2012 年初, 培头村两委抓住地方政府的扶持契机和新 56 省道即将开通的机遇, 在政府资金尚未到位的情况下, 发动村民多方筹集资金, 有重点分步骤地启动了一系列的基础设施建设项目。

(一) 道路交通设施建设

长期以来, 培头村的交通设施严重滞后, 发展极为缓慢。直至 1984 年以前, 村内没有一条公路, 村民出行只能靠肩挑背托。1984 年以后, 村内修筑了一条简易土质公路, 但土路狭窄, 且雨天泥泞, 晴天尘土飞扬。直至 1990 年至 1992 年, 狭窄的土路才被拓宽为 4.5 米宽的机耕路。2001 年至 2002 年, 机耕路被铺上了碎石。2005 年, 文成县实施村落康庄工程, 碎石路被浇上了水泥。虽然, 近 20 年来, 培头村的路况在逐步改善, 但入村公路和村内公路总体狭窄, 且呈山底自然村至牛塘自然村还未通公路, 这些均严重制约着村落文化经济的发展。

时至 2011 年，新 56 省道正在热火朝天地施工，新省道将延伸至培头村山脚的周岙底村，而且由于两个长隧道的打通，届时培头村的区位优势凸显，山脚至县城距离将从过去的 23 公里缩短至 10 公里，倘若改善新省道至中心村的入村公路，培头民族村的交通设施将得到质的改观。于是村两委与村民代表商议后，向县政府和镇政府提交了《关于对新 56 省道周岙底隧道口至培头民族村通村公路进行拓宽及部分路段改线的议案》。议案认为新 56 省道的施工给培头村民族特色旅游村寨的发展带来了千载难逢的时机，建议乘此机会拓宽入村公路。申请拓宽公路为周岙底隧道口至培头中心村路段，全程约长 2.5 公里，由 4.5 米拓宽至 9 米，涉及道路改线 500 米，也希望将此建议纳入县年度交通发展规划。在各级政府部门的支持下和全体村民的共同努力下，经过近两年的艰辛奋战，该工程在 2013 年春竣工。道路的拓宽和部分公路的改线，既缩短了入村的路程，也大大改善了路况，以往汽车在盘山公路上艰难盘旋的情景已一去不复返。也正是因为入村公路的拓宽，2013—2014 年培头村两届"三月三"畲乡风情节盛况空前，进入培头村的车辆才会那样壮观。畲家乐美丽乡村目标才有希望。

除了道路拓宽和部分公路改线以外，2012 年 1 月至 2012 年 12 月，还修筑了"青山景观道路工程"。该景观大道分两段，第一段起始于周岙底隧道口，终止于培头村钟氏宗祠路口，是一条全长 3 公里、宽 1.5 米，拾级而上的石板路。石级景观步道与拓宽的入村公路相得益彰，可以满足游客步行攀登入村的愿望。石级景观步道两旁满目青山与间杂着的梯田风光和曲径通幽的景致，吸引着十面八方的游客们对培头村探访。第二段起于培头中心村文化长廊，止于金钟山驼寨峰，全长约 3 公里、宽 1.5 米，也是拾级而上的石板路。该景观路段的修建，可满足游客登山健身、采摘观光以及鸟瞰全村乃至全镇美景的愿望。此外，2012—2013 年，村里还将培头中心村长达 1.5 公里的主干道路拓宽至 5 米，并对主干路及支路进行了硬化处理。同时，还修筑了长约 1 公里，从红星自然村至上保垟路段的联村公路，从而畅通了本村内畲汉自然村落之间的行车道路。尤为可喜的是，2014 年夏，该村海拔最高的牛塘自然村的入村公路已进入施工阶段，这个老少边贫畲族村落长期以来的交通困境将得到根本的解决，畲族村民梦寐以求的公路进家门的理想即将变为现实。以上道路交通设施的建设，无疑为培头村畲家乐美丽乡村愿景奠定了首要的物质基础。

（二）广场建筑设施建设

2012—2013 年，培头村的广场等空间建筑设施建设项目也进入紧张的施工阶段，随后取得一系列成绩。首先，位于村口山门占地 1.6 万平方米的大型广场的建成。该工程颇为不易，需要将两座山峰间的一片狭长盆地拓宽平整为一块开阔的广场。经过挖掘机数月如一日的日夜挖掘，削平了半座山才获得广场的雏形。然后是村民们花费了近两年时间用于平整土地，用碎石夯实路面，用石块垒砌山墙以及美观绿化等。2013 年春，广场初具规模，节日可投入使用。2014 年春，广场完全竣工，场地开始绿化。2015 年春，广场入口新修了大门，左侧新修了砖木结构的大舞台，右侧新建了典雅美观、内容丰富的文化长廊。

其次，畲族风情广场的竣工。该广场位于钟氏宗祠正前方，规划用地面积 5000 平方米，包括演义台、畲山标志、休闲广场、护栏、水塘环境整治、垂钓装扮等建设内容。该项目启动于 2012 年初，经过两年多的奋战，2014 年春已基本完成，其时省委领导来该村考察时，在风情广场还表演了对歌和篝

图 27　2015 年春，浙江师范大学师生
于培头村文化长廊

火晚会活动。目前还剩下演义台、畲山标志、垂钓装扮等项目还有待完善。2015 年 4 月 18 日晚，畲族风情广场举办了载歌载舞的"三月三"节日篝火晚会。该广场既是培头村展示畲族风情的重要舞台，也是该村畲家乐美丽乡村中一道亮丽的风景。

再者，培头民族小学活动场地施工完成。规划用地面积约 5000 平方米，用于建设小学的标准球场和塑胶跑道，目前该项目已完成。在此期间总投资 136 万元，建筑面积 700 余平方米的培头民族小学综合楼也已竣工。这些建筑项目无疑为畲家乐美丽乡村建设增添了风景。目前，该村还有旅游度假村、驮山公园、村综合大楼等公共建筑还处于待建中。

（三）水电排污环保等设施建设

根据 2012 年度的《培头民族村经济社会发展方案（2012—2014）》，该村在水电排污环保等方面的基础设施建设项目包括：饮用水消防工程，计划用三年时间修建 6000 立方米蓄水池一座，100 立方米过滤池一个，以及管道、消防栓、水表等的安装；山塘水库整治工程，计划用两年时间全面整治全村山塘水库 10 余处；农村电气化建设，计划用三年时间增加若干变压器并铺设地下电缆；环境整治工程，计划用三年时间兴建 100 平方米环保公厕两座，修建 6000 余米的排污管道，以及路面硬化、路灯安装等。

以上水电排污环保等设施建设，目前已取得显著的成效。例如，村民的山泉自来水饮用工程已全部到位，还修筑了许多灌溉农田的小水渠。环保公厕、排污管道以及中心村道路硬化和路灯安装等项目现已全部完成。但由于资金缺口较大，部分项目如修建蓄水池和山塘整修等还需假以时日。钟姓畲族们深知，培头村山川河流资源匮乏，而且历史上发生过多次损失惨重的火灾，故饮用水消防工程和山塘水库的整修工程刻不容缓，它不仅对村民的生产生活有重要价值，也对畲家乐美丽乡村建设具有重要意义。基于此，呈山底自然村村民已经自发行动起来，采用自筹资金的方式，在村中央夜以继日地兴修拦水坝工程，希望新修的水坝能够集灌溉、饮用、景观于一体。而排污环保整治工程也已顺利完成，为村容村貌的整治奠定了物质基础。

二　推进村容村貌整治

村容村貌反映了一个村落的形象，是美丽乡村建设成败的关键。其内容既包括基础设施建设、房屋建筑景观、环境卫生状况等硬件方面，也包括民风民情、文化底蕴等软件方面。培头村两委在推进村容村貌整治过程中，也是从硬件和软件两方面入手的。从硬件方面而言，基础设施建设作为畲家乐美丽乡村建设的重中之重，作为专项工程而另行运作，故在上一部分单独分析。而房屋建筑景观改造又作为畲家乐美丽乡村建设的基础配套项目，也被视为专项工程而独自运作，将放在下一部分关联分析。本部分主要分析培头村两委如何从环境卫生治理方面来推进村容村貌整治的。

由于农村长期以来独特的生活方式和生活习惯，其环境卫生问题是一个普遍而又棘手的问题。自 2008 年始，村两委班子决定从观念和行动两方面来推动培头村环境卫生的整治。从观念方面而言，他们一方面在村民代表大会上宣传有关清理环境、美化环境、爱护环境的重要意义，呼吁村民从自身做起，从一家一户做起。另一方面，他们多次带领村民代表参观本省其他各地美丽乡村模范样本，以触动其思维观念和引起思想与行动的重视。从行动方面而言，以循序渐进的方式推进。首先，保证日常环境卫生的制度化。2010 年 8 月，经村两委班子协商，村民代表大会讨论，一致通过了《黄坦镇培头村环境卫生保洁村规民约》，内分 11 条，具有细致的执行措施和处罚标准。诸如：要求各农户做到门前"三包"，一日一小扫，一月一大扫，一季一清洁，保证房前屋后干净整洁，无阴沟积水、无污泥恶臭、不乱堆乱放、不乱涂乱画、不乱砍乱伐树木、不践踏花草、不占地摆放经营，生活垃圾与建筑垃圾分类处理并放置指定地点，等等。倘若违背，将被处以 50 元以上 500 元以下的罚款。与此村规民约相配套的是村内投放了数十只垃圾桶，垃圾由专人集中搬运，公共环境安排专人清扫。

其次，卫生设施的改善和污染源的清理。自 2011 年全村 6000 多米的排污管道铺设好以后，村两委就动员农户拆除传统茅厕 300 多个，通过村集体适当补贴和农户自筹资金的方式，家家户户全部修建了卫生冲水厕所，并添置了现代卫浴设备。与此同时，村两委还动员农户拆除了猪栏、牛栏、灰棚等 200 多个。对于个别习惯饲养耕牛、生猪的农户，动员其将猪圈和牛圈迁至距离村落有一段路程的山坳里。再者，2012—2013 年，村两委还花大力气动员村民全部拆除了村落附近山上大大小小数十个养猪场，还果断停办了村内的养兔场，帮助养殖农户进行经济转型，这些措施有效地配合了黄坦镇和文成县的环保治理战略，保护了温州的水源地。此外，村集体还在村内道路硬化的基础上，对道路两旁予以绿化，并在村口修建了健身场所，增添了一定数量的体育健身器材。在安装路灯时，则充分考虑到畲族文化特色和美观典雅，用展翅的凤凰来设计造型，独具匠心。以上对村容村貌各项整治措施的推行，让培头村的环境卫生状况和视觉形象得到了质的改观。

三　开发畲家乐旅游经济

农家乐旅游是目前我国受到普遍青睐的乡村旅游形式，也是农民为城镇游客提供一种体验田园生活、感受民风民俗、品尝绿色食品，从而获得身心放松、精神愉悦的休闲旅游方式。而畲家乐则是畲村农家乐的另一种表达。为了尽快启动畲家乐旅游经济的发展，培头村两委决定：首先对培头中心村农户房屋建筑景观予以改造，然后开办畲家乐示范点，待条件成熟以后再逐步推开。同时，建设观光采摘农业基地等相关配套项目。

（一）房屋建筑景观改造

房屋建筑景观是一个村落的门面，也是农家乐旅游经济发展的硬件之一，更是培头村畲家乐美丽乡村建设的重点内容。然而，培头村由于长期以来村落经济发展滞后，且家庭内部经济发展状况极不平衡，加之受某些历史因素和传统观念的制约，致使该村昔日粉墙黛瓦的传统民居和错落有致的石头院墙未能得到及时有效的整体保护。它们大都在20世纪80年代改革开放以后被陆续拆除，代之以规格不一、布局凌乱的水泥楼房，幸存的老屋也大都衰败不堪。总体而言，村落建筑景观新旧杂陈，材质、式样参差不齐，这无疑给改造增添了很大的难度，既没有办法修旧如旧，也没有条件全部推倒重建。基于现实，在2012年5月的《培头村经济社会发展实施方案》中，制订了"畲家乐房屋改造"项目和"农房集聚改造"项目。前者计划用两年的时间（2012—2013）对培头中心村农户房屋外立面予以改造和室内予以装修。后者计划用三年时间（2012—2014）对培头中心村的64间老房予以改造或拆除。两个项目基本同时进行，但第一个项目进展相对较快。

在进行"畲家乐房屋改造"计划时，村两委与村民代表商量，由村集体出资统一对培头中心村住房的外立面予以装修，而住房室内装修则以自筹资金的方式进行。要求住户室内装修按照宾馆客房标准进行，力求做到设施齐全、简洁美观、干净卫生，而房屋外立面则需风格统一。在采纳多方意见后，最后决定对楼房外立面重新粉刷，并统一安装由中式木雕和琉璃瓦组合而成的腰檐。装修后的外立面给单调的现代建筑增添了几分典雅和古朴。而"农房集聚改造"项目囿于资金短缺和人户分离等历史遗留问题，目前还处在推进过程中，仅解决了部分拆迁户的安置问题。一些即将坍塌的老屋还未能全部拆除和整理，这极大地影响了村落整体风格。无疑，村落房屋建筑景观面貌还具有很大的提升空间。虽然受历史和现实因素的双重制约，培头村房屋建筑景观改造只能是有限的修补，但外立面的装修和部分破败老屋的拆迁，再加上凤凰造型路灯的安装，村容村貌总体大为改观。村两委班子成员还在寻求更好的解决路径。而且呈山底自然村村民已自发地对钟氏老屋予以彻底修缮。相信未来几年培头村的房屋建筑景观会更上一层楼。

（二）畲家乐示范点建设

发展畲家乐旅游经济对培头村畲族村民而言是破天荒的新鲜事。村两委班子考虑到村民普遍对畲家乐建设毫无经验，遂决定采取"能人示范带动，村民随后跟进"的方式进行。同时征求广大村民的意见，并与当地相关政府部门商议，力邀从本村读书升学走出去的，具有敏锐头脑和工作魄力的民宗局干部钟邑锋回村担任畲家乐示范点建设项目总指挥，希望他家的畲家乐建设先行一步，能够在全村起示范作用。

钟邑锋（1964—），20世纪80年代后期毕业于浙江少数民族师范学校，后又考入中南民院深造。毕业后，曾担任过乡镇干部，后又长期从事县民族工作。可谓既有知识视野，又有基层工作经验。尤其是他在培头村的大家庭具有较好的商业市场意识和经济基础。早在人民公社集体化时代，他家中兄弟姐妹多，生活极为困难，为了补充生计，他的父亲经常冒着政治风险，从事一些在当时被批判为"投机倒把"的贩牛、贩羊之类的买卖。他父亲这种不屈服命运的精神和高于同时代人的市场意识对其兄妹日后成长具有潜移默化的影响。他作为家中的老大，处处以身作则，在其带领下，六位兄弟姐妹中，有三位是通过读书升学走出大山的，而另外三位则通过经商而发家致富。虽然他们兄弟姐妹们平时大都忙于各自的工作和生意，但相互之间十分团结，也非常孝顺父母，再忙也常约定一起回家看望老人，兄弟姊妹和妯娌姑嫂常共聚一堂，他们认为培头村父母的家才是自己永远的港湾。尽管他们在城里有各自的小家庭，但回到村里仍是一个不分家的大家庭。培头村像这种父母与成年兄弟姐妹生活在一起的扩大式家庭，住房相对比较宽敞，往往具有较好的发展畲家乐的空间基础。另外，其妻子王素珍长期在文成和温州从事禽蛋批发生意，因能吃苦、懂经营，又夫妻协助，经过多年的打拼，积累了较为丰厚的家底。他们夫妻俩在自己的小家庭富裕之后，也由衷希望能为自己的家乡经济发展贡献自己的一份力量。适逢培头村发展畲家乐旅游经济，在村两委和村民代表的热情邀请下和县民宗局的大力支持下，钟邑锋这位培头村走出去的钟姓畲族知识分子精英，村民眼中的村落能人，于2012年初回到村里，脱产一年，全力以赴投身于培头村的畲家乐示范点建设。刚回到村里的钟邑锋，发现畲家乐建设面临着资金、方案、方法等多个问题的困扰和考验，农民处于普遍观望的状态。

事实上，资金问题是首当其冲的问题，因为项目补贴的200万元资金只有在施工结束和验收合格后才能到位。况且畲家乐建设很大一部分需要采取自筹资金的方式，也就是说在补贴资金到位之前，所有的费用全部需要村民自筹，这对于一般家庭而言，不胜负荷，一部分家庭会因此打退堂鼓。基于此，具有雷厉风行干事作风的钟邑锋与村两委协商，先从自己家的积蓄中，拿出200万元借给村里，由村里支付房屋外立面装修的材料费和人工费，以及畲家乐配套设施的相关费用。至于村民自家的室内装修或房屋改造则由村民自我解决。这一方案，在较大程度上缓解了资金的压力，推动了农户建设畲家乐的积极性。在资金问题解决后，他又召集相关人员制订了具体的施工方案和施工计划。随后，注册了统一的"畲家乐"商标。商标图案为两只展翅欲飞，首尾相连的美丽凤凰组成的红色圆环图案，造型灵动美观，象征着培头村钟姓畲族对幸福吉祥的凤凰家园之深切向往。同时，他召集了培头中心村第一批自愿参加畲家乐经营的26家农户，仔细讲述畲家乐经营的理念、方式，

图28　2014年春，浙江师范大学
师生参观金钟山农庄

并采用抽签的方式，抽取畲家乐的编号（按001到026的顺序）。然后，联系经销商，给各农户订制印有自家编号，并带有统一的"畲家乐"字样和商标图案的被褥、调羹碗筷等。

2012年春节过后，在基本思路和方案定下来以后，他就立即雇请本村擅长建筑的村民们到自己家中协同他一同施工。那段时间，他既是总指挥、设计师，又是泥水工、搬运工、建筑小工，经过数十人近一年的辛苦奋战，终于将其老屋改建为一座气度不凡的"金钟山农庄"。农庄为三层长方形院落式，内有28间标准客房，还有会客厅，卡拉OK室、餐厅，以及两个宽敞整洁的农家灶厨房和300平方米的地下储藏室等。农庄一楼院子顶棚还安装了钢化玻璃，院子内可接待大型团队用餐。楼顶可饱览培头村田园风光。农庄不远处，还修建了一个捣糍粑的小作坊，既可制作供大型团队所需的传统美食麻糍，又可供游客参与体验。金钟山农庄抽取的编号为6号，故其门牌号和所有的被褥枕头、碗筷等均印有"畲家乐

006"号的字样和美丽的红色凤凰图案商标。2013年初，农庄开始接待来客，因其典雅整洁和绿色畲家风味餐饮，得到客人们的一致好评。2014年还被评为"温州市最美乡村客栈"和"特色旅游客栈"称号，2015年被评为"温州市农家乐协会会员单位"。金钟山农庄的成功试运营，为培头村的畲家乐旅游经济起了示范作用。其他村民也随后开始陆续进行室内客房装修，现全村已有200多个标准床位，具有较好的接待游客的能力。只是目前客源严重不足，大部分畲家乐还处在等待运营中。

（三）采摘观光农业基地的培育

为配合畲家乐旅游经济建设，在2012年春节过后，培头村两委与项目总指挥钟邑锋，还多次召集村民代表大会，成立了"畲家乐合作社"。该合作社以培育旅游采摘观光农业和绿色种养基地为宗旨。其时，村委会将长年在温州郊区承包蔬菜种植经营的老村委主任钟维久（1960—）召回村里，请他负责合作社的农业基地项目。虽然钟维久夫妇在温州种菜有较为稳定和可观的经济效益，但为了家乡的发展，毅然放弃了小家庭的利益，夫妻双双回到阔别已久的培头村，一方面与其胞弟钟维好全力以赴地共同承担起农业基地建设的重任，另一方面积极努力配合村里的畲家乐美丽乡村项目建设。

培头村两委班子与农业基地负责人钟维久等，召集村民代表会议反复商议后，提出合作社可以采取现金入股和土地入股两种方式加入合作社。而土地入股的方式无疑具有更重要的意义，可让村内绝大多数经济条件有限的农户通过让自家农业承包地折价入股这一土地流转的形式，获得规模化经济效益，从而实现白手起家的梦想。通过以上两种方式，培头中心村有20多户农户自愿加入畲家乐合作社，共入股土地200余亩，折价300万元，现金入股300万元，共600万元股金。

随后，经合作社成员反复商讨，制订了《文成县培头村畲家乐合作社章程》。该章程分为"总则""股东和股权设置""股东的权益和义务""组织机构""财务制度和利益分配""附则"六个部分，共25条。章程内容规范详细，权、责、利关系明确。例如，"总则"中第三条规定："本合作社是以土地承包经营权、现金入股，坚持'民办、民管、民受益'的农民合作经济组织。实行独立核算、自负盈亏、自我约束、民主管理。"总则第四条："经营范围和方式：从事现代农业生产、旅游、农家乐、实行规模经营。"第二部分，第六条："股东：承认本合作社章程，自愿以土地承包经营权或者现金入股本合作社者为本合作社股东，以投入股份折算成人民币每万元为单位。"第七条："股权认定：本合作社对入股土地面积经营权确认面积折算成现金和现金投入为依据。"第五部分，第十九条："本合作社的收益主要来源于土地经营收入、旅游配套收入、门票收入。"第二十条："收益分配，合作社的净收入10%上交培头村两委，作为村集体公共收入。其余收入再按股分配，分配方案由股东代表大会审议通过后执行。"第二十一条："本合作社红利分配，每年一次，每年年终结算后兑现，股东凭《股权证》领取红利资金。"合作社章程的制订，无疑有利于农业基地项目建设的顺利开展。

在畲家乐合作社相关制度达成共识后，农业基地负责人钟维久、钟维好兄弟俩经过多次考察和集思广益，选择了既具有观赏价值和经济价值，又具有本地自然适宜性，还能够满足城市居民观光采摘需求的农业基地种植项目。诸如：向日葵、油菜、黄秋葵、桑葚、瓯柑、樱桃、石榴、蓝莓等油料作物、蔬菜、水果。经过畲家乐合作社农户的数月苦战，2012年春天，200多亩农业观光采摘基地全部栽种成功并长势良好。为了充分利用土地资源，还在果园套种了110亩向日葵。当年7月，向日葵如期恣意绽放，培头村屋后金钟山半山坡沐浴在一片金色海洋之中，吸引了国内多家媒体和众多摄影爱好者及附近游客来观赏。现如今，培头村观光采摘农业基地中的桑葚、樱桃、蓝莓等已经陆续可以采摘，尤其是每年7月培头村欣欣向荣的向日葵园区已成为一道最令人难忘、最亮丽的风景线。培头村两委还希望有更多的农户加入合作社，建立规模更大、品种更多的现代农业观光采摘园区，真正实现"一年四季有花赏，春夏秋冬有果摘"。从而吸引更多的休闲观光客的到来。无疑，农业观光采摘基地的建立是培头村畲家乐美丽乡村建设的重要目标。

经过三年多的艰苦奋战，培头村基础设施建设获得根本性的改善，村容村貌得到质的改观，金钟山农庄和农业观光采摘基地的投入运营，这一切使培头村畲家乐美丽乡村建设迈出了可贵的第一步。

第五节　培头村社区营造反思

在国家少数民族优惠政策帮助下和各级地方政府的大力支持下，通过广大钟姓畲族村落精英的积极引领和全体村民的共同努力，培头村民族特色村寨社区营造取得有目共睹的成绩：畲族传统文化得到大规模复兴，青钱柳特色产业开发初显成效，畲家乐美丽乡村建设初具规模。与此相应的是，2014年培头村获得一系列荣誉：温州市"红色细胞工程"试点村、"省级文明村""全国美丽乡村创建示范点村"等。无疑，培头村社区营造的成绩为其他少数民族村落（包括部分汉族村落）提供了一些值得借鉴的经验，但农村社区建设本身是一项系统而又复杂的工程，毋庸讳言，培头村民族特色村寨社区营造也存在着许多问题，面临着诸多的困难和挑战，因此有必要借鉴我国台湾社区营造的经验，提出进一步完善的方法和措施，以下不妨分三个方面具体分析。

一 培头村社区营造值得借鉴的经验

纵观培头村社区营造所取得的成就，可资借鉴的经验主要有以下三点：

其一，钟姓畲族村落精英们的积极引领。

培头村钟姓畲族村落精英们的职业和身份各不相同，有民族干部、知识分子、村干部、工商业者、普通村民等。虽然他们文化背景、工作环境及家庭条件等存在着较大的差异，但大家均有一个共同的心愿，那就是抓住机遇，让发展滞后的家乡蜕变为美丽的少数民族特色村寨，进而让父老乡亲们过上富足舒坦的日子。正是这种浓郁的民族情怀和强烈的桑梓情感，汇聚成强大的村落凝聚力。也正是村落精英们的积极引领，一盘散沙式的村民被组织起来，从而奠定了村落社区营造的人力资本。

此外，这些多元化的精英力量，大都具有较好的人脉资源，为村落发展扩大了社会资本。更为重要的是，他们还具有较好的民族政策与乡村政策的解读能力，从而使培头村能最大限度地受益于国家和地方各级政府的民族优惠政策，获得民族特色村寨社区营造的启动资金和物质基础。同时，通过其身体力行的积极引领，为该村社区营造既提供了可行的目标和方向，也提供了持续不断的引擎力量。

其二，村民具有较好的社区主体意识和文化自觉理念。

所谓社区主体意识，是指钟姓畲族村民能自觉地将自己当作社区发展的主人，积极承担村落公共事务。而文化自觉理念则主要体现在他们对本民族传统文化的自信力和自豪感。这两种意识相互作用，内化为强大的村落凝聚力和发展动力。具体表现在对村落发展规划的衷心支持和拥护，对本民族传统文化的由衷热爱和集体事务的踊跃参与等。他们不论年龄、性别、贫富，大都能够以村落发展为重，对每一个关心村落发展的客人均发自内心地敬重和欢迎。他们渴望与外界沟通，也愿意向客人自豪地讲述祖先的故事和村落发展的理想。

培头村在社区营造过程中无论面临有多少困境和难题，全体钟姓畲族有关发展的共识和决心构成宝贵的精神动力。他们始终以主人翁的姿态全身心地投入，真正做到有钱出钱、有力出力，大家不遗余力地尽一己之责。例如，不少在外打工经商，发展较好的钟姓畲族村民，为了村落的发展毅然放弃家庭利益，返乡投身村落建设。最令人感动的是，在基础设施建设启动资金缺口严重的情况下，依靠石匠手艺致富，并已迁居黄坦镇的呈山底自然村村民钟其宽（1951—），毫不犹豫地将几十年辛苦积攒的十几万元养老钱，毫无保留地无息借给村委会集体支出，以解村内燃眉之急。他还多次与族内兄弟们免费接待村里的客人和打点村内公共事务。该村像他这样热心村落社区发展的普通村民还为数不少。这些蕴含于普通钟姓村民中的凝聚力，无疑是培头村发展的动力源泉。

此外，培头村的社区营造还获得雷、蓝两姓畲族的全力支持，也获得本行政村汉族村民和村干部的大力支持。历届"三月三"畲乡风情节筹备活动各个环节，都能见到他们忙碌的身影。例如，副村委主任郭瑞峰经常放弃在温州忙碌的生意，参与培头中心村各项建设工作。正是广大村民全力以赴的支持和奉献，培头村的社区营造才能取得有目共睹的成绩。也只有源于乡村内部的凝聚力，才构成乡村发展不竭的力量源泉。

其三，从文化与经济的互动中寻求畲村发展新路径。

所谓文化与经济互动是指将文化视为经济发展的资源，在经济发展中传承和发展文化，文化与经济相互促进、相互发展。培头村民族特色村寨社区营造无疑具有从传统文化中寻求经济发展资源的开拓性视野。他们努力挖掘畲族历史文化资源，将钟氏宗祠、钟氏古民居、畲族文献文物以及畲歌、舞蹈、武术、编织、饮食、石雕、婚嫁习俗、传统节日等文化瑰宝作为畲家乐民族特色旅游资源予以开发展演，在传统与现代的协调发展中弘扬民族文化。他们还通过修建文化长廊和文化礼堂，营造畲族文化氛围浓郁的文化空间，通过畲族非物质文化遗产项目的申报，对畲族文化精粹予以传承和保护，进而为畲家乐美丽乡村建设提供文化资源。而青钱柳特色产业的开发、观光采摘农业基地的培育等，无不体现了人与自然和谐、文化与经济良性互动的可持续发展理念。

对培头村民族特色村寨社区营造而言,以上三方面相辅相成,缺一不可。其中,"畲族村落精英的积极引领"为其提供助推力量,而"村民的社区主体意识和文化自觉理念"为其提供内源性动力,"文化与经济的良性互动"则为其提供可持续发展的契机和路径。三者所形成的合力,推动着培头村社区营造一路前行。

二　培头村社区营造存在的问题

然而,囿于各种主客观因素的影响,培头村民族特色村寨社区营造也存在着以下几方面的问题:

其一,资金来源单一,资金缺口严重。由于培头村集体经济总体薄弱,村落内部发展极不平衡,农户家庭经济发展总体滞后,故自筹资金的能力严重不足,只能基本依赖各级政府的财政支持和少数民族政策扶持。又因其发展起点低、积累弱,村落基础设施简陋陈旧,村落民居新旧杂陈,故建设改造工程复杂浩大,已有相关配套设施还不够完善,所需求的改造资金数目比较大,加之客观上缺乏经验,建设摊子铺得过大,故资金缺口严重。

其二,管理能力滞后,内部协调不足。村落精英们虽然文化程度总体较好,具有积极引领村落发展的热情和较好的社会资本,但毕竟缺乏专业训练和具体管理经验,加之各人能力和眼界存在差异,看问题的视角不同,故难以产生认同度较高的村落权威,甚至有时会形成分散主义现象,导致内部协调不充分和村落内部多层面的沟通严重不足。尤其是普遍对民主与集中的辩证关系认识不够深刻,有时偏向于前者,导致意见分散、各行其是,有时又偏于后者,导致上情难以下达,工作程序有时因不够细致而导致村民的误解。而占大多数人口的普通村民则整体文化程度偏低,虽普遍具有建设家园的热情,但自我组织和自我协调的能力严重不足。当然,乡村建设与发展工作本身是一项十分繁杂而又艰巨的长期攻坚战,对村基层干部各方面均是巨大的考验。也难怪有个别村干部打起了退堂鼓,还有的无奈地诉苦说:"农村工作很难做,有时候眼泪只能往肚里咽。"

其三,社会力量欠缺,专业指导匮乏。

由于缺乏相关专家学者和非政府组织(NGO)等社会力量的参与,

致使培头村在民族特色村寨社区营造运作过程中，缺乏规划、管理、组织、培训等方面强有力的专业指导人才，大多时候只能在摸索中前行，难免会走弯路。诸如：因设计规划不够专业和文化创意不足，导致村口牌楼多次返工重建，畲族风情广场不尽如人意、村口假山寨门诟病非议者不少，等等。此外，由于专业指导力量匮乏，还导致资金预算及管理方面不够规范和整个培头民族村的发展思路不够清晰，对中心村与其他自然村的发展关系问题认识还较为模糊。尤其在发展规划方面不尽如人意，虽然聘请某规划设计院设计了详尽的村落发展规划图，但在具体实施过程中却形同虚设，出现规划设计与发展实践严重脱节的现象。不过，毋庸讳言的是，该规划图因缺乏扎实的村落调研和主位思考及人类学整体观，也存在着形式主义和华而不实的弊端。

其四，资源开发有限，产业深度不够。

因深受经验和能力的制约，培头村在民族特色村寨社区营造过程中，无论是自然资源方面，还是人文资源方面，潜力挖掘不够。例如，该村优美独特的自然风光和田园风光等，还未能作为旅游资源提上开发议事议程。另外，还有许多历史传说、故事等还没有整理。即便已开发的人文资源，也出现文化元素标签化现象。此外，山林资源的开发潜力还很大，但目前仅开发了青钱柳产业。且青钱柳产业化组织模式还不够完善、产业化市场不够宽广、产业化程度不够深入。目前作为主打旅游产品的青钱柳饮品，文化内涵和文化创意还不足。

三　完善培头村社区营造的对策建议

以上诸问题相互影响、相互制约，势必影响到培头村民族特色村寨社区营造的广度和深度。针对以上不足之处，笔者提出以下相关对策建议。

其一，整合开发现有人力资源，引进多种社会支持力量。

人作为文化传承和文化创造的主体，是最活跃、最本质的生产力。而人力资源状况又决定着一切建设活动的成败。因此，培头村民族特色村寨社区营造的成效亦取决于人力资源的整合和开发程度。所谓整合是指取舍、协调、优化现有村落精英力量，达到人尽其才和物尽其力的目标。所谓开发是指通过教育培训等方式提升普通村民的文化素质和参与村落社区建设的能力。而引进多种社会支持力量是指通过多种渠道和运用多种方式，吸引相关专家学者、科研团体、非政府组织等社会力量全程策划、指导、参与培头村社区营造。唯有人力资源的整合开发和相关社会力量强有力的支持，才能完善制度创新模式，达到事半功倍的效果。

其二，发掘整理历史人文资源，提升畲族特色文化内涵。

培头村传统文化底蕴深厚，历史人文资源丰富，但目前仅开发畲歌、婚俗、"三月三"节日、宗祠、古民居等部分畲族特色文化资源。还有很多历史名人传说、故事、谚语、歌谣等口传文化还未能搜集整理并形成文本予以保护。这些口传文化资料异常珍贵，可以与历史文献文物资料相结合，纳入村落历史文化的保护与发展规划中。还可以将其作为旅游产品包装、农家乐民居装饰、村落建筑景观制作等方面的文化资源。更可以将其整理编排为中青年村民人人熟稔、口头传承的村落历史文化读本，进而将培头村营造为具有历史厚度的"钟正芳故里"。

其三，挖掘地方特色资源潜力，强化旅游产品文化创意。

挖掘培头村地方特色资源潜力，可从生态资源和传统技艺两方面入手。诸如：对红薯、竹笋、野菜、野生菌、中草药、高山蔬菜等绿色农产品予以深加工；对麻糍、红豆饭、年糕、药膳等民族特色食品予以精细化制作；对彩带、竹编、银饰、兰花土布等予以创新式开发，还可以研发添加青钱柳原料的粽子、面条、糕点、豆腐、饮料等青钱柳特色系列食品。以上特色产品的开发，倘若从品质内涵到外观设计，再到包装销售等注入更多的文化元素，达到品质优异、精巧美观、物美价廉，无疑具有广阔的市场潜力。此外，村内那些优美独特的田园景观、竹林风光、特色林木以及驼寨峰下的现代生态岩石墓群等，倘若予以整体规划和相应的基础设施建设和文化景观设计，势必营造出理想的"乡村风景画"，让游客感受"乡村魅力"①。

综上所述，培头村民族特色村寨社区营造有赖于特色历史文化资源和自然生态资源的深入挖掘，唯有凸显畲族文化和地方文化特色，提升畲文化含量和品牌价值，才能避免畲家乐同质化现象，以特色文化景观和优美的自然风光吸引十面八方的游客，让更多的畲家乐合作社成员分享到民族特色旅游村寨的经济利益。事实上，民族特色村寨社区营造本身是一个艰难曲折的漫长过程，有些问题和困境是在所难免的，倘若通过多种力量的协调与整合，实行强有力的制度创新，其所面临的问题将会逐步迎刃而解。

---

① 彭兆荣：《旅游人类学》，民族出版社2004年版，第78页。

小　结

纵观培头村民族特色村寨社区营造探索历程，无论是畲族传统文化的复兴，还是青钱柳产业的开发，抑或是畲家乐美丽乡村的建设，均取得了令人瞩目的成绩。通过社区营造这一新方法和新路径，不仅使村落面貌发生了根本的变化，让昔日旧貌换上了今日新颜，更重要的是钟姓畲族村民以"回归"的形式实现了对大山新的超越，这是一种时代的飞跃。以上成绩的取得源于多种合力的结果。一是多元化的村落社区精英自始至终的积极引领，为其提供助推力和引擎力；二是钟姓畲族村民社区主体意识和文化自觉意识所形成的社区凝聚力，为其提供内源性动力；三是通过文化与经济的良性互动，为其提供营造契机和路径方向等。然而，与台湾社区营造相比较而言，培头村民族特色村寨社区营造过程中，由于村落集体经济基础薄弱和第三方社会力量支持不足等各种主客观原因，仍然面临着诸多的困境和挑战。诸如：村落自我发展能力不足，村落精英力量分散，村落管理和整体规划有待完善，自然资源与人文资源的潜力有待进一步挖掘，青钱柳特色产业组织化模式有待完善，等等。

尽管培头村社区营造的道路还较漫长，距离民族特色旅游村寨的理想目标还任重而道远，但它为滞后畲村发展提供了一个值得思考的个案，尤其对如何从村落社区精英与普通村民共同努力，从民间力量与政府力量良性互动，从历史文化资源与自然生态资源相互整合等角度，来凝聚成村落社区发展的合力，具有较好的启迪和借鉴意义。也相信培头村业已启动的社区营造，经过村落精英和全体村民持续不懈的共同努力，经过若干年的积累与发展，必将日益成熟和壮大。钟姓畲族超越大山的精神，将构成培头村社区营造生生不息的永恒动力。有了这种力量源泉，无论目前还有多么不尽如人意，困难终将会过去，前景一定灿烂。

第六章　超越大山:来自田野参照物的多元观照

本章跳出培头村的视野，首先对文成县境内其他畲族村落土鸡放养、高山云雾茶种植、扶贫搬迁建新村、开办畲族草医药诊所等若干发展案例予以叙述分析，然后集中介绍丽水松阳县象溪镇石马源村的山林经济发展类型，最后对景宁鹤溪镇敕木山区惠明寺等畲族村落予以回访，旨在通过点面结合的田野调查方式，为本书的研究对象提供田野参照物的比较，以寻求畲族经济多元化发展模式中的共性与个性，进而对散杂居畲族乡村经济发展提出具有一定普遍意义的理论思考。

第一节　文成县境其他畲族村经济发展案例

一　西坑畲族镇麻寮村土鸡放养专业户

文成西坑畲族镇是文成县唯一的畲族镇，也是畲族人口相对聚居的地区，全镇20550人，其中畲族人口为4165人，占总人口的20.3%。近几年来镇政府根据因地制宜的原则，积极引导发展山区特色种养业。种植业主要是发展油茶种植，镇政府以每亩400元的补贴，鼓励农民栽种油茶树，目前全镇已发展到1300多亩。而养殖业则主要是指养殖肉兔，全镇有300多农户加入了养兔行列，其中畲族养殖户有四五十户。养兔业规模较大的有十多户。除了发展养兔业以外，还有若干农户养殖鸡、鸭、鱼、牛蛙等①。此外，西坑畲族镇因具有丰富的历史人文资源和优美的自然生态环境，近几年镇政府也着力打造畲乡特色旅游经济。例如，龙麒源畲族

---

① 以上数据由西坑镇镇长蓝建荣于2012年10月3日中午提供，提供地点为文成月老山风景区内。

风情旅游景区于 2009 年接待游客以来，目前运营良好。而始建于唐宪宗元和三年（808）的安福寺，距今已有 1200 余年历史，为历代高僧弘扬佛法的佛门圣地，现扩建后的安福寺更是富丽堂皇，前来参观的善男信女络绎不绝。

旅游业的发展无疑可以带动和促进当地经济的发展。诸如：基础设施等公共服务业的完善和市场需求的扩大等，有利于促进当地农业经济结构的优化和市场经济的繁荣。然而，能直接享受当地旅游经济资源辐射的农户毕竟是少数，绝大多数山区农户还是需要依赖提高农业商品化发展程度才能改观家庭经济和村落经济面貌。而该镇的畲族农户大都居住在距离镇中心开阔地带有一段距离的半山腰，更需要通过农业结构的转型才能扭转其经济发展的滞后性。该镇后溪行政村麻寮自然村的畲族农家女雷东华堪称山区致富能手，她兴办的"野放土鸡养殖场"为山区畲农如何利用山林资源，发展特色种养业、摆脱贫困局面提供了一个很有启迪价值的个案。

雷东华（1974—），女，畲族，高中文化，文成西坑镇溪后行政村麻寮自然村人。她高中毕业后，尝试过多种生计方式，但大都中途转型放弃。后经过反复摸索，寻找到了一条适合自己的家庭致富道路。2007 年夫妻俩在本地承包了一座山林，开办了一个"野放土鸡养殖场"，并注册了自己的商标，发展势头良好。2010 年又成立了以种植杨梅和高山蔬菜为主的"文成县畲农农产品专业合作社"，积极带领高山畲族农户走农业产业化之路。其百折不挠的创业精神，成为畲族农家女自强不息的典范，她也因此获得了一系列的荣誉称号：2010 年被推为文成县养殖代表和县妇女代表；2011 年被选为县政协委员（少数民族代表）；2012 年被温州市妇联授予"温州市双学双比女能人"称号。是年，她创立的"野放土鸡养殖场"则被授予"农村科技养殖示范基地"，同年她还被推为"温州市人大代表"和"文成县政协委员"等。

雷东华不仅性格开朗、热情淳朴、乐于助人，而且经过多年的历练和打拼，使之具有开阔的思维和执着的创业精神。她属于有文化、有头脑的乡村畲族妇女创业能人。业余时间还喜欢钻研深奥的《周易》，懂得将《周易》中的辩证法思想运用到自己的生活中。2012 年，她被吸收为文成县"刘基文化研究总会温州周易学会会员"。她也因此结交了许多文化人士，在一定程度上提升了其社会资本。以下是她对自己艰难的创业之路的回顾：

　　我家住在文成海拔最高的山上，海拔有700多米，到现在还没有通路，这几年村子里很多人都搬迁下山来。我有四兄妹，我是老三，小时候家里很穷，妈妈常年生病。我家住的是茅草房，下雨天家里就漏雨，拿脸盆饭盆接雨水，在屋里走还要打伞，家里没有一条好凳子，四只脚只剩三只脚，还有的只剩一只脚，放不稳，来人都不敢坐。我们家四个小孩，年龄相差不大，都是隔两岁一个。小时候我们读书要到山下的梧溪小学，走路要一个多小时。因为条件不好，兄弟姐妹常常生病，读书也要赊账。我9岁时，放学后就回家养兔。初中时给别人种香菇、采茶叶，挣点手工钱，补贴家里。

　　我高中考到兰亭镇，学习成绩很好，是班干部。记得我们班里有个习惯，入团要分糖给同学，我因为家里穷，买不起糖，也不敢入团。1992年，快要高考了，我哥哥又生病，我没有参加高考就回来了。然后通过同学姐夫的关系，到重庆百货大楼打工，在那里卖纽扣、卖花边，2000多个品种，我记得很熟，干了三年，因为工作努力，业绩比较好，我考上了正式工，因为没有本地户口，家里又不同意嫁到那边，所以1995年只好回来，但我在重庆学到了很多做生意的经验。回来以后，在家里一边照顾生病的奶奶，一边干点农活，看点《周易》方面的书，打发日子。

　　因为姐姐和别人合伙在义乌开饭店，一年以后我就到义乌投奔姐姐。当时我在店里既当会计又端盘子，感觉没什么出路。还时不时受合伙人的误解，干了几个月，就一气之下，用仅有的1000元钱买了个破三轮车，在义乌一家超市门口削菠萝卖。那时候无证经营挺难的，一转身水果刀就被超市的保安没收了。我胆子也很大，对拿走刀子的保安穷追不舍。卖水果跟打游击一样。到1997年，我卖水果赚了1万块钱，就在夜市搞了个服装摊。两年后，1999年，我又到义乌宾王市场租下一个卖服装和鞋子的摊位。赚的钱帮我家里在西坑镇上盖了一栋四层半的楼房，好让哥哥结婚。哥哥结婚后我才打算出嫁。2000年，我回村里结婚，老公是本村人，比我大一岁，他学了裁缝。他赚的钱在西坑镇上安福寺那边买了两间房。结婚不久，公公就生大病，得了脑溢血、肝昏迷，去年瘫痪了。当时为了给公公治病，我只好把义乌的服装摊位转让，还卖了镇上的一间房，才凑够了20多万元医疗费。结婚后我们还住在老家麻寮村，很山里边。在家的那两年，我学会了打针，因为妈妈生病，要背到很远的地方去很不方便，所以逼着我学会打针。同时，我也给村里小孩子免费打针，家里买了些糖果，专门哄生病小孩的，我还学会了给兔子和猪打针。

2002年初，我公婆、父母身体稍好点，觉得在家不挣钱不行，于是在朋友那里凑了3万块钱，到永康桥下镇租了个摊位卖鞋子和衣服，生意特别好，本钱两个月就回来了，我一开始租一间门面，后来发展到三间，雇了两个人。每年毛收入有100多万，成本和租金除掉，有30万。在永康干了五年，公公又生病了，没人照顾。2006年下半年，我们只好又回来了。我一边照顾公公，一边考虑做点事。我当时经常看电视，关注农村的发展，就决定养土鸡。然后，我就决定去学技术。我弟弟介绍我到台州他的一个战友的亲戚家学养鸡，我弟弟当兵转业后，在平阳安邦公司工作。他战友亲戚那个养鸡场在台州那边的一个高山上，两口子搭了个棚，养了2000只。我帮他们干活、免费吃住，他们免费传授技术给我。我干了大约半年，觉得技术过关了就回来了。

我在台州学养鸡时，我老公就在家里找地找了半年。2007年春，我也学好了技术，他找到一块叫清潭面的山坡地，距离西坑镇不是很远，我们看看比较理想，山上有场地，有水源，有阳光，就是很偏僻冷清，老太婆白天一个人都不敢上山来，我们还是决定把山地租下来。租好地以后，我们夫妻俩就没日没夜地开荒修路，工程很大。当时我爸爸拼命反对，担心我血本无归。开好荒、修好路之后，头一年我用二十几万元的积蓄，又贷了几万块，凑了30万块钱，搭了六个棚，开始养鸡。当时一车饲料要两万块钱，一个星期就吃完，头一年又得了鸡瘟。眼看要赔本不少，我爸爸跟在我后面骂，他三天三夜没有睡觉，看我太辛苦，很担心我命搭进去。我所有的亲戚都替我捏把汗。但2007年我们咬紧牙关，终于坚持下来了。

到2008年情况就开始好转。我一开始是散卖小鸡，养一个多月开始卖给农户，一只十几块钱，老太婆来买鸡，我就背她们过河，她们都愿意来。后来就整批卖，500—1000只卖，卖给养鸡户。也养一部分大鸡，卖给酒店。到2009年我又扩大规模，养了2000多只鸭子，40 来只山羊。最近这几年，因为场地有限，我准备开始向精品化发展。现在平均每年卖小鸡五万只，还卖一些土鸡蛋，年净收入二十几万元吧。我长期雇请了一个老家山上的畲族低保户管理，平时忙的时候，就请十几个人来帮忙，按天算工钱，雇人的时候主要照顾老家山上那些困难家庭。

2010 年，我又在老家村子搞了个杨梅基地，全村人参加，按照土地入股和资金入股的股份制方式，集资 150 万元，成立了"文成县畲农农产品合作社"。畲族村民种起来的西瓜卖不掉都找我，不下蛋的老母鸡可以换我的小鸡，我优惠他们，帮他们渡过难关。种杨梅除草等一些轻松活，我照顾那些到外面赚不来钱的老年人，给 150 元一天。

刚开始养鸡真的很辛苦。搭棚时就睡在草棚里，有狐狸、蛇爬到我的床头。它们经常来偷鸡吃，有一次有两条蛇一次就吃掉了我 200 只鸡。我每天都要登记点数，还要用铁耙、毛竹叉来赶蛇和狐狸。第一次蛇爬到我床头，吓得我半个月都睡不踏实，后来胆子也大了，有一次还抓住了爬到我屋里的眼镜蛇。

当地政府对我养鸡还是很支持的，第二年镇里帮我造路到山上。现在我花了十几万块，把那块地永久租回来。我们还在养鸡场造了五间两层的管理房，在西坑镇上还造了一栋四层半的楼房。我计划以后搞精品化生态养殖，将土鸡蛋作为旅游产品，准备注册一个自己的品

图 29　2012 年秋，作者于钟维禄文成
县城家中访谈雷东华

牌，目前我还在文成电大读书，读养殖方面的专业，多学习点知识，为以后自己的发展做点准备。

（6/10/2012，pm，于文成县城钟维禄家客厅）

距离上次访谈已过去两年零一个月了，我很想知道东华的野放土鸡养殖场和杨梅基地近两年的发展状况，是否受到西坑镇旅游经济发展的辐

射，于是在 2014 年 11 月 9 日晚上，又对她做了近一个小时的电话访谈。她在电话中告诉我：杨梅基地遇到了大挫折，因为一个看护的老农不小心失火烧了很大一部分，目前正在重新栽种。因老农很贫穷，损失只好她自己承担。重新栽种和照看杨梅基地照例还是照顾村里的贫困家庭和中老年人。她还计划近两年将本村和邻村的几百亩荒地承包下来，扩大基地规模，现正在谈租地的事宜。而她的野放土鸡养殖场也计划明年搬回自己的老家麻寮村，今年因有意缩小规模，只卖了 1 万多只小鸡，养鸡效益总体不如前几年。

她告诉我之所以要回老家发展，主要是因为两方面的原因。一方面是为了帮助老家村子修路。因为老家还有三个畲族自然村没有通公路，村民们很希望她能带头，帮助村里呼吁把公路修好。而她考虑到高山上畲族村民还有很多毛竹、树木等不愿意丢弃，都到镇上来发展也不现实，山上还有很多荒地没有开发，浪费也很可惜，觉得有必要将荒地承租过来，扩大合作社的规模，带领畲民搞高山蔬菜和水果种植。她认为只有规模扩大了，做出成绩了，才有可能在政府的帮助下将公路修到高山畲村农户家门口。目前，她已经在与当地农户具体洽谈土地流转和合股方式。另一方面是为了配合西坑镇发展旅游经济的需要。因为她的养鸡场尽管在山里，但还是距离镇政府太近，会对附近的河流造成一定程度的污染，不利于环境保护和旅游发展。镇政府希望她能拆除或搬迁，承诺会按政策给予一定补偿。她还告诉我，现在西坑镇旅游业对她的养鸡业很有好处，除了镇上各大农家乐饭店对她的土鸡供不应求以外，还有很多客人会跑到她的山上养鸡场来玩，吃她亲自烧的土鸡、土鸭、山珍等农家土菜，光这一块收入，也较为可观。但她觉得自己是政协委员和人大代表，应顾全大局，应听从政府的指令。她还认为将养鸡场搬回老家高山上有利于长远发展，再结合杨梅基地和蔬菜基地，同步发展，可以让更多在高山上的畲族农民受益，地方政府也很支持。

但她也不无担心地告诉我，虽然自己搬回去扩大规模是必须要走的正确的路，但是这种转型仍然会碰到很多的阻力和挑战，主要是资金和管理能力问题。她虽然这些年也赚了些钱，但是一方面不断用于投资发展，一方面为久病的公公治病花了 100 多万元，去年公公又去世了，所以现在手头不是很宽裕，要造公路和扩大基地，光靠自己个人的实力吃不消，她希望寻求一个好的合作伙伴来一起把这一份事业做好。她也坦陈自己很累，也时常会感觉到力不从心，家里的老人也很担心她继续扩大身体会累出毛病来。

事实上，要将交通不便的高山畲村山林资源产业化，是一条极其艰辛和充满挑战的道路，尤其对于一位农家女而言。这不仅要有胆识、毅力、能力，更需要责任感和使命感。但多年历练和闯荡造就的执着品格和天生不服输的个性，尤其是她强烈的民族情怀和关注弱势群体的人文精神，让她不会轻言放弃，毕竟山上还有很多父老乡亲在殷殷期盼着她回去。行文至此，我衷心希望东华的野放土鸡养殖场和农产品合作社，能在地方政府一如既往的支持下和有关社会力量的帮助下，通过组织模式的创新和互联网思维，充分发挥山林经济资源的优势，闯出一条具有本土特色的生态农业产业化之路。

二　峃口镇驮尖村高山茶园引路人

峃口镇位于文成县的东南部。2011 年，文成县撤乡并镇后，该镇由原来的峃口乡、双桂乡、公阳乡、平和乡等四乡组建而成，镇政府驻地为峃口村。境内有瑞东、文泰两条公路穿境而过，飞云江纵贯全境。驮尖村原隶属于公阳乡。而公阳乡为县境高海拔山区，地势陡峭，四面环山，平均海拔 537.5 米。驮尖村又位处公阳乡高山之巅的驮尖山下，海拔 700 米以上，是全县海拔最高的山村，也是革命老区和少数民族聚居村。驮尖行政村（现称驮尖民族村）由驮尖和岩头 2 个自然村组成，村委会驻地驮尖自然村。全村现有 95 户，390 余人，其中驮尖自然村为钟姓畲族村，全村人口 210 余人，除 20 来位外来媳妇以外，其余全部为以钟姓为主的畲族，岩头自然村为以叶姓为主的汉族村，汉族人口约 180 余人，全村畲汉人口比例大体相当①。驮尖自然村既是村委会驻地，也是对内对外的中心村，而岩头汉族自然村虽然海拔略低，但布局较为分散。当地人在称谓"驮尖村"时，大多数时候指的是驮尖自然村，或驮尖少数民族村。有时候则指驮尖民族村，即驮尖自然村和岩头自然村组成的行政村。具体应视语境而定，前者应用于大部分日常生活语境中，而后者只是涉及行政隶属关系时才指称。本书所说的驮尖村即指驮尖自然村，即钟姓畲族自然村。

---

①　有关驮尖村人口、民族方面的数据，由驮尖村村委书记钟昌造（1953—），在 2014 年 11 月 10 日晚的电话访谈中最新提供。

据悉，驮尖村钟姓畲族与培头村钟姓畲族具有同宗共祖的亲缘关系，二者的祖坟均在平阳县山门镇。只不过驮尖村钟姓先祖自平阳迁往公阳乡驮尖山的时间略晚于培头村钟姓先祖迁往富岙乡金钟山的时间，大约在清代中后期于此拓荒开基，迄今已繁衍到第十二代，将近300年历史。历史上的驮尖村长期陷于贫困陷阱而无力自拔，"辣椒当油炒、火笼当棉袄、番薯丝吃到老"是钟姓畲民过去生活的真实写照。新中国成立后，虽然其生活获得不少的改善，但由于地理位置偏僻，山高林密，交通闭塞，故很长时间以来仍然是一个远近闻名的贫困村。公阳乡甚至流传着这样的民谣："驮尖人请戏，公阳人分饼。"意思是说，要是驮尖人请得起戏班子，公阳汉族人来给看戏的客人分饼吃。言下之意，驮尖村太穷，是根本请不起戏班子的，即便请得起戏班子，也买不起招待看戏客人的糕饼。因为穷，当地其他人不愿做的扛木头、抬棺材、装死人之类的重活由驮尖村人去做。因为又穷又偏僻，十里八乡的女孩子没几个愿意嫁到驮尖村来。村内只好长期采取姑换嫂的换亲婚配模式。即便如此，历史上村内的单身汉数量长期居高不下。也因为交通闭塞，导致长期寻医问药难。倘若碰到急病患者和难产妇女，只能靠村民用简易的竹轿抬下山救治，有时往往因山高路远，来不及到附近医院，病人和难产者就不幸死于半路，令人唏嘘不已。直至20世纪90年代末，当文成许多山村已开始脱贫致富时，驮尖村的钟姓畲族村民还大都居住在低矮的茅草房里。村内只有狭窄的羊肠小道，出门靠步行，运输靠肩挑背驮。

然而，昔日贫病交加的驮尖村现如今已变成高山上美丽的"桃花源"，掩映在一片青翠欲滴的梯田茶园中，幽雅宁静、富裕祥和。驮尖村命运的转折与一位名为"钟昌造"的村干部紧密相连。

钟昌造（1953—），初中文化，1993—2002年，担任驮尖村村委主任，任职三届，前后历时10年；2002—2014年，担任驮尖村村委书记，任职四届，前后历时13年。他现为峃口镇合作社副主任。在钟昌造任职的20多年间，秉承改天换地和愚公移山的精神，带领村民将贫穷偏僻的驮尖村改造成为一个美丽的高山畲族生态新村，他因而被誉为"山巅神话的创造者"①。具体而言，钟昌造在驮尖山巅创造的神话主要有四个方

---

① 参见陆剑于、赵雪微、钟建芬《山巅神话的缔造者——记文成县驮尖村支部书记钟昌造》，载《温州日报》，2008年2月20日。

面：造路下山、整村搬迁、修建茶园、挖筑鱼塘。

"造路下山"，是钟昌造给驮尖村创造的第一个奇迹。造路始于钟昌造担任第一届村委会主任期间。早在20世纪80年代末至90年代初期，驮尖村的中青年男子大都外出打工，村内只剩下老弱病残。1993年，当年老的村委会主任退休以后，村内没有人愿意继任，选举成为难题。此时在温州打工的钟昌造在村民们的殷切期盼中，毅然放弃收入较为稳定可观的工作，迎难而上地回到村内担任村委会主任。回村以后，他一直琢磨着村内的出路问题。俗话说："要想富，先修路。"他认为，驮尖村人想要有出路就要先造路。他与村民们商量决定自己动手造一条驮尖村通往公阳乡政府的8公里长的机耕路。他反复征求民意，多次与乡政府沟通。一开始乡政府认为他们要在崇山峻岭中自己开凿一条公路无异于神话般不现实，后被他和村民们的决心所打动，遂拨给5000元的修路资助经费。钟昌造又将自己辛苦多年打工所攒的1万元钱无私奉献出来。筹得资金以后，就开始买工具、购材料，请技术人员测量线路等，准备就绪以后，修路工程于1996年的正月初三正式启动，他带领全体村民砍杂草、挖路基、打石头，手上的血泡从未愈合，鞋子磨破了一双又一双，经过两年夜以继日的苦战，1998年机耕路全线贯通，有了下山的公路，驮尖村的历史从此改写。

"整村搬迁"，是钟昌造给驮尖村创造的第二个奇迹。1998年，他看到村里的公路虽然修好了，但驮尖村人居住的房子实在太破，七零八落散落在驮尖山上。于是在1999年的春节前夕，他召集村民代表大会，决定将原来93间茅草房全部推倒，集中搬迁到一块相对平坦的山坡荒地，重建一个驮尖新村。村民们对这一决定既兴奋，又疑虑，担心推倒了旧房，盖不起新房。他通过耐心细致的说服并四处帮助困难户筹款，终于打消了村民的顾虑。有了村民们的支持，他向当地国土部门提出申请，获得批准后，说干就干。临近年关时，他带领村民们拆房，仅留几间临时居住的房子作为过渡。当年全村挤在一起吃了一个特别的年夜饭，过了一个没有"家"却胜似"家"的新年。新春期间，他就带领村民们平整荒地作为新屋地址，同时将拆迁完的老屋地址及周边荒地平整为耕地，经过一年的艰辛奋斗，全村投入3850多工，49栋三层以上的新楼房拔地而起，一个崭新的驮尖村屹立在驮尖山下，2000年全村50多户全部搬进了自己的新楼。当年，该村还通过平整土地的方式新增了42亩水田。此后，村民们又陆续对室内予以装修并逐渐添置了许多现代家具和电器。驮尖村从此旧貌换新颜。2006 年，当地政府部门为推动新农村建设，给驮尖村拨了两万多元建设款，钟昌造立马带领村民对驮尖新村进行了外立面装修，并修建了一条宽阔的中心街道，而村民们则自己出资对室内环境予以修饰。改造后的驮尖村宛如高山上的出水芙蓉，分外妖娆。

2007 年正月，村民们请来瓯江越剧团，在驮尖村演了七天七夜的大戏，并发出邀请函，请全公阳的乡亲们来看戏。当时公阳乡 13 个村来了 2000 多人，这些客人们则履行"驮尖人请戏，公阳人分饼"中的俗语诺言，买饼分给大家吃[①]。俗语还是那句俗语，但此时的含义已截然不同，不再是驮尖村人请不起大戏，而是驮尖村人请戏，公阳全乡人同喜同贺。

"修建茶园"，是钟昌造给驮尖村创造的第三个奇迹。在驮尖村修好了路，也盖起了新村之后，钟昌造又开始思考：怎样才能让村民富裕起来呢？他先是在县民宗局的帮助下，引种丽水的桃苗，但气候不适宜。2003 年，他看到邻近的平和乡村民在全国劳模蔡日省带领下，大规模种植茶叶，其茶叶基地长势良好，具有较好的发展前景，于是他跑到平和乡，虚心向劳模学习茶叶栽培技术和茶园管理等技术。技术学成回去后，他立即发动村民修建茶园，手把手地教村民扦插茶苗。为了提高技术，他在县农业局干部的带领下，多次到杭州、新昌、安吉等名优茶园取经观摩，还引种了乌牛早、龙井 43 号长叶等适合驮尖村的茶叶品种。在他的带领下，经过三四年的辛勤劳作，驮尖村陆续开辟出 580 亩高山梯田茶园，茶叶长势喜人。他自己家不仅陆续开出十几亩茶园，第二年还承包开发了周边村落荒地建茶园，三年苦战开出 200 亩茶园。到 2006 年，他觉得村民出售附加值较低的茶青（未炒制加工过的鲜茶叶）利润太低，他又开始琢磨怎样才能卖个好价钱，让村民真正增收致富，于是他开始拜师学习炒茶技术，又陆续到杭州、新昌、武义等产茶区采购制茶机。加工后的茶叶附加值提高了三四倍。2008 年，他还投资 50 多万元，建成"文成县岙口合作社公阳钟昌造茶场"，加工制作高山云雾茶，并拥有"刘基贡茶"的品牌，同时在上海和温州两地开设茶叶经销店。该茶场的建立和茶叶店的开办，带动了全村茶叶基地的产、供、销一体化生产。现在全村共有茶叶基

---

① 参见陆剑于、赵雪微、钟建芬《山巅神话的缔造者——记文成县驮尖村支部书记钟昌造》，载《温州日报》，2008 年 2 月 20 日。

地 780 余亩，人均茶园面积 2 亩多，村民早已不再种植水稻，全部购食商品粮。自发展种茶业以后，驮尖村人均年收入大幅度提高。1994 年人均年收入仅 270 元，2008 年已超过 5000 元，现在早已达到文成县的农户平均水平及以上。

由于驮尖村高山茶品质上乘，因而颇受泰顺、松阳等地茶叶市场批发商青睐，供不应求。为节省成本，钟昌造最近已经将上海和温州的茶叶店关闭，计划走茶叶批发市场的销售路线。自古高山云雾产佳名，在驮尖村发展高山梯田茶园，无疑既具有自然适应性，又具有技术适应性。尽管季节性强，但与稻田相较而言，省时省工，生产效益高出数倍。村里 60 岁以上的老年人完全可以胜任茶园的管理工作，村里的大部分中青年人除了茶叶季节返乡协助以外，其余时间大都在附近城镇从事打工或经商工作，多来源的经济收入，让驮尖村人的生活日益红火，而深化高档绿茶的产业化进程，无疑是一条适合驮尖村的发展道路。

"挖筑鱼塘"，是钟昌造给驮尖村创造的第四个奇迹。2008 年，在驮尖新村集中装修美化工程结束后，钟昌造又想出了一个挖筑鱼塘，发展渔业的新点子。他组织村民将新村附近一块不适宜耕种的荒地挖筑为一个开阔的鱼塘，村民按土地多少入股，按收益分成。现如今，该鱼塘既美化了村落的环境，高山生态鱼也给村民们增添了额外的经济收入，还大大改善了村民们的餐桌生活。

以上四个高山奇迹，前后相继，环环相扣，让驮尖村贫穷落后的历史面貌一去不复返。这些奇迹是钟昌造带领广大钟姓畲族村民们共同创造的，为其他山区民族村落经济的发展树立了一个优秀的典范。钟昌造作为一个畲族党员和农村基层干部，的确起到了先锋模范作用，他也因此赢得了一系列名副其实的荣誉：1996 年县级优秀共产党员，2000 年度县级优秀村干部，2001 年度县级优秀共产党员，1998 年度文成县优秀村干部，2003 年度文成县公阳乡优秀共产党员，2006 年文成县十大时代先锋提名奖、温州市首轮优秀农村实用人才荣誉称号、温州市农村为民好书记、温州市民族团结进步模范个人称号，2007 年优秀县人大代表，2007 年感动文成县十大人物评选提名奖，2011 年温州市民族团结进步模范个人称号，2012 年温州市人大代表、创先争优优秀党务工作者，等等。

2012 年 10 月 9 日清晨早饭后，由培头村老村委书记钟维禄和周山畲族乡包绍庆主任带路，在家人的陪伴下，我们自驾拜访了驮尖村远近闻名的钟昌造书记。我们从文成县城出发，一路行驶于蜿蜒陡峭的盘山公路上，青山如画、白云缭绕，自有几分惬意和几分心怡，但千山万壑、重峦叠嶂又有几分惊险和几分忐忑。大约一个半小时后，我们到达半山腰上的周山畲族乡政府，在该地做了短暂的考察以后，继续向驮尖山顶的驮尖村进发。大约中午时分，到达驮尖村。映入眼帘的是整齐洁净的村落街道和两旁矗立的楼房。钟书记家早已准备了丰盛的午餐，地道的农家土猪肉、村内水塘捕捞的鲜鱼、现磨的农家豆腐以及自家酿制的薏仁米酒等无不透露出主人家的真诚好客，也折射出如今驮尖村人的幸福生活。环顾屋内，明窗净几，家电齐全，大厅墙壁上贴满了领袖人物风采、十大元帅、大展宏图、久久有余、延年益寿之类的彩色年画，折射出当地农人朴素的民俗心理和政治表达。午餐后，我将钟书记的一大沓荣誉证书一一拍照，又对他进行了近两个小时的访谈，下午参观了村里的茶园和他炒制茶叶的茶场。

　　我们当天回到文成县城时，已是华灯初上。返回时不再绕道周山畲族乡政府，而选择途经公阳乡政府，下山的路似乎更陡更险，一路上盘旋在狭窄陡峭的山路上，感慨万千的同时，有惊心动魄之感，更由衷地钦佩着驮尖山上那个钟姓畲族村落不屈服命运和超越大山的精神。钟书记那淳朴坚毅的面容始终浮现在我的眼前，每每谈到他出钱出力为村里无私付出时，他总是平淡地回答："自己不出钱不带头，很多事就做不起来，村民也没有办法，只有我想办法了，我父亲是老地下党员，我儿子很年轻也是党员，我一家三代都是共产党员。"有关他的家庭情况和如何引领村民改变驮尖村面貌的简略叙述，则深深地印在我的脑海中：

　　　　我家现在条件还可以的。我有四女一儿，老大嫁到平阳，从事运输业，经济条件较好。老二嫁到瑞安，靠打工也盖起了新楼。老三嫁到本县周山乡，条件一般。老四嫁到本县双桂乡，与女婿在义乌经营小家电，条件较好，在深圳购有商品房。老五儿子钟增福，87年生，高中文化，目前在上海和温州都开有茶叶店，既卖自家的茶叶，也推销别人的茶叶。平时我们夫妻俩在家管茶园，采茶季节，儿子回来帮忙。

　　　　我们村是文成县海拔最高的村，过去交通不便，我家里很困难，我有两个姐姐和一个哥哥，我5岁时母亲就去世了，是由奶奶带大的。那时我到山下读小学，走路来回要两个多小时。初中毕业后，我就跟村里的人到福建打零工、做小工，干的都是苦力活。21 岁结婚后，就一直在家里务农。1991 年，四岁的儿子交给我父亲看，我们夫妻俩到温州味精厂干了两年，1993 年村里希望我回来做村主任，我一连做了三届。在做村主任期间，我为村里的发展做过一些事，比如：1995—1996 年开通机耕路、开通了程控电话。1999 年，村里开始拆房子，盖集中的新村，2000 年让村民全部住上了新楼房，还平整旧房土地 42 亩。2008—2009 年，我还带领村民将荒地改造为一个大鱼塘，村民按土地入股，收入按土地量分配。现在鱼塘有鱼吃，有鱼卖。以前想吃点鱼，很远很不方便。

关于村里的发展，我们也走了些弯路，1996 年曾发动村里人种板栗，但没有什么效益。2002 年以后，我开始做村里的书记，现在差不多做了四届。我做书记以后，一直在琢磨发展的道路。当地政府也在帮助我们。2002 年，县民宗局局长带领我们附近五六个村的书记，到丽水桃山村参观他们的桃园，学习他们的种桃技术，受了很大的启发，我买了些桃树苗，发动村民种植水蜜桃，但是因为经常刮台风，不成功。

不成功以后，到 2003 年我就开始学种茶叶。后来农业局领导带我到杭州，省农业厅专家那里学习种茶技术。还去观摩过新昌的茶园，那次我在新昌买了 100 万株茶苗回村里。全村当年就种植了 400亩，家家户户都有，茶苗钱是政府补贴的，一亩补贴 400 元。为了带头，第二年，我除了种了自家的自留山以外，还租来其他村子的山，开荒种茶，三年后我就发展到 200 亩的高山茶园。卖了几年茶青，觉得划不来，2006 年我就开始自己炒茶，当年就有四五万块毛收入，除掉成本，有 2 万来块纯收入。第二年效益更好。2008 年我投资 50多万，办了自己的茶场。这些款大部分是贷款，县农业局补贴 4 万多块，现在还欠 30 来万。过两年茶叶效益提高了，我就可以还清贷款了。近几年十来万毛收入，除掉成本最低也有 5 万到 8 万块收入。村里的茶叶收入，主要看天气是否冻，销路暂时还没有问题。我的茶园在海拔 700—800 米，天气不好就会冻掉，效益赶不上早茶。但种茶比种田要好四五倍。我相信只要提高茶叶管理技术，我的茶园会越来越好。今年扶贫办，还带我们到临安去学习取经。

图30　2012 年秋，驮尖村钟昌造父子
在自家高山茶园

现在村里每家每户都有茶叶，最少的家庭也有 5 亩，大都有三四万块收入，至少也有万把块纯收入。茶叶就那么几个月，比较省力。都是六七十岁的老年人在管理。村里的年轻人还可以打一份工或者做别的生意。我们村里最富的一家，还是一个大学生在宁波经营汽车出口配件的，每年有 100 多万元。但农民不可能人人都有条件有能力到外面做生意，一般农民要富，还是要发展村里的农业商品经济，村里发展了，才能改变整体面貌，让弱势贫困的家庭也能跟着受益。

（9/10/2012，pm，于驮尖村钟昌造家）

钟书记虽然对自己所做过的事，轻描淡写，但他所创造的高山奇迹，每走一步都付出了不为常人所知的艰辛和汗水，其背后都隐藏着无数个精彩动人的细节和故事。他的"村里农业商品经济发展了，普通村民才会富"的观点更是发人深省。事实证明，从长远而言，从村落全体普通村民的利益出发，根据村落生态环境，因地制宜地发展特色农业产业化，仍是我国乡村经济发展的重要目标与方向。

三　玉壶镇畲族扶贫搬迁入新村概览

玉壶镇位处文成、瑞安、青田三县交界处，属文成县的东北中心镇，镇域面积 182.11 平方公里，辖 44 个行政村，户籍人口 4.02 万人。玉壶镇还是著名的侨乡。目前共有旅外侨胞 4.12 万人，分布在欧洲、中北美洲等 39 个国家和地区，其中担任华侨社团副会长以上职务的有 400 多人，素有"侨领之乡"美称[①]。与青田县交界的玉壶镇也是典型的山区生态，该镇周边的高山上分布着不少散杂居的畲族农户。早在 20 世纪 90 年代末，为了帮助高山上的畲族农民尽快脱贫致富，在县民宗局和玉壶镇镇政

---

① 参见新蓝网"温州文成县玉壶镇简介"，http：//www.cztv.com/s/2012/stzj/cszp/2012/05.

府的共同努力下，决定在玉壶镇分四期，兴建扶贫新村梅园小区。计划安置人口约 800 户，主要是针对原玉壶片区一镇四乡偏远山区的少数民族（畲族）群众的扶贫搬迁。

梅园小区一期工程于 2000 年开始启动，先是有关部门办理相关手续、制订搬迁方案、征地筹款等，期间也碰到过诸多的困难和挫折。2006 年开始建房，经过前后 10 年的漫长过程，2011 年梅园小区一期终于完成，占地面积 8 亩，建筑面积 1.26 万平方米，建成两栋六层的楼房，共 80 套房屋，房屋面积为 126—150 平方米不等，室内室外相关配套设施齐全，小区内环境整洁幽静。2011 年 9 月 15 日，镇政府采取公开抽签选号的方式，将 80 套新房的钥匙交到了畲族搬迁户的手中，80 户 300 多畲族人口陆续搬迁到了自己的新居。随后几期将陆续交付使用。

搬迁下山的畲族农民对自己的新居普遍表示满意，当时搬迁安置房的房价不到 2000 元一平方米，相比文成现在的房价市场而言，价格非常便宜，体现了地方政府对偏僻山区少数民族的实质性关怀。为了考察搬迁户的经济生活情况，笔者于 2012 年 10 月 9 日傍晚，随机走进了一户雷姓畲族人家。该屋的男主人公，名叫雷本芳（1963—），初中文化。他的三室两厅的房屋进行了精装修，房间宽敞明亮，摆上了新式家具和各式家电。他有两个女儿，大女儿已在县城打工自立，小女儿还在上初三，他还把因车祸瘫痪在床的岳父也接到新家来照顾。对于经济来源，他表示没有什么问题。他因为有手艺，常年在附近做泥水工，每月有较为稳定的五六千元收入，妻子给别人带小孩，管吃后也有 2000 多一个月。在雷本芳看来，搬迁下山交通方便很多，卫生条件也好很多，自己打工和岳父看病以及小孩上学也都很方便，生活条件和经济收入，也是以前在山上没法比的。他还说，要是愿意跑，不怕辛苦，原来山上的木材毛竹管理得好，也还有一定的收入。

扶贫搬迁属于高山畲族经济发展的路径之一，也的确解决了一部分畲族的经济发展问题。但事实上，当时玉壶镇能够搬下山来的畲族农户，总体属于经济条件较好的，大部分家里有人出国打工，具有一定经济积蓄。然而，还有 20%—30%，处于"上不上、下不下"的状态。即村庄实在太偏僻，基础设施建设成本太高，政府无力投入，搬下山来自身经济条件又不允许，而且特别贫穷的高山年老畲族，搬下山以后的生计方式也成为问题。因此，如何兼顾下山脱贫和就地发展，是一个值得深思的问题。

四 畲族草医药名店"云芝堂"发展概览

畲族是我国东南山区一个古老的山地农耕民族。历史上大都居住于偏远的大山深处,生活困苦、缺医少药。为了对抗疾病,山区畲民在长期的生产、生活实践中,不断探索、发现、总结、提高,逐渐习得一整套独特的传统畲族医药知识,大都能够对付一般的头疼脑热,感冒发烧之类的常见疾病。而少数出类拔萃者则历练为当地的畲医,他们利用山区丰富的草药资源,采用内服汤药、外敷膏药,结合挑风、针刺、割脂、刮痧、火灸、拔罐、药袋敷脐等多种特殊疗法为患者治病。畲族医药因成本低廉,疗效显著,尤其适应山区民众的需要,深受广大百姓欢迎,通过家族传承的方式绵延至今,它构成中华民族医药宝库的重要组成部分,也是我国非物质文化遗产的精华。

现今坐落在文成县城大峃镇 328 号的云芝堂,是一个具有 80 余年历史的畲医老字号诊所。该老字号实际上积雷姓畲族四代传人百余年的医药经验,长久以来享誉周边县市。云芝堂擅用树根、百草及其他一些天然的药物,自制药粉、药膏、药袋、药液等,采用内服外敷、挑风针刺、拔罐推拿、推摩敷脐等治疗方法,主治儿科、妇科,兼治内外科,尤其对小儿惊风、疳积、小儿扁桃体炎、风湿痛、关节炎、妇女痛经等症有相当明显疗效。其创始人为文成县上林乡周山垟村的畲族妇女雷芝英(1889—1967)。早在 1906 年,聪明善良的雷芝英就开始研究草药知识,并登门给邻里乡亲免费诊疗。1912 年,她正式开始对外行医,足迹遍及玉壶、营前、高楼、平阳等地,行医历时 58 年,因医术好、医德高,声名远播。按照畲族医药传媳不传女的习俗,雷芝英在其儿子成家后,毫无保留地将医术传给其汉族儿媳林碎奶(1920—1990)。云芝堂第二代传人林碎奶于 1932 年开始行医,行医历时 53 年。1933 年,当地一个有文化的风水先生蔡成霸,给雷芝英婆媳俩赠送了"云芝堂"的招牌,此后该店招沿用至今。同样,林碎奶又将医术传给畲族儿媳雷媚莲。

云芝堂第三代传人雷媚莲(1945—),于 1963 年正式开始行医。1965 年经县卫生科(局)批准,同意她在县城所在地大峃镇开设畲医门诊,沿用"云芝堂"店名,由大峃镇保健所管辖。新中国成立后,云芝堂从上林乡搬至大峃镇是跨时代的飞跃。尤其是自 20 世纪 80 年代初我国实行改革开放政策以来,云芝堂迎来了发展的大好时机。第三代传人雷媚莲于 1987 年加入文成县卫生协会，于 2009 年取得浙江省卫生厅颁发的医师资格证书，2010 年被评为"温州市非物质文化遗产云芝堂儿科妇科疗法代表性传承人"。此外，自 1989 年至 2010 年间，《文成县志》《浙江省少数民族志》《温州日报》《温州都市报》及温州电视台等志书报刊电视媒体等，相继对雷媚莲的云芝堂畲医特色和行医事迹予以报道。值得注意的是，雷媚莲没有按照惯例将自己数十年潜心习得的畲医技术传给自己的三个儿子（现分别在西班牙、荷兰等地经营超市和餐馆），而是在 1998 年将其传给她丈夫的侄子雷仕胜（1972—），后又传给雷仕胜的妻子刘海芬（1977—）。经过数年的研习实践，2004 年，第四代传人雷仕胜夫妇正式接替伯父伯母经营云芝堂的畲医药生意。2008 年，雷仕胜还荣获文成县人民政府颁发的"第二届优秀农村乡土人才"称号。显然，雷媚莲对云芝堂的传承与发展功不可没。现如今，当其他畲村畲医传承人大都后继无人时，云芝堂的后继有人更显得弥足珍贵。而年岁已大的雷媚莲完全放心地将云芝堂交给晚辈经营，自己则往来于杭城和县城的住所安享晚年。据悉，其弟弟雷成玉在家乡青坑民族村还种植了千余亩的标准化青钱柳基地，主要为山东某药厂提供降血糖药物原料，这可谓间接从畲族草医药发展过程中寻找到的农村特色产业化道路。

具有高中学历的第四代传人雷仕胜夫妇，与前三代传人一样，善于不断总结提高，并虚心学习和借鉴传统中医药知识，从而对祖传畲族医药技艺发扬光大。现今的云芝堂终日顾客盈门，除文成县本地患者外，还有温州、瑞安、平阳、青田、景宁等地的患者也常慕名而来。笔者于 2012 年 10 月 10 日上午，在文成县政协退休文史专家邢松棋先生的陪伴下，访问了云芝堂，也目睹了云芝堂主人公忙碌的情景。云芝堂坐落在文成县城大峃镇上一条干净整洁的小巷内，门面不大，但门庭若市。门口靠墙边摆放着一条顾客等候的长凳，就诊桌椅紧挨着一排玻璃药柜，墙上是满满的一排老式格状的木制中草药柜，店铺还被一个横放的中药柜隔出三分之一大小的里间，用于储存堆积如小山般的草药。店铺柜台上方还扯了根绳子，上面挂满了用塑料袋分装好的各种草药。长凳上坐满了候诊的顾客，基本以妇女和儿童为主。其时在等候看病的两位老年妇女告诉我，她们是文成人，后来做生意搬到温州住了，因为以前常来这里看病效果好，所以还是经常回文成来看病拿药，看完病再坐车回温州。

一上午，只见穿着白大褂的女主人刘海芬忙个不停，一个接一个地诊

图31　2012年秋，作者与云芝堂畲医第四代传人

治着前来看病的患者，其丈夫雷仕胜则在柜台后忙着分装草药。令我印象十分深刻的是，一个五六岁的小姑娘被妈妈领来点脸上的痣，只见刘海芬一边哄着小孩，一边用自制的药水点搽了几下就好了，小女孩不哭也不闹，想必是丝毫不感觉疼痛。事毕，小女孩的妈妈要给医药费，被告知只要5元，但因为是老顾客了，就坚决没有收费。这神奇的点痣效果和低廉的价格，确实令人惊讶和感慨，与那些大医院的所谓激光美容相比不知要实惠多少倍。据悉，云芝堂向来以治病救人为宗旨，医德重于金钱，对贫困患者常免费诊治，无偿送药，深受患者好评。在上午的行医间隙，我也向男女主人公询问了有关云芝堂的用药和经营状况。被告知店内用药全是来自浙南山区的野生草药树根等，要求天然无污染，洗净晒干，一般由农户进山采摘，由收购商入户收购，然后收购商再送到店里来，各个环节靠诚信维系供货关系。还被告知畲族草药采摘加工不需要太复杂的工艺，一般农户都可以操作，草药的煎法也比中药简单，用量多少也相较一般中药灵活一些。

由上可见，云芝堂的传承发展为山区的畲汉百姓寻医问药提供了较大的便利，有利于促进民族的和谐团结。但毋庸讳言，因为畲族历史上无自己的文字，畲族医药只能长期囿于口传心授和家族传承这一封闭模式，故畲族医药知识长期停留于经验层面，未能系统化和理论化，这样势必制约了其长远发展。事实上，在我国追赶型现代化过程中，民族传统医药日渐式微，倘若不采取切实有效的保护措施，畲族医药亦将面临濒危困境。云芝堂也不例外，历代传承人文化水平总体有限，长足发展和制度创新的内在动力不足。目前基本限于小规模家族式经营，尚未带动当地畲医草药的规模化生产。当然，要在现代医药科技知识发达的今天，获得广阔的发展空间，实属不易。这不仅需要学识和胆识，也需要创新和实干精神，更需要各种社会制度性支持。像云芝堂这样的畲医百年老字号，倘若以开阔的胸襟寻找各种社会力量的支持与合作，对历代传人反复总结摸索出来的病历、处方以及药物制作方法等予以系统整理和分析，不仅可以大幅度提升传承人的医药技艺，还可以深化畲族医药的理论研究和应用研究，进而从中寻找出畲族医药的产业化前景。倘若对云芝堂畲族医药进行创新式保护和产业开发，对于带动浙南山区畲农经济的发展，也不失为另一条较好的路径。[①]

第二节　松阳县石马源村山林经济发展类型

一　松阳县石马源民族村概览

松阳县隶属浙江省丽水市，地处浙西南山区，瓯江流域上游的中低山丘陵地带。境内地势以松古盆地为轴，呈两边高中间低，自西南向东倾斜状态，山地占总面积的 76%。境内河流属瓯江水系，松阴溪为县内最大河流，地属中亚热带季风气候区，四季分明、雨量充沛、温暖湿润。因松阳县城位于松阴溪之北和长松山之南，山南水北谓之阳，故称松阳[②]，其县委、县人民政府驻地西屏镇。松阳境内人口最多的少数民族为畲族，截至 2005 年，全县畲族人口 7300 余人，占全县总人口的 3.18%，分布在全县 35 个行政村内的 100 多个自然村，其中畲族人口占 30% 以上的行政村有 25 个[③]，毗邻丽水市莲都区的板桥畲族乡为县内唯一的畲族乡，畲族人口相对聚居。

石马源民族村（简称石马源村）也是松阳县一个典型的畲族聚居村落。该村隶属松阳县东面的象溪镇，距松阳县城西屏镇 18 公里，距象溪镇政府驻地约 2.5 公里。全村分为 3 个自然村，共 73 户，300 余人，其中畲族人口占总人口的 96%。畲族人口为蓝、雷两姓，其中 20 来户为雷姓，其余均为蓝姓[④]。村内交通便利，有省道龙丽一级公路经过相邻的石

[①]　本章有关云芝堂的资料，一部分是通过田野访谈和田野观察获得，一部分是在田野调查过程中获得的有关民间文献资料，其中主要有文成县政协邢松棋先生和文成县文化馆马相亭先生等提供的有关云芝堂申报非物质文化遗产之类的资料，鸣谢！还参考了朱礼主编的《文成县志》，中华书局 1996 年版，第 841 页。

[②]　参见松阳县志编纂委员会编《松阳县志》，浙江人民出版社 1996 年版，第 1 页。

[③]　雷阵鸣等主编：《松阳县畲族志》，松阳县县委统战部和县民族宗教事务局，2006 年内部出版，"序"第 1 页，"概述"第 2 页。据松阳县民宗局统计，现今该县畲族人口约 8000 人。

[④]　该数据由石马源民族村村委书记蓝陈宝于 2012 年 11 月 18 日提供。

马铺村，2005 年，又开通了龙丽公路直通石马源村的康庄公路①。

2012 年 11 月 19 日清晨，我在参加完丽水畲族学术会议后，带着自己的民俗学研究生吕源来到石马源村，入住村委书记蓝陈宝家，进行了为时 4 天的田野调查，通过观察与访谈相结合，可大致勾勒出村落概貌和经济发展图像。石马源村坐落在一个较为开阔的山间盆地，美丽的松阴溪绕村而过，依山傍水、风景秀丽。一进村庄，映入眼帘的是满眼葱绿，绝大部分田地都种上了茶叶，村民的房前屋后则栽种着丛竹、观赏松及各种不知名的植物。田坎旁、小溪边，金色的野菊花含苞怒放，鲜红的山茶花娇嫩欲滴。村民家中的菜园子里种有白菜、莴苣、芹菜、韭菜、胡萝卜、白萝卜等时令蔬菜，半山腰上则栽种着板栗、杨梅、枇杷、胡柚、椪柑、柿子等各类果树。其时，正是柿子成熟的季节，小河边耸立着的几株高大的柿子树上，火红熟透的柿子缀满枝头，但由于村民忙于修剪茶苗和拾掇板栗，没工夫理睬柿子，任其果熟蒂落，洒落一地。小河内三五成群的鸭子自由自在地游弋着，好一派怡然自得的田园风光。

村庄内部环境总体整洁美观。房屋布局新旧交错杂陈，既有多层的新式水泥楼房，也有黄泥土墙青瓦老屋，多数家庭还圈养着一两头过年猪，三五只鸡鹅，但由于收拾得干净利落，倒也相得益彰。农户住宅内家电、沙发、家具一应俱全，储藏间内大都分门别类地盛放着稻米、红薯、板栗、胡柚、椪柑、杨梅酒，以及供全家食用至少一年的山茶油等。有的家庭冰箱里还冷冻着一些自家果园采摘的杨梅和杨梅汁。还有的农家灶前垂挂着数条自制的陈年火腿。以上丰裕多样的食物，体现出畲族村民们的丰衣足食和靠山吃山。村内的中老年畲族村民们按照日出而作和日落而息的农时节律，在山坡、田头侍弄着各自的茶园、板栗、油茶，过着如陶渊明笔下"相见无杂言，但道桑麻长"般的田园生活。

石马源村的基础设施也较为完善，近年花费 30 多万元的水泥公路已通向各家各户，水电排污设施完整。村两委的办公楼是一座两层小楼，位

① 康庄公路，出自"康庄大道"一词，意思是宽阔平坦、四通八达的道路，也引申为光明美好的前途。自 2003 年始，浙江省实施"乡村康庄工程"，主要由政府出资，交通厅及各地地方政府部门共同承办，有步骤有计划地让全省各地农村都有平坦顺畅的康庄公路，部分十分偏僻不宜修路的村庄，则实行整体搬迁。该工程的实施有效地改变了浙江全省乡村的交通面貌，是浙江交通史上的一座丰碑。

处村落中央。内部设施齐全，功能完备。设有办公室、图书室、广播室、会议室，并配有空调、电风扇等。会议室内的墙上醒目地悬挂着《石马源村产业发展规划图》，以及村委会人员名单职责、值班表等，让人感觉村落基层政权运作良好。当年8月，村办公楼前面还新建了一个中心广场和一个标准篮球场。篮球场内一角还安放了两张乒乓球桌。中心广场和篮球场成为村民们的娱乐场所和活动中心。每天晚饭后村里的中青年畲族妇女们在认真地排练广场舞。据悉，这是为了迎接象溪镇文化站组织的以村为单位的元旦汇演。畲村社区广场舞的启动，无疑愉悦了畲族民众的身心，也提高了畲族居民的精神文化生活品质，更折射出畲村社会经济文化的发展进程。

年过半百的蓝陈宝书记身材魁梧，十分健谈。当我踏进他家，听到我称呼他为"蓝书记"时，他随即告诉我，他本不姓蓝，应该姓雷，然后兴致勃勃地给我讲了石马源村"雷姓改蓝姓"的真实故事："我们村有十几户蓝姓本来应该姓雷，都是一个祖宗，民国时从石牌门村迁来的，与丽水老竹畲族镇郑坑的雷姓是同一个祠堂。迁到石马源村开始改姓，是因为我们的太公打输了官司，觉得愧对祖宗，没有脸面在原来村子待下去了，也没有脸面姓雷了，所以就带着子孙离开石牌门村，来到石马源村，从此改姓蓝。但是死后供灵位牌和上香火榜时，又必须改回雷姓。意思是活着没脸面姓雷，死后还是要来认祖归宗。这也是我们石马源村的一种很奇怪的现象，包括我家在内的十几户蓝姓少数民族活着姓蓝，死后又要姓雷，家里供奉着雷姓祖先。新中国成立后，我们村一些蓝姓村民，觉得自己与祖先不同姓，有点怪，也有点不太方便，曾经要求改回雷姓，他们认为'老太公输了官司，我们又没有输，这么久了，应该让我们改回雷姓。'后来因人心不齐，就不了了之，我们也只好活着继续姓蓝，死后见祖宗时再姓雷吧。"我饶有兴致地听他讲完"雷姓改蓝姓"的故事，事后又去看了看几家蓝姓畲民家中的香火榜，果不其然一律供奉着雷姓先祖牌位。在耳闻目睹这个故事后，我深感当年其雷姓先祖们的自尊自强和尊宗敬祖意识，该幽默式的换姓变通方式，也从另一个方面折射出畲族蓝、雷、钟姓之间强烈的族群认同。

蓝陈宝书记在讲完上面的故事后，又告诉我村内的经济生活概况：该村耕地面积177亩，山林面积3080亩，人均耕地仅有0.5亩左右，但人均山林面积大约有10亩左右。因此，村民家庭收入大都依靠山林经济资源开发，主要发展茶叶、山茶油、板栗、杨梅等。现在村民早已不再种植水稻，所有稻田全部种上了茶叶，村民全部购买商品粮吃。很多农户不仅种植经济作物，也做一些收购茶叶和板栗等方面的生意，还有些中青年村民外出打工、开店，农忙的时候，大都回来帮忙。该村 2011 年人均年收入为 6343 元，实际已超过该数字，很多商业收入未计算在内，加起来不会低于全县少数民族和全县农民的平均数。该村近几年通过发展山林经济，村民生活得到了很大的提高。目前，村里的改栏改厕和排污工程已全部完成，入户公路也全部竣工，村庄环境整治颇有成效。不过，村子里真正的合作社经济还发展较弱，农户联合经营少，基本是以家庭为单位各显其能。也因为没有大型项目和村办企业，所以集体收入较少。村里的黄泥墙民居颇有特色，但日趋破败，是修复还是重建，"拆"与"建"的问题还需要上面统一规划，才能最终解决。此外，他还讲到村内发展的不平衡现象，存在着少量的低收入家庭，农民抗风险的能力较低，尤其是倘若发生重大疾病，虽然有一定的医保，但还是会让家庭一蹶不振。他还特别提到近几年因村落经济发展和公路交通繁忙，导致本村及周边村落常发生车祸，造成数起家庭悲剧。

当我问及村内的通婚情况时，被告知该村过去很长时间内实行的是高度的本民族内婚制，通婚范围除本村以外，主要为周边村庄的畲族。直至20 世纪 80 年代以前，本村内部通婚还有较高比例，因而该村姻亲比例较高。例如，蓝书记的妻子也是本村人，他的两个妹妹也嫁在本村。自 20 世纪 80 年代以后，随着我国改革开放政策的实施，村民思维观念逐渐改变，人口流动日渐频繁，该村通婚圈逐渐扩大，畲汉通婚的比例亦逐渐提高，甚至还娶进来 5 个云南、贵州、湖南等地的外省媳妇，还有两个男子到湖北、安徽等地招赘。通婚圈的扩大和畲汉通婚壁垒的打破，也在一定程度上反映了石马源村由内守转向拓展。

二　石马源村山林经济多元发展案例

石马源村在 20 世纪 90 年代初调整优化了农业结构，大规模栽种板栗、茶叶、油茶、杨梅等多样化山林经济作物，而水稻种植则在近五六年来已完全退出历史舞台。村落经济逐步实现了从传统生存型农业向现代商品化农业的转型。畲族村民家庭经济生活也因此发生了质的飞跃。通过以下不同类型的发展案例，可以看出石马源村山林经济多元化发展轨迹与态势。

(一) 领头羊型

所谓领头羊型，是指走在石马源村山林经济发展最前列，引领并示范村民往前走的基层干部。他们作为发展大户和村落精英，既能接受新事物，又具有脚踏实地的实干精神，自我拓展能力强，因而在村民中享有较高权威和声望，村民们自觉自愿地跟随前行。

案例1，村委书记蓝陈宝（1958—），高中文化，曾做过大队民办教师，担任过大队会计。其妻蓝彩凤（1960—），娘家在本村，未正式上过学。夫妻俩育有两个儿子，均已长大成才，成家立业。大儿子蓝志民（1980—），浙江少数民族师范毕业，原在松阳玉岩小学教书，后调到板桥畲族镇教书，近年已选调至象溪镇做农村财务代理中心的出纳，管理全镇35个行政村的账目，并兼综合治理办公室主任。大儿媳廖伟琴（1981—），丽水卫生学校毕业，从镇卫生院调至大东坡镇信用社工作，担任主持工作的副主任，夫妻俩育有一儿。小儿子蓝伟民（1981—），职业高中毕业，小儿媳蓝丽芳（1983—），邻村畲族，职高毕业，夫妻俩现在宁波开商店，育有一女。

蓝书记家有一栋三层水泥楼房，与三间老式平房前后相连组成一个独立的院子，屋内的家电家具都是现代式样的。家中还购买了4辆车，两个儿子和两个媳妇，各驾驶一辆。他家30年前承包种植的20亩杉木，已到了收获季节。60亩板栗树，历年来经济效益十分可观。但树木已开始老化，正被陆续替换改种为效益更好的油茶，目前已改种了15亩。他家山地茶园与稻田茶园共有10余亩。前几年他家还与本村一农户合伙经营了一个茶场，内有8台浙江嵊州民胜机械有限公司生产的全自动扁形茶炒茶机，还有两台嵊州懒汉机械设备厂生产的玉象牌辉干机，以及杀青柜、排风扇等，设备齐全，效益良好。

蓝书记家殷实的经济状况与他的吃苦耐劳分不开。我在他家的几天，每天早饭都见不到其人影。他的妻子告诉我，每天天蒙蒙亮，他就起床带点干粮上山干活了，因为路远，要到中午才回来，吃完午饭要是村里和镇上没有什么事，就继续上山干活，每年冬天都是这样。只有在午餐和晚餐后，我才能对他进行深入的访谈，他给我讲述了自己的生活经历和家庭经济概况：

我有六兄妹，我是家里的老大，三个弟弟、两个妹妹，过去家里很困难。我父亲当队长，勉强把我送到高中。高中毕业后，1977年夏收夏种时，我到裕溪公社乃陈村参加工作组两个月。回来后到村里做民办教师，当时24元一个月，要全部交给队里买工分，觉得不划算，就不做民办老师了。后来回到生产队参加劳动，做过队里的会计。我1980年结婚，家里住的瓦房，是黄泥土夯起来的墙，小孩出生以后，我父母兄妹在一起吃饭，家里一共10个人。没有办法，我就出去搞副业。四五个人合伙到南坑源砍木头，有100多块一个月，交给队里32块，可以买到360个工分。

1985年分田到户以后，我入了党，担任了村里经济合作社的社长兼会计。家里种水稻和养蚕，我承包了村里一亩多桑地，自留地还有5分桑地。父母还在家养了7—8头猪。1986年我大儿子6岁了，我老二弟弟结婚了才分家。我老三弟弟给舅舅当儿子了。分家时，我分到一间卧室、一间厨房，加起来四十几平方米。分家以后，两个孩子慢慢长大了，要读书，1988年我就开始种杉木，种了20多亩，但是见效慢，要30年才能砍，现在有收成了。我1990年种了60亩板栗，本村的山地不够，还到玉溪那边租了些过来。种板栗是县民宗局发起的，苗是林业局免费发放的，当时每亩补贴25元，3年见效。

我带了头以后，整个石马源村陆续种植了1000多亩板栗，还有在外面承包的几百亩。前几年效益还可以，这几年产量下降，因为树老化。板栗不如杨梅，一般30年老化，而杨梅有50年的树龄。老化的板栗树应该逐步淘汰，我已改种油茶，现在已改种了四分之一。板栗每亩六七百块的收入，养得好的千把块一亩。目前板栗产量低了很多，但价格还高了一点，基本减产不减收。茶叶我们村是从2008年开始大规模种植的，所有的稻田都用来种茶了，买米吃。基本已达到产业化了，这里的茶叶市场环境好，现在我们还没有采夏秋茶，象溪镇每亩茶叶3000—6000元，如果采三季，每亩茶园可以达到1万至3万元的收入。

（19/11/2012，pm，于石马源村蓝陈宝家）

陈宝的妻子彩凤，娘家也是石马源村，她虽然仅上过夜校，识字不多，但聪明贤惠，勤劳能干，也十分健谈，她有条不紊地告诉我她的家庭生活史：

> 我小时候家里很穷，没有上过学，因为是女孩子嘛，条件不好，要先让男孩子读书。我十四五岁时，断断续续上过三个半年的夜校。因为白天要干活，放牛、打猪草，晚上才能读点书，其实也是凑凑数。两个孩子生了以后，乡政府办的扫盲班里又读了一个月，主要是认字，不会写字，普通话看了电视以后才慢慢学起来的，我讲不平①。
>
> 以前生产队时，条件很苦，往死里做。我 1980 年结婚，那个时候都没有领结婚证这个说法。我两个儿子都在家里生的。晚上生孩子，白天还在田里劳动。怀孕五六个月了还挑着 100 多斤的担子，感觉胎儿在动，我就停下来站一下，不动了，又挑着担子走。我们少数民族觉得越劳动，越好生，不像现在的女人那么娇气。我 49 岁得了子宫瘤，开刀以后就好了。我现在每天都要去山里劳动，家里人都骂着不许我上山干重活，我觉得还是自己做做要好一点。
>
> 我刚嫁进来条件很苦，一大家子住老房子，还是新中国成立前陈宝太公造的，两兄弟共一个灶房。分家以后，才慢慢好起来的。我家 1996 年盖的楼房，当时花了 10 多万元。钱除了山里的板栗收入以外，主要是陈宝做木头生意赚来的钱。水泥板从丽水碧湖买来的，以前村里没有公路，水泥、沙子、石头全部是挑进来的。我们家的楼房是全村第二家，当时其他人都还是泥土房。
>
> 我们家以前主要种板栗，最好的年份有 8 万多块，除掉人工成本，还有 7 万来块。现在板栗砍掉了一些种油茶，去年只有两三万块。板栗春天除完草，就要施肥，6 月份成熟，就要摘板栗，还要去壳，要做一个多月。今年我家茶油打了 200 多斤，也有七八千块收入吧。4 年前，我家与别人合伙办了个小茶场，投资了 6 万元，买了 8 台炒茶机，除了炒自家的十几亩茶叶，也收别人的茶青，自己炒，忙

---

① 浙南很多畲族用普通话与我交流时，总不忘谦虚地铺垫一句："我普通话讲不平"，意思是普通话讲不标准，你别见笑。实际上大都讲得还不错，交流顺畅，只是他们觉得不如用畲语或本地汉语说得自然而已。

个把月，也有七八万块的收入。做茶叶时，全家通宵不睡，炒好后，天亮就拉到松阳市场去卖。我家茶场要是规模大点，收入还要好点。但盖茶场，现在村里不批地皮。

这几年，我小儿子和小儿媳还收购香菇，卖到温州、常州、上海。去年他们还在大车坝租了个冰库，储存香菇，三个月也赚了两万多。我以前家里没买车时，我们两公婆，还有小儿子用三轮车拉上家里的玉米、马铃薯卖到松阳市场。只要不怕吃苦，山里辛苦钱是赚得来的。我们村里现在一年四季都很忙，开春就搞茶叶，夏秋7月到9月就搞板栗，秋冬10—12月就打油茶和收香菇卖。反正是靠山吃山。我们村里好多家庭收茶叶、收板栗，都是拼起来做，生意才做得大一点。

现在我家里条件还可以吧。前两年大儿子在松阳县城买房，一共花了57万，我们出了20多万，剩下的按揭贷款。我现在家中有4辆车，大儿子和大儿媳在不同地方上班，一人一辆小轿车，小儿子有一辆大货车拉货，每年有8万块收入，小儿媳买了一辆皮卡车，也做点生意。以前我从没有出去过，现在我儿子媳妇每年都带我出去旅游。我前年到北京、去年到海南，今年到四川，钱多是他们出的。我飞机坐了三四次，以前想都不敢想，全村我这么大年纪，数我出去最多了。

（20/11/2012，pm，于石马源村蓝陈宝家）

当我询问到是否可以想办法扩大茶场经营这一问题时，陈宝的小儿子伟民回答说："我年前两个月做香菇生意。春天做茶叶，只做两个月，想规模做大点，没有厂房，建厂房手续越来越复杂，控制得很严，如果搞个合作社就好批一点。现在政府鼓励搞合作社，但我们村都是各搞各的，我姑父的那个合作社，其实只是个形式，实际上是他个人的。跟其他农户关系不大。"从他的回答中，我感觉到该村在农业产业化进程中，新型经济合作组织发育还很不成熟，完善其组织模式，应是未来村落经济发展的目标。

案例2，老村委主任蓝林德（1956—），初中毕业，后获函授中专文凭，是石马源村的老村委主任，蓝陈宝的大舅子。1979年，他担任大队会计，自1985年始，先后担任村委书记和村委主任，两项任职长达24

年，现仍担任村经济合作社的社长。在其任职过程中具有很好的模范带头作用，先后获得一系列荣誉：1984、1987、1993 这三年，均被评为松阳县优秀共产党员；1990 年和 1991 年，两次荣获"民族团结进步先进个人"称号；1992 年，荣获丽水地区"优秀村党支部书记"称号；1999 年度被评为"县级新家庭示范户"。其妻蓝彩英（1957—），仅上过几个月的夜校，但十分勤劳能干，堪称村妇女楷模。她在 1992、1993、1999 这三个年度均被评为松阳县"先进生产女能手"，1994 年，她家获松阳县"十佳美好家庭"称号。

夫妻俩育有一儿一女，均已成家。老大，儿子蓝金旺（1975—）高中文化，儿媳蓝传英（1979—），初中文化，孙女 11 岁，孙子 4 岁。老二，女儿蓝美珠（1977—），高中文化，嫁至雅溪口一施姓汉族，外孙 13 岁，外孙女 6 岁，女婿承包公路工程，家里有楼房和小轿车，经济收入可观。德林还有一双耄耋之年的高寿父母，住在整洁宽敞的砖瓦平房内，身体硬朗，日常生活自己料理得井井有条。德林夫妇只需按时给老人提供粮食菜蔬等，平时家有佳肴，也给老人端过去。八年前他家紧挨平房又建了一座三层新楼房，他们和儿子一家住在楼房，房间内彩电、冰箱、洗衣机、煤气灶、电磁炉等一应俱全，仅小孙子的小自行车就有好几辆。其家庭经济来源除了山上的千多株板栗树和杨梅树以外，还有 5 亩茶园和数亩油茶树。他平时也收购茶叶、板栗贩运至温州等地市场销售，仅这一项每年可获数万元收入。他家还卖板栗苗。儿子除了与父亲一起搞杨梅、板栗以外，也买了一辆小货车，农闲时从事运输工作。而他自己则买了一辆三轮车，每年农闲上山打野猪四五十头，收入也很可观。从以上多项经济来源来看，他家在村子里生活水平属上乘。

到石马源村的第二天，陈宝的妻子彩凤就带着我到他哥哥家。她哥林德穿着一套退了颜色的军用迷彩服，手里拿着一杆猎枪，正准备上山打猎。在我说明来意后，他便放下猎枪交谈。他发现我的目光在他的猎枪上稍作停留后，赶紧告诉我：他这把猎枪是十多年前县里合法批过的，全镇有 36 把，主要是用来对付野猪，这里山多树多，野猪也很多，要是不打，野猪会把庄稼全部糟蹋光的。然后，他以老村委主任的身份，告知我村里和其家庭的经济概况：

　　我们村里是 1990 年开始发展板栗的，我家与陈宝家种的最多，有1000多株。2000年又发展杨梅，全村种了80亩左右，我家也种了1000多株。全村板栗有上千亩，杨梅430几亩，油茶有300亩。2007年我家又种了5亩茶园。现在整个村只有6分稻田，还是一个养鱼塘改造的，因为不适合种茶叶，觉得浪费可惜，才种的。从2008年开始，全村就不种稻子，也不养牛了，都吃商品粮了。以前我们是养牛的先进村，全村有八十几头牛，平均每户有1.5头。到2008年，全部种上了经济作物，耕牛就没有了。村里发展经济作物后，生活才慢慢富起来，盖了很多新的楼房。今年我家杨梅因为端午节下雨，收入只有六七万块，去年、前年要好一些，有8万块。我今年打了茶油350斤，也有万把块收入。如果茶叶搞好有2万块，以后还会多一点。板栗现在只有2万块左右，树老化了，我准备逐步改造，一部分改种油茶，一部分栽上新苗。现在村里的板栗树都在逐渐淘汰，所以，我也开始卖板栗苗木。我当村书记和村主任时，觉得出路只有发展山林经济，靠山吃山嘛。村子里种了经济作物后，市场意识也提高了好几倍。很多村民都会去收购板栗和茶叶。

（20/11/2012，am，于石马源村蓝陈宝家）

蓝林德老村委主任，忙着上山打猎，说完匆匆离去，临走时交代有什么问题，可以多问问他的妻子。

（二）拓展型

所谓拓展型，是指该村紧随领头羊之后，较大规模种植板栗、茶叶、杨梅等经济作物的农户，他们通过种植、收购等产、销一体化方式，从山林经济作物中获得年收入10万元以上。

案例1，蓝月兰（1967—），小学文化，蓝陈宝的大妹妹。丈夫蓝春根（1965—），初中文化。对月兰的访谈，是在我到达石马源村第三天的一个阳光灿烂的午后。其时她正在自家的大田茶园中忙着剪枝条，村里的好几位女性亲戚都在给她帮忙，她的丈夫则忙着装车搬运。她见我好奇，便告诉我：村里人一般采完茶叶后即将枝条养起来，然后按2元钱一斤的价格卖给培养茶苗的苗圃，苗圃再扦插培育卖给茶农，她这样一个下午能剪600斤，可以挣回1200元钱。如果不卖茶叶枝条，这些老枝条还是要剪掉，白白浪费很可惜。至于帮忙，是相互的，可以换工，是不用付工资的。我惊叹村民们的智慧和精打细算。

月兰一边和姐妹们动作麻利地剪着枝条，一边谈笑风生，同时笑容可掬地回答我的问题，并热情地教我怎样选择可以剪掉的枝条，说不能把明年开春发芽的茶枝剪掉了。我看了好大一会儿，也没搞明白哪些该剪，哪些不该剪，看着她们巧手翻飞，只好自叹不如。心中更没有忘记自己此行的目的，赶紧询问她的家庭经

图 32　2012 年冬，作者于石马源村访谈
剪茶枝的畲族妇女

济生活情况。她告诉我，她有一儿一女。女儿老大，26 岁，绍兴外国语学校毕业，现在景宁沙湾小学当老师，经济上可以自立。儿子还在松阳民族中学读高中，班里成绩前 3 名，每年花费比较省，五六千元的样子。她的丈夫在计划经济时，顶替父亲的职位在粮管所工作，后来粮管所改制，买断工龄就下岗了。下岗后，回石马源村开了一家小商店，刚开始生意还可以，随着交通的方便，小店利润日益降低。现在小商店开在自家楼下，一般中午、晚上，劳作之余，附带经营，利润很薄，只是方便村民而已。其家庭收入还是主要依靠经济作物种植和收购贩卖。她家有板栗树 1000株，因树龄较大，近几年收入减少，2011 年收入 1 万元，2012 年则只有8000 元，但收购板栗净赚 2 万多元。收入最多的还是家中的十几亩茶叶，纯收入每亩达到 7000 多元。此外，她家近年还种植了 100 多株杨梅，今年收获 3 千元。还有山茶油 190 斤，收入 7000 元。总计起来，她全家年收入大约在 15 万元左右。对于这样的收入，她感觉很满足了。

案例 2，蓝月珠（1969—），小学文化，蓝陈宝的小妹妹。丈夫蓝土金（1966—），高中文化。这次去石马源村，恰逢月珠夫妻俩在松阳县城做生意，遗憾没有见着本人。但通过对其娘家人的访谈，对她的情况大致有所了解。她的丈夫在计划经济时代，曾在松阳板桥畲族乡供销社做营业员，后来供销社解体以后就自己开百货商店，一开始在板桥畲族镇发展，后来到松阳县城开超市，年收入十几万元，这无疑是从自己最熟悉的领域中寻求到的发展机遇。由于常年在外，她家的茶叶、板栗等种植不是很多。不过，具有较好市场意识的夫妻俩，从石马源村山林经济资源产业化

过程中，敏感地发现了商机。他们早几年成立了"石马源三月三农产品合作社"，并拥有自己的注册商标"三月三"，专卖土鸡蛋、板栗、山茶油等绿色农副产品，从中获得较为可观的经济收益。

案例3，蓝金女（1965—），小学文化，丈夫蓝龙旺（1960—），村里的会计，高中文化。金女是一个性格开朗，尤其爱好唱畲族民歌的畲家女。第一次见她，是我到达石马源村的第一天晚上，傍晚时分房东夫妻带着我和吕源来到邻近的象溪镇二村，那是个从山上整体搬迁下来的畲族新村，村落设施完整，村民整体富裕。那天该村的一位蓝姓村干部在家里举行其父亲的丧葬仪式，我礼仪性地购买了吊念物品，晚饭后观察了整个仪式过程。其时看到金女和一群妇女们在唱哀歌，唱唱停停，悲切哀婉。在空隙时，我了解到唱畲歌是她的爱好，她曾经常参加丽水松阳一带的表演并获奖，尤其是附近有畲村丧葬做功德仪式，一定会被请去唱哀歌。她还告诉我，唱哀歌主人家会给一份报酬，但她不是因为报酬才去唱的，主要是喜欢。第二天下午，我在月兰的茶园里看到她也在帮忙剪茶枝。她一边忙着干活，一边应我的要求告诉我她家的生活情况：

> 我家就一个儿子，名叫蓝仁发（1985—），初中文化，儿媳妇蓝晓英（1981—），也是初中文化。儿子夫妻俩通过我表弟的关系，在桐庐一家房地产公司从事销售工作，两人加起来有十几万元的年收入。他们有一个5岁的女儿，现在桐庐县城上幼儿园，他们舍得培养孩子的，每年要1.6万的学费，平时还要学习舞蹈，当然在城市长大是不一样的。
>
> 我们家在村里有9亩左右的茶园，每亩纯收入大概8000元，还有600株板栗树，有些后来栽的还没有长大，·今年只有三四千元收入。今年我还打了100来斤茶油，价值3000多元。碰到有人老了，要做功德，会被请去唱哀歌，一般一年要唱60多场，一场300元，平均下来一年大概有2万元收入。另外，家里也收购点茶叶和板栗，赚点差价，也有二三万元吧。自从我们村发展板栗和茶叶，日子还是过得去的。
>
> （20/11/2012，am，于石马源村蓝陈宝家）

我粗略计算下来，金女夫妻俩在村里的山林经济年收入，已逾10万

元。其儿子儿媳在外工作的经济收入也不低,除维持一家三口的开销外,
尚有结余。从金女所述来看,她家也无疑属于山林经济资源开发拓展型。
她在完成剪茶枝任务后,已是傍晚时分,又热情地邀请我到她的家里坐
坐。她家也是一栋三层楼房,家电齐全,干净整洁。她把我带到二楼,给
我展示了她演唱畲歌的获奖证书和照片,还让我欣赏了她编织的彩带,这
让我见证了她的多才多艺和心灵手巧。环顾她家二楼房间,装修颇为现
代,儿子婚房墙壁还悬挂着拍摄十分精美的巨幅婚纱照。她自己房间的梳
妆台则做工精致,式样华丽,梳妆台前还摆放着一扇漂亮的屏风,给人以
犹抱琵琶半遮面之感。这一切无不透露出山林资源市场经济的和煦春风对
这个畲族山村的温暖吹拂。

案例4,雷樟凤(1973—),小学文化,丈夫蓝新土(1972—),高中
文化。夫妻俩育有两个儿子,一个6岁,一个3岁。来石马源村的第三天
午饭后,房东大姐彩凤带我去看她家的茶叶加工厂,路过樟凤的家门口就
停了下来。只见她带着孩子在门口的小河边玩耍,看到我来了,热情地邀
请我到她家喝茶,边说边配合彩凤给我采摘了好几个又大又红的柿子。她
家也是一栋三层的小楼,家里彩电、冰箱、电脑、宽带、全自动洗衣机、
摩托车、电饭锅、电磁炉、煤气灶等家用电器一应俱全。家里还办了一个
小型茶叶加工厂。当我问及她的家庭经济状况时,她是这样告诉我的:

> 我家里有板栗树400来株,今年收入1万块。自家种的茶叶
> 1000多株,自己采自己炒,能卖4万元左右。另外,我家还有6台
> 炒茶机,我老公是村里第一家做茶叶的,他的两个哥哥也做茶叶。其
> 实自己家的茶叶没多少,主要是收别人的茶青,炒好以后再卖到松阳
> 市场。这样收来炒,收入就要比自家茶园多一些。我家的炒茶机,是
> 半自动的,比较慢,很吃力,今年冬天准备全部换成全自动的,到时
> 就省力好多,还可以多做点。我老公平时还在安徽山区承包"放
> 树",就是当地人要伐木时,我老公他们把树砍倒以后,再用钢丝绳
> 放到山下。这个不仅要力气,也要技巧,搞不好会出人命的。这种技
> 术,也是在我们山区学到的。他以前是替老板做,每年3万至4万块
> 收入,现在是自己承包做,一年有6万块收入。茶叶季节他就回来帮
> 忙炒茶,雨季不能伐木放树,他也会回来。
>
> 　现在我感觉自家经济还可以,就是采摘工难叫,板栗不及时捡就

> 会被老鼠吃掉。以前我家也收板栗卖，自己家的板栗要捡五十几天。采茶时我自己家采完了，再帮别人采，大概有200块一天的工钱。
>
> （21/11/2012，pm，于石马源村雷樟凤家）

从樟凤的叙述来看，她家从村落山林经济资源中的直接收益已逾10万元。而且她丈夫还能够充分利用经济作物收获的时间差，从事"放树"的生意，获得不菲的经济报酬。她家无疑是一个善于经营和开拓进取的家庭，代表了中青年一代的经济头脑和生活智慧。

（三）固守型

所谓固守型，是指该村栽种的板栗、茶叶、杨梅等经济作物相对较少，且基本没有从事板栗、茶叶等收购生意的家庭，虽然他们也能够从山林经济资源开发中分享到经济利益，但因各种主客观原因，发展规模有限，年收入也相对较少。

案例1，阙新莲（1967—），小学文化，蓝陈宝的弟媳，娘家亦在本村，父亲为汉族招赘女婿，母亲为蓝姓畲族，按照其父的意愿，从父姓。新莲从小在畲族社区长大，有一半母亲的畲族血统，故从血缘和文化环境而言，她的民族成分应是地道的畲族。其丈夫蓝陈王（1963—2011），为蓝陈宝的二弟，不幸患肾病综合征，医治两年，耗费数万元，于2011年去世。夫妻俩育有两个女儿。大女儿丽英（1989—），高中毕业，招赘了一位汉族女婿，已生育一个小男孩，现小夫妻俩与别人合伙，投资80万元，在松阳县城开了一家电器厂，生意较为稳定。小女儿丽香（1995—），其时在松阳职业高中读高二。陈王的家庭，过去在村里也算得上中上水平，不比哥哥陈宝家逊色多少。全家依靠发展山林经济资源，培养两个女儿读到高中，还能给大女儿留一笔不菲的办厂积蓄，尽管自己身患重病，也不会让留下的家庭一蹶不振。只不过，其中年离世，势必导致其家庭村落生计模式由拓展型转向固守型，成为山林经济发展中的保障户。目前全家还住在一栋砖木结构的老房子里，暂时也没有盖新房的打算。新莲对我谈及了她的家庭情况：

> 孩子她爸生了这种病，治了两年，花了3万多块，没有看好，去年还是走了。家庭肯定受影响，但也没有办法。别人问我，愿不愿意嫁出去，我是不愿意的。我家里日子还可以过的。家里有板栗树400

来株，今年有 1 万多块收入，以前要好一点。杨梅也陆陆续续种了 500 来株，现在收入还不高，今年只有 8000 来块。茶叶有 3 亩左右，也有万多块收入。我一个人做不过来还黄掉了一些。我平时还种点菜，没有种稻了，买米吃。我孙子出生才 6 个月，平时还给女儿看看孩子。我一个人随便做几个月，一年也有三四万元，这样的收入在农村也马马虎虎。

（21/11/2012，am，于石马源村阙新莲家）

新莲的话透出理性和现实，正是因为石马源村山林经济资源的开发，让失去丈夫的她，虽然不能像很多拓展型的家庭，获得十分可观的山林经济收益，但也可以让全家丰衣足食，有能力继续照料好子女的发展，也不至于非要"男有适，女有归"才能老有所依，倘若没有家庭经济作物的发展，则另当别论了。

案例 2，蓝树花（1969—），小学文化，丈夫蓝银土（1969—），小学文化，有一个儿子在宁波上大学。那天从樟凤家出来以后，彩凤带着我们又去了树花家。她边走边说树花的公公是村里的老党员、老干部，叫我一定要去她家看看。我一边跟着走，一边心里暗自佩服这位没上过几天学的大姐，是如此的聪明，真是一位难得的好向导。我们穿过村内的两条巷子，就到了树花家的厨房门口，树花正在磨豆腐。她家房子原来是一栋二层楼的小学，与她原来居住的平房挨着。后来村里的小学合并到镇里，小学空置了几年。2008 年她花了 1.4 万元买下，后花了 2 万多元装修。房屋面积宽敞，朴素整洁，她自己也认为买得很划算。我们在她家落坐后，她热情地端来茶水，还将她的公公叫来。老人名叫蓝朝云，已经 88 岁高龄，曾担任了 30 多年的村干部，现已耳朵失聪，无法交流。树花向我介绍了她家的情况：

我家里板栗、茶叶都不太多。板栗 500 株，收入三四千元，茶叶 2 亩，收入八九千块，杨梅 200 株，收入四五千块，茶油 80 斤，收入两三千元。我老公打零工，到山上砍树，200 块一天，一年万把块收入。我平时还种豆、养猪等，收入大概 2000 块吧，没有怎么算过。全家全部加起来，每年 3 万多元。主要是供儿子上大学，这点钱勉勉强强。我老爸（公公）除了每月有 100 元的养老补助以外，还因为参加过地下党，每年有 2000 元的慰问金。生活费基本够了，如果生病就不够。因为他有高血压、心脏病。常年吃药，十几天拿一次药就要 100 多块，3 个月挂一次盐水，每次 200 多块。

（21/11/2012，pm，于石马源村蓝树花家）

在与树花交谈的当中，进来一位中年男子，我跟他打招呼，没有反应。树花告诉我，这是儿子的叔叔，因为小时候生病发烧，后来头脑落下毛病。令人感慨万千的是，这位老干部在集体化经济时代是村里的权威和楷模，然而如今的家庭经济却存在着明显的滞后性。该现象无疑与个体家庭内部自身特殊状况不无关系，诸如遭受疾病等意外打击。但另一方面，也与农户自身对山林经济资源和市场经济的敏感程度有关。

三　对石马源村山林经济开发的反思

自 1990 年始，在松阳县民族宗教事务局和农业局等相关部门的大力支持下，石马源村充分挖掘山林资源发展潜力，大幅度调整优化产业结构，因地制宜地大规模发展板栗种植业，全村在几年时间内陆续栽种了千余亩板栗树，村民们因此获得较为可观的经济效益。而且村民们在板栗销售过程中，市场意识得到了历练和提升。他们不仅出售自家的板栗给批发商，也学会了去山里收购散户板栗，再积少成多地集中销售至县城的市场以赚取差价。自 2008 年始，村民们又进一步解放思想，充分利用松阳茶叶大县良好的市场环境，将山坡田头全部开辟为茶园，完全放弃了水稻的种植，改吃商品粮。绝大部分农户并不像很多山区茶农那样仅出售利润较低的茶青，而是自己加工炒制茶叶送至茶叶市场以提高附加值，这样每亩茶园纯收入高达七八千元，有的甚至上万元。还有很多村民添置机器兴办茶叶加工厂，不仅炒制自家茶园的茶叶，更多的是收购附近的茶青加工。每当茶季来临，他们起早贪黑，有时甚至通宵达旦，为的是抢时间、抢速度、抢数量、抢市场，力求最大限度地获取较高的经济回报。在种植茶叶的同时，不少村民还在空闲的山地上种植优质杨梅，也获得了不错的经济收益。尤为值得肯定的是，当村民们面对板栗树日渐老化，边际效益递减明显时，能够主动逐步将其替换为效益更高的油茶树，这说明他们具有敏锐的市场意识和经济创新能力。

石马源村的山林经济发展道路，为山区畲村的发展提供了重要的启迪

意义：从方法路径而言，那就是立足山区自然生态环境，大规模发展具有
自然适应性和技术适应性的经济作物，实现从传统生存型农业经济到现代
商品化农业经济的转型；从思维观念而言，应以开阔的民族胸襟，强化畲
汉之间的良性互动，努力超越畲族传统的"耐劳杂作，弗事商贾"① 的农
本意识和"山野自足，于世无求"② 的消极心理。当然石马源村的山林经
济发展道路，也还有一些需要完善的地方。首先，新型农业经济组织还不
够成熟，村民大都以一家一户为单位，相互之间的合作也基本停留在互助
阶段。由于缺少全体村民共同面对市场的新型合作社组织，因而出现市场
潜力挖掘不够充分，村落内部发展不平衡，市场抗风险能力总体有限等明
显不足之处。其次，经济作物还缺乏深加工，无论是板栗，还是茶叶，抑
或杨梅、茶油等，基本都只是出售初级产品，只能获取初级利润。再者，
尚未孕育出具有一定规模的，能带动农户产业化的龙头企业，也无自己的
产品品牌，更未关注产品的文化内涵。以上这些势必影响了该村山林经济
资源产业化的深度和进程。此外，村内集体收入不足和经济力量有限，加
上缺少对村落弱势群体的帮扶机制，影响了村落的共同富裕进程。例如，
村内目前 35 岁以上的单身汉还有 10 来个。有不少村民抱怨说，娶一个老
婆要花费 10 来万元，光彩礼就要两三万元，这是一笔沉重的负担。很多
村民的老房子还无力改造，村落房屋景观还有待整体规划。事实上，石马
源村的黄泥土墙房，颇有特色，如能修旧如旧，是一项特色旅游资源。以
上经验无疑值得发扬光大，以上不足尚需要继续努力。期待石马源村在未
来的几年更上新阶。

第三节　景宁敕木山区惠明寺等畲村的回访

笔者第一次走进景宁畲族自治县畲族村落距今已有 10 年整。2004 年
那个寒冷的冬天，我首次进入景宁鹤溪镇敕木山区惠明寺等畲族村落进行
有关畲村经济转型课题的田野调查，同时为博士论文考察田野点。随后经
过历时近三年的田野调查，较长时间地与畲族农民同吃同住，2007 年 6

---

① 参见（清）吕渭英《侯官乡土志》卷 5，《人类和地形略》，光绪三十二年刊本。
② 参见（清）范绍质《瑶民纪略》，载李绂《汀洲府志》卷 41，《艺文记》同治六年重
刊本。

月，完成博士论文《走向市场：一个浙南畲族村落的农作物种植与经济
变迁》①，尔后又多次重返田野点，对博士论文进行修改、补充，最终
完成书稿《走向市场：一个浙南畲族村落的经济变迁图像》，于 2010
年由中国社会科学出版社出版。该书的内容提要是这样表述的："本书
基于畲族经济较之东南发达区域经济严重滞后的现实，选取迄今全国唯
一的畲族自治县——浙江景宁畲族自治县，畲族人口相对集中的敕木山
区惠明寺村为深度田野对象，以其周边六个畲村为田野参照物的点面结
合的田野调查方式，以原产惠明寺村历史悠久、品质上乘，曾与西湖龙
井茶、贵州茅台酒、金华火腿等一起荣膺 1915 年美国旧金山万国博览
会金质奖章的惠明茶之复兴及走向市场为主线，以村落农作物种植结构
为背景，勾勒惠明寺雷姓畲族村落经济变迁图像，着力聚焦惠明寺村雷
姓畲民是如何通过多种力量的交错互动，而逐渐复兴金奖惠明茶并实现
其村落经济转型的，进而在畲村田野调查与畲族相关文献资料相互观
照、彼此印证，畲族历史与畲族现实深度评估的基础上，从经济人类学
的视角，对我国散杂居畲族乡村经济发展模式提出具有一定普遍意义的
思考。"

以上所指的惠明寺村周边六个畲族村落田野参照物是与惠明寺村具有
长期历史文化互动，至今人情礼物往来仍十分密切，当地民俗语言称之为
"六保"的畲族村落群，它们分别是敕木山村、周湖村、东弄村、双后岗
村、旱塔村、包凤村。我曾在 2009 年 12 月、2010 年 10 月、2012 年 11
月和 2013 年 1 月等，按照点面结合的方式，分别对这些畲族村落进行了
回访，发现它们具有以下几个方面明显的变化。

一　基础设施建设日臻完善

近年来景宁县委和县政府，一方面强化"开发山林经济资源"和
"生态立县"的发展战略，另一方面深入挖掘畲族文化资源，大力扶持畲
族旅游文化产业发展，努力打造"文化名县"。基于此，景宁县政府首先
加快了对全县基础设施建设的投入和城市景观的美化。走在今日景宁县城
的大街上，映入眼帘的是宽广的街道和整洁的楼房，大街小巷以畲族凤凰

---

① 王道：《走向市场：一个浙南畲族村落的农作物种植与经济变迁》，博士论文，厦门大
学，2007 年。

吉祥图案装饰的路灯和各种别致的建筑景观，以及连接鹤溪两岸古色古香的廊桥和典雅气派的中国畲族博物馆。想当年从景宁县城通往鹤溪镇各畲汉村庄的公路尘土飞扬、坑洼不平，现在宽广平坦的城南大道与鹤溪镇各村落畅通相连。

　　还记得 2006 年夏天，在周湖村见到前来指导农村发展工作的鹤溪镇胡副镇长，他向我描绘了城南大道竣工后的美好蓝图，还尤其强调了届时周湖村交通优势将凸显，发展旅游经济得天独厚，当时我觉得这似乎还比较遥远，但短短数年已变成现实。当 2012 年 11 月 18 日，我首次走进粉墙黛瓦、气势恢宏的中国畲族博物馆时更是感慨万千，不禁想起景宁一位畲族文化研究者，曾多次向我抱怨：景宁作为唯一的畲族自治县居然没有畲族博物馆，连畲族文物陈列室也借用在很不起眼的地方，很多文物都被束之高阁。其抱怨声中渗透着浓烈的忧患意识和民族情怀。短短数年过去了，景宁县城矗立的这座畲族博物馆，不仅是"景宁"的，还是"中国"的，颇有"循南中佳郡，今非昔比矣"① 之意味。

　　与景宁县城新面貌相对应的是畲村新气象。景宁地方政府在加快城镇化基础设施建设步伐过程中，尤为重视对少数民族村落建设的投入力度。县政府在统筹管理好中央和省级少数民族发展资金的同时，还设立了县级少数民族发展专项资金，规定将上年度地方财政收入的 2% 作为当年少数民族发展资金。据统计，2008 年至 2012 年，全县共投入少数民族发展资金 3563 万元②。这些少数民族专项发展资金大都用于畲族村落的基础设施建设。加大力度的投入和快马加鞭的建设速度，换来惠明寺等畲族村落面貌日新月异的变化。2010 年 10 月，当我一进入惠明寺村，感受最深的是，惠明寺村南泉山向西往包凤村的公路已经全线贯通，从惠明寺村到包凤村中的叶山头自然村、潘山岭自然村、澄照乡等金奖惠明茶产茶区十分便捷。该公路的打通不仅有益于惠明茶的进一步产业化，更有利于环敕木山区畲族风情旅游区的培育和成长。

　　记得 2005 年夏天的一个清晨，我为了追踪感受一下惠明寺村雷姓先祖当年从叶山头村进入惠明寺村的迁徙路线，在房东雷进兰大姐和热心村

---

① 语出（宋）崔与之《崔清献公集·与循州宋守书》，形容变化巨大，现在不是过去所能比得上的。

② 该数据由景宁畲族自治县民族宗教事务局提供。

民雷树清的带领下，我们从惠明寺村南泉山的西坡出发，他们俩带着一把砍刀，一路在前方披荆斩棘，我小心谨慎地紧随其后，在崇山峻岭中跋涉了近两个小时才来到山那边的叶山头村和潘山岭村。返回时已近黄昏，未敢走原路，在包凤新村搭乘便车，从县城方向绕道而回。现如今，玉带似的盘山公路畅通无阻，摩托车和小轿车载着采茶、卖茶和买茶或做其他买卖的畲汉人民飞奔往来。需要去包凤村方向走亲访友的惠明寺村雷姓畲族村民们，不再像过去那样需要绕道县城，而且进入县城鹤溪镇的道路东西贯通，四通八达。

此外，各畲族村庄的入村公路大都进行了拓宽，过去泥泞不堪的道路路面也实现了硬化处理，道路两旁则进行了绿化美观，包凤村等还修建了宽广平坦的主干路和环村机耕路。此外，村落建筑景观设施也得到了较大的改善。首先获得视觉效应冲击的是村落入口处的牌楼。过去仅有惠明寺村口矗立着独具特色的石质牌楼，如今其他六个畲村的村口都相继立起了具有村落标志的高大牌楼，与此相对应的是村口地面醒目处还摆放着写有村落名称的景观石。更让人耳目一新的是各村庄兴建了具有浓郁畲族风情的文化广场、景观亭、综合服务楼，以及老年活动室等公共服务建筑设施，村内道路两旁则安装了漂亮别致的路灯。各畲村民居大都被改造翻修，民居外立面进行了"畲文化元素上墙"的统一装修，每座修葺一新的畲族农舍外墙上方都绘有一只展翅欲飞的彩色凤凰，下端则环绕着一条蓝白花纹的彩带，以此彰显着畲族文化特质。旱塔村还集中修建了整洁美观的"旱塔新村"，较好地解决了昔日30多户畲村农户住房标准超低的居住问题。各畲村内的环境卫生也大为改善，改栏改厕工程基本完成，周湖村还进一步推广环保节能的沼气池。各畲村均修建了垃圾中转池，并配备了不少垃圾箱。至于有线电视覆盖率和自来水入户率也得到大幅度的提升。通过以上硬件设施的改善，一个个整洁美观，畲族风情浓郁的"魅力畲寨"呈现在世人面前。

二 惠明茶产业化程度进一步加深

从惠明茶产业化进程而言，产业化程度进一步加深。具体表现在市场环境的优化和农户产业化规模的拓展。市场环境的优化，源于景宁县委和县政府对惠明茶产业扶持的力度进一步加大。自2008年起，景宁每年财政扶持惠明茶专项发展资金2000万元，将惠明茶作为长期培育和发展的首要支柱产业①。2010 年，国家质检总局发布第 52 号公告，批准对景宁畲族自治县的"惠明茶"实施地理标志产品保护，保护范围为景宁县现辖行政区域，这标志着"惠明茶"在产品声誉和市场竞争力等方面已再跃新阶。为加快惠明茶产业升级，自 2012 年 6 月始，县农业局组织相关专家，分赴鹤溪、澄照、东坑、沙湾、梧桐、渤海等 6 个惠明茶核心乡镇进行了为时 3 个月的实地调研。他们深入了解茶叶基地土地资源情况，听取茶农和乡镇干部对惠明茶产业扶持方面的意见。期间，还深入 14 家企业和 14 个专业加工大户，着重调查茶叶加工及销售基本情况等。经过 3 个月深入扎实的一线调研，是年 9 月工作小组从基地建设、茶叶加工、品牌宣传、市场营销等四个方面，编写了 2013 至 2015 年工作计划。最后在集思广益的基础上，完成新一轮的《景宁县惠明茶产业发展实施方案和配套扶持政策》，旨在以打造浙江绿茶业的"北龙井，南惠明"新格局为战略目标，做足"生态、绿色"文章，走精品化、特色化道路，强化品牌建设，将惠明茶培育成景宁农业的主导产业为目的②。该新方案的实施，将惠明茶产业推向新的高度。

2013 年 5 月 10 日至 12 日，央视七套《每日农经》栏目组来到景宁县拍摄惠明茶专题片，为提高惠明茶的知名度和市场竞争力起到了良好的推动的作用。2013 年 8 月 26 日，由景宁大自然食品有限公司生产的一批 600 公斤，货值 3672 欧元的惠明茶顺利出口法国，这是惠明茶继 1915 年获美国旧金山巴拿马万国博览会金奖之后，首次迈出国门，时隔近一个世纪，令人感慨万千，也无疑体现了惠明茶的市场拓展价值。2014 年 11 月，与景宁惠明茶业有限公司长期合作的北京张一元茶叶有限公司，偕同北京金正资产投资经营公司代表前来景宁县开展茶叶项目投资考察，并签订"金奖惠明茶产业园项目"投资意向书。该项目是今年景宁县重大招商引资项目之一，投资额度高达 2 亿元。主要建设内容包括惠明茶文化博物馆、惠明茶推广展示中心、惠明茶休闲观光体验区，以及新建惠明茶叶基地 2000 亩、实施茶园低改 3000 亩等。该项目落成后，将填补景宁县惠明茶集展示、推广、营销、研发、观光为一体综合类大项目的空白，推动

---

①　该数据由景宁畲族自治县民族宗教事务局提供。
②　刘建平:《景宁深入生产一线调查研究谋划惠明茶产业发展新路》，参见丽水农业信息网（2012 – 09 – 06）。

惠明茶产业转型升级，并丰富全县风情旅游业内涵①。

以上无不体现了景宁惠明茶产业发展市场的新举措和新气象。在这一新的市场环境下，惠明寺等畲族村落的许多畲族茶农更以"长风破浪会有时，直挂云帆济沧海"般的自信和拼搏精神，深入市场。我在《走向市场》一书中提到的茶业大户们，茶叶发展规模和产业化程度都有所提高，组织化程度也有所完善。例如，惠明寺村的市场闯荡型大户雷顺平，正式成立了"惠明寺村雷成女惠明茶坊"，抢先注册了"雷成女"② 商标。他购买的惠明山庄底楼改造为茶叶制作车间，内有十几台制茶机器，一楼还修建了品茶室。他告诉我："2012 年我做了高档绿茶共 5000 斤，平均价格 240 元左右，有 20% 的纯利润，净赚了 20 多万元。我还做了低档茶 3 万斤，平均十七八块一斤，也有 20% 的利润，净赚也有 10 多万吧。另外，我还做了 1 千斤红茶送到福建武夷山，由他们包装。红茶分档次的，最低的 15 元一斤，好的三百七八十元一斤，利润也是 20% 左右。我给他们 80 元一斤，也赚了 1 万多元钱。另外，我还做了一些夏秋茶。我家里还有 100 多亩茶园，我弟弟在管理。我这几年茶叶的利润还可以。我泰顺那边有个朋友，想跟我合伙做。我感觉我这个地方太窄了，要一起做，就要建厂房，我不知道会不会批。我这里因为地形气候的原因，1 亩茶园的效益远远不如松阳，农户要是只卖茶青，1 亩茶园要管理得很好，才能达到 1000 元，而松阳那边至少达到 5000 元 1 亩。另外，夏秋茶还是不太好做，因为景宁茶叶施肥一次，要是大叶采完了，担心第二年的春茶采不起来。"③ 顺平的话既反映了一位茶业经营户的闯荡精神和惠明茶销售的可观利润，也反映了惠明茶进一步产业化的瓶颈所在。

还有本村的茶叶种植大户雷福宗也是一个值得关注的人物，其承租99 年期限的 200 余亩茶园长势良好，前几年还盖起了一栋面积宽广、装修现代、耗资 100 多万元的三层新楼房。其一楼为茶厂，二楼为客房，三楼为农家乐餐馆和品茶观光室。他的茶厂命名为"雷氏茶业有限公司"，

① 雷淑君：《景宁县引资 2 亿元建设金奖惠明茶产业园项目》，载《畲乡报》2014 年 11 月11 日。

② 相传雷成女为参展 1915 年美国旧金山万国博览会并获得金奖的惠明茶制作人，参见王逍《走向市场：一个浙南畲族村落的经济变迁图像》，中国社会科学出版社 2010 年版，第 66—67 页。

③ 报道人雷顺平（1972—），2013 年 2 月 15 日下午于惠明寺村雷顺平家中。

他的农家乐食宿名为"敕惠山庄"。他属于后来居上的茶业发展大户，一开始全部贷款，现在经济效益日渐明显，加上政府补贴，贷款偿还不成问题，他可谓是沐浴着地方政府对惠明茶产业倾力扶持的雨露阳光而茁壮成长的茶业经营户。此外，村里其他经营大户如雷相余、徐卫华、雷陈昌等，其经营规模都有所扩大，大都打上了"专业合作社"称号，还建有品位高雅的品茶室，用于招待往来茶商。村里还新增了很多茶青收购户。至于村里只出售茶青的大部分茶农，这几年收入较为稳定，原来担心茶叶没人要的现象，并未出现。

最值得一提的是我的房东一家，曾作为我田野向导的雷彬，大学毕业后一直在杭州某公司从事销售工作，他的叔叔雷二培 20 世纪 90 年代中专毕业后，在家乡做过几年茶叶生意，后至温州宣达集团从事阀门生产和管理工作十来年，后又转至武汉负责销售。近几年，叔侄俩瞅准惠明茶的市场潜力，双双返乡合作从事茶业经营。二培在周

图 33　2014 年冬，作者回访景宁惠明寺村雷二培父子

湖村承租了一块数十亩的地皮，内有 5 亩水塘，现已耗资 400 多万元，用于整理场地、建造茶叶交易市场，并修建了一座近千平方米的二层楼的标准厂房，成立了"景宁大丽花茶叶专业合作社茶厂"，目前有 33 户农户加入合作社，茶叶基地达 700 余亩，2014 年总产值达 100 万元，还有 2000 平方米的茶庄待建，计划未来几年将大丽花茶厂发展为集茶叶制作、销售、茶文化旅游休闲为一体的品牌企业。叔侄俩配合默契，叔叔负责厂内和基地事务，侄子则经常至省内外参加相关培训和展销会。他们试图通过茶叶制作技艺深化和互联网营销等新的经营理念取胜，作为惠明寺村中青年一代知识茶人，前景看好。此外，我还回访了惠明茶业有限公司的蓝玉明和六江源惠明茶业公司的吴晓英这两位董事长，他们对惠明茶的产业前景充满信心，对公司的发展踌躇满志。惠明茶业公司原厂长蓝香平则已离开公司，在叶山头村承包了数百亩茶园基地，并成立了"香香茶叶专业合作社"，长期丰富的历练，终于让这位敕木山村的畲族农家小伙成长为翱翔在惠明茶业蓝天上的雄鹰。以上无不体现了惠明茶产业化的新

气象。

三　旅游经济发展势头良好

近年来，景宁县委、县政府将发展畲乡旅游经济，作为少数民族经济发展新的增长点，最显著的成就是"环敕木山畲族风情旅游度假区"项目的开发。2012年7月27日，张雄文副县长赴鹤溪镇开展环敕木山畲族风情旅游调研工作，鹤溪镇政府、县旅游局、民宗局、城建局和县农办等相关单位负责人陪同考察。张雄文一行先后察看了鹤溪古城、畲族博物馆，并深入旱塔村、双后岗村、周湖村、惠明寺村、敕木山村等五个畲族特色村进行了实地考察①。通过这次考察，明确了该旅游项目的目的、意义及战略方针。随后指明了该旅游项目的目标和方案："畲族风情旅游度假区，位于县城东南至西南部，涵盖草鱼塘森林公园和环敕木山畲族聚居区。度假区主体为'一心一轴三区十寨'，'一心'即畲族文化体验中心，'一轴'即畲族人文山水景观轴，'三区'即畲族山水人居景观区、环敕木山畲族生活体验区、草鱼塘森林公园生态体验区，'十寨'即旱塔、周湖、东弄、惠明寺、敕木山、大张坑、金丘、际头、包凤、双后岗等畲族村寨。度假区自然景观独特、服务设施完备先进、畲族文化浓郁，是集畲族文化体验、森林养生度假、乡村休闲游憩、商务会议等功能于一体的多功能旅游度假区，是'长三角'唯一的少数民族文化生态休闲旅游度假区。"② 该项目现正在分阶段地有序进行，项目运作不仅有政府的投资，也积极引进民间资本运作。目前畲族十寨随着基础设施的完善和畲族非物质文化遗产保护的重视，旅游环境已初具规模。以下不妨试举几例。

惠明寺村是一个从事旅游开发较早的村落，内有千年佛寺惠明寺，又是金奖惠明茶的原产地，且畲族传统文化底蕴深厚，但由于旅游环境不成熟，旅游设施不够完善，旅游资源未能很好地整合，因而多年来旅游经济未成气候，惠明寺院的生意就那么不温不火地维系着。而"环敕木山畲族风情体验区"旅游方案的实施和西面公路的贯通，将给惠明寺村迎来新的旅游发展机遇。雷福宗的"敕惠山庄"就是惠明茶产业与农家乐旅

---

① 参见中国景宁新闻网，2010年8月2日，http：//jnnews.zjol.com.cn/.
② 参见"景宁畲族风情旅游度假区"，百度百科 http：//baike.baidu.com/.2014年10月6日引用。

游经济结合得较好的案例。该山庄地理位置得天独厚，生态优美、空气清新、视域开阔，游客在"近看满目葱茏，远眺山峦起伏"的环境中流连忘返。自山庄竣工四五年来，生意渐入佳境。还记得 2009 年冬，我来惠明寺村回访时，正赶上救惠山庄的乔迁之喜，我也入乡随俗地送了红包，当时山庄还处在工程浩大的装修中，有村民对其贷款大兴土木隐隐担忧。次年夏天来访时，只见东面墙上右边分别竖写着茶叶公司和山庄的名称，左上方配有一幅田园风光水墨画，下方则配有四句民间通俗诗："山高水秀有绿芽，赢得金奖惠明茶。白云深处鸡晨啼，茶园之中有畲家。"此情此景渗透着朴素的农家田园情怀，目前茶厂和农家乐生意不错，愿南泉山上的救惠山庄在惠明茶的滋养中风生水起。

近年来救木山村的旅游经济发展迅速，自然与人文环境相得益彰。该村坐落于秀丽的救木山半山腰。救木山上峰峦叠翠，曲径通幽，"救峦济雪"为清代著名的"景宁八景"之一。山上有历史悠久的汤氏真仙庙，村内还有 4 座古民居，其中德国学者史图博当年居住过的"蓝文成故居"最为有名，这些古民居现已被列为第六批古建筑类省级文物保护单位。该村畲族传统文化保留相对完好，也是金奖惠明茶的核心地带。此外，早在 2002 年，该村村委书记蓝华亮就颇有远见卓识地在村落对面的入村公路旁，面向救木山峰修建了一座名为"救木山庄"的农家乐餐馆，远近闻名。随着旅游经济的开发，山庄游客日益增多，现今在此驻足的游客可以真正获得"游救峰、听畲歌、沐山雨、品畲茶、拂畲风"等一系列浓郁的畲族风情体验，救木山庄可谓风光无限、前景可观。

周湖村发展旅游经济具有不可多得的地理位置优势。首先，它距离县城较近，自城南大道贯通以后，交通愈加便捷。其次，村落地势平缓、背山面水、环境优美。再者，畲族传统文化底蕴深厚。该村旅游规划虽然起步稍晚，但属于后来居上型。早在 2008 年，在地方政府的支持下，村两委十分重视环境美化工作，发动全村义务植树 5000 多株。2009 年，还投入 30 万元资金修建了具有畲族特色的村口牌坊和占地面积 800 多平方米的停车场。早几年修建的蓝家大院，已发展成为农家乐旅游的示范型民居。

近年来，景宁地方政府推行的"环救木山区畲族风情旅体验区"旅游项目，无疑是该地畲村继发展惠明茶之后的又一福音。虽然该项目还处在逐步完善过程中，还有很多不足之处。诸如：旅游资源未能很好整合、旅游产品开发不足、农家乐食宿文化元素挖掘不够等。但是该项目的启动，既有利于畲族传统文化的传承，也有利于畲族百姓的文化自觉，更有利于畲族民族性格的与时俱进和现代转型。畲族在历史上受封建大汉族主义氛围的影响，淳朴的民族性格中不乏胆小内敛的成分。正如1929年史图博在敕木山村看到的情景："这个居住地的住户在外人面前特别胆怯。陌生人一走进，这里的妇女和孩子便突然消失了，只是偶然会见到一两个好奇而胆怯的男人站在角落里或走道旁，假装在干什么活，以此作为一种借口，以便能在一旁不受阻挡地观察这位罕见的客人。"①

　　然而，史图博的记述与我10年前看到的情形截然不同。该地畲民们对待外来客人既热情，又大方。无疑，这种性格的改变始于新中国民族平等政策实施以后。而自从发展旅游经济以后，这里的畲族百姓，尤其是妇女们更是乐意接触外界，争相将自己的畲歌和服装展演给客人。记忆最深的是2012年11月18日中午，当我们一行60多人，结束丽水畲族会议来到周湖村参观时，该村的几位身着畲族盛装的中老年妇女，争先恐后地与同行的一位美国学者合影，解释说要把照片挂在自己的农家乐餐厅以招揽生意。甚至在我们准备离开时，还有两位大妈左攀右扶地"挟持"着高大的美国学者，热情奔放地要求我给他们合影，我留下了三个人笑得合不拢嘴的珍贵瞬间。这与当年史图博看到的畲族妇女情形多么的截然不同，时代的变迁和山林经济及旅游业的开发，让这个昔日含蓄内敛的山地民族更加自信和从容地走在市场经济的康庄大道上。

四　村民生活品质大幅度提高

　　为了进一步提高畲汉民众的经济收入水平，近年来景宁政府继续深入挖掘山林资源潜力，除了茶叶之外，还努力发展毛竹、香榧、香菇等绿色产业。惠明寺等畲族村农户大都栽种了一定数量的毛竹，其中尤以敕木山村和东弄村居多。毛竹因生长速度快和成材周期短而成为山居畲民一项较可观的经济来源。敕木山村不仅出售毛竹，还因山上盛产优质箬竹叶，故近几年成为嘉兴五芳斋粽子品牌企业箬叶定点采购地。至于距离县城最近的旱塔村和双后岗村，则继续受城镇化经济建设的辐射，通过租地办厂和

---

① ［德］史图博、李化民：《浙江景宁敕木山畲民调查记》，周永钊、张世廉译，中南民族学院重印本1984年版，第15页。

征地开发等方式获得较好的经济补偿,村民则大都成为钟摆型打工者。正是随着山林经济资源的开发和城镇化建设的推进,惠明寺等畲村畲民年人均收入获得较大幅度的提高。据统计,全县畲族农民人均收入已从 2005 年的 2251 元提高到 2014 年的 12432 元,连续十年来增速高于全县平均水平①。从表 18 可以看出惠明寺等畲村近十年来农民人均纯收入情况:2012 年以前,惠明寺等 7 个畲村农民人均年收入略低于全县农民人均水平,2013—2014 年,因惠明茶的进一步产业化和旅游经济的发展,惠明寺等畲村与当地汉族村的发展差距日益缩小②,故景宁政府不再做分类统计。而 2013 年之后,该县畲汉农民虽然与浙江省农民平均水平还有较大差距,但已日益超过全国农民平均水平。当然,景宁畲汉村落内部发展的不平衡性也是不容忽视的。

表 18　　　　　景宁惠明寺等畲村农民近十年人均年收入比较表　　　单位:元

名称＼年份	2005	2006	2007	2008	2009	2010	2011	2012	2013	2014
惠明寺	3320	3465	3675	4225	4690	5322	6119	7244		
敕木山	3205	3368	3578	4128	4582	5222	6002	7239		
周　湖	3276	3583	3765	4313	4787	5441	6203	7202		
东　弄	3251	3415	3625	4175	4634	5269	6048	6924	9466	12432
双后岗	3297	3562	3770	4320	4795	5429	6224	7187		
旱　塔	3279	3442	3653	4203	4665	5298	6082	6845		
包　凤	3201	3365	3575	4125	4579	5213	6001	6933		
景宁县	3292	3632	4055	4810	5409	6202	7412	8384		
浙江省	6660	7335	8265	9258	10007	11303	13071	14552	16106	19400
全国	3255	3587	4140	4761	5153	5919	6977	7917	8896	9892

资料来源:景宁畲族自治县鹤溪镇农村经济管理统计年报及各级政府年度统计报告等。

　　伴随着收入的提高是畲民生活品质的相应提高,这主要表现在衣食住

---

①　数据来源,景宁县民宗局提供。

②　事实上,惠明寺等畲村的实际收入应高于统计数据,因为很多茶叶经营大户和部分打工收入未计算在内。此外,2013 年敕木山村农民人均年收入达到 1.3 万元,超过全县农民的平均水平。

行以及休闲娱乐等方面。不妨以惠明寺村为例，2013 年 2 月 12 日傍晚，我走进村民雷岳东大哥家中，他家准备了丰盛的晚餐，热情地邀请我和家人共进晚餐。在饭桌上，他谈到近几年村里发生的变化，表示村民生活水平普遍提高，手机除了个别年纪很大的不用以外，基本上人手一只，很多家庭还购买了小轿车，摩托车已全村普及。餐桌食物也更加丰富，肉食类和啤酒的消费量增加了好几倍。在用餐过程中，我明显感觉这几年村民家里的米饭普遍比过去好吃，对第一次来惠明寺村硬邦邦的米饭还记忆犹新。问及原因，被告知村民大都不种粮了，因收入增多普遍舍得花钱购买口感较好的商品粮。即便有的村民自己种点口粮，也不再为追求产量而种植口感较差的早稻米，而是选择产量低但口感好的优质稻。感触最深的还是他关于村里老年协会每年组织旅游的事："我们村 2008 年组建了老年协会。仁妹做会长、存余做副会长、余连做会计，我做秘书。会员刚开始一年交 20 元的会费，现在涨到 50 元。现在每年都要组织到外面旅游。去年我们到杭州的宋城和丝绸厂、西湖等，村里去了 28 位老人，周湖村、救木山村、包凤村等也去了好多人，由镇里的驻村干部带队。每个人自己出300 元，其余由村里补贴。我感觉现在日子好过多了，农民也能旅游了，以前想都不敢想。"说完，他又用不无羡慕的语气补充道："现在周湖村、救木山村、东弄村比我们惠明寺村还要搞得更好。"①

拜访过岳东家的次日，村民树清邀请我去他家吃饭。树清是我在《走向市场》一书中提到的那位"抓住生命之香"的炒茶人，家境比较困难，为人淳朴热情。走进他家，我发现其生活也有了起色，在原来住房的旁边加盖了两间新平房，房虽不大，但简洁温馨。他那长年患病的妻子，身体也大为好转，亲自准备了丰盛的晚餐。用餐期间，树清的父亲也谈到了家庭生活的改善。树清告诉我近几年家里的茶叶面积比原来多一些，炒茶工资比原来有所提高，家中生活有所改善，光每年啤酒消费就有几百箱。此外，我的房东家也变化较大，新楼房装修一新，卫生间安装了热水器，还购买了一辆小轿车。漫步惠明寺等畲族村落，深感变化无处不在，村民生活品质在原有基础上总体又有所提高。看到广大畲民沐浴在惠明茶产业化的雨露阳光中，生活一天比一天滋润，我由衷地替他们高兴，同时也深深地缅怀为复兴金奖惠明茶而付出毕生心血的雷石才先生，如今斯人

---

① 报道人雷岳东（1954—），2013 年 2 月 12 日晚于惠明寺村雷岳东家中。

已去数载。倘若地下有灵，看到漫山遍野的惠明茶深深地滋养着无数的畲汉百姓，他一定会含笑九泉的。

除了以上几个田野参照物畲族发展案例以外，我还走访了浙江省内的泰顺、平阳、景宁、丽水、武义、金华、桐庐、安吉等县市的十几个畲族村落，对其经济发展模式多元化具有一定的感性认识。它们均具有共同的特点，一方面发展特色农业产业（如武义柳城畲族镇的宣莲、桐庐莪山畲族乡的高节笋、湖州安吉郎村的毛竹等），另一方面通过挖掘畲族传统文化资源，复兴畲族"三月三"传统节日等"文化搭台、经济唱戏"的方式，实现文化与经济的良性互动。

小　结

以上几个田野参照物的经济发展模式，虽然与培头村的民族特色旅游村寨社区营造模式不尽相同，但让我深切体会到了挖掘山林经济资源潜力，开发山林绿色经济产业的无穷魅力和广阔前景，以及特色农业产业化所带来的畲乡巨变。深感山区畲村发展的本质特征不外乎是"既立足大山，又超越大山"。当然，畲村山林特色资源产业化的道路任重而道远。如何进一步完善农业产业化组织模式、实现农产品深加工、提高农产品附加值、缩小农户之间的内部发展差异等，都是需要进一步探究的问题。而畲村民族特色旅游村寨建设则是一项系统而复杂的工程，既要具有较为完善的基础设施建设，还要自然资源与人文资源的有效整合，更需要特色文化资源与特色农业产业化的有机结合。倘若没有特色农业产业支撑的畲族旅游经济势必是空中楼阁，而没有文化创意和文化内涵的畲乡旅游经济也是没有长久生命力的。因此，无论是畲乡风情体验，还是畲村山水田园观光，经济资源和文化资源的良性互动是至关重要的。简言之，目前无论是畲村山林特色经济资源产业化，还是畲乡民族特色旅游村寨建设，既有成就，也有不足，唯有通过制度创新才能不断突破发展的瓶颈，迎来长足发展的朝阳。

结语　社区营造视野下的
畲族乡村发展

　　本结语部分是相对于笔者在《走向市场：一个浙南畲族村落的经济变迁图像》一书中的结语："历史人类学视野中的畲村经济转型"[①] 而做出的进一步思考。所谓历史人类学视野中的畲村经济转型，简言之，即运用人类学与历史学相互结合的研究方法，在畲村田野调查与畲族相关文献资料相互印证、彼此观照的基础上，对畲村经济转型做出的整体性思考。具体而言，结合景宁惠明寺等畲村田野案例，对畲村经济转型的方向与契机及其内源性因素和外源性条件予以综合分析（主要观点参见本书绪论部分）。这些基本观点在笔者近几年新的田野调查中继续得到印证，可谓经得起检验。但也有诸多问题未能涉及或思考的程度不够。诸如：仅仅从经济转型的角度来思考畲族乡村问题不够全面，是否应从发展的视角来思考？那么畲族乡村发展的内涵是什么？在畲族乡村发展中畲农家庭发展与畲族村落发展的关系如何？畲族乡村发展现状如何？取得了哪些成就，还存在哪些普遍性的问题？如何评价畲族乡村自上而下的发展模式？畲族乡村进一步发展的内源性动力和社会助力是什么？解决畲族乡村发展诸多问题的新路径是什么？在笔者田野调查过程中，上述问题始终在脑海盘旋。本部分基于培头村及其田野参照物等田野调查案例，结合中国台湾社区营造的理念和方法，对畲族乡村发展问题予以思考和分析，从而试图对笔者《走向市场》一书的结语部分所提出的理论观点做出一定的补充，或实现某种程度的超越。

---

　　① 　王道：《走向市场：一个浙南畲族村落的经济变迁图像》，中国社会科学出版社 2010 年版，第 314—352 页。

一　乡村发展相关问题概述

（一）乡村发展概念内涵梳理

要思考畲族乡村发展问题，首先有必要从洞悉乡村发展概念的内涵入手。乡村发展概念的内涵随着时代的变迁而日益丰富和完善。早在 1971 年，美国经济学家韦茨（Raanan Weitz）在其编印的《变迁世界的乡村发展》（*Rural Development in a Changing World*）一书中指出：乡村发展着重在低度开发国家寻找能促进发展过程的策略，当前尤为注重经济增长与人类发展理论方面的研究[1]。从韦茨编印的书中可知，乡村发展的内涵是针对发展滞后国家的人民经济生活贫困，如何寻找促进解决方法。而世界银行在 1975 年给乡村发展下的定义是：乡村发展是一种策略，拟用为改进乡村贫穷人民的社会经济生活。发展的利益延及在乡村中寻求生活的最贫穷团体，包括小农、佃农及无土地者。其强调乡村发展的目标在增加生产、提高生产力、增加就业、动员可用的土地、劳力及资本，同时也注重消减贫穷及所得的不均[2]。世界银行的乡村发展定义较之韦茨所概述的内容更为丰富，目标更为明确和具体，但二者均属于浅表层次的，主要是针对解决贫困人口的生活困顿问题而言。巴基斯坦学者伊纳亚图拉（Inayatullah）在 1979 年编印的《乡村发展的研究，亚洲的若干经验》（*Approaches To Rural Development，Some Asian Experiences*）一书中，其乡村发展内涵着眼于三个方面：（1）传播适当及改进农场技术的过程；（2）传统乡村社会结构中的人民接触外界而产生新技术与新态度的过程；（3）包含技术、社会、文化与政治等因素的复杂过程[3]。如果说世界银行有关乡村发展的概念主要着眼于消除经济贫困，保障基本生活，显然伊纳亚图拉（Inayatullah）所理解的乡村发展概念内涵要更为丰富，它是由相互联系的三个过程所组成：既包含新技术、新观念的传播与接受过程，也包括乡村人接受技术的能力、态度及其做出相应的改变这一互动过程，还包括技术、社会、政治、文化等因素综合作用的复杂过程，显然该概念触及到了乡村发

---

[1]　Weitz, R. (Ed). (1971). *Rural Development in a Changing World.* The MIT Press, Cambridge, Masschusetts And London, England.

[2]　参见蔡宏进《乡村发展的理论与实际》，台北东大图书股份有限公司 1993 年版，第 3 页。

[3]　Inayatullah (Ed). (1979). *Approaches To Rural Development, Some Asian Experiences.* Asian And Pacific Development Administration Center, Kuala Lumpur, Malaysia.

展中的多重社会关系。

而澳大利亚学者戴维（David A. M. Lea）和乔德利（D. P. Chaudhri）在 20 世纪 80 年代则提出"整合的乡村发展"概念，主要涵盖四个方面的内容：（1）改善乡村大众的生活水准；保障基本安全及对衣、食、住、行和就业等方面的基本需求；（2）增进乡村地区的生产力，免受自然的灾难，并改进与其他部门的互惠关系；（3）提倡自立的发展计划，并使大家都参与发展计划；（4）保障地方的自立性及减少对传统生活方式的干扰[①]。这两位有关"整合的乡村发展"的定义虽然总体上仍是着眼于基本的经济生活保障，但他们提出了自我发展和大众参与的发展新内涵，还提出乡村人与社会关系的改进，以及在避免现代化对传统方式干扰的基础上寻求地方的自立性发展。这实际上已经注意到了乡村发展的主体意识和参与意识问题，还将盲目追求现代化而破坏乡村传统的发展区别于真正的乡村发展，这体现了传统与现代和谐并存的宝贵思想。

无论如何，乡村中有待发展的事务是纷繁复杂的，随着众多西方学者的研究，学界逐渐达成共识：乡村发展的内涵既是整合性的，也是多面性的。中国台湾学者蔡宏进认为：广义的乡村发展涵盖了社会政治、经济、文化、教育等多方面水准之提升。发展的目的除了改善乡村居民的物质生活和精神生活条件外，还可以提升一个国家的文明水准[②]。从发展人类学的眼光来看：发展是一个综合的指标，包含着满足人的物质和精神等方面的多层次需求，发展的本质归根到底是人的全面发展，发展的终极目标是以人为本，人既是发展的主体，也是发展的动力，而发展的方式则是可持续的而非竭泽而渔式的，社会的发展包含着重要的人文发展指数[③]。从现代社会发展观而言，发展是当今世界的两大主题之一，也是人类共同追求的目标。发展的意蕴是人类文明以及人与自然状况的改善、进步和提高。发展不同于增长，增长主要表现为量的增加，而发展是指量和质的共同提高；发展也不同于一般的变迁或变化，它是一种朝着更好、更文明和更高方向的变迁。而社会发展是发展的核心内容，其意义在于人类在不断提高生产能力的同时，要使更广泛的人享受到更多的生产成果，要为人们的生

---

① Lea, D. A., & Chaudhri, D. P. (Eds). (1983). *Rural Development and the State: Contradictions and Dilemmas in Developing Countries.* Methuen, London and New York.

② 蔡宏进：《乡村发展的理论与实际》，台北东大图书股份有限公司 1993 年版，第 4 页。

③ 陈庆德等：《发展人类学引论》，云南大学出版社 2001 年版，第 22—31 页。

活创造可持续的、更美好的环境。社会发展的基本内容涵盖：基础设施、公共服务、公共教育、公共卫生、社会福利、生态环境等多个方面，其宗旨是以人为本，促进人的全面发展，普遍提高民众的生活质量，促进区域的均衡发展和推动整个社会的协调发展①。

可见，社会发展既包括物的发展，也包括人的发展，还包括人与人、人与物、人与自然、人与环境等多重关系的和谐发展。具体到乡村发展，其内涵也是全面和综合的，不仅仅指的是乡村居民衣食住行等经济指标的增长，还包括其身心健康、闲暇娱乐等精神生活品质的提升，更包括他们享有自由民主和参政议政权利，实现自我价值、自我教育、自我发展等多方位目标。乡村发展目标，不是以资源枯竭和环境恶化为代价的粗放型经济增长，而是在人与自然的和谐、传统与现代的协调中可持续发展。而乡村发展方式，则是联合国一直强调和鼓励的"以人为中心的内源发展"②。

（二）中国乡村发展历史脉络

我国对乡村发展问题的关注始于20世纪20年代至30年代的乡村建设运动。该运动是以晏阳初、梁仲华（耀祖）、梁漱溟等为代表的一批知识分子倡导并实践的，以建设和复兴中国农村和解决中国农民问题为主旨的社会改良运动。先后参加该运动的有600多个团体，其中影响较大的有：（1）晏阳初领导的定县平民教育实验区。他认为，中国农村的根本问题是愚、贫、弱、私四大病，救治的办法是以学校、社会、家庭三种方式，通过生计、文艺、卫生和公民"四大教育"，实现政治、教育、经济、自卫、卫生和礼俗"六大建设"，培养平民的生产力、知识力、强健力、团结力。（2）梁仲华（耀祖）和梁漱溟这"二梁"领导的山东乡村建设研究院及其在山东的试验区。二梁主张，中国建设必须走乡村建设之路，必须走振兴农业以引发工业之路。他们认为，中国要建立一个新的礼俗社会，就要从文化教育入手，乡办农校，政教合一。（3）江苏省立教育学院实施的项目有：兴办民众教育，培养江苏61县的教育服务人才，发展农村合作组织等。③ 以上乡村建设运动中的方针、主张、观点等可视为我国乡村发展理论与实践的肇始，其根本内涵是解决中国乡村贫病交加

---

① 郑杭生：《民族社会学概论》，中国人民大学出版社2005年版，第12—13页。

② 联合国教科文组织：《内源发展战略》，社会科学文献出版社1988年版，第3页。

③ 参见"乡村建设运动"，互动百科，http：//www. baike. com/wik. 引用时间2014年11月28日。

和乡村振兴的问题。尽管当时这批知识分子在乡村建设运动中具有满腔的热情，然而在旧中国的政治、经济制度环境中，乡村发展问题只不过是在死水一潭的湖面荡起了一阵涟漪而已。不过，当年知识分子对乡村发展的探索是十分宝贵的，对今天的乡村发展仍具有重要的启迪意义。

20世纪50年代新中国成立初期，我国就有了"建设社会主义新农村"的提法，"新农村建设"可视为"乡村发展"的新时代表述方式。然而，在人民公社集体化时代，囿于长期的计划经济和政社合一体制，以及固化的城乡二元结构，我国农村长期处于迟滞性发展状态，理想与现实存在着巨大的差距。事与愿违的是：从1949年至1978年的29年间，由于农业发展严重滞后，我国农民人均年收入由43.8元升至132.6元，平均每年仅增加3.1元，扣除物价上涨因素，实际增加额更少①。直至1978年底，全国大约还有一亿多农民没有解决温饱问题②。可见，解决农业问题已刻不容缓，于是自1978年底十一届三中全会之后，改革率先从农村突破，国家逐渐放宽农村农业政策。一方面巩固和完善家庭联产承包责任制，另一方面着手农村人民公社体制变革，逐步实现由"政社合一"向"政社分设"的体制转型。至1984年底，全国农村99%以上完成了政社分设，建立了9.1万个乡（镇）政府和92.6万个村民委员会③。尔后，我国农村以家庭联产承包为基础，统分结合的新经济体制取代了"三级所有，队为基础"的政社合一的人民公社体制。尤其是1985年元旦，国家发出《关于进一步活跃农村经济的十项政策》的文件规定：从是年起，改革农产品统派统购制度，除个别品种外，国家不再向农民下达农产品统购派购任务，而是视情况分别实行合同订购和市场收购，还决定大力帮助农村逐步调整产业结构。正是新的农村政治经济体制的运作和日益复苏的市场环境，给我国农村带来巨大的变化。

自1998年10月中共中央十五届三中全会和2002年3月九届全国人大常委会第五次会议之后，各地农村普遍实行了村民委员会的直接选举，村民自治制度全面实施和新的乡镇治理机制逐步完成。这标志着乡村制度

① 刘国新、贺耀敏：《中华人民共和国历史长编》第4卷，广西人民出版社1994年版，第79页。

② 有林、郑新立、王瑞璞：《中华人民共和国国史通鉴（1976—1992）》第4卷，红旗出版社1993年版，第11页。

③ 何沁：《中华人民共和国史（第二版）》，高等教育出版社1989年版，第309页。

发展进入新阶段。然而，在实际的运作过程中，村民自治制度还很不完善，与此相应的是"农业、农村、农民"这"三农"问题长期以来的积重难返。时至 2005 年 10 月，中共中央十六届五中全会通过《十一五规划纲要建议》，明确提出"社会主义新农村建设"的具体目标是"生产发展、生活宽裕、乡风文明、村容整洁、管理民主"，其中生产发展是中心基础、生活宽裕是目的、乡风文明是精神素质、村容整洁是窗口、管理民主是手段①。自此以后"新农村建设"概念开始频繁使用②，成为指导我国农村发展的施政目标。新农村建设可以视为中国大陆本土化的乡村发展，它涵盖政治、经济、文化、生活等多个方面。2015 年中央一号文件再次聚焦"三农"问题，要求围绕城乡发展一体化，深入推进新农村建设，向"美丽家园"新农村建设迈出新的时代步伐。

我国新农村建设经过近十年的发展，成就非凡，各地乡村在生产生活、村容村貌、精神文明、民主管理等方面获得前所未有的发展，涌现出无数的美丽乡村、历史文化名村、少数民族特色村寨等多类别的现代新农村。然而，新农村建设仍然存在着许多亟待解决的问题。诸如：农村基础设施依然总体薄弱、公共服务水平总体低下、农村人居环境还需大力改善、农村老龄化和空心化程度比较严重、基层民主和乡村治理不尽人意，等等。此外，在新农村建设具体推行过程中，存在着理解肤浅的现象，人们把关注点主要放在改栏改厕修路等基础设施建设方面，而对乡村社区精神文化建设、人的全面发展及生活品质的提升等方面，关注不够。至于畲族地区的新农村建设问题，既与当地汉族村落具有较大的相似性，也打上了自己的民族特征，畲族村落社区传统制度色彩更浓厚，美丽新家园建设任务更艰巨。

二　畲族乡村发展的成就与问题

（一）畲族乡村发展的成就

近十年来，国家政府进一步加大了对少数民族新农村建设的扶持力度，而浙、闽、粤、赣、皖等省各级地方政府也对畲族这一世居少数民族

---

① 参见"社会主义新农村建设"，百度百科，http://baike.baidu.com/view/31345. 引用时间 2014 年 11 月 28 日。

② 不同地区的新农村建设在具体称谓上会有所差异。例如，浙江率先提出的"美丽乡村"概念，可视为浙江新农村建设的本土化概念。

的新农村建设尤为重视。正是在各级相关政府部门的财政支持和战略指导下，我国畲族乡村在政治、经济、文化、教育等方面取得了令人瞩目的发展成就。主要体现在：村民自治、能人治村等乡村治理方式的摸索前行；交通道路、民居改造、环境治理等村落基础设施建设的日臻完善；农业结构的调整优化和山林特色经济资源的产业化；畲族农民人均年收入的大幅度增加和文化教育程度的普遍提升；文化广场、文化礼堂、畲乡风情广场等村落社区文化空间的修建；"三月三"畲乡风情节等传统节日的普遍复兴；畲族民歌、祭祖、编织、武术、谚语、节日等畲族非物质文化遗产项目的逐级申报及对相关传承人的制度保护，等等。

尤其是近五年来，畲族特色村寨建设工作卓有成效。自 2009 年国家民委和财政部联合开展少数民族特色村寨保护与发展试点工作以来，各地畲乡畲族特色村寨保护与发展试点工作亦紧锣密鼓地跟进，经过 5 年的努力，至 2014 年，闽、浙、粤、赣、皖等五省共有 19 个畲族特色村寨被国家民委列入首批"中国少数民族特色村寨"名单（全国共有 340 个）。其中，福建省 9 个：福州市连江县东湖镇天竹村、南平市延平区水南街道岭炳洋村、三明市永安市青水畲族乡沧海村、漳州市漳浦县湖西畲族乡顶坛村、漳州市华安县新圩镇官畲村、宁德市蕉城区金涵畲族乡上金贝村、宁德市蕉城区八都镇猴盾村、宁德市福安市穆云畲族乡溪塔村、宁德市霞浦县溪南镇白露坑村；浙江省 6 个：杭州市桐庐县莪山畲族乡中门民族村、湖州市安吉县章村镇郎村村、温州市平阳县南雁镇堂基村、丽水市莲都区大港头镇利山村、丽水市景宁畲族自治县东坑镇深垟村、丽水市景宁畲族自治县大均乡李宝村；江西省 2 个：赣州市赤土畲族乡青塘村大岭背组、吉安市青原区东固畲族乡江口民族村蔡家垅自然村；广东省 1 个：汕尾市海丰县鹅埠镇红罗畲族村；安徽省 1 个：宣城市宁国市云梯畲族乡千秋村。以上这些榜上有名的畲族村落被誉为"民居特色突出、产业支撑有力、民族文化浓郁、人居环境优美、民族关系和谐的少数民族特色村寨"。①

事实上，除了以上国家民委首批正式命名挂牌的畲族特色村寨以外，闽、浙、粤、赣等地畲乡还有许多成效显著、方兴未艾的畲族特色村寨。

---

① 参见人民网—时政频道《国家民委命名首批"中国少数民族特色村寨"》，2014 年 9 月 26 日，http：//politics. people. com. cn/n/2014/0926/c1001－25745084. html。

诸如：浙江省文成县黄坦镇培头民族村、泰顺县司前畲族镇左溪村和竹里村、景宁畲族自治县鹤溪镇敕木山村、丽水市莲都区老竹畲族镇沙溪村、临安市於潜镇铜山民族村，等等。畲族特色村寨建设项目的试点推进，深化了畲乡新农村建设的进程，促进了畲乡民俗风情和乡村休闲旅游业的发展，推动了畲族文化与经济的良性互动。

畲族乡村发展上述诸成就的取得，是基于各级政府政策性支持和广大畲族村民积极进取的共同产物。例如，自 2003 年浙江省政府斥巨资实施村村通公路的康庄工程以来，宽广平坦的公路才逐步延伸至昔日地处僻壤的畲村，四通八达的交通网让畲村山林经济资源的开发和畲乡旅游经济的发展具有现实可能性。而各地畲乡新农村建设项目的深入开展，尤其是民族特色村寨建设试点工作的顺利实施所带来的畲乡巨变，更少不了各级政府所提供的可观的少数民族特扶资金。当然，在畲族乡村发展进程中，广大畲族村民（尤其是那些热心村落发展事务的村落精英们）也为此付出了大量辛勤的汗水，他们充分发挥村落建设主体的主观能动性，积极利用区域经济辐射的优势和国家对少数民族的政策优惠，以高度的文化自觉意识和超越大山的精神，克服传统的农耕思维模式，淡化族群封闭心理，进而从根本上扭转昔日畲村的贫困局面。

（二）畲族乡村发展存在的问题

然而，笔者通过点面结合的田野调查不难发现，畲族乡村的发展也存在着一些明显的问题，归纳起来主要表现在如下几个方面：

首先，从发展模式而言，自上而下式的政府主导型发展模式是一把双刃剑。长期"以山为基、以农为本"的畲族村落由于受区位环境和历史传统的双重制约，总体上经济基础薄弱、经济结构单一、发展起点低，故其发展大都依赖各级政府的财政支持和民族政策扶持，采取自上而下的政府主导型发展模式。从辩证的观点来看，政府主导型发展模式具有规划细致、布局全面、资源集中、行动高效等优势。这些优势对低起点的畲村经济文化建设的启动和推进尤为重要。事实上，其成就也不菲。但从长远发展来看，该模式也存在着内源性发展动力不足的弊端。一方面，畲族村民因自我发展能力弱而过度依赖政府的财政扶持；另一方面又因长期习惯依赖政府资助而寻求自我发展或社会力量参与的制度创新意愿和动力不足，进而难以发育形成多元化的发展模式和个体充分自由表达、实现自我价值的完善机制，最终影响畲村的可持续发展。自我发展能力弱与过度依赖政府两者之间互为因果、恶性循环。尤其是在畲村基础设施建设过程中，面对民居新旧杂陈、道路狭窄不平、环境脏乱不堪、改造工程复杂浩大等局面，往往会出现摊子铺得过大和资金缺口严重等窘况，进而陷入如何进一步"向政府要钱"和等待"政府拨款"的被动发展境地。

其次，从发展组织而言，畲族乡村治理机制还需要进一步完善。乡村治理是国家治理体系的基础，简言之是指对乡村社区的组织管理和制度安排，其宗旨是服务农民、解决民生、推动乡村发展。自1983年农村人民公社体制被正式宣告结束后，不久建立了乡（镇）政府、村委会、村民小组这一新的农村建制，凸显了乡镇政权的主体地位，迎来乡村治理新模式。国务院对乡镇组织的职能有着十分明确的界定：除政治职能外，对乡村社区经济职能限于宏观管理范畴，即政策指导、统筹规划、组织协调和服务监督。自2002年九届全国人大常委会第五次会议正式通过了《中华人民共和国村民委员会组织法》以后，村民自治制度广泛实施，我国广大农村普遍建立了村支部委员会、村民委员会、村经济联合社、村民代表大会、村民理财小组等多元化基层农民组织，新的乡镇治理机制逐步形成。随着农村市场经济的发展和农业产业化的需要，许多农村还成立了各种类型的新型合作经济组织以及社会性民间组织[1]。从以上政策法规到组织框架来看，我国乡村治理体系可谓日渐完善。然而在实际运作中，各级组织的职能角色却出现了错位、越位和缺位等现象[2]。该现象在少数民族社区因社会发育程度低而表现得更为突出。

就畲族村落而言，乡村治理有待完善的地方主要表现在："大分散、小聚居"的地理分布格局，使畲族村落打上了更多的血缘、地缘等传统社区色彩，这与现代社区的适应性和开放性相抵牾；大量中青年农民外出打工经商，村落社会结构复杂、村落基层政权组织力量分散、文化程度总体偏低、村民自治难度大和效果差；随着政府对畲村公共事业投入力度的增大，乡村治理内涵扩大、任务增重，村落基层组织越来越力不从心；随着畲族村民社会流动的日益频繁，其思想观念亦发生了深刻的变化，其政治经济诉求和参与意识日益强烈，但现有的乡村治理模式难以完全满足畲族村民的多元化要求；"能人治村"模式虽有利于推动滞后畲村的发展进

---

[1]　王景新：《乡村新型合作经济组织崛起》，中国经济出版社2005年版，第7页。
[2]　参见郑杭生《民族社会学概论》，中国人民大学出版社2005年版，第75页。

程，但能人大都在附近城市经商，村落事务与家庭生意两头兼顾，疲于奔波，也存在着"能人异化"的隐患，"能人与贤人"完美结合治村的理想目标与现实还存在着很大的距离。

此外，各级地方政府有关畲村发展的职能配置还有待优化。近年来，地方政府相关部门（民宗局、农业局、旅游局、文化局以及乡镇政府各部门等）对畲村经济发展和新农村建设的引领，可谓工作出色和成绩不菲，但其工作的重点主要放在项目的推广与实施中，对畲族文化特质和畲族文化心理的了解程度还有所欠缺，因而在项目实施过程中出现过走弯路、重复投资等现象，项目实施效果不尽如人意。可见，地方政权（尤其是乡镇政府）与畲族村民的互动还有待深化，对畲村发展的指导、协调、服务等职能作用还有待加强。

再者，从资源开发而言，山林资源和人文资源的开发力度还有待深化。近十余年来，许多畲村加大了农业结构调整的力度和农业产业化的进程，通过挖掘山林经济资源潜力，逐步实现了畲村由传统生存型农业向现代特色农业产业化的转型，村民经济水准大幅度提升。但山林经济资源潜力还远远挖掘不够，主要表现在品种类型比较单一、缺乏精细化深加工、产业化组织模式不够完善、企业品牌意识不够浓厚等方面。事实上，位处东南山区的畲村山林经济资源十分丰富，可开发的经济林木涵盖十大类型：干果类、水果类、油料类、药材类、调味类、蔬菜类、饮品保健类、编条类、工业用材及其他资源类。但目前各地畲村开发的品种主要为茶叶，以及少量的板栗、油茶、毛竹、青钱柳等，还有大量的经济林木有待开发，诸如：干鲜水果、竹笋、蔬菜、中药材以及食用菌等。此外，目前畲村在山林资源开发中，除茶叶产业化程度相对较深以外，大部分农产品为初加工，附加值较低，即便相对成熟的茶叶企业也存在着产业化组织模式单一、经济合作社名不副实、品牌意识不够深厚等弊端。

近年来，各地畲乡虽然涌现出一批环境优美的畲族特色村寨，彰显了畲族文化魅力，促进了畲乡旅游经济的发展。但总体而言，其畲族人文资源潜力挖掘不够充分，畲族文化内涵表现不够丰富，呈现出畲族文化单一化、形式化、符号化、同质化等弊端。例如，畲乡旅游展演主要为婚嫁和对歌习俗，品尝麻糍、乌米饭等特色食品，至于编织蜡染、银饰制作、武术体育、草医药技艺等文化精粹的开发尚较少涉及。还有大量的村落历史、传说故事等人文资源尚未加以整理。在畲家乐旅游经济运营中，畲族文化特色不足，同质化现象明显，文化内涵不够，更缺乏具有文化创意的旅游项目和旅游产品。而且畲村民居以"畲元素上墙"的方式来彰显畲族文化特质，具有形式化和符号化特征。此外，各地普遍兴起的"三月三"畲乡旅游风情节，注重文化展演的形式，而忽略文化的本真意义，对热情热闹和盛大场面的追求，远远胜过对文化意义和经济效益的追求。节日中载歌载舞的表演者大都是雇请来的汉族专业演员，大量的畲族村落民间文化艺术人才逐渐被边缘化。而且畲家乐旅游经济受益面总体不广，还需要进一步整合山林资源和人文化资源，强化文化创意，凸显民族特色。

再次，从发展本质而言，人的自由发展滞后于经济增长指标。人类发展的理念以20世纪70—80年代为分界点，经历了从传统的发展观到新的发展观的转型。前者将发展片面理解为物质财富的积累和经济指标的增长，后者将发展理解为以人为核心的自由全面发展和人与环境、资源的可持续发展。1976年国际劳工组织首次论述了"人"的发展，认为经济发展首先必须满足人的基本需要。随后联合国制定的第三个十年发展计划（1981—1990）不仅规定了发展中国家经济发展的量的目标，而且还规定了经济发展的质的目标，即社会进步的目标，如公平分配、充分就业、普及教育、培训劳动力、提高健康水平、改善住房条件、保障妇女儿童的正当权益等。时至1992年，联合国在第一份《人类发展报告》中，首次运用人文发展指数（HDI）这一新概念，意即以"预期寿命、教育水准和生活质量"这三项基础变量按照一定的计算方法组成的综合指标来考量一个国家或地区的发展状况，后又补充了生活环境和居民自由程度等两项变量。人文发展指数的提出丰富了发展的本质内涵。与此同时，联合国环境与发展大会通过的《21世纪议程》，将"可持续发展"由理论探讨范畴推向人类共同追求的实际目标，从更高的视角寻求人口、资源、环境、经济各要素之间的协调发展①。

从新的发展观可知，发展是一个以人为本的综合概念，既包括经济生活水准的提高和基础设施及居住环境的改善，也包括人的健康理念和文化教育程度及生活品质的提升，还包括人的自由发展和平等地参政议政目标

①　参见陈庆德等《发展人类学引论》，云南大学出版社2001年版，第26—27页。

的实现，更包括既满足当下需求，又满足未来需要的可持续发展。就近十余年来畲族乡村发展状况而言，无论是经济生活水准，还是居住环境质量和文化教育水平等方面均有了较大幅度的提高，但从健康理念、居住环境、生活品质、闲暇娱乐以及自由发展、抗风险能力等方面来看，还存在着明显的不足之处。例如，近十几年来畲族村民随着经济收入的提高，食物结构有了很大的变化，餐桌食物品种日益多样化，但由于健康知识的匮乏，偏好酒肉荤腥和多盐多油食物，加之因"番薯丝吃到老"的痛苦历史记忆而对番薯等粗粮普遍排斥，甚至有的上山劳动也以酒解渴，故畲族这个善酒的山居民族，更容易患上心脑血管等疾病。又因畲民抗风险能力总体不高，倘若家中有人犯有重大疾病，其家庭生活质量势必一落千丈，少数家庭甚至一蹶不振。再如，畲村垃圾处理排污设施等虽然逐渐完善，但填埋式垃圾处理方式和塑料白色污染等对畲乡土地资源的潜在威胁仍不容忽视，大量的城市非安全食品涌入畲村，亦值得警惕。此外，畲村社区文化建设总体投入不足，乡村图书室等文化设施普遍匮乏，畲民的身心健康和精神生活较少关注，畲民精神娱乐生活比较单一，旅游休闲的机会比较少。

最后，从发展主体而言，农户发展与村落发展不平衡性仍较为明显。自20世纪70年代末至80年代初，我国农村实行改革开放政策以后，许多畲族农民通过外出打工经商逐步发家致富。然而，中青年的长期外出，不仅导致畲族农户之间的发展不平衡，更导致畲村发展的"空心化"或"半空心化"趋势以及留守老人和留守儿童等社会问题。虽然打工经商发家致富不少，但村落经济基础和集体经济力量依然薄弱。事实上，外出打工经商农户的发展并不等于畲族村落经济的发展。尽管并不排除外出打工经商户的发展有助于带动其他农户的家庭发展，但总体而言，外出农户的发展对村落整体发展的推动作用十分有限。相反，畲族村落的整体发展，则必然会提升广大畲民的村落凝聚力和自豪感，同时缩小农户之间的内部差异，尤其有益于保护年老贫病畲民等弱势群体。例如，近三十几年来培头村钟姓畲族村民大都依靠外出打工经商（包括至国外），获得可观的经济收入和良好的家庭发展，但培头村作为村落整体却长期以贫困面貌和低度发展呈现。直至近年来，随着民族特色村寨的社区营造，培头村犹如一颗冉冉升起的新星，享誉四邻八乡，更牵引着无数在外发展的村民回归村落，并主动参与到家乡建设中来。这反映出许多高收入钟姓畲族村民对家乡发展的自豪感远胜于在村外发家致富的成就感。

再如，自改革开放之初，景宁、武义等地不少畲族村民陆续至我国各大中城市经营超市而收入不菲，他们大都在家乡修造了气派的新楼房，但仅在春节期间小住几天，平时基本空置。对于这些离乡的富裕畲民而言，其内心升腾的自豪感并非来自自家楼房的引人注目，而是近几年畲族特色村寨建设，村落整体面貌的改观。由以上可见，唯有畲族乡村的发展才是畲族发展的关键，也只有畲族乡村的发展才是真正和谐、全面的畲族发展。

三　社区营造视野下的畲族乡村发展思考

（一）中国台湾社区营造与畲族乡村发展关联

历经多年的国家政策扶持和农业产业化发展，目前我国绝大多数畲村已由欠发达村落进入小康水平，并向美丽富裕乡村迈进。下一步目标应是畲族乡村全面整体式发展。所谓全面发展是指政治、经济、文化、环境、健康、自我价值等方面的综合发展，进而提高生活品质和精神风貌。所谓整体发展是指通过农业产业化带动全体村民增收致富，缩小村落发展的内部差异。然而，要实现该目标还需要制度创新和改变发展模式，意即从过去过度依赖政府扶持的传统观念束缚中解放出来，引进非政府组织等社会力量，培育畲村内部的自我发展能力和社区主体意识，以自下而上的模式推进畲族乡村全面整体式发展。这样就有必要借鉴台湾卓有成效的乡村社区营造经验。

如第五章第一节所述，中国台湾社区营造最重要的经验是政府部门、社会力量、社区成员之间等多种力量的良性互动和有机整合。具体而言是由台湾"政府"机构"文建会"予以政策纲领性指导，由相关 NGO 等第三方社团具体引领，整合多种社会力量，提升社区居民的自我发展和自我建设能力，在多种合力的推动下，共同营造出"人、文、地、景、产"互为一体的理想家园。台湾社区营造的行动方案可概括为"造景、造产、造人"的"三造"运动。"造景"旨在通过生态环境的保育和人文景观的设计，让人居环境整洁优美；"造产"旨在培育可持续发展的特色产业，让社区居民享受生活福利；而"造人"则旨在通过多样化社区终身教育培训方式，提高社区居民的公共参与意识和社区自主建设能力。以上三个方面相辅相成，缺一不可，体现了以人为本和自然与社会协调、文化与经济互动的理念。

基于台湾社区营造经验，最引人思考的问题是，如何加快畲族乡村全面发展进程？如何提高畲族特色村寨建设效能？如何让国家对畲族乡村发展的财政支持获得最佳效益？如何提升畲族乡村的自我发展能力？如何深化畲村农业产业化进程？如何提高畲族乡村的人居环境和生活品质？这些问题也同样适应对其他民族乡村发展的思考。结合上述问题，以下从具体可操作层面，就如何借鉴台湾社区营造经验来推动畲族乡村进一步发展而提出相关对策建议。

（二）基于台湾经验基础之上的畲族乡村发展举措

纵观畲族乡村发展存在的问题，再反观台湾社区营造的成功经验，可从发展理念与发展模式、制度安排与社会行动、社区培训与主体自觉、文化创意与地域特色等多方面予以反思并提出相应的建议。

首先，转换乡村发展理念，改变乡村发展模式。自1978年改革开放率先从农村突破以后，经过30多年的发展，中国大陆农村面貌发生了翻天覆地的变化。然而，由于长期农业大国中积淀的许多社会结构问题积重难返，故农业现代化问题仍是中国大陆现代化目标中最沉重、最艰难的一环，三农问题仍是当前十分严峻的社会问题，也是国家城乡发展战略的焦点问题。大陆的三农问题为何长期严峻？大陆人为何大都深感三农问题复杂而又沉重？为何大陆绝大部分农村中青年选择离开农村至城市谋生？为何农村籍大学生极少回归乡村参与发展？与此相反，参与社区营造的台湾知识界却提出"三农不是问题"，从事农业发展"是令人敬佩的行业"，是"有尊严和有价值的事情"，"农村是一个很好的生活地带"，他们纷纷选择回归土地、面向社区，用文化创意来推动美丽乡村家园发展的"基进"（radical）运动，许多农村籍知识青年则选择返乡创业①。对待乡村发展问题两岸之间迥然不同的态度与行为，源于不同的乡村发展理念和发展模式。前者认为乡村发展是艰难漫长的，个人力量太微弱，唯有依赖国家政府之力才能完成，后者认为民间个体汇聚的力量是巨大的，只要你愿意去改变乡村，就一定会改变。不同的价值理念，导致不同的发展成效，

---

① 陈统奎：《再看桃米：台湾社区营造的草根实践》，载《南风窗》2011年第17期，第61页。

因为"经济的发展，不仅表现为一种物质资源的变动关系，而且是一种精神上的状态"①。

显然，要较好地解决大陆的乡村发展问题，我们首先应该转换乡村发展理念和改变乡村发展模式。一方面，借鉴台湾"全民参与、共同协作"的发展理念，达成这样的共识：乡村发展不单单是政府的问题，也不仅仅是农民自己的问题，更不是某个热情的企业家的个人行为，而是全民有责参与的问题，须有赖官民之间协同合作而完成。另一方面，借鉴台湾社区民众主导的自下而上的发展模式，即改变过去长期由政府主导的自上而下的发展模式，政府由主导角色向引导角色转换，通过政府的宏观引导和社会力量的积极助推，高度激发社区人的主体意识和自我发展潜能，从过去依赖政府的被动式发展转化为立足社区的主动式发展。唯有发展理念的转换和发展模式的转型，才能将蕴藏于民间和社会各界的能量激发出来，进而形成巨大的合力推动大陆乡村有效发展。倘若如此，无论是三农问题，抑或是畲族等少数民族的乡村发展问题都将不是一个无法企及的难题。

其次，完善制度创新机制，整合知识分子力量。

乡村发展理念的转换和乡村发展模式的改变由观念化为行动，还需要完善制度创新机制，有效整合知识分子的力量。事实上，台湾社区营造是由台湾"行政院"文化建设委员会统领规划和总体部署，由各行各业的专家学者、文化精英、社会贤达等以知识分子为中坚力量组成的各种非政府组织（NGO）或非营利机构（NPO）等第三方社团，深入社区全程帮扶而成，也有许多是由返乡知识青年引领示范而成。这些知识精英们一方面熟稔相应的政策法规，还能广泛利用自己的社会资源和新闻媒体，为乡村社区营造寻求人力、物力、财力的支持；另一方面他们运用自己的知识才能，将力量分散的乡村居民组织起来，通过社区培训、社区教育、社区实践等方式改变其观念，开阔其视野，唤醒其社区意识、激发其创新潜能，从而推动乡村发展。据清华大学社会学系教授罗家德介绍：台湾社区营造有三种模式，一种是政府推动型，成功率小；另一种是 NGO 帮扶型，

---

① 陈庆德、潘春梅、郑宇：《经济人类学（修订版）》，人民出版社 2012 年版，第 29 页。

较容易成功；还有一种是返乡知识青年型，成功率最大①。例如，前述桃米社区和北埔社区的案例就属 NGO 帮扶型。桃米生态社区的成功，在很大程度上归功于资深媒体人士廖嘉展等组织的"新故乡"NGO 的全程帮扶，而北埔客家社区的兴旺则离不开芝加哥社会学博士舒诗伟等组织的"大隘社"NGO 的全程帮扶。至于返乡知识青年型，因具有强烈的家乡认同和社区信任感，其成功案例比比皆是。

基于台湾社区营造三种模式的不同效能，大陆最关键的问题是如何通过完善制度创新机制来整合知识分子的力量，强化社会动员。具体而言，一方面优化政府职能配置。在我国现阶段乡村市场经济发展运作中，政府职能既不能过度集中，也不能过度分散。有效的政府职能体系应是在纵向的不同层次的政府机构进行有所侧重的职能分工，而在横向的各级政府机构内部形成职能运行的协同合作机制。就纵向来看，中央政府机构除强化宏观调控功能以外，还与省级政府机构各自增强其支持功能和保护功能，市级、县级及乡镇级政府机构则依次强化逐级具体的依法管理功能和支持功能，同时各级政府协同完成社会保障功能。从横向而言，各级政府内部各部门的职能配置则应尽量减少职能交叉、政出多门、权责不明的现象②。具体到畲族等少数民族地区，还要考虑到民族特殊性和国家民族政策。近 30 多年来，大陆各级政府对乡村发展投入很大，面貌改观不小，但也存在着许多深刻的弊端，诸如：政府包揽过多、社会动员不足、长远性不够；各部门各自为政、互不协调、习惯满足于完成上级指令计划、不少项目缺乏科学评估而流于面子工程，因起点低和规划不足而资金缺口大。鉴于此，有必要借鉴台湾社区营造由"行政院"文建会统领下的"简政放权、全民参与"的执政理念，从制度上支持和引导社区营造的良性发展。

另一方面建立知识服务社会的畅通机制。知识来源于实践，又检验于实践和服务于实践。作为掌握较多科学文化知识的知识分子理应运用所学知识服务社会。中国知识分子自古就有经世致用的传统，具有强烈的道德情怀和社会责任感。然而，大陆知识分子（尤其人文社科领域）大都囿

---

① 参见陈统奎《再看桃米：台湾社区营造的草根实践》，载《南风窗》2011 年第 17 期，第 61 页。

② 参考李炳坤等《市场经济条件下政府如何对农业实行指导、支持、保护和调控》，载农业部软科学委员会办公室编《农村市场经济》，中国农业出版社 2001 年版，第 359—369 页。

于理论研究和道德文章层面，而社会行动力总体不足。尽管近年来国家政府不断倡导学术关怀社会（如社会应用类课题经费逐年增加），鼓励大学生服务基层（如大学生村官制和志愿支教制），事实上已有不少专家学者、高校师生等深入农村调查研究，也出现了不少优秀的三农研究成果。然而，大都没有沉下去，他们或者从研究者的立场，将农村当作研究对象，研究过程结束，联系也就结束，充其量有偶尔的回访；或者以短平快的方式参与指导，而鲜有像台湾那样以大学教授等知识精英群体为核心力量的乡村发展类型非政府组织或志愿者团队，深入乡村社区全程深度帮扶。目前学术界服务乡村社区的意识和行动普遍不够，即便有少量的专家学者或社区志愿者走入乡村，也基本各自为政，鲜有力量的整合，从整体观的角度助推乡村发展。也正因为缺少知识分子的力量整合和深度参与，大陆乡村发展过程中村民自我组织和自我发展的能力严重不足，故成效不明显。正如罗家德教授在反思自己于四川茂县杨柳村羌族村寨社区营造试点的曲折经历所说："在台湾社区营造有两个非常有利的条件大陆并不具备。一个是有非常多的热心教授、学者愿意去做志愿者，给村民讲课；一个是台湾已经形成非常浓厚的社区营造文化，能够找到很好的社区营造员工和志愿者。不少知识精英返乡成为社区营造的尖兵。"① 在他看来，大陆社区营造因缺乏知识精英的深度介入和社区营造文化氛围，要将村民（尤其是发展滞后的少数民族）改造成为自组织和自治理的现代社区人是很困难的。

　　鉴于台湾的经验，我们如何创立知识服务社会的畅通机制才是问题的关键。不妨从高等教育人才培养模式改革入手：将知识服务基层社区作为培养、选拔、考核人才的重要指标；开设社区营造系统课程，培养社区营造专业人才，提升社区营造文化氛围②；建立以大学师生为核心力量的城乡社区服务非政府组织和志愿者队伍；通过高校的示范扩散效应，壮大社区营造非政府组织和志愿者队伍、提升志愿者社区服务综合素质和社会责任感；从学业考核、职业规划、毕业设计、职称职务晋升等方面强化与社

---

① 刘涌：《杨柳村：从村民到社区人的曲折探索》，《决策探索》（上半月）2013 年第 11 期，第 67 页。

② 现台湾不少大学开设了社区营造的通识课程和专业研究方向，注重理论与实践紧密联系的专业人才培养。

区营造的关联度，增强高校师生的社会行动力①；鼓励和支持更多的知识青年返乡创业，等等。以上是从高校体制变革的角度而言。作为知识分子的自我反思亦很重要。诸如：高校教师应定期走出书斋，深入社会，服务基层；学术研究应基于鲜活的第一手田野调查基础之上，发掘出社会发展的问题意识；在社区服务过程中，需要打破学科和专业边界，整合多种力量，协同合作。

此外，还需要打破"自己的学科和专业距离社区营造太远"的认识误区。事实上，台湾社区营造的知识精英来自社会学、人类学、经济学、历史学、物理学、生物学、化学、建筑学、旅游学、新闻学、美术音乐、文学艺术等不同学科和不同专业，每个专业每一个人都能找到为社区贡献智慧的方式。例如，台湾著名的诺贝尔化学奖获得者李远哲先生就是参与社区营造的楷模人物。至于高校在校学生也需要定期走出象牙塔，了解社会，服务乡村，毕业后可选择返乡创业。倘若大陆有更多的大学生、硕博研究生深入乡村，毕业后成为像台湾那样返乡创业的有志青年，大陆的乡村发展进程势必大大加快。目前，比较成功的案例是南京大学毕业生，《南风窗》记者，全国大学生返乡论坛发起人陈统奎在自己的家乡海南进行的"海南博学生态村"社区营造探索，他借鉴台湾的经验，带领村民将一个穷困的火山口山村，再造为一个美丽富裕的新故乡。他的事迹被各大媒体报道，他甚至走上了哈佛大学商学院的演讲台。他的建设"有傲骨的美丽乡村"② 理想，引发众多共鸣，但愿其星星之火，在不久的将来形成燎原之势。

当然，谈学术服务社会并不是指高校纯理论研究和文献研究毫无意义，但学术根植社区是社会发展的主流和趋势。目前我国由高校及科研机构的专家学者和硕士博士研究生们累积起来的汗牛充栋的学术成果，毋庸

① 长期在加拿大从事传播学研究的赵月枝教授，近几年受聘回国。2014 年她在家乡浙江缙云乡村举办"乡村、文化与传播"学术周活动，以此呼吁更多的中国学者深入乡村，聚焦乡村问题。她在近期的彭拜新闻网记者访谈中，指出国内许多高校有正高职称晋升重要条件为出国一年的规定，却没有下工厂或下农村一年的规定，还对中国大陆博士生被源源不断地送往国外，却并不鼓励下乡的现象提出批评。她甚至还指出到乡村走马观花，获取肤浅印象而制作出满足体制内要求的科研成果，而没有真正为乡村发展做过什么，无异于"文化乞丐"，该看法具有远见卓识，值得深思。

② 陈统奎：《返乡大学生与社区营造》，参见上海"2015 中国古村落保护与发展论坛"，载腾讯文化，http://cul.qq.com/a/20150505/012971.htm.

讳言有相当部分对社会发展意义不大，因而不断地有青年学子们迷蒙地追问学术意义何在。倘若理论与实践紧密结合，知识社会价值得到彰显，学术人生意义获得升华，不再困惑，何来迷蒙？

再者，开创社区培力制度，激发社区内在动能。

台湾社区营造的行动方案被概括为"造景、造产和造人"的三造运动，其中"造人"是最关键的。而"造人"的具体方法则是实施系统化的社区培力制度。所谓社区培力简而言之是培训社区的人力资源。台湾社区营造培力机制经过反复探索和实践，以 2002 年为转折点，日趋完善。是年，台湾文建会开创了由面到点的社区培力体系，通过民间合作的方式，建立专业工作团队社造员制度，层层推进社区人力培训工作。① 参与社区培力的社造员来自社会各领域的知识精英和志愿者（其中以高校师生为主体力量），他们为社区居民开设系统的培训课程，通过案例展示、社区观摩、互动对话等方式，让居民理解社区营造的内涵和宗旨，明白自己和社区的关系，懂得如何参与社区建设。社区培力工作贯穿于台湾社区营造过程的始终，作为社区教育终身化制度而不断被推陈出新。体系化的社区培力机制，使社区居民开阔了视野，增强了公共参与意识和社区主体意识，强化了其合作精神，激发了其创新潜能，提高了自我组织、自我管理、自我协调、自我发展等能力。社区培力的实质是如何将农民较好地组织起来，激发其内在发展动力和能力，它关系到乡村发展的成败。正如亨廷顿所云："发展和现代化方面的问题，都渊源于能否建立起更有效、更灵活和更合理的组织。"② 而美国社会学家罗奇斯和伯德格则认为："当农业的性质由维持生计转移到商品生产时，我们就可以看到农民运动与农民组织的重要性。因为从事商品生产的农民的成功，依赖于外界社会，依赖于外界的作用力，他们必须组织起来，控制外部社会。"③ 可见，社区培力工作是获得乡村内源式发展的重要途径。

目前我国畲族乡村发展（包括其他许多少数民族和汉族乡村）大都

---

① 郭瑞坤、谢政勋、陈可惠：《台湾社区培力机制成效评估研究：以区域型培力中心为例》，载马俊、侯一麟主编《公共管理研究》（第 5 卷），上海人民出版社 2008 年版，第 208 页。

② （美）亨廷顿：《变化社会中的政治秩序》，王冠华等译，上海三联书店 1989 年版，第 29 页。

③ ［美］艾弗里特·M. 罗奇斯、拉伯尔·J. 伯德格：《乡村社会变迁》，王晓毅、王地宁译，浙江人民出版社 1988 年版，第 219 页。

以自上而下和被动接受的方式进行，缺乏对乡村居民进行长期、系统培训教育的制度支持和运作机制，故其内在发展动力严重不足，只能过度依赖政府支持。倘若我们借鉴台湾社区营造的"造人"经验，通过良好的制度安排，整合知识分子力量，建立畲村社区培力机制，培养更多视野开阔的"文化农民"①，则可从根本上获得内源式发展动力。具体措施包括：从各级政府职能配置和高校教育体制上，创新学术服务乡村社区的支持体系；以高校为中心，建立以大学师生为核心力量的乡村社区培力工作团队；整合社会力量，创建服务社区培力工作的非政府组织和志愿者团队；完善乡村社区原有民间组织机构，发挥村落精英在社区培力方面的示范带头作用，进而建立乡村内部的社造员队伍。唯有实施社区培力计划，才能深度开发畲村人力资源，散沙式的乡村畲民才能逐渐蜕变为有思想、有能力的现代社区人，才能由被动的接受者转变为主动的挑战者，进而推进畲村发展进程。正如英国经济学家哈比森（F. H. Harbison）在《作为国民财富的人力资源》一书中所指出：人力资源……是国民财富的最终基础……一个国家不能发展人民的技能和知识，就不能发展任何别的东西。②

再次，提升文化创意能力，强化地域民族特色。台湾社区营造最吸引人的还是其文化创意和地方特色，即通过自然资源与人文资源的有效整合，文化创意与特色产业的有机结合等，展示乡村社区独特的地方魅力。诸如：以优美的自然生态、别样的人文景观、浓郁的民俗风情、高度的社区认同、精致的旅游产品、多样的社区培训、特色的创意产业等彰显着社区的个性和风貌，吸引着源源不断的休闲观光客或参观考察团，从根本上改善社区居民的生活环境和生活品质。然而，中国大陆大多数像畲族这样的少数民族特色村寨（也包括许多汉族特色村落）的保护与发展，虽然冠以"特色"二字，展现了一定的地方和民族特色，但文化内涵普遍不足，流于表象化。而在景观设计和农家乐经营及旅游产品方面，同质化现象更明显，独特性挖掘不够，文化创意不足。尤其是农家乐旅游经济开发，基本停留在农家餐饮住宿的浅表层次，与台湾绿色民俗身心宁静的文化休闲体验还有较大的差距。

---

①　参见秦红增《乡土变迁与重塑——文化农民与民族地区和谐乡村建设研究》，商务印书馆 2012 年版，第 56—61 页。

②　Harbison, F. H. （1973）. *Human Resources as the wealth of Nations*, Oxford：Oxford University Press，p. 3.

　　基于此，尤应借鉴台湾社区营造的文化创意，通过整合相关专家的力量和集思广益的方式，提升民族特色和地域特色的文化内涵。诸如：立足社区自然生态和文化生态，深入挖掘民族传统优势资源，提升村落社区的环境与文化品位；完善产业化组织模式和树立品牌意识，深化农业产业化进程；通过科技农业和绿色种养业等提高农产品的经济附加值；通过增加文化内涵和文化创意设计理念开发系列民族特色旅游产品。唯有民族特色、地方特色与文化创意相结合，畲族及其他民族特色旅游村寨社区营造才会具有广阔的发展空间。

　　综上所述，畲族乡村发展新路径是基于各级政府政策指引和制度支持的，以知识分子等社会力量全程帮扶助推的，由广大畲族村民充分利用区域经济辐射优势和民族特色资源优势的自我组织和自我发展。正如费孝通先生所言："一个民族的发展主要靠善于发挥自己的传统优势，利用一切可以利用的外在条件，提高自身的社会生产力和发挥自己的精神文化。"①

小　　结

　　乡村发展概念内涵随着时代的变迁而日渐丰富，既包含着经济指标，也包含着人文指标、环境指标及可持续发展指标等。而近十余年来我国畲族乡村发展取得了有目共睹的成就，经济、文化、教育水平获得大幅度的提升，涌现出一批环境优美、产业活跃、生活富裕的民族特色村寨，但也存在着过度依赖政府、资源潜力开发不足、产业化程度不深、全面发展程度不够、畲汉差距明显、畲村内部发展不平衡等问题。要解决这些问题，深化畲族乡村发展进程，有必要借鉴中国台湾社区营造经验，探索畲族（也适应其他少数民族和汉族）自己的乡村社区营造路径与方法。具体措施包括：通过发展理念转换和社会制度创新，建立知识服务社会的畅通机制，整合以高校为核心的知识分子力量，开设社区营造系统课程，增强社区营造整体文化氛围，培育更多关心各民族乡村社区营造的非政府组织和志愿者队伍，组建社区营造专业工作团队，深入各民族乡村社区全程帮扶，鼓励和支持高校及科研机构大学生、硕博研究生们毕业后返乡再造魅力新故乡。唯有通过政府部门的政策指导和制度支持，非政府组织的积极

---

　　①　费孝通：《从实求知录》，北京大学出版社1998年版，第114页。

引领和体系化的社区专业培训，才能逐步增强村民的公共参与意识、文化自觉意识及社区主体意识，才能不断提高其自我组织和自我发展能力，进而将"一袋马铃薯"① 式的传统农民蜕变为视野开阔、凝聚合作的现代社区人，各民族的乡村发展方能获得持续的内生性动力。正如经济人类学家卡尔·波拉尼（Polanyi，K.）所云："人类的经济，是嵌合并陷于制度、经济的和非经济因素之中的。"②

中国台湾社区营造经验，对大陆知识分子如何真正走出书斋，走向基层，打破学科和专业边界，整合多种社会力量，用知识服务乡村社区，具有很好的反思意义。这既需要良好有序的政策支持和制度安排，更需要广大知识分子的社会责任感和人文关怀。作为发展转型中的农业大国，既需要广大知识分子"指点江山、激扬文字"的激情，更需要脚踏实地的基层社区服务精神和责无旁贷的社会担当。这方面，大陆高校师生、社会上各行各业的专家学者及文化媒体人等尤其值得向台湾致力于社区营造的知识分子学习，他们以乡村发展为己任，将参与乡村社区营造视为有价值、有尊严的人生追求，从事社区营造的有志青年不屑于网络上的高谈阔论和盲目的"追星"行为，更不认同时下青睐"高富帅"和"白富美"的价值观。倘若中国大陆有更多的教授、硕士生、博士生等以志愿者精神和人文情怀引领"上山下乡"新风尚，有更多专家学者等第三方力量能以整合、协作、深入的形式，而不是以分散、单独、短平快、走马观花的形式参与乡村发展，那么国家政府推行的各民族新农村建设的成效将更为显著，三农问题将不再沉重。

总之，中国台湾社区营造经验不仅对大陆畲族等少数民族乡村发展具有重要借鉴意义，也对广大汉族村落的乡村发展具有重要的启迪价值。其营造理念、实施目标、制度安排、行动方案及社会动员等，均值得大陆乡村发展借鉴。尤其是台湾知识界致力于乡村社区营造的志愿者服务精神，更值得大陆知识界力学笃行。

---

① ［德］卡尔·马克思：《路易·波拿巴的雾月十八日》，冯适译，江苏人民出版社2011年版，第123页。

② 转引陈庆德《经济人类学》，人民出版社2001年版，第84页。

主要参考文献

一　正史、地方志、文史资料、工具书等

（宋）刘克庄：《后村先生大全集》卷93，《漳州谕畲》，《四部丛刊》集部232，上海古籍出版社1980年版。

（明）谢肇淛：《太姆山志》卷中，《游太姆山记》，福州慕园书屋，嘉庆五年重刊本。

（清）张皇辅修、钱喜选纂：《青田县志》，康熙二十五年修，雍正六年补刊。

（清）雍正朝：《浙江通志》卷44，雍正十三年刊行，中华书局2001年版。

（清）吴楚椿：《续青田县志》，乾隆四十二年刻本。

（清）嘉庆朝：《钦定学政全书》，嘉庆十七年（1812），武英殿刊刻。

（清）陈寿祺：《重纂福建通志》卷140，《国朝宦迹·李殿图条》，道光十五年修。

（清）王士鈏：《云和县志》卷15，《风俗门·畲民》，同治三年刊本。

（清）范绍质：《瑶民纪略》，载李绂《汀洲府志》卷41，《艺文记》，同治六年重刊本。

（清）周杰：《景宁县志》卷12，《风土·附畲民》，同治十二年刊本。

（清）周杰：《景宁县志》卷6，《武备·兵制和保长》，同治十二年刊本。

（清）周荣椿：《处州府志》卷30，《艺文志·诗篇》，光绪三年重修本。

（清）吴楚椿：《畲民考》，载周荣椿《处州府志》卷29，《艺文志中·文编三》，光绪三年刊本。

（清）杨澜：《临汀会考》卷1，《山川考》，光绪四年刊本。

（清）杨澜：《临汀会考》卷3，《风俗考·畲民附》，光绪四年刊本。

（清）雷铣修，王棻纂：《青田县志》，清光绪六年修，民国二十四年重印本。

（清）褚成允：《遂昌县志》卷 11，《风俗·畲民附》，光绪二十二年刊本。

（清）张廷玉：《明史》卷 52，《家臣家庙》，乾隆四年刊本，中华书局1974 年版。

王理孚、陈绍宽：《平阳县志》卷 19，民国十五年刊本。

邓光瀛：《长汀县志》卷 35，《杂录畲客》，民国二十九年修。

陈慕榕等主编：《青田县志》，浙江人民出版社 1990 年版。

陈国强、石奕龙主编：《简明文化人类学词典》，浙江人民出版社 1990年版。

中国药材公司：《中国中药资源志要》，科学出版社 1994 年版。

柳意城主编：《景宁畲族自治县志》，浙江人民出版社 1995 年版。

朱礼主编：《文成县志》，中华书局 1996 年版。

松阳县志编纂委员会编：《松阳县志》，浙江人民出版社 1996 年版。

金永汉等主编：《浙江省少数民族志》，方志出版社 1999 年版。

朱礼主编：《文成华侨志》，中国华侨出版社 2002 年版。

松阳县县委统战部和县民族宗教事务局主编：《松阳县畲族志》2006 年，内部出版。

吕立汉主编：《丽水畲族古籍总目提要》，民族出版社 2011 年版。

吕立汉、施强等主编：《浙江畲族民间文献资料总目提要》，民族出版社2012 年版。

二　笔记、文集、类书、诗文、小说、电影等

（宋）李昉等编：《太平广记》卷 412，中华书局 1961 年版。

（宋）崔与之撰：《宋丞相崔清献公全录》卷 8，广东人民出版社 2008年版。

（宋）唐慎微著，（宋）艾晟刊订：《大观本草》卷 13，安徽科学技术出版社 2004 年版。

（明）《陈献章集》（上、下），孙通海点校，中华书局 1987 年版。

（清）屈大均：《广东新语》卷 7，《人语·峯人》，康熙三十九年刻本，中华书局 1985 年版。

程俊英撰：《诗经译注》，上海古籍出版社 2004 年版。

文成县畲族民间文学集成编委会：《中国民间文学集成·浙江省文成县畲

族卷》，1988 年 10 月，浙出书临（88）第 113 号。

邢松棋：《庆余轩文稿》第 1 卷，国际炎黄文化出版社 2005 年版。

钟金莲主编：《畲族民歌选》，国际炎黄文化出版社 2007 年版。

钟维禄编导：《畲族文化》DVD，2011 年。

钟维禄主编：《畲语山歌〈三条变〉选编》，中国戏剧出版社 2013 年版。

三　谱牒、碑刻、位牌、契约、告示、文书、证书等

《培头钟氏宗谱》，清嘉庆元年，钟国祯手抄本，丽水学院畲族研究所
　　提供。

《培头村钟氏宗谱》，民国十二年创修本，钟金莲提供。

《培头村钟氏宗谱》，民国三十六年重修本，钟维宗复印。

《培头村钟氏宗谱》，2002 年新修本，钟伯鲤提供。

《呈山底村钟氏房谱》，民国三十六年重修本，钟维彬提供。

《呈山底村钟氏房谱》，2002 年新修本，钟其宽提供。

《雷蓝钟宗谱选印》，年代不详，平阳县志办提供。

《平阳钟奇元墓碑碑文》，清乾隆十三年，钟世英、钟世雄等立。

《地主殿苏三公祭拜砖刻》，清嘉庆十八年，钟正芳等重立。

《钟世雄墓碑碑文》，字迹模糊，年代不详。

《钟氏先祖及开基祖和显祖灵位牌》，清代至民国年间，钟氏后裔立。

《给发业户钟世雄契尾》，清乾隆五年，钟亚丁提供。

《青田县衙禁骚扰告示二份》，清道光十三年和清咸丰四年，钟亚丁提供。

《钟熙贤立议宗祠养篆护荫合约》，清光绪二十四年，钟春宽提供。

《雷云"钟正芳上书呈文争科考史事"手抄本》，清道光年间，苍南县民
　　宗局提供。

《钟瑛光历代家训名言集锦手抄本》，清道光年间，钟春宽提供。

《钟绍卿捐银收执二份》，清光绪三十一年，钟春宽提供。

《娶亲嫁女通天祝文》、《祭祖礼仪程序》，清代至民国年间，钟维禄提供。

《卖水洗浴等哀歌抄本》，清代至民国年间，钟维禄提供。

《草药汤头歌》等药书，清代至民国年间，钟维久提供。

《钟碎格具禀呈文青田县府查办盗贼底稿》，民国十年，钟春宽提供。

《培头村遭郑姓窃匪强抢失物清单》，民国十一年，钟春宽提供。

《蓝韶九先生八秩上寿征文启》，民国二十四年，钟春宽提供。

《钟国光履历及路引》，民国二十一年，钟维宗提供。

《钟德彰与天主教神父合照》，民国二十四年，雷花女提供。

《培头小学首届毕业生毕业照》，民国三十五年，钟维彬、钟其宽提供。

《钟秉义富岙乡人民代表证两份》，1954 年与 1963 年，钟其宽提供。

《钟其宽培头小学毕业证》，1966 年，钟其宽提供。

《培头小学畲语畲歌自编教材》，2005—2011 年，钟维禄提供。

《培头民族小学功德碑》，2004 年。

《培头村重修地主爷苏三公殿捐资碑》，2008 年。

《培头村重修钟氏宗祠捐资碑》，2010 年。

《培头村钟氏宗祠说明》，2013 年。

《钟真周"温州天师道观传度宝牒"》（天师府字第 506 号）2011 年，钟
　　怀超提供。

《培头村盗挖竹笋禁约牌》，2013 年。

**四　相关政府部门大事记、报告、统计、报表、文件、合同、证书、
档案等**

文成县人民政府：《第五批省级文物保护单位推荐材料：畲族钟氏宗祠》，
　　2003 年 8 月。

文成县人民政府文件文政发〔2008〕72 号：《文成县第二批非物质文化遗
　　产名录》，2008 年 6 月。

中共文成县委史志办公室、文成县志（续志）编委会编辑部：《文成县 60
　　周年纪事》，2010 年内部出版。

培头民族村：《黄坦镇培头村环境卫生保洁村规民约》，2010 年 8 月。

文成县统计局：《2010 年文成县国民经济和社会发展概况》，2011 年
　　1 月。

文成县发展和改革局：《关于文成县 2010 年国民经济和社会发展计划执行
　　情况与 2011 年国民经济和社会发展计划草案报告》，2011 年 5 月。

文成县畲乡旅游项目开发有限公司：《文成县科技计划项目申请表——文
　　成县青钱柳资源的调查与开发》，2011 年 4 月。

文成县民族宗教事务局、文成县文学艺术界联合会：《畲山风》，2011 年
　　3 月。

培头民族村：《黄坦镇培头民族村 2012—2016 年投资项目》，2011 年

12 月。

培头民族村：《关于对新 56 省道周岙底隧道口至培头民族村通村公路进行拓宽及部分路段改线的议案》，2011 年 12 月。

培头民族村：《文成县增收致富奔小康项目—实施计划申报书》，2012 年 2 月。

培头民族村：《文成县培头民族村采摘旅游农业示范基地可行性报告》，2012 年 4 月。

培头民族村：《文成县培头畲族风情特色村寨建设管理办法》，2012 年 6 月。

培头民族村：《文成县培头民族村采摘旅游农业示范基地建设项目申报表及实施方案》，2012 年 8 月。

中共文成县委、文成县人民政府编：《文成美丽乡村行》，2012 年 8 月。

瑞安市城乡规划设计研究院：《文成县黄坦镇培头民族特色村规划设计》，2012 年 8 月。

中共文成县委统战部、文成县民族宗教事务局：《文成县开展少数民族低收入群众增收帮扶工作情况汇报》，2012 年 9 月。

黄坦镇人民政府：《第十五届人民代表大会第三次会议政府工作报告》，2012 年 9 月。

温州市经济建设规划院、文成县黄坦镇人民政府：《文成县黄坦镇培头民族村经济社会发展实施方案》，2012 年 5 月。

中共黄坦镇党委、黄坦镇人民政府：《黄坦镇工作情况汇报》，2012 年 9 月。

中共文成县委、县人民政府：《“七大行动百日攻坚”活动材料汇编》，2012 年 9 月。

文成县周山畲族乡人民政府：《政府工作报告》，2012 年 9 月。

培头畲家乐合作社：《文成县培头畲家乐合作社土地和资金入股分红管理办法》，2012 年 6 月。

培头畲家乐合作社：《文成县培头畲家乐合作社章程》，2012 年 1 月。

文成县人民政府：《文成县民族宗教工作情况汇报材料》，2013 年 5 月。

黄坦镇镇政府：《文成县黄坦镇镇政府社会经济统计年表（2010—2014）》，2015 年 2 月。

桐庐莪山畲族乡乡政府：《畲汉共建现代生态生活品质之乡——创建示范

乡村先进单位汇报材料》，2007 年 12 月。

桐庐莪山畲族乡乡政府：《莪山畲族乡 20 周年来经济各项事业发展情况》，2008 年 12 月。

松阳县象溪镇石马源村村民委员会：《松阳县象溪镇石马源民族村名优茶基地标准化生产项目可行性报告》，2012 年 5 月。

松阳县民族宗教事务局、松阳县财政局：《关于要求扶持象溪镇石马源民族村名优茶基地标准化生产项目的请示》，2012 年 6 月。

松阳县板桥畲族乡政府：《松阳县板桥畲族乡科学发展观调研报告》，2012 年 12 月。

台湾"文建会"：《文化白皮书》，"文建会"1998 年内部出版。

台湾"文建会"：《行政院文化建设委员会九十四年度新故乡社区营造计划作业要点》，文号：文贰字第 0932111749 号，2004 年 5 月 7 日。

钟金莲、钟维宗、钟维禄、钟俊龙、钟逸樵、钟松夏、钟昌造、钟香琴、雷东华等各类荣誉证书，1986 年至 2015 年。

钟怀超、雷美秀、钟维禄、雷德花、钟聪莲、雷媚莲、雷长法等非物质文化遗产项目传承人证书，2008 年至 2013 年。

五　中文研究性专著编著等

［美］艾弗里特·M. 罗奇斯、拉伯尔·J. 伯德格合著：《乡村社会变迁》，王晓毅、王地宁译，浙江人民出版社 1988 年版。

蔡宏进：《乡村发展的理论与实际》，台北东大图书股份有限公司 1993 年版。

陈庆德：《经济人类学》，人民出版社 2001 年版。

陈庆德等：《发展人类学引论》，云南大学出版社 2001 年版。

陈庆德、潘春梅、郑宇：《经济人类学（修订版）》，人民出版社 2012 年版。

费孝通：《江村经济——中国农民的生活》，商务印书馆 2001 年版。

费孝通：《论人类学与文化自觉》，华夏出版社 2004 年版。

费孝通：《从实求知录》，北京大学出版社 1998 年版。

［德］费迪南·滕尼斯：《共同体与社会——纯粹社会学的基本概念》，林荣远译，北京大学出版社 2010 年版。

［美］克利福德·格尔茨：《文化的解释》，韩莉译，译林出版社 1999

年版。

郭志超：《闽台民族史辨》，黄山书社 2006 年版。

郭志超：《畲族文化述论》，中国社会科学出版社 2009 年版。

高丙中：《中国民俗概论》，北京大学出版社 2009 年版。

[美] 亨廷顿（Huntington，S. P.）：《变化社会中的政治秩序》，王冠华等译，上海三联书店 1989 年版。

[美] 黄宗智：《华北的小农经济与社会变迁》，中华书局 2000 年版。

[美] 黄宗智：《长江三角洲小农家庭与乡村发展》，中华书局 2000 年版。

[英] E. 霍布斯鲍姆、T. 兰格：《传统的发明》，顾杭、庞冠群译，译林出版社 2004 年版。

何沁主编：《中华人民共和国史（第二版）》，高等教育出版社 1999 年版。

[法] 克洛德·列维 – 斯特劳斯：《野性的思维》，李幼蒸译，中国人民大学出版社 2006 年版。

蒋炳钊：《畲族史稿》，厦门大学出版社 1988 年版。

金明善、东维汉主编：《赶超经济理论》，人民出版社 2001 年版。

黄树民：《林村的故事：一九四九年后中国农村的变革》，素兰、纳日碧力戈译，三联书店 2002 年版。

联合国教科文组织编：《内源发展战略》，社会科学文献出版社 1988 年版。

蓝炯熹：《畲民家族文化》，福建人民出版社 2002 年版。

龙远蔚等著：《中国少数民族经济研究导论》，民族出版社 2004 年版。

陆德泉、朱健刚主编：《反思参与式发展——发展人类学前沿》，社会科学文献出版社 2013 年版。

刘国新、刘晓、贺耀敏主编：《中华人民共和国历史长编》第 4 卷，广西人民出版社 1994 年版。

雷弯山：《畲族风情》，福建人民出版社 2002 年版。

[德] 卡尔·马克思：《路易·波拿巴的雾月十八日》，冯适译，江苏人民出版社 2011 年版。

[美] 马歇尔·萨林斯：《甜蜜的悲哀》，王铭铭、胡宗泽译，三联书店 2000 年版。

彭兆荣：《旅游人类学》，民族出版社 2004 年版。

潘天舒：《发展人类学概论》，华东理工大学出版社 2009 年版。

秦红增：《乡土变迁与重塑——文化农民与民族地区和谐乡村建设研究》，
　　商务印书馆 2012 年版。

施联朱、雷文先主编：《畲族历史与文化》，中央民族大学出版社 1995
　　年版。

[德] 史图博、李化民：《浙江景宁县畲民调查记》，周永钊、张世廉译，
　　中南民族学院重印本 1984 年版。

石奕龙：《应用人类学》，厦门大学出版社 1996 年版。

王景新：《乡村新型合作经济组织崛起》，中国经济出版社 2005 年版。

王道：《走向市场：一个浙南畲族村落的经济变迁图像》，中国社会科学
　　出版社 2010 年版。

[日] 西村幸夫：《再造魅力故乡：日本传统街区重生故事》，王惠君译，
　　清华大学出版社 2007 年版。

徐震：《社区与社区发展》，台北正中书局 1995 年版。

[瑞士] 雅各布·坦纳：《历史人类学导论》，白锡堃译，北京大学出版社
　　2008 年版。

郑振满：《明清福建家族组织与社会变迁》，湖南教育出版社 1992 年版。

有林、郑新立、王瑞璞主编：《中华人民共和国国史通鉴（1976—1992）》
　　第 4 卷，红旗出版社 1993 年版。

郑杭生主编：《民族社会学概论》，中国人民大学出版社 2005 年版。

钟金莲主编：《文成畲族文化》，国际炎黄文化出版社 2009 年版。

钟伯清编著：《中国畲族》，宁夏人民出版社 2012 年版。

六　论文、调查报告等

陈同奎：《台湾社区桃米社区的重建启示》，《南风窗》2010 年第 1 期。

陈统奎：《再看桃米：台湾社区营造的草根实践》，《南风窗》2011 年第
　　17 期。

崔萍、娄艳新：《台湾地区微观领域公共参与形式及启示》，《中国行政管
　　理》2013 年第 3 期。

郭瑞坤、谢政勋、陈可惠：《台湾社区培力机制成效评估研究：以区域型
　　培力中心为例》，载马俊、侯一麟主编《公共管理研究》第 5 卷，上海
　　人民出版社 2008 年版。

郭圣莉、陈竹君：《两岸社区治理与变迁比较研究》，《南昌大学学报》

2013 年第 4 期。

胡先啸：《浙江温州处州间土民畲客述略》，《科学》1923 年第 7 卷第
　3 期。

黄源协、萧文高、刘素珍：《从"社区发展"到"永续社区"——台湾社
　区工作的检视与省思》，载《台大社会工作学刊》2009 年。

蒋炳钊：《凤凰山 凤凰装 凤凰山祖坟——畲族文化奥妙的揭示》，载施联
　朱、雷文先主编《畲族历史与文化》，中央民族大学出版社 1995 年版。

江大树、张力亚：《社区营造、政策类型与治理网络之建构：六星计划的
　比较分析》，载暨南大学公共行政与政策学系主办《"府际关系"与
　"地方治理"学术研讨会论文集》，2008 年 10 月。

龙远蔚：《关于福安畲族乡村经济发展的思考》，载《中国少数民族现状
　与发展调查研究丛书——福安市畲族卷》，民族出版社 1999 年版。

林澄枝：《推动小区总体营造的意义与发展》，载《全国社区总体营造博
　览会活动手册》，宜兰县立文化中心 1997 年。

林振春：《社区总体营造的教育策略——台湾地区终身学习环境的现状与
　建构》，上海高教研究 1998 年第 11 期。

刘涌：《杨柳村：从村民到社区人的曲折探索》，《决策探索》（上半月）
　2013 年第 11 期。

罗家德、帅满：《社会管理创新的真义与社区营造实践——清华大学博士
　生导师罗家德教授访谈》，《社会科学家》2013 年第 8 期。

李炳坤等：《市场经济条件下政府如何对农业实行指导、支持、保护和调
　控》，载农业部软科学委员会办公室编《农村市场经济》，中国农业出
　版社 2001 年版。

秦红增：《消除歧视与社区营造——孟加拉国、中国台湾地区乡村建设的
　实证研究》，《中南民族大学学报》（人文社会科学版）2008 年第 6 期。

秦红增：《情系乡土 文化为本——台湾北埔乡村重建的启示》，《中国民
　族报》2006 年 4 月 14 日第 6 版。

沈作乾：《畲民调查记》，《东方杂志》1924 年第 21 卷第 7 期。

谈志林：《第三只眼看台湾的"社区再造运动"》，《社区论坛》2006 年第
　1 期。

王逍：《"透明式"跨族群收养关系的文化诠释- --以丽水市莲都区老竹
　镇沙溪村畲族收养汉族为例》，《浙江师范大学学报》2005 年第 5 期。

王逍:《走向市场:一个浙南畲族村落的农作物种植与经济变迁》,博士论文,厦门大学,2007年。

王逍:《通过仪式展演与集体记忆强化——以畲族"做表姐"斗歌习俗为例》,《广西民族大学学报》2010年第6期。

王韩民:《台湾文化旅游产业发展的特点及几点建议》,载《北京社科规划·学者论坛》2005年2月4日,http://www.bjpopss.gov.cn/bjpss-web/n8809c52.aspx.

魏成:《社区营造与古迹保护——20世纪90年代以来台湾地区古迹保护的经验与启示》,《规划师》2010年第2期。

赵环、叶士华:《社区参与:我国台湾地区社区建设经验分析》,《华东理工大学学报》(社会科学版)2013年第2期。

庄济华、吴郁萍:《社区总体营造之阐释》,《社区发展》2000年第9期。

张燕:《经济的追求和文化的维护同样重要——日本"造乡运动"和中国台湾"社区营造"的启迪》,《装饰》1996年第1期。

张智强:《"社区营造"模式下的农村社区更新研究》,博士论文,厦门大学,2013年。

七　英文版著作

Douglas, M. (1966). *Purity and Danger: An Analysis of the Concepts of Pollution and Taboo*. Routledge and Kegan Paul.

Feuchtwang, S. (1992). *The Imperial Metaphor: Popular Religion in China*. Routledge.

Geertz, C. (1963). *Agricultural Involution: The Processes of Ecological Change in Indonesia*. University of California Press.

Harbison, F. H. (1973). *Human Resources as the wealth of Nations*, Oxford: Oxford University Press, p. 3.

Inayatullah (Ed). (1979). *Approaches To Rural Development, Some Asian Experiences*. Asian and Pacific Development Administration Center, Kuala Lumpur, Malaysia.

Lea, D. A., & Chaudhri, D. P. (Eds). (1983). *Rural Development and the State: Contradictions and Dilemmas in Developing Countries*. Methuen, London and New York.

Mills, C. W. (1959). *The Sociological Imagination.* Oxford University Press.

Redfield, R. (1960). *The little Community and Peasant Society and Culture.* The University of Chicago Press.

Sahlins, M. (1976). *Culture and Practical Reason.* University of Chicago Press.

Sangren, P. S. (1987). *History and Magical Power in a Chinese Community.* Stanford University Press.

Scott, J. C. (1985). *Weapons of the Weak: Everyday Forms of Peasant Resistance.* Yale University Press.

Scott, J. C. (1990). *Domination and the Arts of Resistance: Hidden Transcripts.* Yale University Press.

Skinner, G. W. (1964). *Marketing and social structure in rural China*, Part I. *The Journal of Asian Studies*, 24 (01), 3 – 43.

Spring, A. (1995). *Agricultural Development and Gender Issues in Malawi.* University Press of America.

Weitz, R. (Ed). (1971). *Rural Development in a Changing World.* The MIT Press, Cambridge, Masschusetts and London, England.

Wolf, A. (1974). *Gods, Ghosts and Ancestors.* Martin, E., & Wolf, A. P. (Eds.). *Religion and Ritual in Chinese Society*, pp. 131 – 182. Stanford University Press.

八　主要田野调查资料

1. (2009 年 10 月 2 日至 10 月 8 日) 田野调查点：浙江省景宁畲族自治县鹤溪镇惠明寺村、周湖村、金丘村、文成县大峃镇、周坑畲族乡等，深度访谈 3 个，田野笔记 1.5 万字。

2. (2010 年 7 月 1 日至 7 月 31 日) 田野调查点：浙江省文成县大峃镇、黄坦镇、培头、呈山底、牛塘等自然村、周山畲族乡、文成县民宗局、黄坦镇等，深度访谈 8 个，田野笔记 8 万字。

3. (2010 年 9 月 30 日至 10 月 9 日) 田野调查点：浙江省文成县大峃镇、文成县文化馆、培头、呈山底、牛塘、富竹岭、和平丘、山林等自然村，深度访谈 5 个，田野笔记 3 万字。

4.（2011 年 10 月 1 日至 10 月 10 日）田野调查点：培头、呈山底、牛塘、富竹岭、和平丘、山林等自然村，深度访谈 5 个，田野笔记 3 万字。

5.（2012 年 7 月 1 日至 7 月 31 日）田野调查地点：文成县黄坦镇、培头、呈山底等自然村、武义县柳城畲族镇等，深度访谈 8 个，田野笔记 8 万字。

6.（2012 年 10 月 1 日至 10 月 10 日）田野调查点：文成县黄坦镇、培头、呈山底、周岙底村、石垟林场、周山畲族乡、玉壶镇等，深度访谈 5 个，田野笔记 3.5 万字。

7.（2012 年 12 月 15 日至 12 月 22 日）田野调查点：浙江丽水学院畲族研究所、景宁畲族自治县周湖村、敕木山村、浙江松阳县象溪镇石马源村等，深度访谈 5 个，田野笔记 2 万字。

8.（2013 年 2 月 10 日至 2 月 23 日）田野调查点：景宁县惠明茶业有限公司、惠明寺村、敕木山村、澄照乡、桐庐县莪山畲族乡山阴坞村等，深度访谈 6 个，田野笔记 3 万字。

9.（2013 年 4 月 3 日至 4 月 10 日）田野地点：培头、呈山底等自然村，深度访谈 3 个，田野笔记 0.5 万字。

10.（2013 年 7 月 5 日至 7 月 12 日）田野地点：培头、呈山底、牛塘等自然村，深度访谈 4 个，田野笔记 1.5 万字。

11.（2014 年 1 月 1 日至 1 月 30 日）田野地点：大峃镇、黄坦镇、培头、呈山底等自然村、西坑畲族镇，深度访谈 6 个，田野笔记 3.5 万字。

12.（2014 年 2 月 27 日至 3 月 5 日）田野地点：培头、呈山底、牛塘等自然村、平阳县山门镇、泰顺县司前畲族镇等，深度访谈 3 个，田野笔记 1.5 万字。

13.（2014 年 8 月 20 日至 9 月 8 日）田野地点：培头、呈山底、牛塘、富竹岭、和平丘、山林、林斜等自然村，田野笔记 2.5 万字。

14.（2014 年 12 月 18 日至 12 月 22 日）田野地点：景宁县周湖村、东弄村、张村、云和平阳岗村等，深度访谈 3 个，田野笔记 1.5 万字。

15.（2015 年 4 月 17 日至 4 月 21 日）田野调查点：培头、呈山底等自然村，深度访谈 2 个，田野笔记 1 万字。

以上 10 余次田野调查共拍摄田野照片 2000 多张。

跋

　　孟夏时节的文成，燕语鸠鸣、蝶舞花香、万木葱茏。这本关于文成培头畲族村的书稿，在历经五载寒暑的田野之旅和伏案秉笔后，终于可杀青付梓。火候究竟有几分，自有读者诸君评说。然笔者此时多少有几许心石落地般的释然，而片刻的释然之后，更多的则是铭感不已和思绪绵绵。本人初识文成始于2002年浙江师大人文学院在全省各地开设的文化艺术大专暑期函授班。是年盛夏7月中旬的一天早晨，我带着三位年轻教师一行四人自金华乘火车至温州，慢腾腾的火车抵达温州已是午后，匆忙午餐后还是没能赶上温州至文成的汽车，只好租了一辆桑塔纳出租车直奔文成。车过瑞安后，进入蜿蜒崎岖的盘山公路，我们四人随着后备厢装满带鱼的桑塔纳车盘旋飞奔，渐觉头晕目眩，胃部翻江倒海，其时大病初愈的我，晕车最为严重，当苦涩持续在味蕾间肆虐时，我暗想此地不会再来。傍晚时分终于到达县城安顿下来，此后便是持续一个月的每天八节课，中间休息过一天，拜访了刘基故里，在完成教学任务即将打道回府时，我们对美丽的文成还是知之甚少，连日超负荷的工作，让大家不再有继续探访的兴致，告别时颇有点"挥一挥衣袖，不带走一片云彩"的意味。

　　然而，不曾料到，八年后我不仅再度走进文成，感受其日新月异的变化，更在此开启了我新的学术之旅。2010年10月，我有缘结识文成县原人大副主任钟金莲女士和公安局退休干部钟维宗先生，受老两口深厚的民族情怀和浓郁的桑梓情感所感召，开始关注培头畲族村。跨越五个年头的周期性田野调查，培头村已成为我的第二故乡。在多年与该村畲族父老乡亲们的朝夕相处中，最难忘的是他们热情淳朴、勤勉务实的品格；最震撼的是他们开拓进取、超越大山的精神；最感动的是他们豁达大度、包容开放的胸怀。此次学术之旅，最有意义的还是本人目睹并参与了培头村民族特色村寨社区营造的曲折历程，见证了培头村由发展滞后的畲族小山村嬗变为国家级美丽乡村示范建设村的蛹蝶之变。祝愿金钟山下这个人才辈出、钟爱凤凰的畲族生态家园，永远沐浴在"凤凰鸣矣，于彼高岗。梧桐生矣，于彼朝阳"的诗情画意中。与其说我的这部书稿是送给培头村的礼物，还不如说是这块土地上的畲汉人民滋养了我的学术，我在此向他们致以盈盈的谢意和深深的祝福！

我特别要感谢的是钟金莲女士和钟维宗先生，倘若没有二老全方位的热情相助，这部书稿无缘启动。我还要向书中所有的田野报道人和给我提供各种研究帮助的人们表示由衷的感谢，尤其是钟松夏、钟彩莲、钟其宽、雷美秀、钟维禄、钟维彬、钟亚丁、钟怀超、钟宜宽、钟维局、蓝双一、邢松棋、钟新宽、钟维久、钟维好、钟一兵、雷秀娟、钟祝荣、雷德花、郭瑞峰、钟体其、蓝昌盛、钟邑锋、钟聪勇、钟建忠、钟海敏、钟丹丹、钟宁宁、雷光振、钟樟林等，恕不能一一点名致谢。

本人能试图从历史人类学视野对畲族乡村经济予以持续关注，离不开我的博士导师，厦门大学郭志超教授的悉心引领和谆谆教导，也离不开我的博士后导师，复旦大学张乐天教授的亲切鼓励和殷殷期望。古圣先贤云："务学不如务求师"，"学者必求师，从师不可不谨也"，诚哉斯言，吾生幸甚，铭感！本书的面世，尤其要对中国社会科学出版社罗莉老师等付出的辛勤劳动致以深深的谢意！还要由衷感谢中国社科院博士候选人孟令法协助本书的地图制作。此外，在研究进程中，还幸获诸多帮助，既有家人至亲的相互支撑，也有前辈好友的鼓励支持，还有师生同仁的分享切磋，所有温暖和感动都将珍藏在我记忆的深处。

田野与文本终可告一段落，年前于海南五指山黎族村寨考察时摔伤左手的苦痛记忆已渐行渐远，戴着石膏绷带高强度写作的日子已成历史，栉风沐雨、屐痕处处的田野生涯苦中有甘，对《钟氏宗谱》等民间文献的标点句读和钩玄索隐，虽冥思苦索，却尽享柳暗花明。"去乡野村落中阅读生命、去关心他人的粮食与蔬菜、相信天地之间有大美"的初衷虽不会改变，却但愿来年多一点闲暇，泡一杯清茶、捧一本好书，独坐窗前、远离尘嚣，循着心灵的指引，静静聆听生命中纯真多彩的乐章。

曲终人未散，一钩新月天如水。仿佛内心在呼唤："陌上花开，可缓缓归矣。"

时光荏苒，岁月静好。祝愿培头民族村更上一层楼！祝福天下所有善良的人们幸福平安！

2015 年孟夏，于浙江师范大学丽泽花园。